国家自然科学基金青年科学基金项目（No.71901

考虑摩擦成本时供应链运营与融资联合决策研究

肖　爽◎著

中国财经出版传媒集团
经济科学出版社
Economic Science Press
·北　京·

图书在版编目（CIP）数据

考虑摩擦成本时供应链运营与融资联合决策研究/
肖爽著. --北京：经济科学出版社，2024.7. --ISBN
978-7-5218-6040-5

Ⅰ. F830.45；F252.1

中国国家版本馆 CIP 数据核字第 2024TB6581 号

责任编辑：戴婷婷
责任校对：杨　海
责任印制：范　艳

考虑摩擦成本时供应链运营与融资联合决策研究
肖　爽　著
经济科学出版社出版、发行　新华书店经销
社址：北京市海淀区阜成路甲 28 号　邮编：100142
总编部电话：010-88191217　发行部电话：010-88191522
网址：www.esp.com.cn
电子邮箱：esp@esp.com.cn
天猫网店：经济科学出版社旗舰店
网址：http://jjkxcbs.tmall.com
北京季蜂印刷有限公司印装
710×1000　16 开　16.5 印张　280000 字
2024 年 7 月第 1 版　2024 年 7 月第 1 次印刷
ISBN 978-7-5218-6040-5　定价：66.00 元
（图书出现印装问题，本社负责调换。电话：010-88191545）

前　　言

现代企业之间的竞争已经由单个企业之间的竞争上升为供应链之间的竞争。资金流的畅通是打造具有高响应性、高效率型和高柔性三大全新特征的新一代高适应性供应链的基础，对于物流和信息流的高效运作以及供应链竞争力的提升具有非常重要的意义。然而实践中，企业特别是中小微企业流动性资金不足是常态。一方面，为了缓解供应链节点企业的融资约束问题，除了传统的银行信用，上下游企业也会为节点企业提供多样化的内部融资方案，比如：贸易信用、买方信用等。由于市场需求的不确定性，融资企业可能会面临信用违约风险。实际上，随着2019年新冠疫情的爆发与全球大流行，外部商业环境恶化，加剧了企业的信用违约风险。根据财务金融的相关理论，企业违约会造成一定的违约成本。另一方面，和传统银行信贷相比，当供应链企业为其他成员企业提供信贷支持时，其资金成本更高，因而会面临一定的资金机会成本。由于市场摩擦因素违约成本和机会成本的存在，企业的运营决策与融资决策相互关联。基于此，本书研究存在资金约束和两类摩擦成本时的供应链金融策略，以优化供应链运营与融资联合决策问题。

本书在不确定性市场需求下，以由单个供应商和单个零售商组成的单产品单周期两层级供应链为研究对象。综合运用公司金融、产业经济学、高级微观经济学和博弈论等各学科的理论进行模型构建，利用数学分析、凸分析、控制论等优化方法进行解析求解，最后借用MATLAB等软件进行数值模拟。在研究内容上，围绕下游零售商资金约束、上游供应商资金约束以及上下游企业同时面临资金约束三种不同情景展开，聚焦供应链各参与方的最优运营决策与融资决策，剖析资金约束和违约成本对供应链最优决策和绩效的影响机理。

针对下游零售商面临资金约束的情景，本书首先研究了在违约成本存在的情况下银行信贷和贸易信用下供应链各参与方的最优决策，以及两种融资模式之间的对比问题。在按订单生产（MTO）的运作环境下，采用斯坦伯格博弈描述供应商和零售商之间的决策过程，通过模型求解解析了银行信贷模式下供应商的最优批发价定价决策和零售商最优订货量，以及贸易信用模式下供应商最优贸易信用合同以及零售商的最优订货量，研究结果表明：在银行信贷模式下，由于违约成本这一摩擦因素的存在，供应链的最优运营决策与零售商的资金水平息息相关；供应商的最优贸易信贷利率等于无风险利率，最优批发价以及相应的订货量取决于零售商的流动资金水平。进一步的对比研究表明：供应商可以利用贸易信用的激励效应和掠夺效应获利，因此更加偏好贸易信用；然而，从零售商视角，当其陷入财务严重困境且单位生产成本较低时，由于贸易信用的掠夺效应，零售商反而在贸易信用下变得更加糟糕；同样地，从供应链整体视角，当单位生产成本较低时，由于违约效应，供应链整体在贸易信用下的绩效更差。该结论警示管理决策者在市场实践中应当慎重地利用贸易信用。

其次，本书研究了在违约成本和机会成本两类摩擦成本同时存在的背景下，贸易信用和供应商担保贷款两类融资模式下的均衡决策以及二者之间的对比问题。同样，在按订单生产（MTO）的运作环境下，采用斯坦伯格博弈描述供应商和零售商之间的决策过程，通过模型求解解析了两种融资模式下供应商的最优定价决策和零售商最优订货量，并将其与无外部融资的情形展开对比分析，研究结果表明：只有在供应商的资金机会成本较低时，贸易信用才会被使用，而供应商担保贷款则会永远被使用；贸易信用和供应商担保贷款都是无外部融资这一基准情形的帕累托改进。进一步，针对两种融资模式展开对比分析，研究结论显示：从供应商、零售商和供应链整体视角来看，均存在一个供应商资金成本的阈值，当供应商资金成本高于该阈值时，各方偏好贸易信用，反之，偏好供应商担保贷款。

针对上游供应商资金约束的情景，本书首先针对拉式供应链，也即在按库存生产（MTS）的运作环境下，考虑下游零售商的资金机会成本，分别求得了不融资、银行信用和买方信用三种情形下供应链的最优运营决策和绩效，并对其展开对比分析。研究结论表明：第一，在传统银行信贷模式下，供应链的决策和绩效同无资金约束时相同；第二，在买方信用模式下，零售商应该设置零利率。换言之，零售商应该始终提供提前支付的融资策略。另外，只有在零售商的资金机会成本较低时，零售商才会提供买方信用；第三，银行信贷是无外部融资选项的帕累托改进；第四，当零售商资金机会成本较低时，均衡处将采用买方信用，而当其资金机会成本较高时，均衡处将采用银行信用。该研究结论系统比较了买方信用和银行信用，为受资金约束的拉式供应链最优决策提供了理论指导。

其次，以电商金融为背景，在按库存生产（MTS）的运作环境下，考虑违约成本的影响。具体而言，探讨了电商信贷下的最优决策和绩效，并进一步将其与传统银行信贷展开对比分析。研究结论表明：无风险利率的电商信贷占优于银行信贷，是均衡融资策略。其根本原因是，与银行信贷相比，在电商信贷下，电子零售商具有作为零售商和债权人的双重角色优势。这种优势带来了更大的运营灵活性，通过激励效应和掠夺效应使电商受益。进一步，探讨基于两种融资模式的混合融资，考虑电商优先和银行优先两种不同的债务优先序，并对其展开对比分析。研究结果显示：如果电子零售商要求贷款优先偿还，那么只有电商信贷被使用，均衡结果与电商信贷下的均衡结果相同。令人惊讶的是，一旦放弃优先权，电子零售商就变得更好了。基本的经济原理是，将优先权让与银行降低了银行信贷的融资成本，从而诱导卖方在高借贷成本区域使用银行信贷为库存融资。银行信贷的引入分担了电子零售商的部分借贷成本，是电商信贷的有益补充。我们的模型突出了联合决策在运营和融资方面的优势。研究结果解释了普遍存在的廉价 EC 现象，并与银行优先序的普遍做法一致。

针对上下游企业同时面临资金约束的情景，本书研究了供应链的协同机制设计问题。在按订单生产的运作环境下，由于信用评级限制，只有供应商可以申请到银行贷款，零售商只能依靠贸易信用为其订单融资。如果供应商不能按时偿还银行信用或者零售商在贸易信用上违约，将导致违约成本的产生。首先，得到了存在资金约束和违约成本时的供应链协同条件。然后，分析了贸易信用模式下三种传统契约的协同作用，研究结果表明：全单位数量折扣契约不能协同受资金约束的供应链；收益共享契约和回购契约在协同受资金约束供应链时效果是等价的，只有当供应链总体流动资金超过一定阈值时，这两种契约才能协同作用于供应链，而且供应链利润分配的灵活性受限于供应商的流动资金水平。基于此，本书提出了一种新型的广义收益共享契约，该契约可以实现供应链的自愿协同和利润的自由分配。结合数值算例，我们分析了该广义收益共享契约的价值及其在实践应用时的局限性。

本书的完成，得到了国家自然科学基金青年科学基金项目（No. 71901221）、国家留学基金委和中南财经政法大学金融学院的资助，在此表示衷心的感谢。博士生导师马士华教授和来自伦敦商学院的博士生联合培养导师 Song Alex Yang 教授对作者的研究工作给予了指导，在此由衷地表示感谢。作者也在此向所有提供帮助的同事表示感谢。

由于作者水平所限，书中难免存在疏漏之处，诚挚欢迎读者批评指正。

目　　录

1 绪　论

1.1 研究背景与意义

1.1.1 研究来源

本书的研究主题和具体研究问题主要来源于三个方面。首先，研究主题的确定得益于笔者的国家自然科学基金青年项目“渠道竞争环境下电商供应链运营与融资联合决策研究”（No. 71901221）和博士生导师的国家自然科学基金“互联时代 C2M 高适应性供应链管理的若干关键问题研究”（No. 71472069）。其次，从行业背景上看，研究主题和具体研究问题的确定源自于持续跟踪和了解实践中供应链金融业务的发展趋势，并分析其面临的现实问题。最后，通过“国家建设高水平大学—联合培养博士生项目”与国外博士生导师开展的学术合作也促进了本书具体研究问题的确定。

1.1.2 研究背景

现代企业之间的竞争已经由单个企业之间的竞争转变为供应链之间的竞争。供应链是由原材料供应商、制造商、渠道商、批发商、零售商和最终消费者等多个不同相互独立的主体组成的分布式系统。对物流、信息流和资金流的研究构成了供应链管理的全部内容。然而，长期以来大量的研究主要集中在对物流和信息流的研究上，忽视了对资金流的关注以及资金流与物流、信息流之间的互动关系研究。实际上，资金流的畅通是打造具有高响应性、高效率型和高柔性三大全新特征的新一代高适应性供应链的基础，对于物流和信息流的高效运作以及供应链竞争力的提升具有非常重要的意义。然而实践中，作为企业生存与发展必备的资源之一，企业特别是中小微企业面临资金短缺是常态。随着经济全球化的发展，供应链上的生产活动逐渐向中国、印度、东南亚等成本洼地转移，而这些发展中国家往往面临企业资金短缺严重、资本市场不完善等问题。因此，供应链受节点企业的资金瓶颈制约是一个全球普遍的问题。尤其随着近年来全球经济下行，市场竞争加剧，企业的运营以及供应链的发展越来越受到资金短缺问题的制约。

针对资金短缺问题，向外部金融市场申请商业贷款是企业的主要融资举措。然而，供应链上的中小微企业普遍存在市场规模小、内部制度不健全、信用水平低、融资风险较大等问题，因而其贷款申请往往遭到银行等外部金融机构的拒绝。目前，中小企业的融资情况变得更加不容乐观。根据最新的 Biz2Credit 小企业贷款指数，大银行的小企业贷款批准百分比（资产为 1000 万美元 +）在 2022 年 7 月降至 15.3%，相比之下，大银行批准了 27.7% 在 2019 年 7 月收到的资金申请。小型银行仅批准了 21.2% 的商业融资申请，与三年前的 50.1% 的批准率相比大幅下降（Biz2Credit 2019，2022）。节点企业的融资困境严重影响了供应链上资金流的顺利流通，从而对其他成员企业的效益造成了负面影响。为了解决企业的融资困境，受资金约束节点企业的上下游企业经常为其提供基于供应链的内部融资方式，如贸易信用、供应商担保贷款、提前付款、买方信用、贸易补贴等。这些基于供应链上下游贸易的内部融资方案一方面可以解决节点企业的融资困境问题，另一方面还可以有效地克服信息不对称、道德风险以及价格歧视等问题，因而在实践中得到了广泛运用。

针对下游买方的资金短缺，两种流行的上游卖方支持的供应链融资策略是贸易信贷和供应商担保贷款。贸易信贷由供应商扩大到买方，允许后者通过收取一些利息来延迟付款，以便于能从前者购买产品。贸易信贷在公司资产负债表中反映为“应付/应收账款”，是一种标准的短期融资工具。在过去四年中，美国非金融企业资产负债表上的应付账款分别是银行贷款的 1.33 倍、1.38 倍、1.18 倍和 1.45 倍（美国联邦储备委员会，2022）。或者，在供应商担保贷款中，当买方获得银行贷款时，供应商充当买方的担保人。具体而言，如果买方违约，供应商必须向银行偿还一部分未偿还贷款。信用担保计划是供应链实践中的典型做法。一个例子是中国最大的饲料生产商之一新希望集团（NHG）。NHG 于 2007 年开始为向 NHG 购买饲料的农民提供担保融资，截至 2021 年底已获得超过 100 亿元的贷款（Puhui，2022）。另一个是恒丰银行，这是一家通过信用担保计划提供贷款以支持中小企业的中国商业银行。一个典型案例是宁波市的一家机械设备零售商。零售商通过上游制造商的信用担保从恒丰银行获得贷款（Yan et al.，2016）。

当上游供应商出现资金短缺时，下游制造商或零售商会面临供应中断风险，从而影响整个供应链的利益。为缓解供应商由于资金短缺而造成的产能约束问题，下游买方通常为上游供应商提供各种资金援助，如最常见的提前付款和买方贷款。提前付款在汽车、大型装备制造业、电子产品、能源、医疗等各行各业中都有着广泛的应用。此外，一些大型零售商，如：好市多、亚马逊和梅西百货，通过提前支付来帮助受资金约束的上游供应商。另外，随着电子商务的发展，许多电子商务平台作为电商供应链中的一员，也开始为平台上的供应商提供电商贷款服务。负责阿里巴巴旗下小贷公司运营的阿里金融业务部，截至 2012 年 6 月末，贷款总金额超过了 260 亿元，提供了融资服务的中小微企业已累计超过了 129 万家。同年 7 月，阿里的金融业务部门给公司所创造的收益单日利息就达到了 100 万元。全年利息收入高达到 3.65 亿元①。2012 年 12 月 6 日，苏宁电器发布公告称，由苏宁电器集团与其全资香港的子公司出资共同发起，在重庆设立“苏宁小额贷款公司”，即苏宁小贷公司，旨在帮助解决中小微企业所面临的融资难问题。京东通过其金融子公司京东金融为供应商提供金宝贝融资服务计划，该计划设定一个固定贷款利率；此外，亚马逊通过亚马逊借贷计划为小型供应商提供贷款支持。不难看出，为了解决供应商的融资难问题，各电商平台除了提供传统的营销服务外，还开始纷纷涉足供应链金融业务。

伴随着广泛的信贷行为，企业信用违约的现象更加普遍。以中国为例，据统计，中国民营企业的平均寿命只有 2.9 年，中国每年约有 100 万家民营企业破产倒闭，60% 的企业会在 5 年内破产，85% 的企业会在 10 年内消亡，能够生存 3 年以上的企业只有 10%，大型企业集团的平均寿命也只有 7.8 年。其中有 40% 的企业在创业阶段就宣告破产②。破产风险不仅对企业自身造成

① 电商小额信贷尚待政策引导．中国电子商务研究中心．2012 年 12 月 10 日，http：//www.100ec.cn。

② 中国企业破产率分析，2011. http：//china.findlaw.cn/gongsifalv/pochanfa/pochanfaanli/gongsi-pochananli/109651.html。

了危害，而且由于企业破产时造成的供应中断、信贷违约等后果也给供应链其他成员带来巨大损失。惨淡的市场需求导致的债务人信用违约风险给供应链带来了不可忽视的威胁。债务违约会产生一定的违约成本，通常包括法律、监控和管理成本（Townsend，1979；Tirole，2006；Almeida & Philippon，2007）。另外，向供应链其他成员授信会占用企业的营运资金，导致其失去其他投资机会，从而会产生资金的机会成本。机会成本是微观经济学中的一个重要概念和分析工具，其中贸易信用产生的机会成本已在经济学文献中讨论过（Oh，1976；Emery，1984；Martínez-Sola et al.，2013）。

上面的论述表明，资金短缺是企业面临的常态，为了缓解企业的资金约束，贸易信用、买方信用、担保贷款等基于供应链贸易的内部融资方式在实践中被广泛运用。同时，债务违约风险带来的违约成本和供应链内部授信导致的资金机会成本是供应链金融业务所不可忽视的两大摩擦因素。然而，传统的供应链管理忽略了资金约束以及违约和机会成本这两个要素对供应链运营决策的影响。这主要是有两个方面的原因：第一，根据财务金融中著名的MM理论（Modigliani & Miller，1958），在完善的资本市场中，企业的运营决策和金融决策是相互独立的；第二，在实践中，企业的运营部门和财务部门是独立运作的。然而，现实中的资本市场是不完善的，存在信息不对称、交易成本等各种摩擦因子，因此，从理论层面上来讲，企业的运营决策与金融决策是相关的。而且，实践表明，现代企业各部门之间的交流和融合越来越紧密，为企业联合运营和金融决策提供了有利条件。在传统供应链管理的基础上进一步考虑企业的资金短缺和违约风险，使得企业的运营决策更加吻合实际情况，但同时也加大了企业在定价、生产、订货和库存等方面决策的难度。同时考虑资金约束和两类摩擦成本时，不同融资模式下企业的联合运营和融资决策是一个非常复杂的问题，因此，有必要对此问题展开研究。

1.1.3 研究意义

本书研究内容具有补充学术理论和指导实践的双重意义。

1. 本书研究成果是对现有的运营与金融交叉领域研究文献的补充

运营与金融交叉研究属于一个比较新的研究领域，理论成果相对滞后。已有的研究文献大多是在完善资本市场的假设下展开的，集中于从单个企业的视角出发，以 EOQ 模型为背景考虑企业的最优库存决策问题，只有少量文献从供应链的视角出发，研究不确定性需求下资金约束对供应链上各企业定价、生产、订货等运营决策的影响。这些从供应链视角展开的文献集中研究银行贷款和贸易信用融资，对担保贷款和买方信用这些其他类型的融资方案关注相对不足。本书考虑市场不完善因子违约成本和机会成本，从供应链视角对贸易信用、担保贷款、买方信用和银行信用融资模式下的供应链联合运营与融资决策展开研究，弥补了现有的运营与金融交叉领域研究文献的不足。

2. 本书研究成果进一步丰富了供应链契约理论的研究内容

本书从供应链协同理论和寄售合同理论两个层面丰富了供应链契约理论的研究内容。一方面，目前供应链协同理论的学术文献中，只有少量文献考虑资金约束问题，而只有 Kouvelis 和 Zhao（2016）的一篇文献同时考虑了资金约束和违约成本因素。因此，本书第 7 章的供应链协同契约设计进一步丰富了供应链协同理论的研究。另一方面，关于寄售模式下资金约束问题的文献基本上都集中研究联合经济批量（Joint Economic Lot Size，JELS）库存决策问题，只有少量几篇文献（Lai et al.，2009；Chen et al.，2020；Gupta & Chen，2020）基于报童模型展开的。因此，本书第 5 章和第 6 章以电子商务为背景针对寄售模式展开的关于买方信用和电商信贷的研究丰富了寄售契约的研究内容。

3. 本书研究成果能够对供应链上的联合运营与融资决策提供指导

在现实环境中，资金短缺是企业尤其是中小微企业的常态。然而，目前实业界和学术界对物流和信息流的关注较多，对于供应链上的资金流却关注较少。同时，现实中普遍存在的信贷违约所带来的违约成本和授信过程中资金占用导致的机会成本等摩擦也对供应链造成了威胁。面对自身或供应链上下游伙伴企业的资金短缺和违约成本及机会成本，企业应当如何进行合理的运营和融资决策？这是企业经常面临的难题。本书综合考虑了资金约束和两类摩擦成本，在第 3、4 章和第 5、6 章分别针对下游零售商和上游供应商面临资金约束时的情形展开研究，并得到了供应链上各成员企业的最优决策，第 6 章针对受资金约束供应链设计了协同管理方案，各章的研究成果均能为企业在不同情形下的联合运营与融资决策提供有效指导，从而提升供应链的物流和资金流的管理水平，提高供应链的竞争力。

1.2 研究思路与研究内容

1.2.1 研究思路

图1-1描述了本书研究的基本逻辑框架。

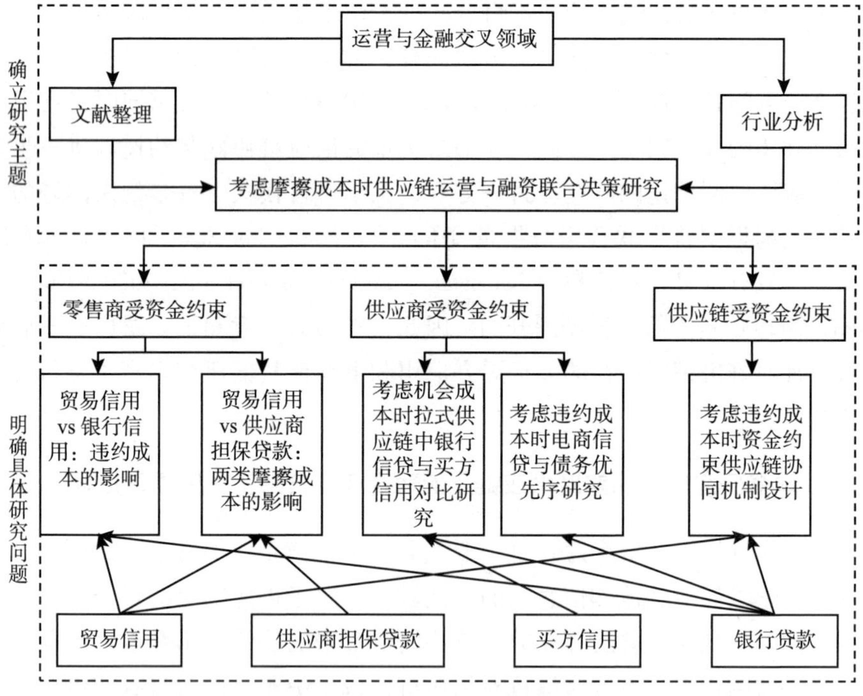

图1-1　本书研究的逻辑框架

基于对运营与金融交叉领域研究文献的全面学习和总结，以及对实践中供应链金融业务的观察和分析，认识到以下事实：资金短缺和两类摩擦成本在实际中普遍存在，同时为了解决供应链企业的资金短缺问题，除了传统银行信用，各种基于供应链贸易伙伴支持的融资计划被广泛应用，如贸易信用、买方信用、担保贷款等。而已有的研究中，只有少量文献从供应链视角研究这些融资方式下供应链的运营与融资决策，极少量文献考虑两类摩擦成本。基于理论研究中的不足，确立本书的研究主题为“考虑摩擦成本时供应链运营与融资联合决策研究”。

针对不确定性市场需求下由单供应商和单零售商组成的单产品单周期二层级供应链，分别研究考虑摩擦成本存在时零售商受资金约束、供应商受资金约束和供应链受资金约束三种不同的情形，从三种不同的融资与运作环境出发，建立合适的数学模型进行量化决策分析。研究中考虑贸易信用、供应商担保贷款、买方信用和银行信用四种不同的内外部融资模式，通过数学模型的求解，得到不同融资模式下供应链上的联合运营与融资决策；结合数值分析，分析资金约束和摩擦成本两种要素对供应链运营决策的影响。

第一，零售商受资金约束。零售商在采购时经常面临短期流动资金短缺，从而限制了自身的订货决策。传统银行信贷和贸易信用是供应商在实践中最为常用的两种融资模式。两部贸易信用合同（即两个批发价：一个即时支付的批发价，一个延期支付的批发价）在实践中被广泛应用，其定价问题具有非常重要的实践意义。在考虑零售商信贷违约风险时，违约成本会增加供应商提供贸易信用的信贷成本，因而会影响供应商的定价决策。基于此，本书研究最优贸易信用合同的设计问题。进一步，与银行信用相比较，从不同视角来看，孰优孰劣？为了回答这个问题，本书进而展开贸易信用与银行信用之间的对比分析（见本书第 3 章）。另外，当零售商面临资金约束时，供应商可以提供贸易信用，亦可提供担保贷款。供应商应当如何在这两种融资方案中作出科学选择？此外，直观来看，贸易信用会占用供应商的资金，从而导致机会成本，但是由于供应商比银行更了解零售商和产品市场，因此具有更高的债务催收能力，从而导致较低的违约成本。因此，两类摩擦成本又会如何影响供应商的融资策略选择？最后，从零售商和供应链整体视角，对两类融资模式的偏好结构如何？为了回答这些问题，本书考虑两类摩擦成本存在时贸易信用和供应商担保贷款的对比研究（见本书第 4 章）。

第二，供应商受资金约束。供应商在进行生产活动时也会面临短期流动资金短缺，从而造成生产和供应中断。为了解决供应商的资金约束问题，下游零售商经常会提供基于供应链贸易的资金援助，如提前付款。特别地，随着电子商务的发展，阿里巴巴、京东商城和苏宁易购等电商平台纷纷对驻扎其平台上的供应商提供小额贷款服务。电商平台为什么竞相为供应商提供小额贷服务？由供应商和电商平台组成的拉式供应链在平台贷款（买方信用）

模式下会如何进行生产和定价决策？与传统银行信用相比，孰优孰劣？基于这些问题，考虑到电商平台信贷资金大都来源于银行系统，因此存在一定的资金成本，本书考虑供应商受资金约束以及买方存在资金机会成本的同时买方信用下的最优决策问题，并将其与银行信用进行比较（见本书第5章）。进一步，当供应商可以采取电商信贷和银行信贷混合融资模式时，平台应当如何设置贷款偿还优先序和合同定价？在该问题的驱动下，本书进一步考虑存在违约成本时电商信贷下的均衡决策以及混合融资模式下债务优先序问题（见本书第6章）。

第三，供应链受资金约束。在实践中，供应商和零售商可能会同时面临资金短缺。比如，在茶叶交易市场上，由于茶作物生长的季节性，交易市场在茶叶刚开始生长的短时期内突然对流动资金的需求量增大，因而上游供应商和零售商都可能面临资金短缺的问题。伴随大量信贷的使用和市场需求的波动，受资金约束企业破产风险增大。在此情形下，该如何有效地协同供应链上的信息流和资金流从而降低供应链上的违约成本是实践中面临的难题。基于此，本书考虑受资金约束供应链上的协同机制设计（见本书第7章）。

1.2.2 研究内容

根据1.2.1小节中的研究逻辑框架，安排本书各章的内容如下。

第1章：绪论。阐述了本书研究的背景和研究意义，对本书的研究逻辑思路、总体结构、主要内容与主要创新点进行了梳理总结，并介绍了本书采用的研究方法和技术路线。

第2章：相关文献综述。对相关的研究文献进行了系统性的分析与总结，主要包括以下两个方面：运营与金融的交叉领域研究文献和供应链契约理论研究文献。目的是分析现有文献的研究内容，找到当前研究的不足之处，明确本书的研究问题。

第3章：贸易信用 vs 银行信用：违约成本的影响。在不确定性市场需求和按订单生产的运作环境下，针对零售商存在资金短缺，分别研究违约成本存在时银行信贷下供应链的最优决策和贸易信用模式下供应商如何设计最优贸易信用合同，以及零售商的最优订货量，以实现各自期望利润的最大化。进一步，从供应商、零售商和供应链整体视角对两种融资模式展开对比分析。

第4章：贸易信用 vs 供应商担保贷款：两类摩擦成本的影响。由于市场需求不确定性，零售商可能面临违约风险，从而产生违约成本。另外，当供应商提供贸易信用时，由于资金占用会产生机会成本。本章考虑两类摩擦成本存在时贸易信用和供应商担保贷款下的均衡决策，并进一步从供应链各参与方以及供应链整体视角对比分析这两种有供应商支持的融资计划。

第 5 章：考虑机会成本时拉式供应链中银行信贷与买方信用对比研究。针对供应商面临资金短缺和买方存在资金机会成本的情景，以电子商务和电商平台为供应商提供小额贷款业务为背景，考虑不确定性市场需求和拉式供应链运作环境下，零售商在无外部融资、买方信用和银行信用三种模式下关于贷款利率和寄售费率的最优定价策略，以及供应商的最优产量决策。基于对三种不同情形展开对比分析，得出零售商和供应商最优融资策略选择。

第 6 章：考虑违约成本时电商信贷与债务优先序研究。以电商信贷为背景，针对供应商面临资金约束和债权人面临违约成本的情境，考虑不确定性市场需求和寄售模式运作环境下，供应链在电商信贷模式下的最优运营决策问题，并将其与银行信贷模式展开对比分析。进一步，考虑电商信贷和银行信贷双源融资模式下供应商和零售商的最优运营决策及债务优先序决策问题。

第 7 章：考虑违约成本时资金约束供应链协同机制设计。在不确定性市场需求和按订单生产的运作环境下，当供应商和零售商都面临短期流动资金短缺和违约风险时，考虑供应链上资金流和信息流的协同运作问题。本书重点考虑供应链协同契约的设计问题。为此，探讨了考虑资金约束和违约成本时供应链协同的充要条件。基于收益共享、回购和数量折扣三种经典的协同契约和贸易信用融资方式，设计协同契约方案，并讨论了各种契约的协同效果以及在供应链利润分配上的灵活性。基于经典协同契约在协同供应链上的存在的缺陷，提出了一种新型的收益共享契约，该契约能够实现供应链的自愿协同和利润在供应链上的自由分配。最后，讨论了该新型契约的价值以及在实践应用时的局限性。

第 8 章：总结与展望。一方面，对本书的研究内容进行了全面的总结，概括出本书得到的研究成果与主要结论，另一方面指出了下一步的研究方向。

1.3　研究方法与技术路线

本书采用的研究方法和依循的技术路线如图 1 – 2 所示。

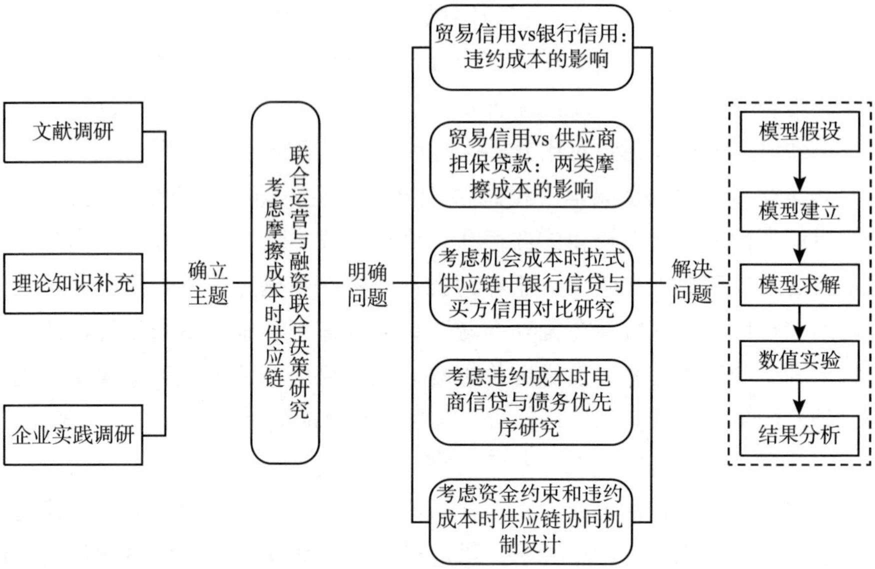

图 1-2　研究技术路线

（1）对现有的运营与金融交叉领域、供应链契约理论研究以及财务金融理论研究的国内外文献进行全面学习和总结，了解研究现状与发展趋势。

（2）通过企业调研、实习等途径进一步认识实践中供应链金融①的发展现状，包括不同行业中最新运作模式、融资模式以及面临的问题。结合学术文献和实践调研，确立本书的研究主题。

（3）对研究主题作进一步的细化分析，根据供应链上受资金约束对象的不同，确定本书的五个具体研究问题。

（4）基于对研究问题的分析，深入研究供应链金融、供应链寄售契约和协同契约等方面的理论、方法，补充相关的数学建模和优化求解方法，为后续解决问题奠定基础。

（5）通过对研究问题核心的聚焦，作出合理假设。结合已有的研究模型和假设，建立合理的数学模型，确保模型是企业实际问题的抽象，并能够涵盖企业运作中的关键因素，重点解决存在资金约束与摩擦成本时供应链上联合运营与融资模型的建立问题。

---

① 本书中，“供应链金融”是狭义的概念，特指基于供应链的融资问题，属于运营与金融交叉研究的一个分支。

（6）针对建立的数学模型，利用数学分析、凸分析、运筹学、博弈论和高级微观经济学等学科中的一阶最优条件、隐函数定理、包络定理、凹凸性分析方法，以及斯坦伯格博弈、序贯博弈等理论方法进行模型的分析求解。

（7）依据模型定量分析结果，设计相应的数值实验，开展更接近实际的决策研究。

1.4 研究创新

创新点 1：求得考虑摩擦成本时的最优贸易信用合同，并得到了贸易信用与银行信用、供应商担保贷款模式下的对比性结果。

贸易信用合同是一种非常重要的短期融资方式，在实践中有着广泛的应用，因而设计一款能综合考虑各种风险要素的贸易信用合同具有非常重要的实践意义。在已有的运营管理领域的研究文献中，只有 Kouvelis 和 Zhao（2012）的一篇文献考虑了最优贸易信用合同的设计问题，然而，该文假设资本市场完善，并没有考虑摩擦成本的因素，从而忽略了市场摩擦因子违约成本和机会成本对供应链上各参与方运营决策的影响。基于此，本书拓宽 Kouvelis 和 Zhao（2012）的假设，在进一步考虑两类摩擦成本的情况下，通过数学建模和一系列复杂而富有技巧性的求解方法，得到最优贸易信用合同，使其更接近实践中的真实情况，进而从供应商和零售商以及供应链整体视角分别对贸易信用和银行信用、贸易信用和供应商担保贷款展开对比分析，揭示了贸易信用的优点和潜在弊端。

创新点 2：得到了摩擦成本存在时买方信用模式下拉式供应链的最优运营决策，并得到买方信用与银行信用的对比性研究结果。

当供应商面临资金约束时，除了传统的银行信贷，下游买方经常会给供应商提供各种资金援助。特别地，随着电子商务的发展，以阿里巴巴、京东商城和苏宁易购为首的电商平台纷纷为驻扎其平台的供应商提供信用贷款。以此为背景，本书以由面临资金短缺和违约风险的供应商和电商平台（零售商）组成的二层级拉式供应链为研究对象，分别考虑零售商存在资金机会成本和违约成本时买方信用模式下的最优运营与融资联合决策，为平台关于寄售费率和贷款利率的定价决策以及供应商的生产决策提供了有益指导，并从运营学视角为实践中电商平台竞相为供应商提供信用贷款的现象提供了一种解释。

创新点3：解析了考虑资金约束和违约成本时电商信贷和银行信贷双源融资模式下贷款偿还优先序的最优决策。

在电商背景下，电商平台上的第三方供应商在面临流动性资金短缺时，一方面，可以通过传统的银行信贷渠道获得融资，另一方面，也可以向平台申请电商信贷。第三方供应商大都是中小微企业，具有较高的违约风险，从而给债权人带来潜在的违约成本。从电商平台视角来看，当供应商可以从双重渠道同时获得融资的时候，其应当如何设定贷款偿还优先序。基于此，本书以由面临资金短缺和违约风险的供应商和电商平台（零售商）组成的二层级寄售型供应链为研究对象，考虑存在违约成本时不同优先序下混合融资模式的最优运营与融资决策。通过对不同贷款优先序下电商平台绩效的比较，解析最优贷款偿还优先序。

创新点4：提出了考虑资金约束和违约成本时的供应链协同方案。

如何有效协同供应链上的资金流和物流从而提升供应链的效益是实践领域经常面临的问题。资金短缺和违约风险在实践中普遍存在，中小微企业尤甚。然而，大部分设计供应链协同策略的文献都忽略了资金短缺问题，在少部分考虑资金约束的文献里，只有 Kouvelis 和 Zhao（2016）的一篇文献进一步考虑企业的违约风险及其带来的违约成本。Kouvelis 和 Zhao（2016）假设供应商和零售商均能获得银行信用。然而，供应链上大部分节点企业都是中小微企业，而中小微企业在资本市场上经常面临“融资难”的困境。基于此，本书考虑了下述情形：只有上游核心供应商可以申请到银行信用，而下游零售商只能依靠贸易信用解决自身资金短缺问题，并针对此情形提出了相应的供应链协同方案。该方案能够指导实践中存在中小微节点企业的供应链如何有效地协同物流和资金流。

创新点5：揭示了资金约束和摩擦成本对供应链最优决策及最大利润的影响。

资金短缺和摩擦成本在实践中普遍存在，尤其对中小微企业。然而，到目前为止，只有少量文献考虑摩擦成本对受资金约束供应链运营决策的影响，比如：Kouvelis 和 Zhao（2011）在银行信用模式下定量地探究了资金约束和违约成本对供应商和零售商最优决策以及各自利润的影响。基于此，本书在不同的运作和融资环境下，运用解析的方法揭示了资金约束和摩擦成本对供应链上最优决策及最大利润的影响。具体地，本书第3章研究了在贸易信用和银行信用下资金约束和违约成本对零售商订货量、供应商批发价和信贷利率以及供应商和零售商利润的影响，以及对两种融资模式选择的影响；本书第4章研究了在贸易信用和供应商担保贷款模式下两类摩擦成本对供应链各方最优决策和绩效的影响，以及对两种融资模式选择的影响；本书第5章研究了资金约束和机会成本对银行信用和买方信用两种不同模式下供应商产量以及供应商和零售商利润的影响；本书第6章研究了资金约束和违约成本对电商信贷下供应链最优运营决策的影响，以及对双源融资模式下债务偿还优先序的影响；本书第7章研究了资金约束和违约成本对广义收益共享契约相对于传统收益共享契约在提升供应链效益方面的影响。

2 相关文献综述

2.1 供应链金融理论研究

本书研究属于运营与金融的交叉领域，运营与金融的交叉研究是一个新兴的领域，近年来引起了诸多学者的关注。总体而言，运营与金融的交叉领域主要集中研究以下三个方面的问题。第一，研究企业资本结构对企业运营决策（如库存、定价、供应商选择）的影响，如财务困境对运营决策的影响，相关研究包括 Swinney 和 Netessine（2009），Boyabatli 和 Toktay（2011），Chod 和 Zhou（2014），Birge 等（2015），Iancu 等（2017），等等；又如股市估值对企业运营决策的影响，包括 Lai 等（2012），Lai 和 Xiao（2012a，2012b）。第二，研究运营与金融风险管理问题，主要运用运作期权、金融期权、实物期权和保险契约等手段进行风险管理，其中期权契约研究如 Boyabatli 和 Toktay（2006a），Ding 等（2007），Chod 等（2010），Dong 等（2014a，2014b），Turcic 等（2015），Kouvelis 等（2018），等等，保险契约的相关研究如：Li 等（2016），Yang 等（2021），等等。第三，供应链金融，考虑供应链中企业的资金约束问题，研究企业的最优联合运营与融资决策。

本书研究属于上述第三方面研究内容的范畴，因此接下来重点对这方面的研究文献进行回顾和综述。根据供应链上受资金约束企业融资方式的不同，上述第三方面的研究文献可以分为两类：一类基于供应链内部融资模式展开研究，而内部融资方式又可分为供应链上游企业提供给下游企业的贸易信用和下游企业提供给上游企业的提前付款、买方贷款（统称为“买方信用”）；另一类基于供应链外部融资方式展开研究，比如银行融资，第三方物流公司融资等。基于以上分类逻辑，下面将从贸易信用、买方信用和外部融资三个方面进行具体综述。

2.1.1 贸易信用研究

贸易信用又称为赊销或延期支付，是指供应链上游卖方授权给下游买方延期支付货款的一种短期融资方式。据估计，英国80%以上的B2B交易使用贸易信贷融资（Wilson & Summers，2002），而美国约80%的企业以贸易信贷的方式出售产品（Tirole，2006）。在国际上，贸易信贷的使用率甚至高于短期银行信用（De Blasio，2005）。贸易信用融资在实践中的广泛应用引起了来自各个学科的学者的关注，比如金融学、会计学、市场营销学、运营学等。由于本书的研究主要是从运营学的角度切入的，因而只回顾与运营学相关的贸易信用融资方面的研究文献。总体而言，关于运营学领域贸易信用融资的研究文献主要分为以下两类：第一类是基于经济批量订货/生产模型（EOQ/EPQ）进行建模分析的，主要研究贸易信贷模式下企业的最优库存策略，包括订货批量、周转期等；第二类是基于报童（Newsvendor）模型展开的，主要从运营学视角探讨贸易信贷融资方式在现实生活中广泛应用的内在机理、贸易信贷合同的参数设计等。

首先回顾第一类以EOQ/EPQ模型为基础的相关研究文献。贸易信用融资方式的出现减少了下游买方的库存持有成本，因而影响了买方的经济订货批量（EOQ）。Goyal（1985）首次考虑供应商提供贸易信用时零售商的最优EOQ。随后，学者们从不同角度对Goyal（1985）的模型进行了拓展。Aggarwal和Jaggi（1995）在Goyal（1985）的基础上考虑易变质商品，如蔬果、时尚产品、高科技产品等。之后，很多学者针对易变质商品的EOQ问题展开了一系列研究，如：Hwang和Shinn（1997），Liao等（2000），Chung和Huang（2007），Liao（2007），等等；Jamal等（1997）通过允许零售商库存缺货，进一步拓展了Goyal（1985）模型，基于此的相关研究如Sarker等（2000），Chang和Dye（2001），Ouyang等（2006），等等；Huang（2003）考虑零售商获得上游贸易信用融资，同时给自己下游消费者提供贸易信用融资的情形。随后诸多学者展开了上下游双重贸易信贷情形下的EOQ问题。如：Liao（2008）进一步拓展Huang（2003）的模型，考虑针对变质商品的最优生产批量（EPQ），其他相关研究包括Thangam（2012），Chen等（2014），Liao等（2014），Wu等（2014），Chung等（2014），Wu等（2016）；部分学者从需求角度对Goyal（1985）模型进行改进，有的研究将常数需求量拓展为函数形式需求量，如：Min 等（2010）假设需求依赖于手头持有的库存量，而 Teng 等（2012）假设处于成长期的产品需求为时间的递增函数。有的研究将常数需求量拓展为随机需求，如：Gupta 和 Wang（2009），Sana（2015），Chuang 和 Chiang（2016）；Teng（2002）采用单位零售价格而非单位成本来计算期望收益，并得到了一个简易的解析解形式，从而修正了该模型；Teng（2009）将消费者分为讲信誉和不讲信誉的，并在此基础上考虑零售商的 EOQ；Chen 等（2014a，2014b）在不同的贸易信用合同下考虑零售商的最优 EOQ；以上拓展研究都是假定贸易信用合同是外生给定的，有几篇文献拓宽了这一假设，考虑信用期的决策问题，并将其作为一种供应链协同的手段，如 Sheen 和 Tsao（2007），Sarmah 等（2007）。

接下来回顾第二类以 Newsvendor 模型为基础的相关研究文献。大部分此类文献站在供应链的角度，研究供应链上游和下游之间的博弈，从不同角度诠释贸易信用融资方式在日常生活中被广泛应用的内在机理。其中，一部分文献将贸易信用融资与银行融资方式进行对比，指出相较于银行融资，贸易信用融资能够激励下游买方订购更多的商品，有效缓解双重边际效应，因而更受上游卖方的青睐。比如：Kouvelis 和 Zhao（2012）假设金融市场是完全竞争的，因而银行信用是公平定价的，并在此假设下对银行融资和贸易信用融资方式进行对比分析，结果显示：从供应商和供应链的视角出发，贸易信用融资方式永远优于银行融资，而从零售商的视角出发，当其流动资金水平超过一定阈值时，其更偏好贸易信用融资。此方面的相关文献还包括 Jing 等（2012），Kouvelis 和 Zhao（2018），Yang 和 Birge（2018）。另一个分支的文献表明：在信用融资方式下，下游债务者偿还债务的能力依赖于最终的市场需求，因而贸易信用融资方式是一种风险共担机制，从而可以作为一种供应链协同的工具。Chang 和 Rhee（2010，2011）研究受资金约束环境下的供应链协同问题，在各种传统协同契约（如：收益共享、回购、数量折扣）的基础上加入贸易信贷项，设计各种供应链协同契约并进行对比分析。其他文献如 Chen 和 Wang（2012）、Kouvelis 和 Zhao（2016）、Xiao 等（2017）、Devalkar 和 Krishnan（2019）等。还有少许文献从其他角度阐述贸易信用融资方式的优势。Babich 和 Tang（2012）指出贸易信用能够有效预防供应商在产品制造过程中的造假问题。Chod（2017）表明贸易信用能够有效降低下游机会主义行为（如资金转移和风险转移）造成的供应量道德风险。Hu 等（2018）指出统筹资金可能是贸易信用被广泛运用的另一个潜在原因。针对受资金约束的竞争型供应链，Peura 等（2017）指出贸易信用能够弱化零售商之间的横向价格竞争，而 Wu 等（2019）表明上游制造商可以通过向弱势的下游零售商授予贸易信用抗衡强势零售商的讨价还价行为。除了探讨贸易信用的内在动机，还有部分文献研究基于贸易信用的其他拓展问题（Yang & Birge, 2011；Li et al.，2016；Yang et al.，2015，2021；Xu & Fang，2020；Shi et al.，2021；Jiang et al.，2022）。其中，Yang 和 Birge（2011）考虑不同债务优先序对贸易信贷的影响，Yang 等（2015）分析贸易信用下企业的破产风险造成的供应链效应，Li 等（2016）和 Yang 等（2021）设计最优贸易信用险合同。

2.1.2 买方信用研究

当上游供应商面临资金约束时，下游买方可以利用提前付款和买方贷款两种不同信用模式缓解供应商的资金困境。其中，提前付款是指供应链下游买方在正式交款期之前提前支付货款给上游卖方的一种行为，而买方贷款则指的是下游买方作为债权人直接给上游供应商借贷的行为。

关于提前付款的相关研究文献可以分为两大类：一类是基于 B2B 商业环境的，另一类是基于 B2C 商业环境的。基于 B2C 的文献主要研究预售和众筹（Tang et al.，2001；Xie & Shugan，2001；Belleflamme et al.，2013；Hu et al.，2015）。由于本书的研究问题是基于 B2B 商业环境的，所以本部分文献综述只关注 B2B 环境下关于提前付款策略的研究。根据研究方法论和内容的不同，B2B 供应链下关于提前付款策略的文献主要分为以下两类：第一类基于 EOQ 模型进行建模分析，主要研究提前付款模式下企业的最优库存策略，如订货批量等（Maiti et al.，2009；Gupta et al.，2009；Thangam，2012；Zhang et al.，2014）；第二类是基于 Newsvendor 模型展开的，主要分析提前付款策略的风险分担功能和融资功能。由于本书研究属于第二类，因此以下只阐述第二类文献的相关研究内容。

在 B2B 环境下基于 Newsvendor 模型的提前付款策略研究中，一部分此类文献假设供应商资金充足，只关注提前付款策略的库存风险分担功能（Cachon，2004；Dong & Zhu，2007；He & Khouja，2011；Davis & Katok，2011；Liu 等，2014）。另一部分文献考虑供应商受资金约束情形下提前付款策略的融资功能。例如：Lai 等（2009）考虑由受资金约束的制造商和零售商组成的二级供应链，比较推式、拉式和提前购买折扣三种契约下的供应链效益。王文利和骆建文（2013）考虑供应商面临资金约束的供应链，分别研究零售商提前付款的内部融资模式和零售商为供应商提供担保向银行借款的外部信贷模式下供应商和零售商的最优生产决策和融资决策。而李超和骆建文（2016）将预付款融资和传统的外部银行融资模式进行对比分析，指出预付款融资能够提升供应链的运作效率。占济舟（2014）在王文利和骆建文（2013）的基础上进一步考虑零售商提前付款享有批发价折扣优惠。王文利和骆建文（2014）、王文利等（2014）研究了预付款融资模式下供应商和制造商的均衡生产、定价和融资策略。钱佳和骆建文（2015）研究了预付款融资下的供应商定价策略。另外，有几篇文献研究预付款融资模式下的供应链协调问题。马中华和曾剑明（2015）以供应商、制造商和零售商构成的三级供应链为研究对象，指出预付款融资和收益转移机制可以在缓解供应链资金约束问题的同时实现供应链协调。钱佳和王文利（2016）以拉式供应链系统为研究对象，分析供应商资金约束对供应链绩效的影响，研究供应商折扣批发价的定价策略，得到帕累托改进的条件，从而协同供应链。李超和骆建文（2016）设计基于零售商预付款的收益共享协调机制，得到了机制参数须满足的条件。Dong 等（2023）探究如何使用预付款作为多层供应链中的融资工具，以减轻供应中断风险，并比较传统供应链系统（可见度有限）与区块链支持的系统（完美可见度）。

关于买方贷款的研究文献相对较少。Deng 等（2018）以受资金约束的装配系统为研究对象，对比买方贷款和传统银行贷款，指出当买方资金机会成本较低时，买方贷款优于银行贷款。Dong 等（2019）以由多个陷于古诺竞争的卖家和电商平台构成的电商供应链为研究对象，研究发现：电商信贷会恶化卖家之间的竞争生态，使其变得更加糟糕。但是平台可以通过策略性地调整贷款参数（比如：贷款限额、贷款计划的覆盖率）来降低卖家的这种囚徒困境。Chen 等（2020）以由单个受资金约束的供应商和单个零售商组成的拉式供应链为研究对象，对比传统银行贷款、买方贷款和买方提前支付三种不同融资策略，得出各自占优的区间。同样以电商信贷为研究对象，Gupta 和 Chen（2020）研究寄售模式下银行贷款与电商信贷混合融资模式，并考虑不同还款优先序对均衡决策的影响。Wang 和 Xu（2022）指出，当以买方贷款作为一种运输前融资计划时，智能合约可能会阻止零售商向供应商提供买方直接贷款，从而给供应商带来显著的伤害，降低供应链利润。

2.1.3 外部融资模式研究

当供应链中的成员企业面临资金约束时，除了贸易信用、提前付款、买方贷款等内部融资方式，银行等外部金融机构也是一种获取资金服务的重要渠道。运营管理领域与此相关的研究文献主要分为两类。第一类文献以单个企业的视角，研究其面临资金约束时的运营与融资交互问题；第二类文献从供应链角度，研究当供应商或零售商受资金约束时，供应链上各成员企业的生产、定价、库存决策等问题。

首先回顾第一类研究文献。大多数学者从企业角度，研究在外部银行融资策略影响下，企业的生产、库存、订货等决策问题。Xu 和 Birge（2004）首次将资金约束引入单周期的报童模型，研究企业的资金约束和资本结构（负债权益比例）对企业库存决策的影响。Xu 和 Birge（2006）将基于预测的折现红利定价模型放入到基于最优化的估价框架中，用随机规划方法做生产与融资联合决策。Babich 和 Sobel（2004）研究一个处于成长期的私有企业在 IPO 前期的联合运营与金融决策，以期最大化企业在 IPO 过程中的期望现值。Boyabatli 和 Toktay（2006b）研究表明，公司可以通过向外部市场借贷（由实物资产担保的商业贷款）来增长自己的有限资金，而且可以通过金融风险管理来改变资金分布。De Véricourt 和 Gromb（2018）采用最优合同的方法来研究一个受限于道德风险而不能获取外部融资的企业的产能决策。一些研究将企业的财务状态纳入到模型中，考虑不同融资模式下企业的动态库存控制和最优库存策略（Buzacott & Zhang，2004；Hu & Sobel，2007；Chao et al.，2008；Gupta & Wang，2009；Li et al.，2013；Luo & Shang，2015，2019；Ning & Sobel，2018）。也有一些研究负债对企业运作灵活性的影响（Boyabatlı & Toktay，2011；Chod & Zhou，2014；Iancu et al.，2017）。

也有部分学者从银行等外部借贷机构的角度研究在企业库存策略影响下，贷款利率、质押率的决策问题。Dada 和 Hu（2008）考虑一个受资金约束的单周期报童，研究风险中性银行的利率决策问题，并从银行的视角提出一个非线性借贷合同来协同报童。Chen 等（2012）针对第三方物流公司的物流金融服务，研究其贷款利率的决策问题，并将其与银行融资和贸易信贷融资进行比较分析。国内诸多学者针对在实践中被广泛运营的存货质押融资展开研究。李毅学等（2007）针对价格随机波动的存货，应用“主体 + 债项”的风险评估策略，研究下侧风险规避的银行在质押存货的期末价格服从一般分布和几种具体分布时的质押率决策。王文辉等（2008）在分散决策条件下分别从信息对称和不对称的假设出发，通过分析利率、贷款限额对企业期望收益的影响逐步得出银行最优的信贷合约设计，并给出了通过信息共享方式消除信息不对称的必要条件。张钦红和赵泉午（2010）研究了当存货的需求随机波动时，银行的最优质押率决策问题，并详细分析了不同的风险偏好对质押率的影响。李梦等（2010）研究了存货质押融资业务中企业违约后银行高效率、低成本清算质押存货的最优清算策略。其他相关研究如：李毅学等（2011），何娟等（2012），白世贞和徐娜（2013），潘永明和倪峰（2015），鲁其辉等（2016），等。

接下来回顾第二类研究文献。部分学者从外部融资角度研究银行贷款模式下企业的最优运作策略以及供应链协调等问题。陈祥锋等（2008）研究了由单一供应商和单一零售商组成的供应链中金融和运营的综合决策问题及其影响，研究表明：当零售商出现资金不足时，融资服务可为整个供应链创造新价值，并且资本市场的竞争程度将直接影响零售商、供应商和金融机构的具体决策。Lai 等（2009）针对受资金约束的两层级供应链，研究推式、拉式和推拉混合式三种不同契约模式下供应商的最优决策以及供应链绩效。Caldentey 和 Haugh（2009）比较了含有资金约束零售商供应链在对冲和不对冲情形下的绩效。Kouvelis 和 Zhao（2011）分析了银行融资情形下不同类型的破产成本对供应商定价和零售商订货决策的影响。另一部分学者研究各种基于供应链金融的银行贷款模式下供应链运营与融资联合决策问题，比如：担保贷款（Yan et al.，2016；Tunca & Zhu，2017；Zhou et al.，2020；Xu & Fang，2020；He et al.，2023；Chang et al.，2023），订单融资（Reindorp et al.，2018；Tang et al.，2018；Lee et al.，2022），保理和反向保理（Devalkar & Krishnan，2019；Kouvelis & Xu，2021）。

上述研究都假设金融市场是完全竞争的，银行信用是公平定价的，即供应链中的成员企业依据其自身市场风险一定能够获得相应利率的银行信用。该假设对于西方发达的金融市场是比较合理的，然而对于我国等发展中国家却不大适用。银行通常会采取一定的措施控制风险，这种情况下固定资产较少的中小企业就不一定能够顺利获得贷款金融市场。针对这种融资困境，“供应链金融”的概念被提出并在实践中得到广泛应用。供应链金融是指银行围绕核心企业，管理上下游中小企业的资金流和物流，把单个企业的不可控风险变为供应链企业整体的可控风险，通过供应链渠道获取各类信息，将风险控制在最低的金融服务。存货质押融资、订单融资和应收账款融资是供应链金融的三大主要模式，国内很多学者就这些模式展开了广泛研究。

存货质押融资方面的研究如下所述。晏妮娜和孙宝文（2011）在需求不确定环境下研究了供应链金融系统中受资金约束的零售商通过仓单质押融资的最优策略。易雪辉和周宗放（2011a）针对供应链金融中核心企业为中小企业提供回购担保的存货质押融资业务，建立双重斯坦伯格博弈模型，分析供应链企业的定价和库存决策以及银行的信贷决策机制。易雪辉和周宗放（2011b）与白世贞等（2012）研究了核心企业回购担保下银行的存货质押融资决策分析。白世贞等（2013）分析供应链金融中存货质押融资模式下的供应链协调问题。吴英晶和李勇建（2015）研究供应商回购承诺下的零售商存货质押融资决策。孙喜梅和赵国坤（2015）考虑单一核心企业和单一零售商构成的二级供应链，给出了供应链信用和信用乘数的概念，建立了考虑供应链信用水平的银行质押率决策模型，得到供应链存货质押融资情况下银行的最优质押率。

应收账款融资模式的研究如下所述。鲁其辉等（2012）根据供应链应收账款融资交易模型，建立了包含供应商、下游厂商和金融机构的多阶段供应链决策模型，研究了包含和不包含融资情况下相关企业的决策问题，得到供应链中各参与方在各阶段的期望收益，并通过数值分析研究了供应链应收账款融资对供应链成员和整个供应链的价值。辛玉红和李小莉（2014）从信息不对称角度构建了基于应收账款融资模式的供应链金融模型，比较分析了应收账款模式与传统模式下供应链各主体的效益差异，讨论了应收账款模式在降低各方成本、提高收益方面的优势。占济舟等（2014）从供应链内部企业利益最大化角度出发，建立了随机需求下的供应链决策模型，分别给出了供应链在分散决策和集中决策下，制造商愿意采用应收账款进行融资的条件，得到了供应链的最优产量和系统利润。马本江等（2015）在中小企业质押不足、存在应收账款的前提下，基于非对称信息博弈论给出了利用应收账款进行融资的“条件合同”。王宗润等（2015）研究了隐性股权下供应链金融系统中出现资金缺口时供应商通过应收账款融资的最优策略。

订单融资模式的研究如下所述。易雪辉和周宗放（2012）考虑单一供应商和单一零售商构成的二级供应链，零售商以其与制造商签订的产品采购合同向银行申请抵押贷款，将供应链上下游企业的决策引入银行基于下侧风险控制模式的贷款价值比决策模型，刻画供应链的决策对采购合同抵押价值的影响。银行和物流企业所主导的先票后货物流金融模式在业界得到广泛应用，针对这一现象，于辉和甄学平（2013）构建了由单个供应商、生产商和零售商所组成的收益驱动型供应链，研究了先票后货模式下生产商的融资决策问题。王文利等（2013）研究了银行风险上限控制下，供应链订单融资模式的最优运作策略，分析了银行风险上限对供应商和零售商最优决策的影响。于辉和马云麟（2015）研究了基于保理融资下的新业务——订单转保理模式，考虑供应链中零售商为供应商提供信用担保，通过设定保理回报率收取担保费用，以收益最大化为目标建立了单周期报童模型，探讨了该融资模式对供应链绩效和效率的影响及保理回报率对订货决策的影响。

2.2 供应链契约理论研究

Pasternack（1985）最早提出了供应链契约的概念。此后，学者们针对供应链契约开展了大量的研究，供应链契约研究也在很多方向上取得了长足的发展。供应链契约的相关研究十分丰富，由于与本书研究密切相关的是供应链协同契约理论和寄售契约理论，因而以下将回顾这两方面的相关研究文献。

2.2.1 供应链协同契约研究

Bresnahan 和 Reiss（1985）最先研究了批发价契约。由于批发价契约形式简单，管理方便，在日常生活中得到广泛应用。然而，由于在批发价契约下，零售商承担了所有的市场风险，这种风险分担的不均衡导致供应链无法协同，即分散决策下的供应链总体利润小于集中决策下供应链利润。为了解决这一难题，众多学者展开了关于供应链协同契约理论的基础性研究。部分学者提出了回购契约并对其展开了系列研究。Pastermack（1985）最早提出回购契约，该文研究了生产一类易逝品的供应商的定价策略并设计了能够协同供应链的回购契约；Padmanabhan 和 Png（1995）提出了几种供应商采用回购契约的动机，并分析了回购契约在实践中的具体操作，以及如何通过回购契约来分担各项发生的费用；Padmanabhan 和 Png（1997）指出回购契约能够有效控制零售商之间的竞争；Donohue（2000）研究了具有多次生产机会和改善需求预测的回购契约；Taylor（2001）表明回购不同于价格保护。部分学者提出了收益共享契约并展开了系列研究：Cachon 和 Lariviere（2001）首次采用收益共享契约分析了报童模型，比较了集中决策与分散决策的结果，得出了回购合同和收益共享合同是等价的；Cachon 和 Lariviere（2005）在零售价格固定与不固定的随机需求模型中，对收益关系契约给出了一般性分析；Pasternack（2002）研究了只有一个零售商的供应链的协调问题，零售商在订购时可以选择部分产品使用收益共享策略，而余下采用批发价合同。部分学者提出了数量折扣契约并对其展开了系列研究。Monahan（1984）首先从供应商视角研究了最优折扣定价的问题；Kohli 和 Park（1994）研究了斯坦伯格博弈由卖方为领导者的数量折扣契约模型；Liu（2005）研究了随机需求下由一个零售商和一个供应商组成的供应链系统，且连续型数量折扣为极限的离散型数量折扣形式，采用数量折扣契约实现供应链协调的问题。除了上述协同契约，学者们还提出了其他各种形式的供应链协同方案，如数量弹性契约（Tsay，1999），销售回扣契约（Taylor，2001），承诺契约（Bassok & Anupind，1997），供应链期权契约（Bassok，2002），信息共享契约（Chen，1998，Lee & Tang，2000），等等。Cachon（2003）对各种形式的协同契约进行了一个全面的综述。

基于上述基本的供应链协同契约，近年来学者们作出了一系列拓展性和应用性的研究。有的学者从信息不对称的角度出发，如：Li 和 Zhang（2008）针对由一个制造商和多个存在竞争性关系的零售商组成的供应链，考虑存在信息披露和信息共享时供应链的协同问题；Zhou 等（2017）探究团购组织在促进信息共享和协调横向竞争方面的潜力，同时提出一种基于预测共享的补贴契约来协同供应链。有的学者从供应链成员的风险偏好这个角度出发，如：Li 等（2016）考虑一个由风险中性的供应商和风险厌恶的零售商组成的双渠道供应链，提出一种改进的风险共担契约来协同该供应链。有的学者从供应和需求不确定性角度出发，如：Qi 等（2004）考虑由一个供应商和一个零售商组成的两层级供应链中存在需求扰动时的供应链协同问题；Hu 和 Feng（2017）设计一种收益共享契约来协同具有供应和需求双重不确定性的供应链。有的学者从绿色供应链的角度出发，如：Basiri 和 Heydari（2017）针对既销售传统非绿色产品又销售新型绿色产品的供应链，提出一种协作模型来协同该供应链。有的学者从社会责任感的角度出发，如：Nematollahi 等（2017）研究由供应商和零售商组成的两层级供应链在社会责任感方面进行投资时的协同问题。上述研究都没有考虑资金约束问题，有少数学者从供应链成员企业的资金约束问题出发，研究相应的供应链协同问题。Da 和 Hu（2009）从银行视角提出一种非线性贷款计划来协同受资金约束的面临不确定性需求的零售商。Chang 和 Rhee（2010，2011）在收益共享、回购、数量折扣等传统协同契约的基础上引入贸易信贷项，设计一系列协同受资金约束供应链的机制。Kouvelis 和 Zhao（2016）假定供应商和零售商都可以从银行处获得融资，同时考虑信贷违约时产生的破产成本，设计相应的供应链协同契约。

2.2.2 寄售契约研究

寄售契约是除了批发价契约外另一种非常重要的契约形式，在各行各业中被普遍采用，如租赁业、零售和拍卖行业、医疗卫生行业等，尤其随着天猫、亚马逊（Amazon）和 Ebay 等电子商务虚拟市场的蓬勃发展，寄售模式在市场中占据了举足轻重的位置。在寄售模式下，上游产品供应商决定和管理库存，在商品被销售到消费者手中之前一直拥有商品的所有权，而零售商则从成功销售出去的商品中收取一定比例的收益提成。学者们针对寄售契约展开了大量研究，总体而言，寄售契约的研究文献主要可以分为如下两个类别：第一类文献研究寄售模式下的联合经济批量（Joint Economic Lot Size，JELS）库存决策问题，Braglia 和 Zavanella（2003）首次考虑寄售模式下的 JELS 库存管理问题，随后诸多学者展开了拓展性研究，如：Valentini 和 Zavanella（2003），Persona 等（2005），Gümüş 和 Jewkes（2008），Chen 等（2010），Braglia 等（2014），Zahran 等（2015），Lee 等（2017），等等；第二类文献研究针对单周期的供应链，建立供应商和零售商之间的斯坦伯格博弈，考虑最优生产/订货量、定价（如寄售价、零售价）等决策问题。由于本书的研究与第二类文献密切相关，以下只回顾这一分支的文献。

大部分此类文献集中研究由一个供应商和一个零售商组成的二层级供应链。针对此类型的供应链，Wang 等（2004）研究收益共享型寄售契约下零售商关于渠道成本的共担比例和需求价格弹性对供应链利润的影响，研究表明：分散供应链损失掉的利润递减于零售商共担成本比例，递增于需求价格弹性。Wang 等（2004）并没有探究供应链的协同问题，Li 等（2009）进一步采用合作博弈的方法（Nash 讨价还价模型）来协同分散的供应链，结果表明供应商和零售商之间的协同可以实现。Zhang 等（2010）探究实践中包含红利支付或损失补贴的寄售契约是否能够促进供应商和零售商之间的协同。结果表明：任何一种多层级的红利系统都不能完全协同寄售渠道，然而对红利参数进行微调可以让渠道逼近协同。Ru 和 Wang（2010）研究了两种不同库存控制模式下的寄售契约：零售商管理库存和供应商管理库存，结果表明供应商和零售商都偏好供应商管理库存的寄售模式。Hu 等（2014）在 Ru 和 Wang（2010）的基础上进一步考虑消费者的退货行为，研究表明：无论供应商是否允许退货，相较于零售商管理库存，供应商管理库存的模式对供应链更有利；供应商是否提供退货选项取决于产品的残值。Matta 等（2014）对比批发价契约和寄售契约，定义了供应商和零售商对每种契约的偏好强度，针对供应商和零售商在契约模式偏好上存在的矛盾，提出了一种激励支付机制来增加双方谈判的成功率。Avinadav 等（2015）针对在手机软件交易市场上被广泛应用的收益共享寄售契约展开研究，分析了供应链上各参与方的风险偏好对供应链绩效的影响。少数学者研究二层级供应链上存在横向竞争时的寄售契约，如 Wang 等（2006）研究由存在竞争关系的多供应商和一个零售商组成的供应链下的寄售契约；Adida 等（2011）研究由一个供应商和多个竞争性零售商组成的供应链网络下的寄售契约。还有极少数学者研究三层级供应链框架下的寄售契约，如：Islam 等（2017）研究由一个供应商、一个制造商和多个面临一般性随机需求分布的零售商组成的三层级供应链系统，结论表明：相较于传统批发价契约，寄售契约能够为供应链上各参与方带来更大的收益；同时，三层级供应链的寄售模式优于二层级供应链的寄售模式。

最后，关于寄售模式的相关研究，Sarker（2014）以一种不同于本书的分类逻辑给出了比较全面的综述，并对未来的研究方向作出了展望。

2.3 本章小结

根据上文的文献综述，可以发现：（1）目前运营与金融交叉领域文献主要集中于贸易信用和传统银行贷款模式及两者之间的对比研究，其他融资模式，如：买方贷款、担保贷款，得到的关注不足；（2）目前关于内部融资模式的研究中主要是基于 EOQ 模型进行展开的，研究企业的最优库存控制问题，基于 Newsvendor 模型框架展开研究的文献偏少；（3）目前关于供应链协同的研究文献大都假设供应链上各参与方的资金是充足的，只有少数几篇文献考虑供应链的资金约束问题；（4）对比批发价契约，目前报童模型下关于寄售契约的研究相对较少，只有少量文献考虑寄售模式下供应链上的资金约束问题；（5）运营与金融交叉研究领域的文献大都假设资本市场完善，极少有文献考虑违约成本和资金机会成本等市场摩擦因素。针对过去研究中的不足，本书在报童模型框架下，针对各种内外部融资模式，研究了存在摩擦成本时供应链上运营与融资联合决策。

3 贸易信用 vs 银行信用：违约成本的影响

3.1 问题背景

当下游零售商受资金约束时，银行信用（bank credit）和贸易信用（trade credit）是实践中最为常见的两种融资方式。从供应链上各参与方（供应商和零售商）以及供应链整体的视角而言，何种融资方式更优？在实践中，这是供应链上各参与方面临的一个重要决策问题。目前，已有部分学者在不同商业环境下对这两种融资模式进行了比较。比如：Kouvelis 和 Zhao（2012）假设零售商拥有一定的初始资金，对比研究有利息支付的贸易信用和银行信用，研究结果表明：供应商和供应链整体都偏好贸易信用。Jing 等（2012）、Jing 和 Sedmann（2014）均假设零售商初始资金水平为零，在不同市场需求分布下对比无利息贸易信用和银行信用，结果显示：当供应商生产成本较低时，供应商偏好贸易信用；反之，供应商偏好银行信用。Cai 等（2014）综合考虑信贷市场竞争程度、零售商资金转移风险，对比研究结果显示：如果贸易信贷市场比银行信贷市场竞争程度更激烈，那么零售商偏好贸易信用；反之，零售商对于这两种信贷模式的偏好取决于其转移贸易信贷和银行信贷资金的风险程度。

上述文献均未考虑零售商信贷违约情形下的违约成本。因此，本章考虑违约成本对两类融资模式下最优决策及两者比较结果的影响。

3.2 模型设置与基本假设

本节阐述模型设置和基本假设，包括商业模式和市场需求、资本结构和融资渠道，以及决策顺序。

商业模式和市场需求。考虑由一个供应商（他）和一个受短期流动资金约束的零售商（她）组成的二级供应链。供应商和零售商都是风险中性的。在单销售周期里，供应商向零售商出售一种产品。供应商的单位生产成本是 c，向零售商收取的单位批发价格是 w。在销售季节开始前，零售商决定采购数量 q。此后，零售商没有其他补货的机会。销售季节开始后，零售商以单位零售价格 p 向终端消费者市场销售产品，其中 p 是外生给定的，不失一般性，我们假定 $p=1$。为了模型的简洁，假设缺货不会给商家造成任何名誉损失，过剩库存的残值为 0。

市场需求 D 是随机的。假定 $f(x)$ 表示定义在［0，$+\infty$）的上 D 的概率密度函数，$F(x)$ 表示对应的分布函数，$\bar{F}(x)=1-F(x)$。同时，定义 $z(x)=\frac{f(x)}{\bar{F}(x)}$，代表需求密度函数的故障率（failure rate），并且假设 $z(x)$ 是递增的凸函数，即 $z'(x)\geqslant 0$ 且 $z''(x)\geqslant 0$。许多常用的分布满足这一假设，如：正态分布，指数分布，幂级数分布和截断正态分布（Lariviere & Porteus，2001；Cachon，2003；Zhou & Groenevelt，2009）。以上假设用以保证优化问题解的存在性和唯一性。

资本结构和融资渠道。假设零售商的长期资本结构是由股权构成的，没有债务成分。供应商流动资金充足，因而有足够的资金来支撑其生产活动。零售商流动资金不足，因而其采购活动可能会面临资金短缺。当零售商面临流动资金不足时，她可以通过两种渠道获得融资：一种是传统的银行信用，另一种是贸易信用。在银行信用下，本章假定银行信贷市场是完全竞争的，也即银行在进行贷款定价时，其期望收益率等于市场无风险利率。不失一般性，我们将无风险利率标准化为 0。在贸易信用模式下，供应商允许零售商延迟支付货款，但必须为此支付一定的利息 r_t。

如果零售商面临比较低的市场需求，则其不能偿清银行信用或贸易信用。此时，根据公司金融的相关理论，企业违约时会产生一定的违约成本，主要包含两项：固定成本和变动成本。其中固定成本是破产过程中的行政管理费用，变动成本分别是一定比例的抵押资产价值损失和一定比例的销售收益损失。为了模型的简洁，本章没有考虑抵押资产，同时在考虑违约成本时忽略固定违约成本。该简化处理并不会丢失应有的管理启示，有几篇文献都作了同样的简化处理，如：Xu 和 Birge（2004），Lai 等（2009），Kouvelis 和 Zhao

（2011），Yang 和 Birge（2018）。基于上述分析，在本书模型中，当企业违约时，其造成的违约成本等于一定比例的销售收益损失。令该比例系数为 α_i，$i=b$，s 分别代表银行信用和贸易信用下的比例系数。另外，假设交易过程中不会产生其他任何交易费用和税收。债务人具有有限责任，并且是讲信誉的，即债务人会尽最大努力偿还债务。

决策顺序。银行信用下的事件发生顺序如图 3 -1 所示。在销售季节开始前（简称“季初”），零售商来到供应商处进行采购。基于零售商的初始流动资金水平，供应商提供一个相应的批发价合同 w。如果零售商接受该合同，则决定订购量 q。如果零售商的自有资金不足以支付货款，则向银行申请贷款。银行接收到贷款请求，决定是否给零售商提供贷款以及提供贷款时的贷款利率 r_b。随后，供应商启动生产。销售季节末（简称“季末”），市场随机需求信息 D 显示，零售商获得销售收益，并且偿还银行贷款。如果市场需求高，零售商获得较高收益，从而偿清银行信用贷款；如果市场需求低，零售商获得较低收益，不能全部偿还银行信用贷款，从而陷入债务违约。

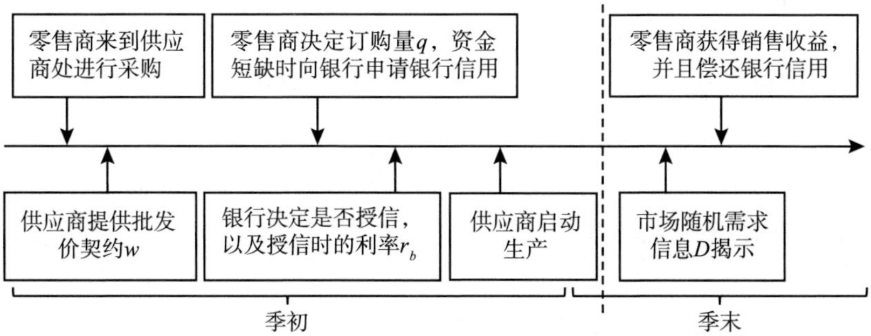

图 3 -1　银行信用下的事件顺序

贸易信用下的事件发生顺序如图 3 -2 所示。在季初，零售商来到供应商处进行采购。基于零售商的初始流动资金水平，供应商提供一个相应的贸易信贷合同。该合同包含批发价格 w 和贸易信贷利率 r_t 两项参数。如果零售商接受该合同，零售商决定订购量 q。随后，供应商启动生产。在季末，市场随机需求信息 D 显示，零售商获得销售收益，并且偿还贸易信用贷款。如果市场需求高，零售商获得较高收益，从而偿清贸易信用贷款；如果市场需求低，零售商获得较低收益，不能全部偿还贸易信用贷款，从而陷入违约。

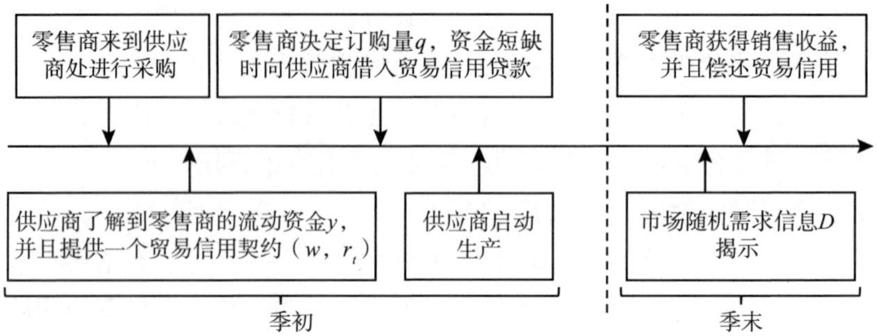

图3-2　贸易信用下的事件顺序

本章不考虑信息不对称现象，且以上所有信息都是各参与方的共同知识。

3.3　存在违约成本时银行信用下的均衡决策

根据图3-1中的事件顺序，银行信用下企业之间的交互可以用序贯博弈来刻画。首先，供应商确定批发价格 w。接下来，零售商决定订单数量 q，银行据此计算利率 r_b。需要注意的是，由于我们假设银行信贷市场是完全竞争的，r_b 实际上是由金融市场决定的。因此，银行本质上不是一个战略参与者。通过反向归纳论证，我们首先考虑给定批发价时零售商的最优订货决策，然后考虑供应商的最优批发价决策。

3.3.1　零售商的最优订货量

在考虑零售商的决策之前，我们首先分析银行的贷款定价行为。给定批发价 w，在季初，零售商需要向银行借入额度为 $(wq-y)^+$ 的贷款，并且在季末须向银行偿还贷款的本息和 $(wq-y)^+(1+r_s)$。定义银行信贷的违约阈值如下：

$$k=(wq-y)^+(1+r_s) \tag{3-1}$$

只有当市场需求超过 k 时，零售商才能够还清银行贷款；否则，零售商将会违约，只能将实际销售额 D 偿还给银行。由于违约成本 $\alpha_b D$ 的存在，银行实际收到的偿付额度为 $(1-\alpha_b)D$。因此，在季末，银行从零售商处获得的期望偿还收益为：

$$E\{1_{\{D\geqslant k\}}k+1_{\{D<k\}}(1-\alpha_b)D\}=\int_0^k\hat{F}_b(x)dx \tag{3-2}$$

其中，$\hat{F}_b(x)=\overline{F}(x)[1-\alpha_b g(x)]$。

在一个完全竞争的信贷市场中，银行的期望收益率等于无风险利率，即：

$$(wq-y)^+=\int_0^k\hat{F}_b(x)dx \tag{3-3}$$

银行贷款利率 r_b 由方程（3-3）唯一决定。

在季初，给定批发价 w，预期到由式（3-1）和式（3-3）共同决定的银行贷款利率 r_b，零售商决定最优订货量 q 来最大化她在季末的利润：

$$\pi(q)=E[\min(D,\ q)-(wq-y)^+(1+r_b)]^+-\min(wq,\ y) \tag{3-4}$$

其中，第一个期望项 $E[\cdot]$ 表示零售商在季末用销售收益 $\min(D,\ q)$ 偿还银行信贷本息和 $(wq-y)^+(1+r_b)$ 以后的预期净收入；第二项表示零售商在季初用自有资金支付的采购费用。根据零售商是否借款，式（3-4）中的买方利润函数可以重新表述为：

$$\pi(q)=\begin{cases}\int_0^q\overline{F}(x)dx-wq, & q\in[0,\ q^y] \quad (a)\\ \int_k^q\overline{F}(x)dx-y, & q\in(q^y,\ \infty) \quad (b)\end{cases} \tag{3-5}$$

式（3-5）定义的利润函数 $\pi(q)$ 具有如下性质：

引理 3.1 $\pi(q)$ 是 q 的准凹函数。

根据引理 3.1，零售商存在唯一的最优订货量，定义为 q_b。以下命题 3.1 给出了最优订货 q_b。

命题 3.1 给定批发价 w，零售商的最优订货量 q_b 依赖于零售商的自有资金水平，具体如下：

（1）如果 $y\geqslant y^{nb}(w)$，那么 $q_b=\overline{F}^{-1}(w)$；

（2）如果 $0<y<y^{nb}(w)$，那么 q_b 由方程 $q_b=\overline{F}^{-1}\left[\frac{w}{G(k_b)}\right]$ 和 $wq_b-y=\int_0^{k_b}\hat{F}_b(x)dx$ 唯一决定，其中，$G(k_b)=1-\alpha_b k_b z(k_b)$。

根据命题 3.1，对于外生给定的批发价 w，零售商的最优订货量和相应的融资决策依赖于她的资金水平。特别地，当零售商资金足够时，她将订购传统无资金约束情形下的最优订货量（对应于第一种情形）。否则，零售商将会申请银行贷款进行订货（对应于第二种情形）。在此种情形下，零售商的最优订货量满足 $q_b=\overline{F}^{-1}\left[\frac{w}{G(k_b)}\right]<\overline{F}^{-1}(w)$。这意味着此时零售商的订货量低于无资金约束时的情形。

推论 3.1 对于外生给定的 λ，最优订货量 q_b 和批发价 w 之间存在一对一映射关系如下：

（1）如果 $w\in(c,\ w^{nbl}]\cup[w^{nbr},\ 1)$，那么 $q_b=\overline{F}^{-1}(w)$，其中 w^{nbl} 和 w^{nbr} 是方程 $w\overline{F}^{-1}(w)=y$ 的两个解；

（2）如果 $w\in(w^{nbl},\ w^{nbr})$，那么 q_b 由方程 $q_b=\overline{F}^{-1}\left[\frac{w}{G(k_b)}\right]$ 和 $wq_b-y=\int_0^{k_b}\hat{F}_b(x)dx$ 唯一决定。

推论 3.2 对于外生给定的 λ，q_b 和 π_b 均递减于 w。

当批发价上涨的时候，零售商的边际订货成本上升，零售商的订货量下降，因此，零售商的利润下降。

3.3.2 供应商的最优批发价

我们继续考察供应商的最优定价决策。根据推论 3.2，q_b 和 w 之间存在一一映射关系，因此，为了技术上计算的方便，我们将 q_b 当作供应商的决策变量，将 w 作为零售商的决策变量。供应商在季末的期望利润如下：

$$\prod{}_b(q_b)=\begin{cases}(w-c)q_b, & if\ q_b\in[0,\ q^{nbr}]\cup[q^{nbl},\ +\infty) \quad (a)\\ \int_0^{k_b}\hat{F}_b(x)dx+y-cq_b, & if\ q_b\in(q^{nbr},\ q^{nbl}) \quad (b)\end{cases} \tag{3-6}$$

其中，

$$q_b=\begin{cases}\overline{F}^{-1}(w), & if\ q_b\in[0,\ q^{nbr}]\cup[q^{nbl},\ +\infty) \quad (a)\\ \overline{F}^{-1}\left[\frac{w}{G(k_b)}\right], & if\ q_b\in(q^{nbr},\ q^{nbl}) \quad (b)\end{cases} \tag{3-7}$$

且 k_b 满足 $wq_b-y=\int_0^{k_b}\hat{F}_b(x)dx$，$q^{nbl}$ 和 q^{nbr} 是方程 $q\overline{F}(q)=y$ 的两个解。

均衡订货量 q_b^* 具有如下性质：

引理 3.2 $q_b^* \in [0,\ \tilde{q}]$，其中 $\tilde{q}$ 是方程 $1-qz(q)=0$ 的唯一解。

根据引理 3.2，我们只需要考虑如下区域：$q_b \in [0,\ \tilde{q}] = [0,\ q^{nbr}] \cup (q^{nbr},\ \tilde{q}]$。令 $\delta^-(q_b)$ 和 $\delta_b^+(q_b;\ \alpha_b)$ 代表 $\prod_b(q_b)$ 在 $q_b \in [0,\ q^{nbr}]$ 和 $q_b \in (q^{nbr},\ \tilde{q}]$ 时两个区间上关于 q_b 的一阶导数，则：

$$\delta^-(q_b) = \bar{F}(q_b)[1-q_b z(q_b)] - c,$$

$$\delta_b^+(q_b;\ \alpha_b) = \frac{d\prod_b(q_b)}{dq_b} = \frac{w\hat{F}_b(k_b)[1-g(q_b)]}{\hat{F}_b(k_b) - G'(k_b)q_b\bar{F}(q_b)} - c$$

那么

$$\delta^-(q^{nbr}) = \left.\frac{d\prod_b(q_b)}{dq_b}\right|_{q_b=q^{nbr-}} = \bar{F}(q^{nbr})[1-q^{nbr}z(q^{nbr})] - c$$

和

$$\delta_b^+(q^{nbr};\ \alpha_b) = \left.\frac{d\prod_b(q_b)}{dq_b}\right|_{q_b=q^{nbr+}} = \frac{w[1-g(q^{nbr})]}{1+\alpha_b z(0)q^{nbr}\bar{F}(q^{nbr})} - c$$

分别代表 $\prod_b(q_b)$ 在 $q_b = q^{nbr}$ 点的左导数和右导数。

引理 3.3 （1）$\delta^-(q_b)$ 是 $q_b \in [0,\ q^{nbr}]$ 上的凹函数；（2）$\delta_b^+(q_b;\ \alpha_b)$ 是 $q_b \in (q^{nbr},\ \tilde{q}]$ 上的拟凹函数。

根据引理 3.3，方程 $\delta^-(q_b)=0$ 和 $\delta_b^+(q_b;\ \alpha_b)=0$ 最多存在唯一可行解，分别记作 q^{nb} 和 q_b^b。我们将与 q^{nb} 对应的批发价记作 w^{nb}，将与 q_b^b 对应的批发价和违约阈值表示为 w_b^b 和 k_b^b。那么，q_b^b 和 w_b^b 由下述方程组唯一决定：

$$\begin{cases} \delta_b^+(q_b^b;\ \alpha_b) = 0 & \text{(a)} \\ q_b^b = \bar{F}^{-1}\left[\dfrac{w_b^b}{G(k_b^b)}\right] & \text{(b)} \\ w_b^b q_b^b - y = \displaystyle\int_0^{k_b^b} \hat{F}_b(x)dx & \text{(c)} \end{cases} \tag{3-8}$$

引理 3.4 $\delta^-(q^{nbr})$ 和 $\delta_b^+(q^{nbr};\ \alpha_b)$ 均递减于 y，且 $\delta^-(q^{nbr}) \geq \delta_b^+(q^{nbr};\ \alpha_b)$。

引理 3.5 $\prod_b(q_b)$ 是 $q_b \in [0,\ \tilde{q}]$ 上的拟凹函数。

根据上述技术性引理，可求得银行信贷下的均衡订货量 q_b^* 和批发价 w_b^*，如下定理所述。

命题3.2 均衡订货量 q_b^* 和批发价 w_b^* 依赖于 y，具体如下：

（1）如果 $y \geq y^{m*}$，其中 y^{m*} 由 $\delta^-(q^{nbr})=0$ 唯一决定，那么 $q_b^*=q^{nb}$ 且 $w_b^*=w^{nb}$；

（2）如果 $y^{l*} \leq y < y^{m*}$，其中 y^{l*} 由 $\delta_b^+(q^{nbr};\ \alpha_b)=0$ 唯一决定，那么 $q_b^*=q^{nbr}$ 且 $w_b^*=w^{nbr}$；

（3）如果 $0<y<y^{l*}$，那么 $q_b^*=q_b^b$ 且 $w_b^*=w_b^b$。

图3－3用于直观显示命题3.2的结果。总体而言，均衡结果取决于零售商的资金水平。具体地，当零售商的自有资金很充足的时候，也即 $y \geq y^{m*}$，如图3－3中情形1所示，零售商能够订购无资金约束时的最优订货量 q^{nb}。并且，此时零售商借贷行为给供应商带来的边际收益小于其带来的边际成本，即 $\delta_b^+(q^{nbr};\ \alpha_b)<0$。因此，供应商会选择订货量 q^{nb}（或等价地在实际操作中选取批发价 w^{nb}）。此种情形下的决策问题退化到传统的无资金约束时的报童问题。

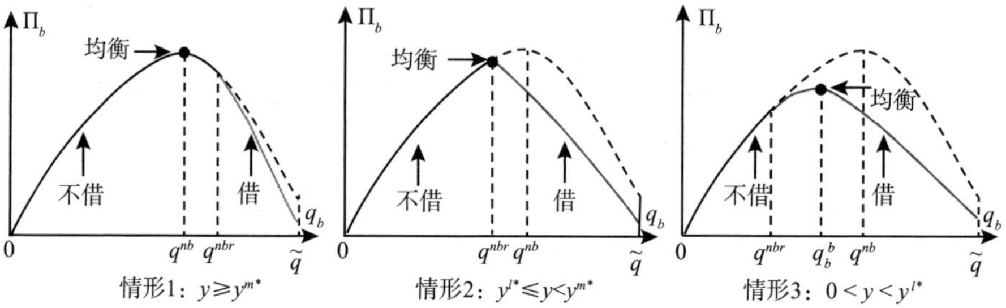

图3－3 银行信用下的依赖于零售商资金水平的均衡

一方面，当零售商的自有资金较为宽裕时，也即 $y^{l*} \leq y < y^{m*}$，如图3－3中情形2所示。此时，零售商无法支付订货量 q^{nb} 下的费用。另一方面，此时零售商借贷行为给供应商带来的边际收益依然小于其带来的边际成本，即 $\delta_b^+(q^{nbr};\ \alpha_b)<0$。因此，供应商会选择订货量 q^{nbr}（或等价地在实际操作中选取批发价 w^{nbr}）。相应地，零售商使用自己的全部资金进行订货，而不选择借贷。

当零售商的自有资金比较紧缺的时候，也即 $0<y<y^{l*}$，如图3－3中情形3所示。此时，零售商愈发不能支付订货量 q^{nb} 下的费用。然而，由于零售商资金水平比较低，借贷的订货量阈值 q^{nbr} 较小，从而借贷行为给供应商带来

的边际收益大于其带来的边际成本，即 $\delta_b^+(q^{nbr};\ \alpha_b)>0$。因此，供应商会选择订货量 q_b^b（或等价地在实际操作中选取批发价 w_b^b）。相应地，零售商会使用银行信用进行订货。

3.4 存在违约成本时贸易信用下的均衡决策

根据图 3－2 中的事件顺序，贸易信用下企业之间的交互可以用斯塔克尔伯格（Stackelberg）博弈来描述。首先，供应商决定贸易信贷合约（w，r_e）；然后，零售商决定订单数量 q。运用反向推导的方法，我们首先考虑给定贸易信贷合约时零售商的最优订货决策，然后考虑供应商的最优贸易信贷合同。

3.4.1 零售商的最优订货量

根据图 3－1，在季初，给定贸易信贷合同（w，r_t），零售商决定订货量 q，并且分别用自有资金 $\min(wq,\ y)$ 和贸易信贷 $(wq-y)^+$ 向供应商支付货款。在季末，市场需求 D 信息揭示。零售商获得销售收益 $\min(D,\ q)$，并用此向供应商偿还贸易信贷的本息和 $(wq-y)^+(1+r_t)$。因此，给定（w，r_t），零售商在季末的期望收益如下：

$$\pi(q)=E[\min(D,\ q)-(wq-y)^+(1+r_t)]^+-\min(wq,\ y) \quad (3-9)$$

其中，第一项 $E[\cdot]$ 代表零售商运用销售收入支付贸易信贷后的净收益，第二项代表零售商在季初用自有资金支付的订单费用。令 k 代表零售商的违约阈值，也即零售商能够还清贸易信用的最小市场需求，那么

$$k=(wq-y)^+(1+r_t) \quad (3-10)$$

根据零售商是否借款，(3－9) 中的利润表达式又可以写作如下形式：

$$\pi(q)=\begin{cases}\int_0^q \overline{F}(x)dx-wq, & if\ q\in[0,\ q^y] \quad (a)\\ \int_k^q \overline{F}(x)dx-y, & if\ q\in(q^y,\ +\infty) \quad (b)\end{cases} \quad (3-11)$$

其中，$q^y=y/w$ 代表零售商是否借贷的订货量阈值。零售商的利润函数 (3－11) 具有如下性质：

引理 3.6 $\pi(q)$ 是 q 的拟凹函数。

根据引理3.6，零售商利润函数（3-11）有一个唯一的最大值点，定义为 q_t，也即零售商的最优订货量。下述命题给出了最优订货量。

命题3.3 给定（w，r_t），零售商的最优订货量依赖于 y，具体如下：

（1）如果 $y \geqslant y^{nb}(w)$，其中 $y^{nb}(w) = w\overline{F}^{-1}(w)$，那么 $q_t = \overline{F}^{-1}(w)$；

（2）如果 $y_t^b(w, r_t) \leqslant y < y^{nb}(w)$，其中 $y_t^b(w, r_t) =: w\overline{F}^{-1}[w(1+r_t)]$，那么 $q_t = y/w$；

（3）如果 $0 < y < y_t^b(w, r_t)$，那么 q_t 由下述方程组唯一决定：$q_t = \overline{F}^{-1}[w(1+r_t)\overline{F}(k_t)]$ 和 $k_t = (wq_t - y)(1+r_t)$。

根据命题3.3，给定贸易信贷合同（w，r_t），零售商的最优订货量取决于她的自有资金水平。当零售商资金充足时（对应于情形1），零售商将使用自有资金订购无资金约束水平下的最优订货量；当零售商资金紧缺时（对应于情形2），零售商自有资金不足以订购无资金约束水平下的订货量，此时，她将会使用自己的全部资金进行订购；当零售商资金极度紧缺时（对应于情形3），零售商将会使用贸易信贷进行订货。

引理3.7 给定 r_t，$y^{nb}(w_t)$ 和 $y_t^b(w, r_t)$ 都是 w 的拟凹函数。

根据引理3.7，给定 r_t，方程 $y^{nb}(w) = y$ 和 $y_t^b(w, r_t) = y$ 都有两个解，分别记作（w^{nbl}，w^{nbr}）和（$w_t^{bl}(r_t)$，$w_t^{br}(r_t)$），满足：$w^{nbl} < w_t^{bl}(r_t) < w_t^{br}(r_t) < w^{nbr}$。根据命题3.3和引理3.7，我们有以下推论：

推论3.3 给定 r_t，q_t 和 w 之间存在一一映射关系，具体如下：

（1）当 $w \in (c, w^{nbl}] \cup [w^{nbr}, 1)$ 时，我们有 $q_t = \overline{F}^{-1}(w)$；

（2）当 $w \in (w^{nbl}, w_t^{bl}(r_t)) \cup (w_t^{br}(r_t), w^{nbr})$ 时，我们有 $q_t = y/w$；

（3）当 $w \in [w_t^{bl}(r_t), w_t^{br}(r_t)]$ 时，我们有 $q_t = \overline{F}^{-1}[w(1+r_t)\overline{F}(k_t)]$，其中 $k_t = (wq_t - y)(1+r_t)$。

引理3.8 令 $\varphi(q) = q\overline{F}(q)$，那么 $\varphi(q)$ 是 q 的拟凹函数，且有唯一最大值点 $\tilde{q}$，满足 $\varphi'(\tilde{q}) = 0$。

引理3.9 $1 - wq_t(1+r_t)z(k_t) > 0$。

根据引理3.8和引理3.9，由推论3.3得到以下推论：

推论3.4 q_t 和 π_t 递减于 w 和 r_t。

推论3.4中的结论非常直观，更高的零售价或利率会给零售商带来更高的边际成本。因此，零售商会缩减订货量，从而赚取更少的利润。

3.4.2 供应商的最优贸易信用合同

预期到零售商的最优订货量 q_t，供应商设计最优贸易信贷合同（w，r_t）以实现自身收益最大化。供应商的利润函数为：

$$\prod_t(w,r_t) = E[k_t \cdot 1_{\{D \geqslant k_t\}} + (1-\alpha_s)D \cdot 1_{\{D<k_t\}}] + \min(wq, y) - cq_t \tag{3-12}$$

其中，$1_{\{.\}}$代表示性函数：$1_{\{.\}}=1$ 代表括号内的事件为真，而 $1_{\{.\}}=0$ 则代表括号内事件为假；第一个期望项 $E[\cdot]$ 代表季末时零售商的贷款偿还额度，其中 $1_{\{D \geqslant k_t\}}$ 表示需求大于违约阈值的情形，此时，供应商全额收回了贷款的本息和，而 $1_{\{D<k_t\}}$ 表示需求小于阈值的情形，此时由于违约成本 $\alpha_s D$，供应商只收回了部分零售商的销售额 $(1-\alpha_s)D$ 作为补偿；第二项和第三项分别代表零售商在季初的订单支付和供应商的生产支出。

根据推论3.3，给定 r_t，q_t 和 w 之间存在一一映射关系。因此，为了求解的方便，我们将（q_t，r_t）当作供应商的决策变量，而将 w 当作零售商的决策变量。此外，为了表述的简洁，我们将 $q_t(w^{nbl})$，$q_t(w_t^{bl}(r_t))$，$q_t(w_t^{br}(r_t))$ 和 $q_t(w^{nbr})$ 分别记作 q^{nbl}，$q_t^{bl}(r_t)$，$q_t^{br}(r_t)$ 和 q^{nbr}。那么，q^{nbl} 和 q^{nbr} 是方程 $\varphi(q)=y$ 的两个解，而 $q_t^{bl}(r_t)$ 和 $q_t^{br}(r_t)$ 是方程 $\varphi(q)=y(1+r_t)$ 的两个解。而且，我们有 $q^{nbr}<q_t^{br}(r_t)<\tilde{q}<q_t^{bl}(r_t)<q^{nbl}$。基于此，根据推论3.3，供应商的利润表达式（3-12）可以写作：

$$\prod_t(q_t, r_t) = \begin{cases} (w-c)q_t, & q_t \in [0, q^{nbr}] \cup [q^{nbl}, +\infty) \quad \text{(a)} \\ y - cq_t, & q_t \in (q^{nbr}, q_t^{br}(r_t)) \cup (q_t^{bl}(r_t), q^{nbl}) \quad \text{(b)} \\ \int_0^{k_t} \hat{F}_s(x)dx + (y - cq_t), & \text{if } q_t \in [q_t^{br}(r_t), q_t^{bl}(r_t)] \quad \text{(c)} \end{cases} \tag{3-13}$$

其中：

$$q_t = \begin{cases} \overline{F}^{-1}(w), & q_t \in [0, q^{nbr}] \cup [q^{nbl}, +\infty) \quad \text{(a)} \\ y/w, & q_t \in (q^{nbr}, q_t^{br}(r_t)) \cup (q_t^{bl}(r_t), q^{nbl}) \quad \text{(b)} \\ \overline{F}^{-1}[w(1+r_t)\overline{F}(k_t)], & q_t \in [q_t^{br}(r_t), q_t^{bl}(r_t)] \quad \text{(c)} \end{cases} \tag{3-14}$$

且满足：

$$k_t = (wq_t - y)(1 + r_t) \tag{3-15}$$

和 $\hat{F}_s(x) = \overline{F}(x)[1 - \alpha_s g(x)]$。

我们优化（q_t，r_t）以最大化（3－13）式中的 $\prod_t(q_t, r_t)$，得到如下最优结果：

命题 3.4 最优贸易信用利率等于零，也即：$r_t^* = 0$。

根据命题 3.4，虽然存在违约成本，供应商应该设置零利率。结论背后的原因如下：季初的期望销售收益为 $\int_0^{q_t}\overline{F}(x)dx$。其中，零售商分取了 $\int_{k_t}^{q_t}\overline{F}(x)dx$，供应商以贷款偿付的形式获得了扣除违约成本以后的剩余收益 $\int_0^{k_t}\hat{F}_s(x)dx$。从中可以看出，$k_t$ 代表供应商攫取销售收益的能力。根据供应商的利润表达式（3－13c），当 q_t 给定的时候，供应商的利润递增于 k_t。进一步，由（3－14c）式和（3－15）式可得 $q_t\overline{F}(q_t) = [k_t + y(1 + r_t)]\overline{F}(k_t)$。该式表明给定 q_t，k_t 递减于 r_t。因此，供应商应该设置 $r_t^* = 0$，从而最大化 k_t，进而实现利润最大化。换言之，在进行联合定价决策时，通过设置一个零利率，供应商可以攫取最大的销售收益。

我们的贸易信贷模型是在 Kouvelis 和 Zhao（2012）的模型基础上进一步考虑违约成本拓展而来的。Kouvelis 和 Zhao（2012）表明供应商应该设置一个无风险利率，从而为市场上普遍存在的便宜贸易信贷提供了解释。然而，市场上同样存在着昂贵的贸易信贷。Kouvelis 和 Zhao（2012）指出背后的推动因素可能在于市场上的各种摩擦因素，比如：违约成本和税收。直观而言，违约成本的存在增加了贸易信贷的借贷成本，因此，供应商应该设置一个比较高的利率水平。然而，我们的研究结论表明，即使违约成本存在，供应商仍然应该提供零利率。此外，Yang 和 Birge（2018）研究了违约成本存在时基于贸易信贷和银行信用的最优组合策略。他们的结论表明：在不考虑违约成本的情形下，供应商应该提供零利率；在考虑违约成本的情形下，供应商可能会提供一个比较高的利率水平。Yang 和 Birge（2018）进一步解释了市场上存在的昂贵贸易信贷。然而，背后的因素到底是违约成本和混合融资联合驱动的还是单纯地由违约成本驱动？答案是未知的。而结合我们命题 3.4 的研究结论，可以回答这个问题：昂贵贸易信贷是由违约成本和混合融资联合驱动的。

引理 3.10 $q_t^* \in [0,\ \tilde{q}]$。

根据引理 3.10，供应商偏好于设置一个比较高的批发价来引导零售商订购比较少的产品，而且，最优订货量不会超过 $\tilde{q}$。因此，我们接下来只需要考虑 $q_t^o \in [0,\ q^{nbr}] \cup (q^{nbr},\ \tilde{q}]$。为了表述的简洁，我们将 $q_t(w,\ r_t^*)$ 记作 $q_t^\#$，$k_t(q_t^\#;\ w,\ r_t^*)$ 记作 $k_t^\#$，$\prod_t(q_t^\#,\ r_t^*)$ 记作 $\prod_t^\#(q_t^\#)$。进一步，根据命题 3.4，我们有 $q^{br}(r_t^*) = q^{nbr}$，因而 $q_t \in (q^{nbr},\ q_t^{br}(r_t))$ 这种情形不再存在。根据引理 3.10，我们只需要考虑 $q_t^\# \in [0,\ \tilde{q}]$。令 $\delta^-(q_t^\#)$ 和 $\delta^+(q_t^\#;\ \alpha_t)$ 分别代表 $\prod_t^\#(q_t^\#)$ 在 $q_t^\# \in [0,\ q^{nbr}]$ 和 $q_t^\# \in [q^{nbr},\ \tilde{q}]$ 上的一阶导数，那么：

$$\frac{d\prod_t^\#(q_t^\#)}{dq_t^\#} = \begin{cases} \delta^-(q_t^\#) = \bar{F}(q_t^\#)[1 - g(q_t^\#)] - c, & q_t^\# \in [0,\ q^{nbr}] \quad (a) \\ \delta^+(q_t^\#;\ \alpha_s) = \dfrac{[1 - \alpha_s g(k_t^\#)]\bar{F}(q_t^\#)}{\dfrac{[1 - g(q_t^\#)]}{1 - wq_t^\# z(k_t^\#)}} - c, & q_t^\# \in (q^{nbr},\ \tilde{q}] \quad (b) \end{cases}$$

且

$$\delta^-(q^{nbr}) = \left.\frac{d\prod_t^\#(q_t^\#)}{dq_t^\#}\right|_{q_t^\# = q^{nbr-}} = \bar{F}(q^{nbr})[1 - g(q^{nbr})] - c$$

$$\delta^+(q^{nbr}) = \left.\frac{d\prod_t^\#(q_t^\#)}{dq_t^\#}\right|_{q_t^\# = q^{nbr+}} = \frac{\bar{F}(q^{nbr})[1 - g(q^{nbr})]}{1 - w^{nbr}q^{nbr}(1 + r_f)z(0)} - c$$

分别代表 $\prod_t^\#(q_t^\#)$ 在 $q_t^\# = q^{nbr}$ 点的左导数和右导数。这些导数具有如下性质：

引理 3.11 $\delta^-(q_t^\#)$ 和 $\delta^+(q_t^\#;\ \alpha_s)$ 递减于 $q_t^\#$。

根据引理 3.11，方程 $\delta^-(q_t^\#) = 0$ 最多存在一个区间 $q_t^\# \in [0,\ q^{nbr}]$ 上的可行解。我们将其记作 q^{nb}，其相应的批发价为 w^{nb}。那么，q^{nb} 和 w^{nb} 由下述方程组唯一决定：

$$\begin{cases} \delta^-(q^{nb}) = 0 \\ q^{nb} = \bar{F}^{-1}(w^{nb}) \end{cases}$$

同样地，方程 $\delta^+(q_t^\#;\ \alpha_s) = 0$ 最多存在一个属于区间 $q_t^\# \in (q^{nbr},\ \tilde{q}]$ 上的可行解。我们将其记作 q_t^b，其相应的批发价和违约阈值为 w_t^b 和 k_t^b。那么，q_t^b 和 w_t^b 由以下方程组唯一决定：

$$\begin{cases}\delta^{+}(q_t^b;\ \alpha_s)=0\\ q_t^b=\overline{F}^{-1}[w_t^b\overline{F}(k_t^b)]\\ k_t^b=w_t^bq_t^b-y\end{cases}$$

引理 3.12 $\delta^{-}(q^{nbr})$ 和 $\delta^{+}(q^{nbr})$ 均递减于 y，且 $\delta^{-}(q^{nbr})<\delta^{+}(q^{nbr})$。

根据引理 3.11 和引理 3.12，可求得均衡订货量 q_t^* 和批发价 w_t^*，如下命题所述。

命题 3.5 均衡订货量 q_t^* 和批发价 w_t^* 依赖于 y，具体分为以下三种情形：

（1）如果 $y\geqslant y^{h*}$，其中 y^{h*} 由方程 $\delta^{+}(q^{nbr})=0$ 唯一决定，那么 $q_t^*=q^{nb}$，$w_t^*=w^{nb}$；

（2）如果 $y^{m*}\leqslant y<y^{h*}$，其中 y^{m*} 由方程 $\delta^{-}(q^{nbr})=0$ 唯一决定，那么 $q_t^*=\arg\max\{\prod_t^{\#}(q^{nb}),\ \prod_t^{\#}(q_t^b)\}$；如果 $q_t^*=q^{nb}$，则 $w_t^*=w^{nb}$，如果 $q_t^*=q_t^b$，则 $w_t^*=w_t^b$；

（3）如果 $0<y<y^{m*}$，那么 $q_t^*=q_t^b$，$w_t^*=w_t^b$。

图 3-4 用来展示命题 3.5 的结论。均衡的融资和运营决策依赖于零售商的资金水平。具体而言，当零售商资金充裕时，即 $y\geqslant y^{h*}$，如图 3-4 中情形 1 所示，零售商能够订购无资金约束时的最优订货量 q^{nb}。此时，零售商借贷行为给供应商带来的边际收益低于供应商的边际成本，即：$\delta^{+}(q^{nbr})\leqslant 0$。因此，供应商会选择 q^{nb}（在实际操作中选取 w^{nb}），相应地，零售商用其自有资金订货，而不使用贸易信贷。此时，退化到传统的无资金约束情形。

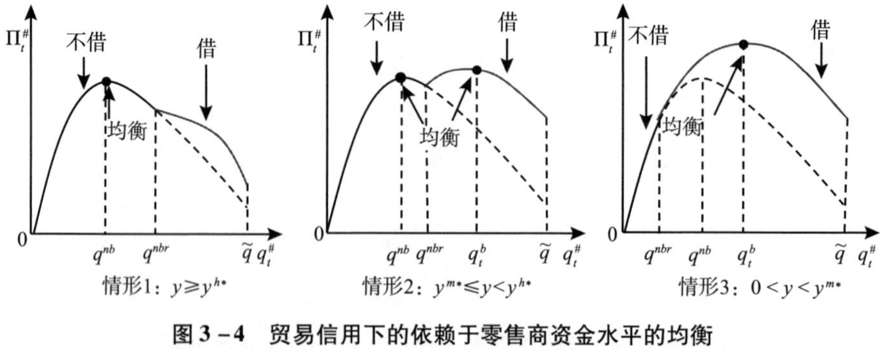

图 3-4 贸易信用下的依赖于零售商资金水平的均衡

如果零售商资金紧缺，即 $y^{m*}\leqslant y<y^{h*}$，那么从图 3-4 的情形 2 可以看

出，此时零售商依然能够使用自有资金订购无资金约束时的最优订货量 q^{nb}。此时，由于零售商资金水平的下降，借贷的阈值 q^{nbr}下降，因此，零售商借贷行为给供应商带来的边际收益高于供应商的边际成本，即：$\delta^+(q^{nbr})\geqslant 0$。对于供应商而言，选择一个更大的订货量 q_t^b（在实际操作中选取 w_t^b）引导零售商借贷或许是一个更优的选择。如图 3－4 所示，该选取 q^{nb}还是 q_t^b 取决于哪种选择会产生更大的利润。相应地，如果是前者，零售商不借贷，如果是后者，零售商将使用贸易信用。

如果零售商资金极度紧缺，即 $0<y<y^{m*}$，如图 3－4 情形 3 所示，其自有资金将不能订购无资金约束时的最优订货量 q^{nb}。另外，随着供应商资金水平的下降，借贷阈值 q^{nbr}进一步下降，零售商借贷行为给供应商带来的边际收益远高于供应商的边际成本，也即 $\delta^+(q^{nbr})>0$。因此，供应商会选择 q_t^b（在实际操作中选取 w_t^b），相应地，零售商将会使用贸易信贷进行订货。

推论 3.5 q_t^*，π_t^* 和 $\prod_t^*$ 均递减于 α_s，w_t^* 递增于 α_s。

当 α_s 上升的时候，违约成本增加。因为违约成本为供应商的沉没成本，因此其利润缩减。此外，违约成本的增加推高了供应商的边际成本。为了补偿损失，供应商会提高批发价来提升他的边际收益。而升高的批发价增加了零售商的订货成本，因此，零售商会订购更少的产品，获取的利润也相应地减少。

3.5 银行信用与贸易信用的对比研究

基于前面的均衡分析，本节进一步从供应商、零售商和整体供应链的视角对贸易信用和银行信用展开比较。下面图中的参数为：$c=0.3$，$y=2$，$D\sim U(0,20)$，且 BC 和 TC 分别代表银行信用和贸易信用。

命题 3.6 $q_b^*\leqslant q_t^*$ 且 $\prod_b^*\leqslant\prod_t^*$。

命题 3.6 比较了银行信用和贸易信用下的均衡订货量和供应商的期望利润。根据命题 3.6，相较于传统的银行信用，零售商在贸易信用下订购更多的产品。这意味着贸易信用具有风险分担的作用，能够激励零售商订购更多的产品。而且，供应商在贸易信用模式下获得更大利润。这是因为供应商通过贸易信用能够联合控制批发价和利率。这种联合控制赋予了供应商更多的运作上的灵活性，从而使供应商获利。一方面，贸易信用不仅能够缓解零售商的贸易信用，而且能够激励零售商订购更多的产品，具有风险分担的作用，定义为“激励效应”。此种效应能够缓解双方之间的双重边际效应。另一方面，如前所述，在联合设置批发价和利率时，通过提供零利率，供应商能够设置一个比较高的批发价，从而攫取更多的销售收益。换言之，联合控制增强了供应商分享供应链利润的能力，定义为“掠夺效应”。

命题3.7 如果$y \geqslant y^{l*}$，那么$\pi_b^* \leqslant \pi_t^*$。然而，如果$0 < y < y^{l*}$，当$y$或$c$足够低时，$\pi_b^* > \pi_t^*$可能成立。

根据命题3.7，如果零售商的资金约束程度较低，即$y \geqslant y^{l*}$，零售商也在贸易信用下获得较高利润。然而，如果零售商资金约束程度较高，即$0 < y < y^{l*}$，当零售商的资金水平或单位生产成本足够低时，零售商在贸易信贷下会变得更加糟糕，如图3－5所示。背后的原因是在零售商的资金水平或单位生产成本足够低的情形下，供应商会设置一个更高的批发价，如图3－6所示，从而攫取更多的销售收益。

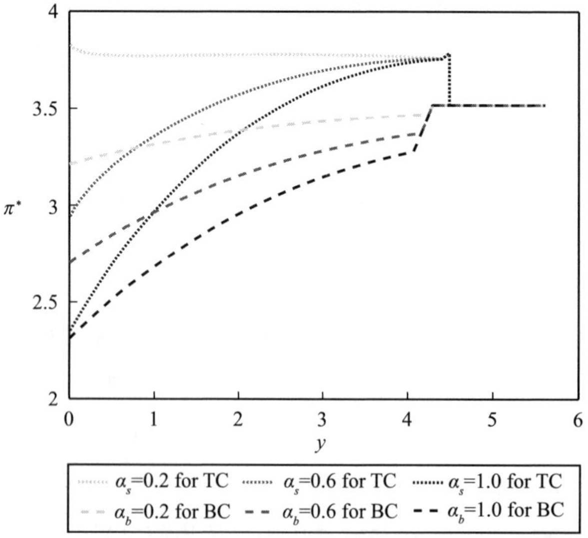

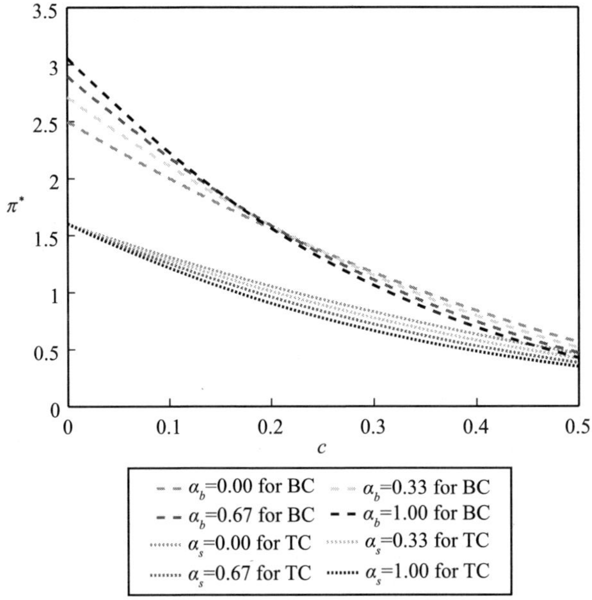

图 3－5　两种信用模式下零售商利润的比较

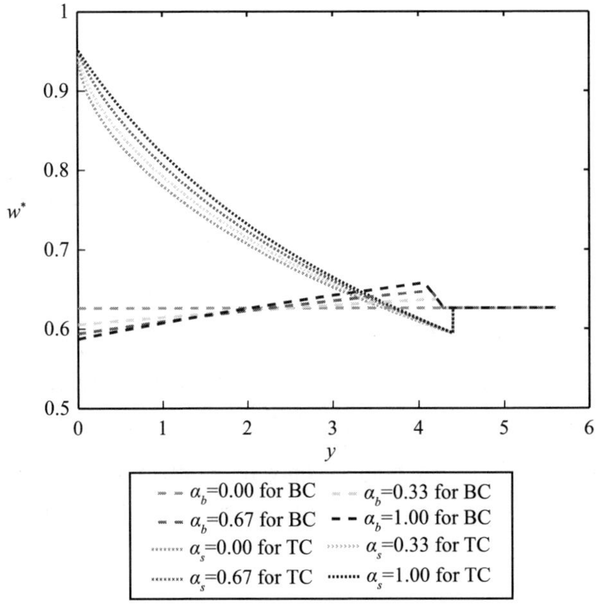

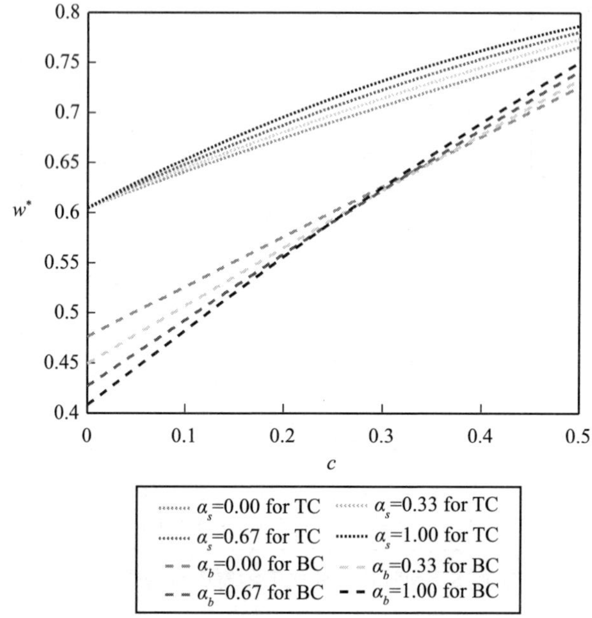

图 3-6　两种信用模式下批发价的比较

定义 $\Omega_i = \pi_i + \prod_i$ 代表供应链整体利润，其中 $i=t$ 代表贸易信用，$i=b$ 代表银行信用。以下命题 3.8 给出了两种信用模式下供应链整体绩效的对比分析。

命题 3.8　如果 $y \geqslant y^{l*}$，那么 $\Omega_b^* \leqslant \Omega_t^*$。然而，如果 $0<y<y^{l*}$，$\Omega_b^* > \Omega_t^*$ 以下情形下可能成立：（ⅰ）如果 y 足够低，且 $\alpha_b - \alpha_s$ 是负数且足够小；或（ⅱ）c 足够低且 $\alpha_b - \alpha_s$ 不太大。

根据命题 3.6 和命题 3.7，当零售商资金约束程度较低时（即 $0<y<y^{l*}$），归功于贸易信用的激励效应，供应商和零售商都偏好贸易信用。因此，供应链整体也偏好于贸易信用，如命题 3.8 所示。然而，当零售商资金约束程度较高时（即 $y \geqslant y^{l*}$），这不同于 Kouvelis 和 Zhao（2012）中得到的结论：贸易信用始终会提高集成供应链的绩效，如图 3-7 所示。其背后的基本原理解释如下。

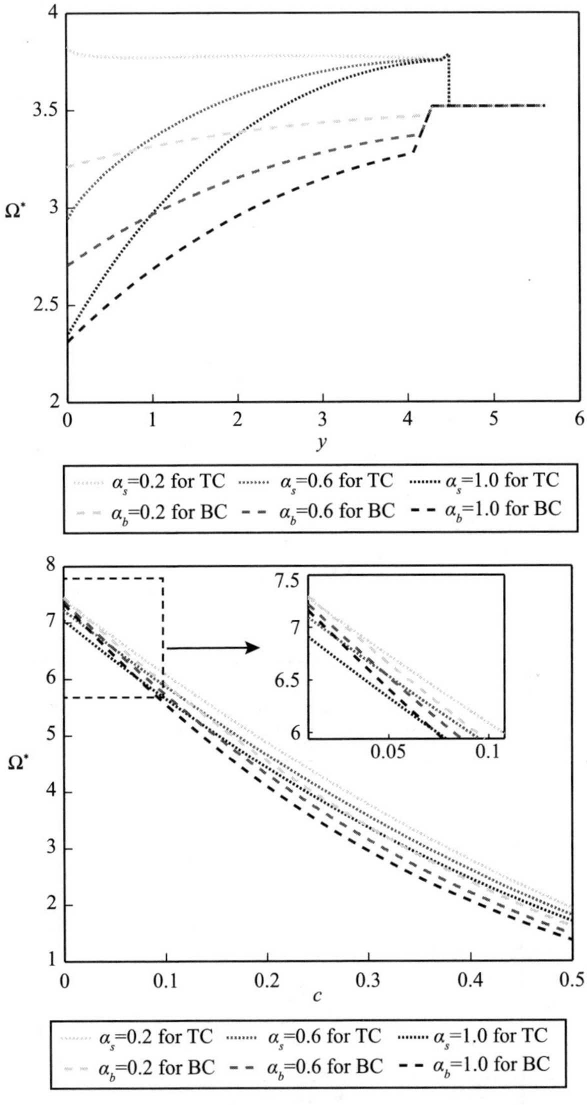

图 3－7　两种信用模式下供应链利润的比较

一方面，贸易信用具有激励效应，可以提高供应链整体的期望销售利润，$\int_0^q \overline{F}(x)dx - cq$。另一方面，贸易信用也可能产生较高的沉没的违约成本，即 $\alpha\int_0^k xf(x)dx$，定义为“违约效应”。特别是，当 y 或 c 足够低时，供应商会设置相较于银行信用下更高的批发价格，如图 3－6 所示。这会推高买方的违约阈值，从而导致更高的违约成本，如图 3－8 所示。当供应商的贷款催收能力不够强或者相较于银行而言较弱（$\alpha_b - \alpha_s > 0$）时，违约效应强于激励效应，因此，供应链整体的状况在贸易信用下变得更糟。

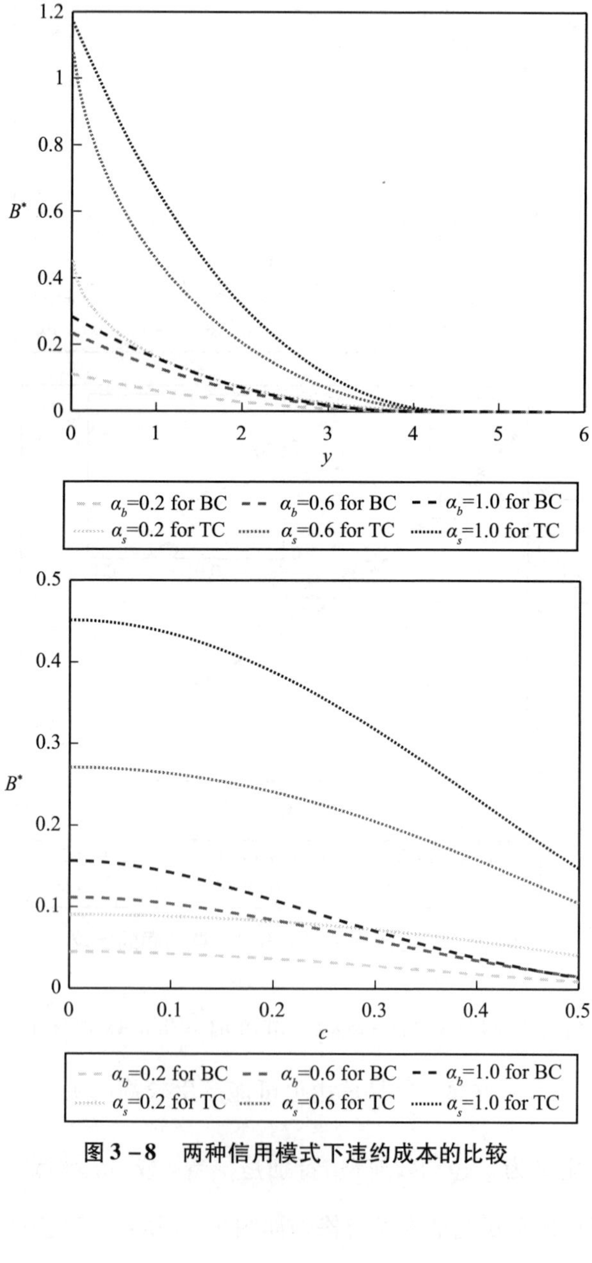

图 3－8　两种信用模式下违约成本的比较

3.6 本章小结

在实践中，银行信用和贸易信用是最为常见的两种短期融资方式。在运营管理领域，已有数位学者在不同的假设条件下对这种融资模式展开了对比分析。然而，他们都忽略了下游零售商违约风险所带来的违约成本。基于此，本章进一步考虑陷入财务困境的零售商的违约风险，求解银行信用和贸易信用下的均衡。进而，从供应商、零售商和供应链整体视角对这两种融资模式展开对比分析。

在银行信用下，最终的均衡结果取决于零售商的资金水平。具体而言，当零售商财务困境程度较低时，零售商的订购决策不受其流动性短缺的影响。此时的均衡决策与传统无资金约束时的传统报童决策问题相同。当零售商财务困境处于中度水平时，零售商处于资金短缺状态，无法订购传统最优订货量。但是，由于此时零售商借贷带来的边际收益低于边际成本，因而零售商不会选择借贷，而是耗费自己全部的资金来采购。当零售商陷入深度财务困境时，零售商的边际借贷收益提高，大于边际成本，因此，零售商会采用银行信贷来订货。

在贸易信用下，研究结果显示：（1）供应商的最优贸易信贷利率等于零，最优批发价以及相应的订货量取决于零售商的流动资金水平。具体地，当零售商的流动资金水平很低时，其自有资金不足以订购传统无资金约束时的最优订货量，此时她会借入贸易信贷来订货；当零售商的流动资金属于中等水平时，零售商可能会用自有资金订购传统无资金约束时的最优订货量，也可能借入贸易信贷来订货。最终均衡结果取决于供应商对批发价的设置；当零售商流动资金水平很高时，零售商会使用自有资金订购传统无资金约束时的最优订货量。总体而言，在供应商提供的最优贸易信用合同下，零售商要么使用自有资金订购传统无资金约束时的最优订货量，要么借入贸易信贷来订货。（2）均衡批发价递增于违约成本系数，订货量以及零售商利润、供应商利润和供应链总体利润均递减于违约成本系数。从中可以看出，当考虑违约风险时，供应商的信贷成本变高，为了利润最大化，供应商会保持信贷利率不变，提高市场批发价格，相应地，零售商的订货量减少。供应商、零售商以及整体供应链效益都会随着违约风险的因素而降低；批发价递减于零售商的流动资金水平，零售商利润递增于自身流动资金水平。当无违约成本时，订货量和供应商利润均递减于零售商流动资金，而当违约成本比较大时，订货量递增于零售商流动资金，供应商利润相对于零售商流动资金呈现出先增后减的性质。从中可以看出，零售商资金水平对订货量和供应商利润的影响受违约成本系数大小的影响。

从供应商的视角来看，由于贸易信用下其可以对批发价格和利率进行联合控制，利用激励效应和掠夺效应，获得最大收益。因此，相较于银行信用，供应商永远偏好贸易信用。然而，从零售商视角来看，当其陷入严重的财务困境且单位生产成本较低时，由于贸易信用的掠夺效应，零售商反而在贸易信用下状况变得更加糟糕。同样地，从供应链整体视角来看，当单位生产成本较低时，由于违约效应，供应链整体在贸易信用下的绩效更差。该结论与 Kouvelis 和 Zhao（2012）中得到的供应链整体永远更加偏好贸易信用的结论不同，从而警示管理决策者在市场实践中应该慎重地利用贸易信用。

3.7 本章附录

引理 3.1 证明：$\pi(q)$ 对 q 的一阶导数如下：

$$\frac{d\pi(q)}{dq}=\begin{cases}\bar{F}(q)-w, & if\ q\in[0,\ q^{y}] \quad (a)\\ \bar{F}(q)-\dfrac{w}{G(k)}, & if\ q\in(q^{y},\ \infty) \quad (b)\end{cases}$$

在借贷阈值处，我们有 $\left.\frac{d\pi(q)}{dq}\right|_{q=q^{y-}}=\bar{F}(q^{y})-w=\left.\frac{d\pi(q)}{dq}\right|_{q=q^{y+}}$，所以 $\frac{d\pi(q)}{dq}$ 在 $q\in[0,\ \infty)$ 上连续可微。令 q^{0} 满足 $\left.\frac{d\pi(q)}{dq}\right|_{q=q^{0}}=0$，接下来我们分两种情形讨论 $\left.\frac{d^{2}\pi(q)}{dq^{2}}\right|_{q=q^{0}}$ 的符号。

（1）如果 $q^{0}\in[0,\ q^{y}]$，那么 $\bar{F}(q^{0})-w=0$，从而 $\left.\frac{d^{2}\pi(q)}{dq^{2}}\right|_{q=q^{0}}=-f(q^{0})<0$。

（2）如果 $q^{0}\in(q^{y},\ \infty)$，那么 q^{0} 又由以下方程组唯一决定：

$$\begin{cases}\bar{F}(q^{0})-\dfrac{w}{G(k^{0})}=0 & (a)\\ wq^{0}-y=\displaystyle\int_{0}^{k^{0}}\hat{F}_{b}(x)dx & (b)\end{cases} \tag{A3-1}$$

由（A3－1a），我们得到：

$$q^0\overline{F}(q^0) = \frac{y+\int_0^{k^0}\hat{F}_b(x)dx}{\hat{F}_b(k^0)}\overline{F}(k^0) \geqslant k^0\overline{F}(k^0) \qquad (A3-2)$$

由于 $x\overline{F}(x)$ 是拟凹函数且 $q^0 \geqslant k^0$，所以根据（A3－2），我们得到 $k^0 \leqslant \tilde{q}$。

在 $q=q^0$ 处，二阶导函数满足

$$\begin{aligned}\left.\frac{d^2\pi(q)}{dq^2}\right|_{q=q^0} &= -f(q^0)+w\cdot\frac{f(k^0)\hat{F}_b(k^0)+\overline{F}(k^0)\hat{F}_b'(k^0)}{[\hat{F}_b(k^0)]^2}\left.\frac{dk}{dq}\right|_{q=q^0}\\ &= [\overline{F}(q^0)]^2\left\{-\frac{z(q^0)}{\overline{F}(q^0)}+\frac{z(k^0)}{\overline{F}(k^0)}-\frac{1}{\hat{F}_b(k^0)}\cdot z(k^0)\left[\alpha_b\frac{d[k^0z(k^0)]}{dk^0}\right.\right.\\ &\quad \left.\left.+z(k^0)[1-\alpha_b k^0 z(k^0)]\right]\right\}\\ &\leqslant [\overline{F}(q^0)]^2\left\{-\frac{z(q^0)}{\overline{F}(q^0)}+\frac{z(k^0)}{\overline{F}(k^0)}\right\}\\ &\leqslant 0\end{aligned}$$

综合上述两种情况，我们得到以下结论：对于任何满足 $\left.\frac{d\pi(q)}{dq}\right|_{q=q^0}=0$ 的 q^0，我们有 $\left.\frac{d^2\pi(q)}{dq^2}\right|_{q=q^0}<0$。因此，$\pi(q)$ 是 q 的拟凹函数。证毕。

命题 3.1 证明：根据引理 3.1 及其证明，可知 q_b 满足 $\left.\frac{d\pi(q)}{dq}\right|_{q=q_b}=0$。在两个边界点 $q=0$ 和 $q=\infty$ 上，我们有 $\left.\frac{d\pi(q)}{dq}\right|_{q=0}=1-w>0$ 和 $\left.\frac{d\pi(q)}{dq}\right|_{q=\infty}=-\frac{w}{G(k)}<0$。因此，$q_b$ 只可能取值于满足 $\left.\frac{d\pi(q)}{dq}\right|_{q=q_b}=0$ 的内点，而非边界点。基于 q_b 取值的位置，我们分以下两种情况进行讨论：

（1）如果 $\left.\frac{d\pi(q)}{dq}\right|_{q=q^y}\leqslant 0$，或者等价地 $y\geqslant w\overline{F}^{-1}(w)=y^{nb}(w)$，那么 $q_b=\overline{F}^{-1}(w)$；

（2）如果 $\left.\frac{d\pi(q)}{dq}\right|_{q=q^y}>0$，或者等价地 $0<y<y^{nb}(w)$，那么 q_b 由以下方程组决定：

$$\begin{cases} q_b = \overline{F}^{-1}\left[\dfrac{w}{G(k_b)}\right] & \text{(a)} \\ wq_b - y = \displaystyle\int_0^{k_b}\hat{F}_b(x)dx & \text{(b)} \end{cases}$$

基于$\pi(q)$的拟凹性，q_b也是被唯一决定的。证毕。

引理 3.2 证明：$\prod_b(q_b)$相较于q_b的一阶导数为：

$$\frac{d\prod_b(q_b)}{dq_b}=\begin{cases}\overline{F}(q_b)[1-q_bz(q_b)]-c, & if\ q_b\in[0,q^{nbr}]\cup[q^{nbl},+\infty) \quad (a)\\ \frac{w\hat{F}_b(k_b)[q_bz(q_b)-1]}{G'(k_b)q_b\overline{F}(q_b)-\hat{F}_b(k_b)}-c, & if\ q_b\in(q^{nbr},q^{nbl}) \quad (b)\end{cases}$$

如果$q_b\in[0,q^{nbr}]\cup[q^{nbl},+\infty)$，则$1-q_bz(q_b)<0$，所以当$q_b>\tilde{q}$时，我们有$\frac{d\prod_b(q_b)}{dq_b}<0$。如果$q_b\in(q^{nbr},q^{nbl})$，则$q_bz(q_b)-1>0$且$G'(k_b)<0$，所以当$q_b>\tilde{q}$时，我们有$\frac{d\prod_b(q_b)}{dq_b}<0$。因此，在任何一种情形下，当$q_b>\tilde{q}$时，我们有$\frac{d\prod_b(q_b)}{dq_b}<0$。因此，$q_b^*\in[0,\tilde{q}]$。证毕。

引理 3.3 证明：$\delta^-(q_b)$很显然是凹函数，接下来我们重点证明$\delta_b^+(q_b;\alpha_b)$的拟凹性。$\delta_b^+(q_b;\alpha_b)$又可以被写作：

$$\delta_b^+(q_b;\alpha_b)=\frac{\hat{F}_b(k_b)[w(1-q_bz(q_b))-c]+cG'(k_b)q_b\overline{F}(q_b)}{\hat{F}(k_b)-G'(k_b)q_b\overline{F}(q_b)}$$

令其分子为：

$$\varsigma(q_b)=\hat{F}_b(k_b)[w(1-q_bz(q_b))-c]+cG'(k_b)q_b\overline{F}(q_b)$$

由于w递减于q_b，且$1-q_bz(q_b)$递减于$q_b\in(q^{nbr},\tilde{q}]$，所以$w[1-q_bz(q_b)]-c$递减于$q_b$。因此，最多存在唯一$\hat{q}_b\in(q^{nbr},\tilde{q}]$使得$w[1-q_bz(q_b)]-c=0$。当$q_b\in[\hat{q}_b,\tilde{q}]$时，$w[1-\hat{q}_bz(\hat{q}_b)]-c<0$，从而$\varsigma(q_b)<0$。以下我们考虑$q_b\in(q^{nbr},\hat{q}_b)$，此时，$w[1-\hat{q}_bz(\hat{q}_b)]-c>0$。同时，

$$\frac{dk_b}{dq_b}=\frac{w[1-q_bz(q_b)]}{\hat{F}_b(k_b)-G'(k_b)q_b\overline{F}(q_b)}>0$$

也即k_b递增于$q_b\in(q^{nbl},\tilde{q}]$。又因为$\hat{F}_b(k_b)$递减于$k_b$，所以$\hat{F}_b(k_b)$递减于$q_b$。因此，$\hat{F}_b(k_b)[w(1-q_bz(q_b))-c]$递减于$q_b\in(q^{nbl},\hat{q}_b)$。此外，

$$cG'(k_b)q_b\overline{F}(q_b)=-c\alpha_b[z(k_b)+k_bz'(k_b)]q_b\overline{F}(q_b)$$

递减于q_b，同时$q_b\overline{F}(q_b)$递增于$q_b\in(q^{nbr},\tilde{q}]$。所以，$\varsigma(q_b)$递减于$q_b\in$

$(q^{nbr},\ \hat{q}_b)$。

总之，当 $q_b \in (q^{nbr},\ \hat{q}_b)$ 时，$\varsigma(q_b)$ 递减于 q_b 且 $\varsigma(q_b) < 0$。因此，$\varsigma(q_b) = 0$ 最多存在一个可行解，记作 q_b^b。当 $q_b \in (q^{nbl},\ q_b^b)$ 时，$\varsigma(q_b) > 0$；当 $q_b \in (q_b^b,\ \tilde{q})$ 时，$\varsigma(q_b) < 0$。又因为一阶导的分母为正，$\delta_b^+(q_b;\ \alpha_b) = 0$ 最多存在唯一解，即 q_b^b。同时，当 $q_b \in (q^{nbr},\ q_b^b)$ 时，$\delta_b^+(q_b;\ \alpha_b) > 0$；当 $q_b \in (q_b^b,\ \tilde{q})$ 时，$\delta_b^+(q_b;\ \alpha_b) < 0$。因此，$\delta_b^+(q_b;\ \alpha_b)$ 是 $q_b \in (q^{nbr},\ \tilde{q}]$ 上的拟凹函数。证毕。

引理 3.4 证明：根据引理 4.3，$\delta^-(q^{nbr})$ 和 $\delta_b^+(q^{nbr};\ \alpha_b)$ 在各自可行域递减于 q^{nbr}，且 q^{nbr} 递增于 y。因此，$\delta^-(q^{nbr})$ 和 $\delta_b^+(q^{nbr};\ \alpha_b)$ 均递减于 y。且

$$\begin{aligned}\delta_b^+(q^{nbr};\ \alpha_b) &= \frac{1 - \alpha_b q^{nbr} z(q^{nbr})}{1 + \alpha_b z(0) q^{nbr} \overline{F}(q^{nbr})} \overline{F}(q^{nbr})[1 - q^{nbr} z(q^{nbr})] - c \\ &< \overline{F}(q^{nbr})[1 - q^{nbr} z(q^{nbr})] - c = \delta^-(q^{nbr})\end{aligned}$$

证毕。

引理 3.5 证明：根据引理 3.3 和引理 3.4，易得到引理 3.5，此处省略细节。证毕。

命题 3.2 证明：根据引理 3.5，$\prod_b(q_b)$ 有唯一全局最优解。我们分以下三种情况进行讨论：

（1）如果 q^{nb} 是局部最优可行解，那么必须满足 $q^{nb} \in [0,\ q^{nbr}]$ 或等价地 $\delta^-(q^{nbr}) \leqslant 0$。由于 y^{m*} 是 $\delta^-(q^{nbr}) = 0$ 的唯一解，且 $\delta^-(q^{nbr})$ 递减于 y，所以 $\delta^-(q^{nbr}) \leqslant 0$ 等价于 $y \geqslant y^{m*}$。在此条件下，q^{nb} 是全局最优解，相应的均衡批发价是 w^{nb}。

（2）如果 q_b^b 是局部最优可行解，那么必须满足 $q^{nb} \in (q^{nbr},\ \tilde{q}]$ 或等价地 $\delta_b^+(q^{nbr};\ \alpha_b) > 0$。由于 $\delta_b^+(q^{nbr};\ \alpha_b)$ 递减于 y，所以存在唯一 y^{l*} 使得 $\delta_b^+(q^{nbr};\ \alpha_b) = 0$，且 $\delta_b^+(q^{nbr};\ \alpha_b) > 0$ 等价于 $0 < y < y^{l*}$。在此条件下，q_b^b 是全局最优解，对应的均衡批发价是 w_b^b。

（3）在其他情形下，即 $y^{l*} \leqslant y < y^{m*}$ 时，q^{nb} 和 q_b^b 都不是局部最优可行解。而且，当 $q_b \in [0,\ q^{nbr}]$ 时，$\delta^-(q_b) > 0$；当 $q_b \in (q^{nbr},\ \tilde{q}]$ 时，$\delta_b^+(q_b;\ \alpha_b) < 0$。换句话说，$\prod_b(q_b)$ 先递增于 $q_b \in [0,\ q^{nbr}]$ 后递减于 $q_b \in (q^{nbr},\ \tilde{q}]$。所以，此时全局最优解是 q^{nbr}，对应的均衡批发价是 w^{nbr}。证毕。

引理 3.6 证明：（3-11）式定义的 $\pi(q)$ 的一阶导数为：

$$\frac{d\pi(q)}{dq}=\begin{cases}\bar{F}(q)-w, & if\ q\in[0,\ q^{y}] \quad (a)\\ \bar{F}(q)-w(1+r_t)\bar{F}(k), & if\ q\in(q^{y},\ \infty) \quad (b)\end{cases}$$

令 $\chi(q)=\dfrac{\bar{F}(q)}{w(1+r_t)\bar{F}(k)}$ 并对 $\chi(q)$ 取自然对数得：

$$\ln\chi(q)=-\ln w(1+r_t)+\ln\bar{F}(q)-\ln\bar{F}(k)$$

$\ln\chi(q)$ 关于 q 的一阶导数为：$\dfrac{d\ln\chi(q)}{dq}=w(1+r_t)z(k)-z(q)\leqslant 0$，其中"$\leqslant$"之所以成立在于：（ⅰ）$z(x)$ 是递增函数；（ⅱ）$k\leqslant q$；（ⅲ）$w(1+r_t)<p=1$。因此，$\chi(q)$ 递减于 $q\in(q^{y},\ \infty)$。这意味着方程 $\chi(q)=1$ 最多有一个解 q^{0}：当 $q\in(q^{y},\ q^{0})$ 时，$\chi(q)>1$；当 $q\in(q^{0},\ \infty)$ 时，$\chi(q)<1$。等价地，方程 $\dfrac{d\pi(q)}{dq}=0$ 在区间 $q\in(q^{y},\ \infty)$ 上最多存在一个解 q^{0}：当 $q\in(q^{y},\ q^{0})$ 时，我们有 $\dfrac{d\pi(q)}{dq}>0$；当 $q\in(q^{0},\ \infty)$ 时，我们有 $\dfrac{d\pi(q)}{dq}<0$。因此，$\pi(q)$ 是 $q\in(q^{y},\ \infty)$ 上的拟凹函数。

另外，显然，$\pi(q)$ 是 $q\in[0,\ q^{y}]$ 上的凹函数。而且，$\left.\dfrac{d\pi(q)}{dq}\right|_{q=q^{y-}}\geqslant\left.\dfrac{d\pi(q)}{dq}\right|_{q=q^{y+}}$。因此，$\pi(q)$ 是 $q\in[0,\ \infty)$ 上的拟凹函数。证毕。

命题 3.3 证明：根据引理 3.6 及其证明，$\pi(q)$ 有一个唯一的最大值点 q_t。其取值依赖于 $\pi(q)$ 在分割点 $q=q^{y}$ 处的一阶导数。具体而言，有以下三种情况：

（1）$\left.\dfrac{d\pi(q)}{dq}\right|_{q=q^{y+}}<\left.\dfrac{d\pi(q)}{dq}\right|_{q=q^{y-}}\leqslant 0$，或者等价地 $y\geqslant y^{nb}(w)=:w\bar{F}^{-1}(w)$。在这种情形下，$q_t$ 位于区间 $[0,\ q^{y})$ 内且满足 $\left.\dfrac{d\pi(q)}{dq}\right|_{q=q_t}=0$，也即 $q_t=\bar{F}^{-1}(w)$。

（2）$\left.\dfrac{d\pi(q)}{dq}\right|_{q=q^{y+}}<0<\left.\dfrac{d\pi(q)}{dq}\right|_{q=q^{y-}}$，或者等价地 $y_t^{b}(w,\ r_t)<y<y^{nb}(w)$。在这种情形下，$q_t$ 位于分割点处，也即 $q_t^{o}=q^{y}=\dfrac{y}{w}$。

（3）$0\leqslant\left.\dfrac{d\pi(q)}{dq}\right|_{q=q^{y+}}<\left.\dfrac{d\pi(q)}{dq}\right|_{q=q^{y-}}$，或者等价地 $0<y\leqslant y_t^{b}(w,\ r_t)$。在

这种情形下，q_t 位于区间（q^y，∞）内且满足 $\left.\frac{d\pi(q)}{dq}\right|_{q=q_t}=0$。换言之，$q_t$ 由以下两个联立方程隐式决定：$q_t=\overline{F}^{-1}[w(1+r_t)\overline{F}(k_t)]$ 和 $k_t=(wq_t-y)(1+r_t)$。由于 $\pi(q)$ 是拟凹函数，q_t 也由该方程组唯一地决定。证毕。

推论 3.4 证明：我们首先证明 q_t 递减于 w。当 $w\in(c, w^{nbl}]\cup[w^{nbr}, 1)$ 或者 $w\in(w^{nbl}, w_t^{bl}(r_t))\cup(w_t^{br}(r_t), w^{nbr})$ 时，很显然，q_t 递减于 w。当 $w\in[w_t^{bl}(r_t), w_t^{br}(r_t)]$ 时，根据推论 3.3，我们有

$$\frac{\partial q_t}{\partial w}=\frac{(1+r_t)\overline{F}(k_t)[wq_t(1+r_t)z(k_t)-1]}{[\overline{F}(q_t)]^2\left[\frac{z(q_t)}{\overline{F}(q_t)}-\frac{z(k_t)}{\overline{F}(k_t)}\right]}<0$$

其中，最后一个“<”成立是因为 $wq_t(1+r_t)z(k_t)-1<0$ 和 $\frac{z(q_t)}{\overline{F}(q_t)}-\frac{z(k_t)}{\overline{F}(k_t)}>0$。总结这两种情形可以得到结论中的单调性。

接下来，我们首先证明对于给定的 r_t，π_t 递减于 q_t，然后证明 π_t 递减于 w。具体而言，我们有以下三种情况：

（1）当 $w\in(c, w^{nbl}]\cup[w^{nbr}, 1)$ 时，我们有 $\pi_t=\int_0^{q_t}\overline{F}(x)dx-wq_t=\int_0^{q_t}\overline{F}(x)dx-q_t\overline{F}(q_t)$。有此可得，$\frac{\partial\pi_t}{\partial q_t}=q_tf(q_t)>0$。

（2）当 $w\in(w^{nbl}, w_t^{bl}(r_t))\cup(w_t^{br}(r_t), w^{nbr})$ 时，我们有 $\pi_t=\int_0^{q_t}\overline{F}(x)dx-y$，因而 $\frac{\partial\pi_t}{\partial q_t}=\overline{F}(q_t)>0$。

（3）当 $w\in[w_t^{bl}(r_t), w_t^{br}(r_t)]$ 时，我们有 $\pi_t=\int_{k_t}^{q_t}\overline{F}(x)dx-y$。由此可得，$\frac{\partial\pi_t}{\partial q_t}=\overline{F}(q_t)-\overline{F}(k_t)\frac{\partial k_t}{\partial q_t}=\overline{F}(q_t)\left[1-\frac{1-q_tz(q_t)}{1-w(1+r_t)q_tz(k_t)}\right]>0$。

总结上述三种情形，我们有 $\frac{\partial\pi_t}{\partial q_t}>0$。因此，根据链导法则，可得：$\frac{\partial\pi_t}{\partial w}=\frac{\partial\pi_t}{\partial q_t}\cdot\frac{\partial q_t}{\partial w}<0$。

接下来，我们证明 q_t 和 π_t 递减于 r_t。

（1）如果 $w\in(c, w^{nbl}]\cup[w^{nbr}, 1)$，那么 q_t 和 π_t 都独立于 r_t。

（2）否则，给定 w，存在 r_t^{bl} 和 r_t^{br} 使得 $w_t^{bl}(r_t^{bl})=w_t^{br}(r_t^{br})=w$。令 $\tilde{r}_t=\min(r_t^{bl}, r_t^{br})$，那么：

（ⅰ）如果 $r_t>\tilde{r}_t$，则 $q_t=y/w$ 且 $\pi_t=\int_0^{q_t}\bar{F}(x)dx-y$。显然，$q_t$ 和 π_t 都是不依赖于 r_t 的常数。

（ⅱ）如果 $r_t\leqslant\tilde{r}_t$，则 $q_t=\bar{F}^{-1}[w(1+r_t)\bar{F}(k_t)]$ 且 $\pi_t=\int_{k_t}^{q_t}\bar{F}(x)dx-y$。我们有

$$\frac{\partial q_t}{\partial r_t}=\frac{w\bar{F}(k_t)[1-k_tz(k_t)]}{[\bar{F}(q_t)]^2\left[\frac{z(k_t)}{\bar{F}(k_t)}-\frac{z(q_t)}{\bar{F}(q_t)}\right]}<0$$

和

$$\frac{\partial \pi_t}{\partial r_t}=\frac{k_t\bar{F}(k_t)[z(q_t)-w(1+r_t)z(k_t)]}{\left[\frac{z(k_t)}{\bar{F}(k_t)}-\frac{z(q_t)}{\bar{F}(q_t)}\right]\bar{F}(q_t)(1+r_t)}<0$$

因此，归纳上述情形，可得：$\frac{\partial q_t}{\partial r_t}<0$ 和 $\frac{\partial \pi_t}{\partial r_t}<0$。证毕。

命题 3.4 证明：为了表述的简洁，令供应商设置订货量为 q_t 时的最优信贷利率为 r_t^o。

（1）给定 $q_t\in[0, q^{nbr}]\cup[q^{nbl}, +\infty)$，那么供应商的利润为 $\prod_t=(w-c)q_t$，其中 $q_t=\bar{F}^{-1}(w)$，可见其不依赖于 r_t。

（2）给定 $q_t\in(q^{nbr}, q^{nbl})$，令 $\hat{r}_t=\frac{q_t\bar{F}(q_t)}{y}-1$。此时，对于任何给定 $r_t>\hat{r}_t$，供应商的利润为 $\prod_t(q_t, r_t)=y-cq_t=\prod_t(q_t, \hat{r}_t)$。换言之，$r_t\leqslant\hat{r}_t$ 占优于 $r_t>\hat{r}_t$ 或者等价地 $r_t^o\leqslant\hat{r}_t$。给定 $r_t\leqslant\hat{r}_t$，我们有 $q_t\in[q_t^{br}(r_t), q_t^{bl}(r_t)]$。在这种情况下，

$$\prod_t=\int_0^{k_t}\hat{F}_s(x)dx+y-cq_t \tag{A3-3}$$

满足

$$\begin{cases}q_t=\bar{F}^{-1}[w(1+r_t)\bar{F}(k_t)]\\k_t=(wq_t-y)(1+r_t)\end{cases} \tag{A3-4}$$

消掉（A3－4）中的 w 得到：

$$q_t\overline{F}(q_t)=[k_t+y(1+r_t)]\overline{F}(k_t)=:\xi(k_t,\ r_t) \qquad (A3-5)$$

给定 q_t，对（A3－5）式应用隐函数定理，可得：

$$\frac{dk_t}{dr_t}=-\frac{\dfrac{\partial\xi(k_t,\ r_t)}{\partial r_t}}{\dfrac{\partial\xi(k_t,\ r_t)}{\partial k_t}} \qquad (A3-6)$$

根据（A3－5）式，$\xi(k_t,\ r_t)$ 相较于 r_t 的一阶导数为：

$$\frac{\partial\xi(k_t,\ r_t)}{\partial r_t}=y\overline{F}(k_t)>0 \qquad (A3-7)$$

$\xi(k_t,\ r_t)$ 相较于 k_t 的一阶偏导数为：

$$\frac{\partial\xi(k_t,\ r_t)}{\partial k_t}=\overline{F}(k_t)[1-wq_t(1+r_t)z(k_t)]>0 \qquad (A3-8)$$

其中“>”成立是因为 $1-wq_t(1+r_t)z(k_t)>0$。因此，根据（A3－6）、（A3－7）和（A3－8）可得：

$$\frac{dk_t}{dr_t}<0 \qquad (A3-9)$$

另外，从（A3－3）式可以观察到 $\prod_t$ 只依赖于 q_t 和 k_t。更确切地讲，给定 q_t，$\prod_t$ 递增于 k_t。结合（A3－9），可知：供应商应该将 r_t 设置得越低越好，即 $r_t^o=0$，从而得到最大 k_t，让供应商实现最大利润。

基于上述分析，可以总结出：对于任何给定的 q_t，我们有 $r_t^o=0$。因此，$r_t^*=0$。证毕。

引理 3.10 证明：给定 r_t^*，将 $\prod_t(q_t,r_t^*)$ 记作 $\prod_t^{\#}(q_t)$，则 $\prod_t^{\#}(q_t)$ 相较于 q_t 的一阶导数为：

$$\frac{d\prod_t^{\#}(q_t)}{dq_t}=\begin{cases}\overline{F}(q_t)[1-g(q_t)]-c, & if\ q_t\in[0,\ q^{nbr}]\cup[q^{nbl},\ +\infty) \quad (a)\\ \dfrac{[1-\alpha_s g(k_t)]\overline{F}(q_t)[1-g(q_t)]}{1-wq_t z(k_t)}-c, & if\ q_t\in[q^{nbr},\ q^{nbl}] \quad (b)\end{cases}$$

（A3－10）

首先，关于（A3－10a），由于 $q^{nbl}>\tilde{q}$，所以在区间 $q_t\in[q^{nbl},\ +\infty)$ 上，我们有 $\dfrac{d\prod_t^{\#}(q_t)}{dq_t}<0$。因此，$q_t^*\in[0,\ q^{nbr}]\in[0,\ \tilde{q}]$。其次，关于

（A3 - 10b），当 $q_t \in (\tilde{q}, q^{nbl}]$ 时，由于 $1-\alpha_s g(k_t) > 1 - wq_t z(k_t) > 0$ 和 $1 - q_t z(q_t) < 0$，我们有 $\frac{[1-\alpha_s g(k_t)]\overline{F}(q_t)[1-g(q_t)]}{1-wq_t z(k_t)} - c < 0$。因此，$q_t^* \in [q^{nbr}, \tilde{q}] \in [0, \tilde{q}]$。

总结上述两种情形，可得 $q_t^* \in [0, \tilde{q}]$。证毕。

引理 3.11 证明： 当 $q_t^\# \leqslant q^{nbr} < \tilde{q}$ 时，由于 $\overline{F}(q_t^\#)$ 和 $1 - q_t^\# z(q_t^\#)$ 均递减于 $q_t^\#$，因此，$\delta^-(q_t^\#)$ 递减于 $q_t^\# \in [0, q^{nbr}]$。当 $q_t^\# \in [q^{nbr}, \tilde{q}]$ 时，我们有

$$q_t^\# \overline{F}(q_t^\#) = [k_t^\# + y]\overline{F}(k_t^\#)$$

该式表明：$\frac{dk_t^\#}{dq_t^\#} = \frac{\overline{F}(q_t^\#)[1-g(q_t^\#)]}{\overline{F}(k_t^\#)[1-wq_t^\# z(k_t^\#)]} > 0$。因此，$k_t^\#$ 递增于 $q_t^\#$，进而，$1 - \alpha_s g(k_t^\#)$ 递减于 $q_t^\#$。根据 Zhou 和 Groenevelt（2009），$\frac{\overline{F}(q_t^\#)[1-g(q_t^\#)]}{1-wq_t^\# z(k_t^\#)}$递减于 $q_t^\#$。因此，$\delta^+(q_t^\#; \alpha_s)$ 递减于 $q_t^\#$。证毕。

引理 3.12 证明： 根据引理 3.11，$\delta^-(q^{nbr})$ 和 $\delta^+(q^{nbr})$ 均递减于 q^{nbr}。而且，根据定义，q^{nbr} 由 $q^{nbr}\overline{F}(q^{nbr}) = y$ 唯一决定且 $q^{nbr} < \tilde{q}$，这意味着 q^{nbr} 递增于 y。因此，$\delta^-(q^{nbr})$ 和 $\delta^+(q^{nbr})$ 均递减于 y。

此外，根据引理 3.9，可得 $0 < 1 - w^{nbr}q^{nbr}z(0) < 1$。因此，根据 $\delta^-(q^{nbr})$ 和 $\delta^+(q^{nbr})$ 的定义，我们有 $\delta^-(q^{nbr}) < \delta^+(q^{nbr})$。证毕。

命题 3.5 证明： 引理 3.11 表明 $\prod_t^\#(q_t^\#)$ 在区间 $q_t^\# \in [0, q^{nbr}]$ 和 $q_t^\# \in [q^{nbr}, \tilde{q}]$ 上都是凹函数。因此，$\prod_t^\#(q_t^\#)$ 的全局最优解的位置依赖于 $\delta^-(q^{nbr})$ 和 $\delta^+(q^{nbr})$ 的值。根据引理 3.12，分别存在唯一的 y^{h*} 使得 $\delta^+(q^{nbr}) = 0$ 和唯一的 y^{m*} 使得 $\delta^-(q^{nbr}) = 0$。根据 y 的取值，$\delta^+(q^{nbr})$ 和 $\delta^-(q^{nbr})$ 的取值符号存在以下三种不同情形：

（1）当 $y \geqslant y^{h*}$ 时，我们有 $\delta^-(q^{nbr}) < \delta^+(q^{nbr}) \leqslant 0$。$\delta^-(q^{nbr}) < 0 = \delta^-(q^{nb})$ 表明 $q^{nb} < q^{nbr}$，因而 q^{nb} 是方程 $\delta^-(q_t^\#) = 0$ 的可行解。换言之，q^{nb} 是 $[0, q^{nbr}]$ 上的局部最大值点。另外，因为 $\delta^+(q^{nbr}) < 0$ 且 $\delta^+(q_t^\#; \alpha_s)$ 递减于 $q_t^\# \in [q^{nbr}, \tilde{q}]$，所以 $\delta^+(q_t^\#; \alpha_s) < 0$。因而，$q^{nbr}$ 是 $[q^{nbr}, \tilde{q}]$ 上的局部最大值点。显然，q^{nb} 占优于 q^{nbr}。因此，$q_t^* = q_t^{nb}$ 且 $w_t^* = w_t^{nb}$。

（2）当 $y^{h*} > y \geqslant y^{m*}$ 时，我们有 $\delta^-(q^{nbr}) \leqslant 0 < \delta^+(q^{nbr})$。类似地，$\delta^-(q^{nbr}) \leqslant 0$ 表明 q^{nb} 是区间 $[0, q^{nbr}]$ 上的局部最大值点，且 $0 \leqslant \delta^+(q^{nbr})$ 表

明 q_t^b 是 $[q^{nbr},\ \tilde{q}]$ 上的局部最大值点。因此，$q_t^* = \operatorname{argmax}\{\prod_t^{\#}(q^{nb}),\ \prod_t^{\#}(q_t^b)\}$，且：当 $q_t^* = q^{nb}$ 时，$w_t^* = w^{nb}$；当 $q_t^* = q_t^b$ 时，$w_t^* = w_t^b$。

（3）当 $y^{m*} > y > 0$ 时，我们有 $0 < \delta^-(q^{nbr}) < \delta^+(q^{nbr})$。因为 $0 < \delta^-(q^{nbr})$ 且 $\delta^-(q_t^{\#})$ 递减于 $q_t^{\#} \in [q^{nbr},\ \tilde{q}]$，所以 $0 < \delta^-(q_t^{\#})$。因而，q^{nbr} 是区间 $[0,\ q^{nbr}]$ 上的最大值点。另外，$0 \leqslant \delta^+(q^{nbr})$ 表明 q_t^b 是区间 $[q_t^{nbr},\ \tilde{q}]$ 上的局部最大值点。显然，q_t^b 占优于 q^{nbr}。因此，$q_t^* = q_t^b$ 且 $w_t^* = w_t^b$。证毕。

推论 3.5 证明： $\dfrac{\partial \delta^+(q_t^b;\ \alpha_s)}{\partial \alpha_s} = -\dfrac{g(k_t^b)\overline{F}(q_t^b)[1-g(q_t^b)]}{1-w_t^b q_t^b z(k_t^b)} < 0$。此外，根据引理 3.11，我们有 $\dfrac{\partial \delta^+(q_t^b;\ \alpha_s)}{\partial q_t^b} < 0$。由于 $\delta^+(q_t^b;\ \alpha_s) = 0$，根据隐函数定理，可得：

$$\frac{dq_t^b}{d\alpha_s} = -\frac{\dfrac{\partial \delta^+(q_t^b;\ \alpha_s)}{\partial \alpha_s}}{\dfrac{\partial \delta^+(q_t^b;\ \alpha_s)}{\partial q_t^b}} < 0$$

也即，q_t^b 递减于 α_s。又因为 $q_t^* \in \{q_t^b,\ q^{nb}\}$ 且 q^{nb} 不依赖于 α_s，所以 q_t^* 递减于 α_s。

其次，我们将证明 w_t^* 递增于 α_s。根据推论 3.4，我们有 $\dfrac{dw_t^b}{dq_t^b} < 0$。根据链导法则，我们有 $\dfrac{dw_t^b}{d\alpha_s} = \dfrac{dw_t^b}{dq_t^b} \cdot \dfrac{dq_t^b}{d\alpha_s} > 0$，即 w_t^b 递增于 α_s。又因为 $w_t^* \in \{w_t^b,\ w^{nb}\}$ 且 w^{nb} 不依赖于 α_s，所以 w_t^* 递增于 α_s。

接下来，我们证明 $\prod_t^*$ 递减于 α_s。根据包络定理可得：$\dfrac{d\prod_t^{\#}(q_t^b)}{d\alpha_s} = -\int_0^{k_t^b} x dF(x) < 0$。又因为 $\prod_t^* = \max\{\prod_t^{\#}(q^{nb}),\ \prod_t^{\#}(q_t^b)\}$ 且 $\prod_t^{\#}(q^{nb})$ 不依赖于 α_s，所以 $\prod_t^*$ 递减于 α_s。

最后，我们证明 π_t^* 递减于 α_s。根据求导的链导法则，我们有

$$\frac{d\pi_t^{\#}(q_t^b)}{d\alpha_s} = \frac{d\pi_t^{\#}(q_t^b)}{dq_t^b} \cdot \frac{dq_t^b}{d\alpha_s} < 0$$

其中最后一个“<”成立是因为$\frac{d\pi_t^{\#}(q_t^b)}{dq_t^b}>0$。类似地，因为$\pi_t^*\in\{\pi_t^{\#}(q^{nb}),\pi_t^{\#}(q_t^b)\}$且$\pi_t^{\#}(q^{nb})$不依赖于$\alpha_s$，所以$\pi_t^*$递减于$\alpha_s$。证毕。

命题3.6证明：令q_n^*和$\prod_n^*$分别代表传统无资金约束情形下的订货量和供应商利润。下面我们将分两步证明命题中的结论。

第一步：$q_n^*\leqslant q_t^*$和$\prod_n^*\leqslant\prod_t^*$。在传统无资金约束情形下，$q_n^*=q^{nb}$且$\prod_n^*=(w^{nb}-c)q^{nb}$。另外，根据命题3.5，根据$y$的不同，我们有以下三种情况：

（1）如果$y\geqslant y^{h*}$，则$q_t^*=q^{nb}$。因此，$q_n^*=q_t^*$且$\prod_n^*=\prod_t^*$。

（2）如果$y^{m*}\leqslant y<y^{h*}$，则$q_t^*=\arg\max\{\prod_t^{\#}(q^{nb}),\prod_t^{\#}(q_t^b)\}$。在这种情形下，$q^{nb}<q^{nbr}<q_t^b$，因此，$q_n^*=q^{nb}\leqslant q_t^*$。同时，$\prod_t^*=\max\{\prod_t^{\#}(q^{nb}),\prod_t^{\#}(q_t^b)\}$，其中，$\prod_t^{\#}(q^{nb})=\prod_n^*$，所以$\prod_n^*\leqslant\prod_t^*$。

（3）如果$0<y<y^{m*}$，则$q_t^*=q_t^b$。在这种情况下，根据命题3.5的证明可知$q^{nb}>q^{nbr}$。接下来，我们将证明$q^{nb}<q_t^b$。在$q_t^{\#}=q^{nb}$处，我们有

$$\delta^+(q^{nb};\alpha_s)=\frac{1-\alpha_s g(k^{nb})}{1-wq^{nb}z(k^{nb})}\cdot c-c>0 \tag{A3-11}$$

上述不等式成立是因为$\frac{1-\alpha_s g(k^{nb})}{1-wq^{nb}z(k^{nb})}>\frac{1-g(k^{nb})}{1-wq^{nb}z(k^{nb})}>1$，其中“>”成立归因于$g(k^{nb})=k^{nb}z(k^{nb})<wq^{nb}z(k^{nb})$。此外，根据定义，$q_t^b$是方程

$$\delta^+(q_t^b;\alpha_s)=0 \tag{A3-12}$$

的唯一解。因为$\delta^+(q_t^{\#};\alpha_s)$递减于$q_t^{\#}$，所以根据（A3-11）和（A3-12）可得$q^{nb}<q_t^b$。因此，$q_n^*<q_t^*$。

进一步，令$\prod_n(q_n)$代表传统无资金约束情形下订货量为q_n时供应商的利润，那么$\prod_n(q_n)$关于q_n的一阶导数为$\frac{d\prod_n(q_n)}{dq_n}=\delta^-(q_n)$。从而，我们有

$$\prod_n^*=\prod_n(q^{nbr})+\int_{q^{nbr}}^{q_n^*}\delta^-(q_n)dq_n \tag{A3-13}$$

和

$$\prod\nolimits_t^* = \prod\nolimits_t^{\#}(q^{nbr}) + \int_{q^{nbr}}^{q_t^*} \delta^+(q_t^{\#}; \alpha_s) dq_t^{\#} \tag{A3-14}$$

在点 $q_t^{\#} = q_n \in (q^{nbr}, \tilde{q}]$ 处，我们有

$$\begin{aligned}\delta^+(q_n; \alpha_s) &= \frac{1-\alpha_s g(k_n)}{1-wq_n z(k_n)} \cdot \overline{F}(q_n)[1-g(q_n)] - c \\ &> \overline{F}(q_n)[1-g(q_n)] - c = \delta^-(q_n)\end{aligned} \tag{A3-15}$$

其中，“>”成立是因为$\frac{1-\alpha_s g(k_n)}{1-wq_n z(k_n)} > \frac{1-g(k_n)}{1-wq_n z(k_n)} > 1$ 和 $g(k_n) = k_n z(k_n) < wq_n z(k_n)$。根据（A3－13）、（A3－14）和（A3－15），可得 $q_n^* < q_t^*$，进而可得 $\prod_n^* < \prod_t^*$。

总结上述三种情形，我们得到 $q_n^* \leqslant q_t^*$ 和 $\prod_n^* \leqslant \prod_t^*$。

第二步：$q_b^* \leqslant q_n^*$ 且 $\prod_b^* \leqslant \prod_n^*$。根据命题 3.2，依据 y 的不同取值，我们分三种情况证明该结论：

（1）如果 $y \geqslant y^{m*}$，那么我们有 $q_b^* = q^{nb}$。因此，$q_n^* = q_b^*$ 且 $\prod_n^* = \prod_b^*$；

（2）如果 $y^{l*} \leqslant y < y^{m*}$，那么我们有 $q_b^* = q^{nbr}$。根据命题 3.2 中的证明可知，在此种情形下，$q^{nbr} < q^{nb}$且 $\prod_b^* = \prod_b(q^{nbr}) < \prod_n^*$；

（3）如果 $0 < y < y^{l*}$，那么 $q_b^* = q_b^b$。同理，根据命题 3.2 的证明可知，此时 $q^{nbr} < q^{nb}$。接下来我们证明 $q_b^b < q^{nb}$。当 $q_b = q^{nb}$时，我们有

$$\delta_b^+(q^{nb}; \alpha_b) = \frac{G(k^{nb})\hat{F}_b(k^{nb})}{\hat{F}_b(k^{nb}) - G'(k^{nb})q^{nb}\overline{F}(q^{nb})} \cdot c - c < 0 \tag{A3-16}$$

上述“<”成立是因为由 $0 < G(k^{nb}) < 1$ 和 $G'(k^{nb}) < 0$ 可得：$\frac{G(k^{nb})\hat{F}_b(k^{nb})}{\hat{F}_b(k^{nb}) - G'(k^{nb})q^{nb}\overline{F}(q^{nb})} < 1$。另外，根据定义，$q_b^b$ 是下列方程的唯一解：

$$\delta_b^+(q_b^b; \alpha_b) = 0 \tag{A3-17}$$

因为 $\delta_b^+(q_b; \alpha_b)$ 是 q_b 的拟凹函数，所以根据（A3－16）和（A3－17）可得 $q_b^b < q^{nb}$。因此，$q_b^* < q_n^*$。进一步，我们有

$$\prod\nolimits_b^* = \prod\nolimits_b(q^{nbr}) + \int_{q^{nbr}}^{q_b^*} \delta_b^+(q_b; \alpha_b) dq_b \tag{A3-18}$$

在 $q_b = q_n \in (q^{nbr}, \tilde{q}]$ 处，我们有

$$\delta_b^+(q_n;\ \alpha_b)=\frac{G(k_n)\hat{F}_b(k_n)}{\hat{F}_b(k_n)-G'(k_n)q_n\overline{F}(q_n)}\cdot\overline{F}(q_n)[1-g(q_n)]-c$$

$$<\overline{F}(q_n)[1-g(q_n)]-c=\delta^-(q_n) \tag{A3-19}$$

上述不等式之所以成立是因为由 $0<G(k_n)<1$ 和 $G'(k_n)<0$ 可推得 $\frac{G(k_n)\hat{F}_b(k_n)}{\hat{F}_b(k_n)-G'(k_n)q_n\overline{F}(q_n)}<1$。根据（A3－13）、（A3－18）和（A3－19），可得 $q_b^*<q_n^*$，进一步可得 $\prod_b^*<\prod_n^*$。

综述上面三种情况，我们得到 $q_b^*\leqslant q_n^*$ 和 $\prod_b^*\leqslant\prod_n^*$。证毕。

命题 3.7 证明： 依赖于 y 取值的不同，我们分以下四种情况进行讨论：

（1）当 $y\geqslant y^{h*}$ 时，在贸易信用和银行信用下，均衡都退化到传统无资金约束的情形，因此，我们有 $\pi_t^*=\pi_b^*$。

（2）当 $y^{m*}\leqslant y<y^{h*}$ 时，在银行信贷下均衡仍然与无资金约束情形相同，因此，$\pi_b^*=\int_0^{q^{nb}}\overline{F}(x)dx-w^{nb}q^{nb}$。在贸易信贷下，供应商要么提供贸易信用合同（$w^{nb}$，0）或者提供（$w_t^b$，0）。对于前种情形，零售商获得的利润是 $\pi_t^*=\int_0^{q^{nb}}\overline{F}(x)dx-w^{nb}q^{nb}=\pi_b^*$；对于后种情形，我们有 $w_t^b<w^{nbr}<w^{nb}$，因而零售商利润为 $\pi_t^*=\pi_t(w_t^b,\ 0)>\pi_t(w^{nb},\ 0)=\pi_b^*$，其中“>”成立是因为对于给定的 $r_t=0$，π_t 递减于 w。

（3）当 $y^{l*}\leqslant y<y^{m*}$ 时，在银行信贷模式下，我们有 $w_b^*=w^{nbr}$ 和 $\pi_b^*=\int_0^{q^{nbr}}\overline{F}(x)dx-w^{nbr}q^{nbr}$。在贸易信用模式下，我们有 $w_t^*=w_t^b$。类似地，我们有 $\pi_t^*=\pi_t(w_t^b,\ 0)>\pi_t(w^{nbr},\ 0)=\pi_b^*$。

（4）当 $0<y<y^{l*}$ 时，零售商在两种模式下都会借贷。此时的问题变得异常复杂而难于处理。我们首先分析一个极端情形：$c=0$。根据命题 3.2 和命题 3.5 可得，当 $c=0$ 时，我们有 $q_t^*=q_b^*=\tilde{q}$。因此，

$$\pi_b^*=\int_{k_b^*}^{\tilde{q}}\overline{F}(x)dx-y \tag{A3-20}$$

$$\pi_t^*=\int_{k_t^*}^{\tilde{q}}\overline{F}(x)dx-y \tag{A3-21}$$

进一步，根据命题 3.2 和命题 3.5，我们有 $\tilde{q}\,\overline{F}(\tilde{q})=\frac{y+\int_0^{k_b^*}\hat{F}_b(x)dx}{G(k_b^*)}=$

$\kappa(k_b^*)$ 和 $\tilde{q}\,\overline{F}(\tilde{q})=[k_t^*+y]\overline{F}(k_t^*)=\tau(k_t^*)$。因此，$\kappa(k_b^*)=\tau(k_t^*)$。显然，$\kappa(k_b^*)$ 和 $\tau(k_t^*)$ 都是递增函数。因此，在 $k_b^*=k_t^*$ 处，我们有

$$\kappa(k_b^*) > y + \int_0^{k_b^*}\hat{F}_b(x)dx > y + k_b^*\overline{F}(k_b^*) > \tau(k_t^*)$$

其中第一个“>”成立是因为 $0<G(k_b^*)<1$，第二个“>”成立是因为 $\int_0^{k_b^*}\hat{F}_b(x)dx > \int_0^{k_b^*}\overline{F}(x)[1-xz(x)]dx = k_b^*\overline{F}(k_b^*)$。因此，

$$k_t^* > k_b^* \tag{A3-22}$$

根据（A3-20）（A3-21）和（A3-22）可得 $\pi_b^*>\pi_t^*$。

接下来，我们分析另外一种极端情形：$y\to0$。在贸易信贷模式下，我们有 $q_t^*\overline{F}(q_t^*)=[k_t^*+y]\overline{F}(k_t^*)$。根据该式，因为 $q_t^*\leqslant\tilde{q}$，所以当 $y\to0$ 时，我们有 $k_t^*\to q_t^*$，进而 $w_t^*\to1$。因此，在贸易信贷模式下，零售商的利润趋近于零。另外，在银行信贷模式下，我们有 $q_b^*\overline{F}(q_b^*)=\dfrac{\int_0^{k_b^*}\hat{F}_b(x)dx+y}{G(k_b^*)}>k_b^*\overline{F}(k_b^*)$。该式表明：当 $y\to0$ 时，$k_b^*<q_b^*$，因而 $w_b^*(1+r_b^*)<1$。也即，在银行信贷下，零售商可以获取正的利润。因此，当 $y\to0$ 时，我们有 $\pi_t^*<\pi_b^*$。证毕。

命题 3.8 证明：根据命题 3.7 和命题 3.8，当 $y\geqslant y^{l*}$ 时，我们有 $\prod_b^*\leqslant\prod_t^*/\prod_s^*$ 和 $\pi_b^*\leqslant\pi_t^*/\pi_s^*$。因此，$\Omega_b^*=\prod_b^*+\pi_b^*\leqslant\Omega_t^*/\Omega_s^*=\prod_t^*+\pi_t^*/\prod_s^*+\pi_s^*$。接下来，我们分析 $0<y<y^{l*}$。

首先，我们证明：当 y 足够低且 $\alpha_b-\alpha_s$ 是足够小的负数时，$\Omega_b^*>\Omega_t^*$。具体而言，我们考虑一个特例：$\alpha_b=0$ 和 $\alpha_s=1$，将证明 $\Omega_b^*>\Omega_t^*$ 在 $y\to0$ 时成立。一方面，在银行信贷模式下，我们有

$$\Omega_b^*=\Omega_n^*=\prod_n^*+\pi_n^*=[q_n^*\overline{F}(q_n^*)-cq_n^*]+[\int_0^{q_n^*}\overline{F}(x)dx-q_n^*\overline{F}(q_n^*)] \tag{A3-23}$$

其中，q_n^* 是方程 $[q_n^*\overline{F}(q_n^*)]'=c$ 的唯一解。另一方面，在贸易信贷模式下，如前面所述，当 $y\to0$ 时，我们有 $\pi_t^*\to0$。因此，当 $y\to0$ 时，我们有 $q_t^*/q_s^*\to\tilde{q}$，进一步有 $\prod_t^*\to\int_0^{\tilde{q}}\overline{F}(x)[1-xz(x)]dx-c\tilde{q}$。因此，

$$\Omega_t^* \to \int_0^{\tilde{q}} \overline{F}(x)[1 - xz(x)]dx - c\,\tilde{q} = \tilde{q}\,\overline{F}(\tilde{q}) - c\,\tilde{q} \quad (A3-24)$$

显然，因为 q_n^* 是函数 $\vartheta(q) = q\overline{F}(q) - cq$ 的唯一最大值点，所以 $q_n^*\overline{F}(q_n^*) - cq_n^* > \tilde{q}\,\overline{F}(\tilde{q}) - c\tilde{q}$。对比（A3－23）和（A3－24）可得 $\Omega_b^* > \Omega_t^*$。

其次，我们证明：当 c 足够小且 $\alpha_b - \alpha_s$ 不是很大时，$\Omega_b^* > \Omega_t^*$ 成立。我们考虑 $c = 0$ 的情形。根据命题3.2和命题3.5，当 $c = 0$ 时，我们有 $q_s^* = q_b^* = \tilde{q}$。因此，

$$\Omega_b^* = \prod\nolimits_b^* + \pi_b^* = \int_0^{\tilde{q}} \overline{F}(x)dx - c\tilde{q} - \alpha_b\int_0^{k_b^*} xf(x)dx \quad (A3-25)$$

$$\Omega_t^* = \prod\nolimits_t^* + \pi_t^* = \int_0^{\tilde{q}} \overline{F}(x)dx - c\tilde{q} - \alpha_s\int_0^{k_t^*} xf(x)dx \quad (A3-26)$$

运用和命题3.7证明中同样的分析思路，可以得到 $k_t^* > k_b^*$。该式和（A3－25）及（A3－26）一起可以推出 $\Omega_b^* > \Omega_t^*$。证毕。

4　贸易信用 vs 供应商担保贷款：两类摩擦成本的影响

4.1　问题背景

资金约束是企业在短期经营管理中普遍面临的不可避免的问题。由于各种原因，例如缺乏抵押品和信用记录，中小型企业获得银行资本的机会有限。根据最新的 Biz2Credit 小企业贷款指数，大银行的小企业贷款批准百分比（资产为 1000 万美元 +）在 2022 年 7 月降至 15.3%，相比之下，大银行批准了他们在 2019 年 7 月收到的资金申请的 27.7%。同样，小型银行仅批准 21.2% 的商业融资申请，与三年前 50.1% 的批准率相比大幅下降（Biz2Credit 2019，2022）。

实践中创造出各种基于供应链的融资策略（例如，采购订单融资、保理和反向保理），以减轻供应链成员的财务约束。两种流行的供应链融资策略是贸易信贷和供应商担保贷款。贸易信贷由供应商授予给买方，允许后者通过支付一些利息来延迟支付贷款。贸易信贷在公司资产负债表中反映为“应付/应收账款”，是一种标准的短期融资工具。在过去四年中，美国非金融企业资产负债表上的应付账款分别是银行贷款的 1.33 倍、1.38 倍、1.18 倍和 1.45 倍（Federal Reserve Board，2022）。另外，在供应商担保贷款中，当买方获得银行贷款时，供应商充当买方的担保人。具体而言，如果买方违约，供应商必须向银行偿还一部分未偿还贷款。信用担保计划是供应链实践中的典型做法。一个典型的例子是中国最大的饲料生产商之一新希望集团（NHG）。NHG 于 2007 年开始为向其购买饲料的农民提供担保融资，截至 2021 年底已获得超过 100 亿元的贷款（Puhui，2022）。另一个是恒丰银行，这是一家通过信用担保计划提供贷款以支持中小企业的中国商业银行。一个代表性的案例是宁波市的一家机械设备零售商。零售商通过上游制造商的信用担保从恒丰银行获得贷款（Yan et al.，2016）。

如上所述，上游供应商启用贸易信用或担保贷款以缓解下游买方的财务困境并促进采购过程。这两种策略都是供应商发起的融资计划，一个自然的问题是：从供应链各成员和供应链整体角度来看，哪种融资策略更优？本章试图通过构建供应商和买方之间的博弈模型来回答这个问题。

4.2 模型设置与基本假设

我们的模型建立在经典的向报童销售（selling to the newsvendor，SN）范式（Lariviere & Porteus，2001）之上，该范式考虑供应商（他）在单个销售期内向报童类买家（她）销售季节性产品。在销售季节之前（称为 $t=0$），供应商报告批发价格 w，买方相应地确定订单数量 q。然后，供应商按照买方的订单以边际成本 c 生产，其中 c 外生给定。当销售季节开始时（称为 $t=1$），买方以零售价 p（标准化为 1）向消费者销售产品。在 $t=0$ 时，对所有参与者而言，市场需求 D 都是不确定的，直到 $t=1$ 才会实现，其定义域为 $[0, +\infty)$。令 $f(x)$ 和 $F(x)$ 分别表示需求 D 的概率密度函数和累积分布函数。其他相关函数包括互补累计分布函数 $\overline{F}(x)=1-F(x)$、故障率 $z(x)=f(x)/\overline{F}(x)$ 和广义故障率 $g(x)=xz(x)$。为了确保最优解的存在性和唯一性，我们假设故障率呈凸性递增，即 $z'(x)\geqslant 0$ 和 $z''(x)\geqslant 0$。在不改变问题性质的情况下，我们估计商誉损失的短缺成本为零，未售出物品的残值为零。

我们的模型与经典的 SN 模型不同之处在于买方的营运资金 y 有限，这可能不足以支付她的订单费用。在这种情况下，买方必须依靠外部来源为其采购订单提供资金。在实践中，银行信贷是企业必不可少的短期融资工具。但是，由于信息不对称或缺乏抵押资产和信用记录，买方直接向银行（它）贷款可能具有挑战性。作为上游供应链合作伙伴，供应商可以充当他们之间合作的担保人，帮助买方从银行获得贷款，称为供应商担保融资（supplier guaranteed financing，SG）。实践中存在多种担保形式，本书考虑以下形式：当买方未能偿还银行贷款时，供应商有义务偿还未偿还贷款的 λ 比例，$\lambda\in[0, 1]$。或者，供应商也可以提供在实践中广泛存在的贸易信贷（trade credit，TC），以缓解买方的流动性短缺。对于贸易信贷，供应商允许买方通

过支付 r_t 的利率来推迟付款。

令 r_f 表示无风险利率，代表银行的借贷成本。银行信贷市场被假定为完全竞争（我们在 4.6 节中放宽了此假设），因此，银行贷款的回报率 r_b^e 等于无风险利率。令 r_s^o 和 r_b^o 表示供应商和买方的资金机会成本，代表他们各自的保留回报率。由于企业可以通过将钱存入银行来获取无风险利率，因此我们应该有 $r_s^o \geqslant r_f$ 和 $r_b^o \geqslant r_f$。此外，我们应该有 $c(1+r_s^o)<p=1$ 或等价的 $r_s^o<\frac{1}{c}-1$。否则，供应商没有生产和贷款的动机。为了避免买方将现金转用于其他目的，我们假设 $r_b^o=r_f$。此外，假定贸易信用利率不低于无风险利率，即 $r_t \geqslant r_f$，以确保买方不会通过使用贸易信贷并同时将资金存入银行而获得无风险套利机会。

债务违约会产生成本（Townsend，1979；Almeida & Philippon，2007），一般包括法律，监督和管理费用。同 Xu 和 Birge（2004）、Lai 等（2009）、Yang 和 Birge（2018）等文章一样，我们假设，在违约时，债权人（供应商或银行）会产生净违约成本，该成本与债权人获得的价值（即本文中买方实现的销售收入）成比例。令债权人违约成本的线性系数为 $\alpha_i \in [0, 1]$，$i=s$，b 分别表示供应商和银行。α_i 越小，说明债权人追债的效率越高。为了与供应商比银行更有效率地清算资产的经验发现相一致（Mian & Smith，1992；Petersen & Rajan，1997；Longhofer & Santos，2003；Fabbri & Menichini，2010），我们假设：除了违约和机会成本，不存在其他像信息不对称这样的摩擦因素。买方信誉良好，将尽可能偿还其贷款义务。供应商和买方都是风险中性和利润最大化者。

图 4-1 描述了事件的顺序。我们使用下标 t 和 s 分别表示买方在 TC 和 SG 下选择最优订货量的相应情况。我们也用 r_j 来表示类型策略 j 下的利率，其中 $j=t$，s。我们用上标 * 表示最终均衡解，用上标#表示在给定批发价 w 和均衡利率 r_t^*（或担保比例 λ^*）的 TC（或 SG）合同下的最优解。例如，在 TC 下，$q_t(w, r_t)$ 是给定 TC 合同（w，r_t）下买方的最优订货量，$q_t^{\#}(w, r_t^*)$ 是给定 TC 合同（w，r_t^*）下买方的最优订货量，q_t^* 是最终均衡订货量。此外，我们使用 $\pi(\cdot)$、$\prod(\cdot)$ 和 $\Omega(\cdot)$ 来分别表示买方、供应商和集成供应链的预期利润。为了方便读者，我们在表 4-1 中列举了本章主要数学符号。

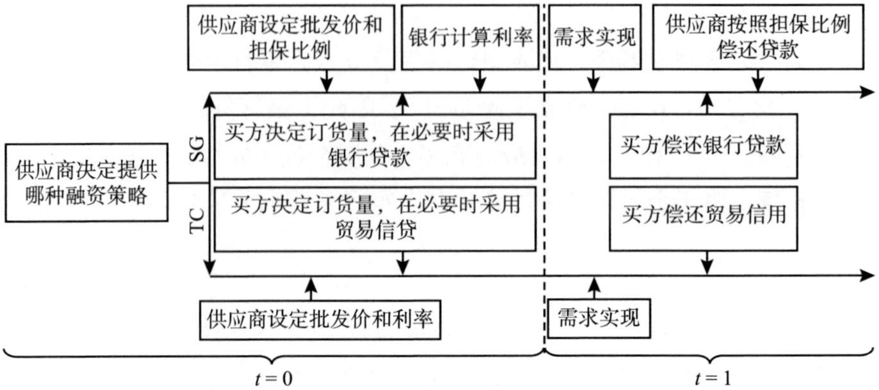

图 4－1　事件顺序

表 4－1　符号概览

参数	
p	零售价格，标准化为 1
c	边际生产成本
y	买方的初始营运资本，$y>0$
r_f	无风险利率
r_b^e	银行的预期收益率
r_s^o	供应商的资本机会成本，$r_f \leqslant r_s^o < \frac{1}{c}-1$
r_b^o	买方的资本机会成本，$r_b^o = r_f$
α_i	债权人 i 违约成本的比例系数，$i=s$，b 分别表示供应商和银行，其中，$\alpha_i \in [0, 1]$ 且 $\alpha_b \geqslant \alpha_s$
D	不确定需求，相关的概率分布函数为 $f(x)$，$F(x)$，$\overline{F}(x)$，$z(x)$ 和 $g(x)$
决策变量	
w	供应商的决策变量：批发价 $w \in \left[c, \frac{1}{1+r_f}\right]$
λ	供应商的决策变量：SG 的担保比例
r_j	债权人决策变量：策略 j 类型下的利率，$j=t$，s 分别表示 TC 和 SG
q	买方的决策变量：订货量

续表

中间变量	
k	买方的违约阈值
$\pi(\cdot)$	买方的预期利润
$\prod(\cdot)$	供应商的预期利润
$\Omega(\cdot)$	供应链的预期利润

4.2.1 基准模型一：没有资金约束（“N”）

无资金约束买家的基准模型即为经典的 SN 模型。在这种情况下，给定批发价，买方在 $t=1$ 时的预期利润为 $\pi(q)=E[\min(D, q)]-wq(1+r_f)$，其中第一项 $E[\cdot]$ 表示预期销售收入，第二项表示在无风险利率（即买方的资金机会成本）折合下订单成本在 $t=1$ 时的终值。使用一阶条件，买方的最优订货量是 $q_N=\overline{F}^{-1}[w(1+r_f)]$。预期买方的最佳反应 q_N，供应商确定批发价格 w，以最大化他在 $t=1$ 时的预期利润 $\prod_N(w)=(w-c)q_N(1+r_s^o)$。我们利用一阶条件求得均衡结果，如以下引理所述：

引理 4.1 在买方没有资金约束时，均衡订货量 q_N^* 由以下等式唯一确定：

$\theta(q_N^*)=\dfrac{\overline{F}(q_N^*)[1-g(q_N^*)](1+r_s^o)}{1+r_f}-c(1+r_s^o)=0$，均衡批发价格为 $w_N^*=\dfrac{\overline{F}(q_N^*)}{1+r_f}$。

根据引理 4.1，买方需要支付其采购订单费用的营运资金金额为 $y_N^*=:w_N^*q_N^*=\dfrac{q_N^*\overline{F}(q_N^*)}{1+r_f}$。我们现在转向财务受限的买方的现实场景。因此，我们假设 $0<y<y_N^*$。

4.2.2 基准模型二：无外部融资（“NF”）

当买方受到财务约束（即 $0<y<y_N^*$）并且没有外部融资选项时，她的决

策问题类似于基准模型一，只是她的订货量受到其有限营运资本的限制，即 $wq<y$。因此，给定批发价格 w，买方的最佳订购数量为 $q_{NF}=\min\left\{\overline{F}^{-1}[w(1+r_f)],\ \frac{y}{w}\right\}$，这表明如果 $w\overline{F}^{-1}[w(1+r_f)]\leqslant y$，则 $q_{NF}=\overline{F}^{-1}[w(1+r_f)]$；否则 $q_{NF}=\frac{y}{w}$。因为根据引理 A4.1，$w\overline{F}^{-1}[w(1+r_f)]$ 是 w 的拟凹函数，$w\overline{F}^{-1}[w(1+r_f)]\leqslant y$ 等效于 $w\in[c,\ w^{nfl}]\cup\left[w^{nfu},\ \frac{1}{1+r_f}\right]$，其中 w^{nfl} 和 w^{nfu} 是 $w\overline{F}^{-1}[w(1+r_f)]=y$ 的两个解。因此，最佳订货量可以改写为：

$$q_{NF}=\begin{cases}\overline{F}^{-1}[w(1+r_f)] & if\ w\in[c,\ w^{nfl}]\cup\left[w^{nfu},\ \frac{1}{1+r_f}\right] \quad (a)\\ \frac{y}{w} & if\ w\in(w^{nfl},\ w^{nfu}) \quad (b)\end{cases} \tag{4-1}$$

根据（4－1），如果供应商设定一个低的或高的批发价，买方将在没有资金约束的情况下订购一阶最优数量。然而，如果供应商将批发价定在中等水平，买方的订单决策将受到其营运资本的约束。同样，我们可以从（4－1）观察出 q_{NF} 是 w 的减函数，表明它们之间是一对一的关系。因此，为了数学处理上的方便，我们可以将 q_{NF} 作为供应商的决策变量，同时将 w 作为买方的决策变量。因此，供应商在时间 1 的预期利润可以写成：

$$\prod_{NF}(q_{NF})=\begin{cases}\left[\frac{q_{NF}\overline{F}(q_{NF})}{1+r_f}-cq_{NF}\right](1+r_s^o) & if\ q_{NF}\in[0,\ q^{nfl}]\cup[q^{nfu},\ \infty] \quad (a)\\ (y-cq_{NF})(1+r_s^o) & if\ q_{NF}\in(q^{nfl},\ q^{nfu}) \quad (b)\end{cases} \tag{4-2}$$

其中 q^{nfl} 和 q^{nfu} 是 $q\overline{F}(q)=y(1+r_f)$ 的两个解且 $q^{nfl}<q^{nfu}$。基于买方的最优反应（4－1），优化供应商的利润（4－2）可得出均衡解，如引理 4.2 所述。

引理 4.2 当买方受到财务约束（即 $0<y<y_N^*$）时，如果没有外部融资，均衡订货量和批发价分别是 $q_{NF}^*=q^{nfl}$ 和 $w_{NF}^*=\frac{\overline{F}(q_{NF}^*)}{1+r_f}(=w^{nfu})$。

由引理 4.1 和引理 4.2，我们有 $q_{NF}^*<q_N^*$，因此 $w_{NF}^*>w_N^*$。也就是说，与没有财务约束的情况相比，供应商设定更高的批发价格，因此受资金约束的买方订购更少的产品。这表明资金约束加剧了双重边际化效应，阻碍了供应链效率。在随后的章节中，我们将考虑供应商支持的外部融资策略是否可以缓解这个问题。

4.3 存在两类成本时贸易信用下的均衡决策

根据图 4-1 中事件发生的顺序，如果供应商决定提供 TC，那么供应商和买方之间随后的互动就是典型的 Stackelberg 博弈，前者是领导者，后者是跟随者。通过逆向归纳法，第 4.3.1 节分析买方对 TC 合同（w，r_t）的最优反应，接着是第 4.3.2 节中供应商的 TC 合同设计。

4.3.1 买方对贸易信用合同的反应

根据图 4-1，在 $t=0$ 时刻，给定（w，r_t），买方决定订单数量 q，并向供应商支付其营运资金 $\min(wq, y)$ 加上额度为 $(wq-y)^+$ 的 TC。在 $t=1$ 时，市场需求 D 实现了，买方获得销售收入 $\min(D, q)$，她用这些收入尽可能地向供应商偿还本金加上利息 $(wq-y)^+(1+r_t)$。因此，给定（w，r_t），买方在 $t=1$ 时的预期利润为：

$$\pi(q)=E[\min(D, q)-(wq-y)^+(1+r_t)]^+-\min(wq, y)(1+r_f) \tag{4-3}$$

其中，第一项 $E[\cdot]$ 表示买方的预期销售收入减去偿还 TC 后的金额，第二项表示用无风险利率（即买方的资本机会成本）折算后的利用买方初始营运资金进行订单支付的成本。设 k 为 TC 的违约阈值，即买方付清 TC 的最低市场需求，则 $k=(wq-y)^+(1+r_t)$。根据买方是否使用 TC，预期利润（4-3）也可以改写为：

$$\pi(q)=\begin{cases}\int_0^q \bar{F}(x)dx-wq(1+r_f), & if\ q\in[0, q^y] \quad \text{(a)}\\ \int_k^q \bar{F}(x)dx-y(1+r_f), & if\ q\in(q^y, +\infty) \quad \text{(b)}\end{cases} \tag{4-4}$$

其中，$q^y=y/w$ 表示买方借贷的阈值订货量。买方的利润函数（4-4）展示了以下特性。

引理 4.3 $\pi(q)$ 是 q 的拟凹函数。

根据引理4.3，买方的利润函数（4－4）具有唯一的最大值点，记为 q_t，即买方的最优订购量，其将在下一个命题中得出。

命题 4.1 给定（w，r_t），依赖于 y，买方的最佳订货量为：

（1）如果 $w\overline{F}^{-1}[w(1+r_f)]\leqslant y<y_N^*$，则 $q_t=\overline{F}^{-1}[w(1+r_f)]$；

（2）如果 $w\overline{F}^{-1}[w(1+r_t)]\leqslant y<w\overline{F}^{-1}[w(1+r_f)]$，则 $q_t=y/w$；

（3）如果 $0<y<w\overline{F}^{-1}[w(1+r_t)]$，则 q_t 由 $q_t=\overline{F}^{-1}[w(1+r_t)\overline{F}(k_t)]$ 和 $k_t=(wq_t-y)(1+r_t)$ 的联合方程唯一且隐式地确定。

根据命题4.1，对于外生给定的TC合同（w，r_t），买方的最优订货量取决于其营运资本水平。具体来说，当买方富裕时（对应于情形1），买方将在没有财务约束的情况下订购一阶最优数量。当买方中等富裕（对应于情形2）时，买方无法负担财务上无约束的最优数量。但是，买方会利用她所有的流动资金订货，而不会借款。这是因为买方的收入边际小于她的借贷成本边际，即 $\overline{F}(q^y)\leqslant w(1+r_t)$。当买方变穷（对应于情形3）时，她的收入边际增加并超过借贷成本边际。因此，买方将使用TC为其采购订单融资。

如4.2节所述，$w\overline{F}^{-1}[w(1+r_f)]=y$ 的方程有两个解，即 w^{nfl} 和 w^{nfu}。同样，根据引理A4.1，对于固定 r_t，$w\overline{F}^{-1}[w(1+r_t)]=y$ 有两个解，分别表示为 $w^{fl}(r_t)$ 和 $w^{fu}(r_t)$，其中：$w^{fl}(r_t)<w^{fu}(r_t)$。那么，由命题4.1可得以下推论。

推论 4.1 给定 r_t，q_t 和 w 之间存在一对一的映射，如下所示：

（1）如果 $w\in[c,\ w^{nfl}]\cup\left[w^{nfr},\ \dfrac{1}{1+r_f}\right]$，那么 $q_t=\overline{F}^{-1}[w(1+r_f)]$；

（2）如果 $w\in(w^{nfl},\ w^{fl}(r_t))\cup(w^{fu}(r_t),\ w^{nfr})$，那么 $q_t=y/w$；

（3）如果 $w\in[w^{fl}(r_t),\ w^{fu}(r_t)]$，那么 q_t 由 $q_t=\overline{F}^{-1}[w(1+r_t)\overline{F}(k_t)]$ 和 $k_t=(wq_t-y)(1+r_t)$ 的联合方程唯一且隐式地确定。

推论4.1揭示了如果供应商设定一个相当低或相当高的批发价格（情形1），买方将订购一阶最优数量，而没有财务约束。如果供应商设定一个相对较低或较高的批发价（情形2），买方将受到财务限制，但只是用尽其营运资金来订购而不借款。如果供应商将批发价设定为中等水平（情形3），买方将采用TC来缓解其财务约束。

推论 4.2 q_t 和 π_t 均递减于 w 和 r_t。

推论的结论是直观的。更大的批发价或更高的TC利率导致更高的成本边际。结果，买方订购的产品减少了，获得的利润也减少了。

4.3.2 供应商的最佳 TC 合同

预期买方的最优反应 q_t，供应商设计最优的 TC 合同（w，r_t）。供应商在时间 1 的预期利润由下式给出：

$$\prod\nolimits_t(w, r_t) = E[k_t \cdot 1_{\{D \geqslant k_t\}} + (1-\alpha_s)D \cdot 1_{\{D<k_t\}}] + \min(wq, y)(1+r_s^o) - cq_t(1+r_s^o) \qquad (4-5)$$

其中$1_{\{\cdot\}}$是一个示性函数，即：如果事件在｛·｝为真，则$1_{\{\cdot\}}=1$；如果事件为假，则$1_{\{\cdot\}}=0$。（4－5）中的第一个期望项$E[\cdot]$表示买方在$t=1$时的预期贷款偿还额。其中$1_{\{D \geqslant k_t\}}$代表实现的需求超过违约阈值的情况，因此，买方全额付清 TC；$1_{\{D<k_t\}}$代表相反的情况，由于沉没的违约成本$\alpha_s D$，供应商只收取一部分已实现的销售收入，$(1-\alpha_s)D$。第二项和第三项分别表示买方在$t=0$时的订单付款和生产支出在$t=1$时的终值。

基于推论4.2，给定r_t，q_t和w之间存在一对一的映射。为了技术上的方便，我们使用（q_t，r_t）作为供应商的决策变量，将w作为买方的决策变量。设$q^{fl}(r_t)$和$q^{fu}(r_t)$是方程$q\overline{F}(q)=y(1+r_t)$的两个解，那么根据推论4.2，供应商的期望利润函数（4－5）可以重新表达为：

$$\prod\nolimits_t(q_t, r_t) = \begin{cases} (w-c)q_t(1+r_s^o) & \text{if } q_t \in [0, q^{nfl}] \cup [q^{nfu}, +\infty) & \text{(a)} \\ (y-cq_t)(1+r_s^o) & \text{if } q_t \in (q^{nfl}, q^{fl}(r_t)) \cup (q^{fu}(r_t), q^{nfu}) & \text{(b)} \\ \int_0^{k_t} \hat{F}_s(x)dx + (y-cq_t)(1+r_s^o) & \text{if } q_t \in [q^{fl}(r_t), q^{fu}(r_t)] & \text{(c)} \end{cases} \qquad (4-6)$$

其中，

$$q_t = \begin{cases} \overline{F}^{-1}[w(1+r_f)] & \text{if } q_t \in [0, q^{nfl}] \cup [q^{nfu}, +\infty) & \text{(a)} \\ \dfrac{y}{w} & \text{if } q_t \in (q^{nfl}, q^{fl}(r_t)) \cup (q^{fu}(r_t), q^{nfu}) & \text{(b)} \\ \overline{F}^{-1}[w(1+r_t)\overline{F}(k_t)] & \text{if } q_t \in [q^{fl}(r_t), q^{fu}(r_t)] & \text{(c)} \end{cases} \qquad (4-7)$$

且

$$k_t = (wq_t - y)(1 + r_t) \tag{4-8}$$

其中，$\hat{F}_s(x) = \overline{F}(x)[1 - \alpha_s g(x)]$。我们优化（$q_t$，$r_t$）以最大化式（4－6）中供应商的预期利润 $\prod_t(q_t, r_t)$，并得出以下均衡结果。

命题 4.2 TC 的均衡利率等于无风险利率，即 $r_t^* = r_f$。

我们的 TC 模型引入了违约成本和机会成本，扩展了 Kouvelis 和 Zhao（2012）的模型。Kouvelis 和 Zhao（2012）得出结论：供应商应收取无风险利率，这解释了实践中的廉价 TC。然而，在实践中存在昂贵的 TC。例如："2/10 净 30"（自发票日期起 30 天内全额支付，如果在 10 天内支付，则减去 2% 的折扣），该 TC 合同的隐含利率为 43.9%。Kouvelis 和 Zhao（2012）推测，这种做法背后的激励因素可能是市场摩擦，如违约成本和税收。直觉上，供应商的资本机会成本和违约成本的存在提高了 TC 的借贷成本，因此，供应商应该收取更高的利率。然而，命题 4.2 建议供应商应始终提供无风险利率，即使考虑了两种类型的摩擦成本。

供应商因提供无风险利率而招致利息损失，因为由于需求的不确定性，授予买方的 TC 是有风险的。值得注意的是，这两种摩擦成本提高了供应商的借贷成本，从而加剧了利息损失。有人可能会问，供应商设定如此低的利率能获得什么好处？根本原因在于利息收入和批发收入之间的权衡。对于固定订单数量，批发价和利率之间存在一对一的映射关系。更具体地说，批发价格随利率下降。供应商可以以较低的利率要求较高的批发价，从而获得较大的批发收入。批发收入的增长超过了利息损失。因此，供应商应收取尽可能低的利率，即无风险利率。

引入违约和供应商的机会成本会提高供应商的借贷成本。然而，由于双重角色优势（即批发商和债权人），供应商调整批发价而不是利率是更好的选择，如随后的分析所示。

为了符号上的简洁，我们将 $q_t(w, r_t^*)$ 记作 $q_t^\#$，$k_t(q_t^\#; w, r_t^*)$ 记作 $k_t^\#$，$\prod_t(q_t^\#, r_t^*)$ 记作 $\prod_t^\#(q_t^\#)$。而且，根据命题 4.2，我们有 $q^{fl}(r_t^*) = q^{nfl}$ 和 $q^{fu}(r_t^*) = q^{nfu}$，因而（q^{nfl}，$q^{fl}(r_t^*)$）和（$q^{fl}(r_t^*)$，$\tilde{q}$］可以合并成（q^{nfl}，$\tilde{q}$］。而且，根据引理 A4.4，在接下来的内容中，我们只需要考虑 $q_t^\# \in [0, q^{nfl}] \cup (q^{nfl}, \tilde{q}]$，其中 $\tilde{q}$ 在引理 A4.2 中定义。$\prod_t^\#(q_t^\#)$ 相较于 $q_t^\#$ 的一阶导

数为：

$$\frac{d\prod_t^{\#}(q_t^{\#})}{dq_t^{\#}}=\begin{cases}\theta(q_t^{\#})=\dfrac{\overline{F}(q_t^{\#})[1-g(q_t^{\#})](1+r_s^o)}{1+r_f}\\-c(1+r_s^o), & if\ q_t^{\#}\in[0,q^{nfl}] \quad (a)\\\delta_t(q_t^{\#})=\dfrac{[1-\alpha_s g(k_t^{\#})]\overline{F}(q_t^{\#})[1-g(q_t^{\#})]}{1-wq_t^{\#}(1+r_f)z(k_t^{\#})}\\-c(1+r_s^o), & if\ q_t^{\#}\in(q^{nfl},\tilde{q}] \quad (b)\end{cases} \tag{4-9}$$

引理 4.4 $\delta_t(q_t^{\#})$ 递减于 $q_t^{\#}\in(q^{nfl},\tilde{q}]$。

根据引理 4.4，$\delta_t(q_t^{\#})=0$ 最多存在一个唯一可行的解 $q_t^{\#}\in(q^{nfl},\tilde{q}]$。我们将唯一解表示为 q_t^b，将其关联的批发价格和违约阈值分别表示为 w_t^b 和 k_t^b。那么，q_t^b 和 w_t^b 由下面的联合等式唯一且隐式地确定：

$$\begin{cases}\delta_t(q_t^b)=0\\q_t^b=\overline{F}^{-1}[w_t^b\overline{F}(k_t^b)]\\k_t^b=w_t^b q_t^b-y\end{cases} \tag{4-10}$$

以下命题给出了均衡结果（订货量 q_t^* 和批发价 w_t^*）。

命题 4.3 假设 $0<y<y_N^*$，存在唯一 $\ddot{r}_s^o=\dfrac{\overline{F}(q^{nfl})[1-g(q^{nfl})]}{c[1-w^{nfu}q^{nfl}(1+r_f)z(0)]}-1\in\left(r_f,\ \dfrac{1}{c}-1\right)$：

（1）如果 $r_s^o\leqslant\ddot{r}_s^o$，那么买方将使用 TC 订货，均衡订货量和批发价为 $q_t^*=q_t^b$ 和 $w_t^*=w_t^b$；

（2）如果 $r_s^o>\ddot{r}_s^o$，那么买方将用尽她的流动资金订货而不借款，均衡订货量和批发价为 $q_t^*=q^{nfl}$ 和 $w_t^*=w^{nfu}$。

根据命题 4.3，均衡融资策略和运营决策取决于供应商的机会成本 r_s^o，这是相当直观的。从供应商的角度来看，提供 TC 是一把双刃剑。一方面，TC 可以缓解买方的财务约束，激励买方订购更多的产品。它提高了供应商的销售收入，从而使他受益。然而，另一方面，TC 占用了供应商的营运资金，增加了机会成本。因此，是否提供 TC 取决于收益和成本之间的权衡。

具体而言，如果 r_s^o 相对较小（对应于情况 1），TC 的借贷成本较低。借出行为给供应商带来的相对于订货量的收入边际超过了他的成本边际，即 $\delta_t(q^{nfl})\geqslant 0$。结果，供应商会选择提供 TC，相应地，均衡订货量和批发价分别为 q_t^b 和 w_t^b。相反，如果 r_s^o 相对较大（即对应于情况 2），则 TC 的借贷成本较高。借出行为给供应商带来的相对于订货量的收入边际小于他的成本边际，即 $\delta_t(q^{nfl})<0$。因此，供应商将不提供 TC；如第 4.2 节所述，此时将退化为 NF 情况。相应地，均衡订货量和批发价分别为 q^{nfl} 和 w^{nfl}。

推论 4.3 TC 是 NF 的帕累托改进。

根据推论 4.3，当供应商的资本机会成本相对较小时，均衡处 TC 将会被使用。在这种情况下，购买者有动机比 NF 的基准情况下订购更多。双重边缘化效应得到缓解，对双方参与者都有利。

4.3.3 摩擦成本的影响

本部分讨论违约成本和机会成本如何影响 TC 下的最优决策和各参与者的利润。

1. 违约成本的影响

我们首先描述违约成本的影响，并得出以下结果。

推论 4.4 q_t^*、π_t^* 和 $\prod_t^*$ 递减于 α_s，而 w_t^* 递增于 α_s。

推论 4.4 表明的订货量、买方和供应商的利润都递减于 α_s，而批发价递增于 α_s。其背后的基本原理如下：随着 α_s 增加，违约成本增加，导致供应商利润减少。供应商将通过提高批发价来增加他的收入差额，以补偿不断增长的成本。因此，买方订购的产品越少，获得的利润越少。

2. 供应商资本机会成本的影响

我们继续考虑供应商的资本机会成本的影响，并得到如下结果。

推论 4.5 （1）q_t^* 和 π_t^* 递减于 r_s^o，而 w_t^* 递增于 r_s^o；

（2）$\prod_t^*$ 先递减于后递增于 r_s^o。

推论 4.5 中的第一个结论表明在 TC 下，最优订货量和买方利润递减于 r_s^o，而批发价递增于 r_s^o。这个结果挺直观的。当 r_s^o 增长时，供应商承担更高的借贷成本，因此会提高批发价格来增加他的收入差额。结果，买方订购的产品更少，情况变得更糟。然而，第二个结论表明，供应商的利润是非单调的：先递增后递减于 r_s^o。其基本原理解释如下。增长 r_s^o 是对供应商有利还是有害取决于他在时间 0 的净收入。如果 r_s^o 较高，则订单数量较低，因此生产支出较低，从而在时间 0 产生正的净收益，即 $y - cq_t^* > 0$。正净收入可以投资于其他项目，并以利率 r_s^o 为供应商创造机会收入。因此，供应商的利润递增于 r_s^o。相比之下，如果 r_s^o 较低，则订单数量较大，导致生产支出较高，因此在时间 0 时的净收入为负，即 $y - cq_t^* < 0$。负的净收入会给供应商带来机会成本，因此，供应商的利润会递减于 r_s^o。

4.4 存在两类成本时供应商担保贷款下的均衡决策

根据图 4-1，如果供应商决定提供 SG 而不是 TC，企业之间的后续互动可以用序列博弈来描述。首先，供应商确定批发价和担保比例 (w, λ)。接下来，买方决定订单数量 q，银行据此计算利率 r_s。应该指出，r_s 是由银行信贷市场决定的。因此，银行本质上不是一个战略参与者。通过逆向归纳论证，我们首先考虑买方对外生 SG 合同 (w, λ) 的反应，随后考察供应商的最优 SG 合同。

4.4.1 买方对 SG 合同的回应

在探讨买方决策问题之前，我们首先分析银行对 SG 的定价问题。给定 (w, λ)，通过订购产品 q，买方必须在时间 0 借入一笔贷款 $(wq - y)^+$ 来为其采购订单提供资金。在时间 1，买方有义务向银行支付全部贷款本金加上利息 $(wq - y)^+(1 + r_s)$。令

$$k = (wq - y)^+(1 + r_s) \tag{4-11}$$

表示银行借款时的违约阈值。也就是说，只有在市场需求超过 k 的情况下，买方才能全额偿还她的银行贷款。否则，买方违约，仅支付其销售收入总额减去违约成本，即 $k(1 - \alpha_b)D$。在这种情况下，供应商将偿还 λ 比例的未偿贷款，即担保贷款 $\lambda[k - (1 - \alpha_b)D]$。因此，在 $t = 1$ 时，银行期望从买方收

取的收入为：

$E\{1_{\{D\geqslant k\}}k+1_{\{D<k\}}[(1-\alpha_b)D+\lambda[k-(1-\alpha_b)D]]\}=\int_0^k[\lambda+(1-\lambda)\hat{F}_b(x)]dx$，其中，$\hat{F}_b(x)=\overline{F}(x)[1-\alpha_b g(x)]$。在完全竞争的金融市场下，银行根据公平定价原则计算贷款利率 r_s。该原则表明，银行的预期收益率应等于无风险收益率，即：

$$(wq-y)^+(1+r_f)=\int_0^k[\lambda+(1-\lambda)\hat{F}_b(x)]dx \tag{4-12}$$

利率 r_s 由等式（4-11）和（4-12）唯一且隐式地决定。

在时间0，给定（w，λ），预期利率 r_s，买方决定订购数量 q 以最大化其预期利润：

$$\pi(q)=E[\min(D,\ q)-(wq-y)^+(1+r_s)]^+-\min(wq,\ y)(1+r_f) \tag{4-13}$$

第一个预期期限 $E[\cdot]$ 代表买方在 $t=1$ 时偿还本息和以后的预期净收入；第二项表示买方运用自有营运资金中支付的采购支出。根据买方是否借款，买方的利润函数（4-13）可以表述如下：

$$\pi(q)=\begin{cases}\int_0^q\overline{F}(x)dx-wq(1+r_f), & if\ q\in[0,\ q^y] \quad (a)\\ \int_k^q\overline{F}(x)dx-y(1+r_f), & if\ q\in(q^y,\ \infty) \quad (b)\end{cases} \tag{4-14}$$

引理4.5 $\pi(q)$ 是 q 的拟凹函数。

根据引理4.5，对于买方，存在唯一的最优订购量，记为 q_s，在命题4.4中导出。

命题4.4 给定（w，λ），q_s 推导如下：

（1）如果 $w\overline{F}^{-1}[w(1+r_f)]\leqslant y<y_N^*$，那么 $q_s=\overline{F}^{-1}[w(1+r_f)]$；

（2）如果 $0<y<w\overline{F}^{-1}[w(1+r_f)]$，则 q_s 由 $q_s=\overline{F}^{-1}\left[\frac{w(1+r_f)}{\lambda+(1-\lambda)\hat{F}_b(k_s)}\overline{F}(k_s)\right]$ 和 $(wq_s-y)(1+r_f)=\int_0^{k_s}[\lambda+(1-\lambda)\hat{F}_b(x)]dx$ 的联合方程唯一且隐式地确定。

根据命题4.4，对于外生SG合同（w，λ），买方的最优订货量和相关的融资决策取决于其营运资本。具体来说，如果买方是富有的（对应于情形1），她将订购财务上无约束的最优数量而不借款。否则，买方将申请

SG 订购（对应于情况 2）。在后一种情况下，最优订货量取决于批发价和担保比例。值得注意的是，对于固定的批发价格，最优订货量随着担保比例的增加而增加，这是直观的，因为随着担保比例的增加，买方可以享受更低的利率。我们考虑 $\lambda=0$ 和 $\lambda=1$ 的两个极端情形。在 $\lambda=0$ 时，供应商不提供任何保证，它退化为纯粹的银行贷款。在这种情况下，最佳订货量 $q_s=\bar{F}^{-1}\left[\frac{w(1+r_f)}{\hat{F}(k_s)}\bar{F}(k_s)\right]<\bar{F}^{-1}[w(1+r_f)]$，这意味着买方订购少于财务上不受限制的最佳数量。相比之下，在 $\lambda=1$ 时，供应商提供完全保证，最优订货量满足 $q_s=\bar{F}^{-1}[w(1+r_f)\bar{F}(k_s)]>\bar{F}^{-1}[w(1+r_f)]$。也就是说，买方订购的数量超过了财务上无约束的最优数量，表明供应商担保具有激励效应。

推论 4.6 对于固定 λ，q_s 和 w 之间存在一对一的映射，如下所示：

（1）如果 $w\in[c, w^{nfl}]\cup\left[w^{nfu}, \frac{1}{1+r_f}\right]$，那么 $q_s=\bar{F}^{-1}[w(1+r_f)]$；

（2）如果 $w\in(w^{nfl}, w^{nfu})$，则 q_s 由 $q_s=\bar{F}^{-1}\left[\frac{w(1+r_f)}{\lambda+(1-\lambda)\hat{F}_b(k_s)}\bar{F}(k_s)\right]$ 和 $(wq_s-y)(1+r_f)=\int_0^{k_s}[\lambda+(1-\lambda)\hat{F}_b(x)]dx$ 的联合方程唯一且隐式地确定。

推论 4.6 揭示了如果供应商设定一个相对较低或较高的批发价（即情形 1），买方将订购一个无财务约束的最优订购量。如果供应商将批发价设定为中等水平（即情况 2），买方将采用 SG 来缓解其财务约束。

推论 4.7 q_s 和 π_s 都递减于 λ，而 w 递增于 λ。

随着批发价格的上升，买方的边际订单成本增加，降低了买方的预期利润。此外，作为回应，买方将订购更少的产品。当供应商提供更大比例的担保时，银行贷款的风险就会降低。这样，银行对同样的贷款金额会收取更低的利率，买方的边际融资成本下降。这样一来，买家就会订购更多的产品，她的预期利润也会相应提高。

4.4.2 供应商的最优 SG 合同

预期买方的最优反应 q_s，供应商同时设定批发价 w 和保证比例 λ 以达到最优。在时间 0，供应商获得的批发净收入为 $(w-c)q_s$。在时间 1，需求 D 实现了。如果需求低于违约阈值，即 $D<k_s$，买方在 SG 上违约，这导致了无

谓的违约成本 $\alpha_b D$。在这种情况下，作为担保人的供应商必须为买方支付剩余贷款的 λ 部分：$\lambda[k_s-(1-\alpha_b)D]$。因此，供应商在时间 1 的预期利润是：

$$\prod_s(w,\lambda)=(w-c)q_s(1+r_s^o)-E[\lambda[k_s-(1-\alpha_b)D]\cdot 1_{\{D<k_s\}}] \tag{4-15}$$

根据推论 4.6，固定 λ，q_s 和 w 之间存在一对一的映射。同样，为了技术上的方便，我们使用（q_s，λ）作为供应商的决策变量和 w 作为买方的决策变量。相应地，供应商的预期利润函数在（4－15）可以重新表述为：

$$\prod_s(q_s,\lambda)=\begin{cases}(w-c)q_s(1+r_s^o), & if\ q_s\in[0,q^{nfl}]\cup[q^{nfu},+\infty) \quad \text{(a)}\\ \int_0^{k_s}\left\{\hat{F}_b(x)+\dfrac{r_s^o-r_f}{1+r_f}[\lambda+(1-\lambda)\hat{F}_b(x)]\right\}dx+(y-cq_s)(1+r_s^o) & if\ q_s\in(q^{nfl},q^{nfu}) \quad \text{(b)}\end{cases} \tag{4-16}$$

其中：

$$q_s=\begin{cases}\bar{F}^{-1}[w(1+r_f)], & if\ q_s\in[0,q^{nfl}]\cup[q^{nfu},+\infty) \quad \text{(a)}\\ \bar{F}^{-1}\left[\dfrac{w(1+r_f)}{\lambda+(1-\lambda)\hat{F}(k_s)}\bar{F}(k_s)\right], & if\ q_s\in(q^{nfl},q^{nfu}) \quad \text{(b)}\end{cases} \tag{4-17}$$

k_s 满足：

$$(wq_s-y)(1+r_f)=\int_0^{k_s}[\lambda+(1-\lambda)\hat{F}_b(x)]dx \tag{4-18}$$

供应商的目标是选择最优方案（q_s，λ），使其预期利润 $\prod_s(q_s,\lambda)$ 最大化。通过求解这个优化问题，我们得到以下均衡结果。

命题 4.5 均衡担保比例等于 1，即 $\lambda^*=1$。

命题 4.5 表明：即使存在违约和机会成本，供应商应该为买方提供完全担保。这一结果表明，SG 策略对银行来说是无风险的，而供应商承担了所有的信用违约风险和相关的违约成本。命题 4.5 背后的原因与命题 4.2 相似：即 TC 的均衡利率等于无风险利率。对于固定订单数量，批发价和保证比例之间存在一对一的映射关系。更具体地说，批发价递增于担保比例。有了更高的担保比例，供应商可以设定更高的批发价格，从而获得更大的批发收入。

批发收入的增长超过了担保成本的增长。因此，供应商应尽可能将担保比例设置为最高，即全额担保。两种摩擦成本的引入影响了供应商的保证成本。但是，由于对批发价和担保比例的共同控制，供应商调整批发价而不是担保比例是最优的，如后面的分析所示。

为了表述方便，我们分别将 $q_s(w, \lambda^*)$ 记作 $q_s^{\#}$，$k_s(q_s^{\#}; w, \lambda^*)$ 记作 $k_s^{\#}$，$\prod_s(q_s^{\#}, \lambda^*)$ 记作 $\prod_s^{\#}(q_s^{\#})$。而且，根据引理 A4.10，我们只需要考虑 $q_s^{\#} \in [0, q^{nfl}] \cup (q^{nfl}, \tilde{q}]$。$\prod_s^{\#}(q_s^{\#})$ 相较于 $q_s^{\#}$ 的一阶导数是：

$$\frac{d\prod_s^{\#}(q_s^{\#})}{dq_s^{\#}} = \begin{cases} \theta(q_s^{\#}) = \dfrac{\overline{F}(q_t^{\#})[1-g(q_t^{\#})](1+r_s^o)}{1+r_f} \\ -c(1+r_s^o), & if\ q_s^{\#} \in [0, q^{nfl}] \quad (a) \\ \delta_s(q_s^{\#}) = \left[\overline{F}(k_s^{\#})[1-\alpha_b g(k_s^{\#})] + \dfrac{r_s^o - r_f}{1+r_f}\right] \\ \dfrac{\overline{F}(q_s^{\#})[1-g(q_s^{\#})]}{\overline{F}(k_s^{\#})[1-wq_s^{\#}(1+r_f)z(k_s^{\#})]} - c(1+r_s^o), & if\ q_s^{\#} \in (q^{nfl}, \tilde{q}] \quad (b) \end{cases}$$

引理 4.6 $\delta_s(q_s^{\#})$ 递减于 $q_s^{\#} \in (q^{nfl}, \tilde{q}]$。

根据引理 4.6，$\delta_s(q_s^{\#})=0$ 在区间 $q_s^{\#} \in (q^{nfl}, \tilde{q}]$ 最多存在一个唯一可行的解。我们将唯一解表示为 q_s^b，其关联的批发价格和违约阈值分别表示为 w_s^b 和 k_s^b，那么（q_s^b，w_s^b）由下面的联合等式唯一且隐含地确定：

$$\begin{cases} \delta_s(q_s^b) = 0 \\ q_s^b = \overline{F}^{-1}[w_s^b(1+r_f)\overline{F}(k_s^b)] \\ k_s^b = (w_s^b q_s^b - y)(1+r_f) \end{cases} \tag{4-19}$$

以下的命题中给出了均衡订货量 q_s^* 和批发价格 w_s^*：

命题 4.6 假设 $0 < y < y_N^*$，那么买方将使用 SG 订货，均衡订货量和批发价分别为 $q_s^* = q_s^b$ 和 $w_s^* = w_s^b$。

根据命题 4.6，买方财务受限时将无条件地使用 SG，这与 TC 下的均衡融资决策不同。根本原因是，从供应商的角度来看，SG 有两个优势。一是 SG 可以通过缓解买方的财务约束来激励买方订购更多的产品，从而提高供应商的销售收入。另一个原因是，与 TC 相比，SG 策略不会占用供应商的营运资本，因此不会产生额外的机会成本。由于这些优势，由担保行为带来的供应商相对于订单数量的收入边际始终超过其成本边际，即 $\delta_s(q^{nfl})\geqslant 0$。因此，在均衡处 SG 将永远会被使用。

推论 4.8 SG 是 NF 的帕累托改进。

根据命题 4.6，供应商在 SG 下会变得更好，因为最优解 q_s^b 占优于 q^{nfl}，而在 q^{nfl} 处供应商获得 NF 的预期利润。同样，在均衡状态下，我们有 $q_s^* = q_s^b > q^{nfl}$。也就是说，在 SG 的情况下，买方比在 NF 的基准情况下订购更多的产品，从而赚取更多的利润。因此，SG 实现了与 NF 相比的“双赢”结果。

4.4.3 摩擦成本的影响

本部分讨论违约成本和供应商资本机会的摩擦成本如何影响 SG 下的最优决策和供应链参与者的利润。违约成本的影响。我们首先分析违约成本的影响，并得出以下结果。

1. 违约成本的影响

我们首先分析违约成本 α_b 的影响，并得出以下结果。

推论 4.9 q_s^*，π_s^* 和 $\prod_s^*$ 递减于 α_b，而 w_s^* 递增于 α_b。

推论 4.9 指出，在 SG 下，买卖双方的订货量和利润递减于违约成本比例系数 α_b，而批发价递增于违约成本比例系数 α_b。背后的原因解释如下：根据命题 4.5，供应商提供全额担保，因此独自承担买方的信用违约风险和相关违约成本。随着违约成本 α_b 的增加，供应商获得的预期利润也随之减少。此外，为了补偿不断增长的担保成本，供应商不得不提高批发价。作为回应，买方订购更少的产品，从而获得更少的利润。

2. 供应商资本机会成本的影响

我们继续探讨供应商的资本机会成本的影响，这是由参数 r_s^o 刻画的，并得出以下结果。

推论 4.10 q_s^*，π_s^* 和 $\prod_s^*$ 递增于 r_s^o，而 w_s^* 递减于 r_s^o。

推论 4.10 表明，当批发价下降时，供应商的资本机会成本递增于 r_s^o，买方和供应商的订货量和利润递增于 r_s^o。背后的原因解释如下。根据（4-15）

式，供应商的预期利润等于时间 0 时的净批发收入在时间 1 时的终值（按 r_s^o 折算）减去预期担保成本。这表明供应商在时间 0 获得正的净收入，该净收入可以投资于其他项目，并以利率 r_s^o 为供应商产生机会收入。因此，供应商的利润递增于 r_s^o。此外，随着 r_s^o 的增长，供应商的边际利润也会提高。因此，供应商会降低批发价以诱使买方订购更多产品。因而，买方也获得更高收益。

4.5　两种信贷模式的对比研究

TC 和 SG 是两种常用的供应商用于以缓解下游买方的财务约束的融资策略。一个自然的问题出现了：供应商应该如何选择这两种策略，买方对融资选项的偏好是否与供应商一致，此外，从集成供应链的角度来看，哪种融资策略更好？本节根据前文得到的 TC 和 SG 下的均衡解回答这些问题。

4.5.1　供应商融资策略的选择

我们先回答第一个问题。作为博弈领导者以及两种融资策略的发起者，供应商应该选择哪种融资方案？比较前两节中得出的供应商在 TC 和 SG 下的最大利润，可以揭示供应商的最优选择。

命题 4.7　存在一个唯一 $\bar{r}_s^o \in [r_f, \ddot{r}_s^o)$，使得 $\prod_t^* = \prod_s^*$，且当且仅当 $r_s^o < \bar{r}_s^o$ 时我们有 $\prod_t^* > \prod_s^*$。

命题 4.7 表明供应商的融资策略选择遵循关于其资金机会成本的阈值政策。如果供应商的资金机会成本低于该阈值，则应提供 TC，否则应提供 SG。值得注意的是，当 $\alpha_s = \alpha_b$ 和 $r_s^o = r_f$ 时，所有均衡结果（即批发价格、订单数量和双方参与者的利润）在 TC 和 SG 下是相同的，如图 4－2 至图 4－5 所示。这意味着，如果我们忽略债务回收能力（定义为“违约效应”）和供应商的资金机会成本（定义为“机会效应”）的差异，这两种融资策略是等效的。违约效应使 TC 更有吸引力，因为供应商在收债方面比银行更有效率，从而导致更低的违约成本。相比之下，机会效应使 SG 更有吸引力，因为供应商的营运资本被 TC 占用。因此，这两种影响之间的权衡决定了供应商更喜欢哪种融资方案。

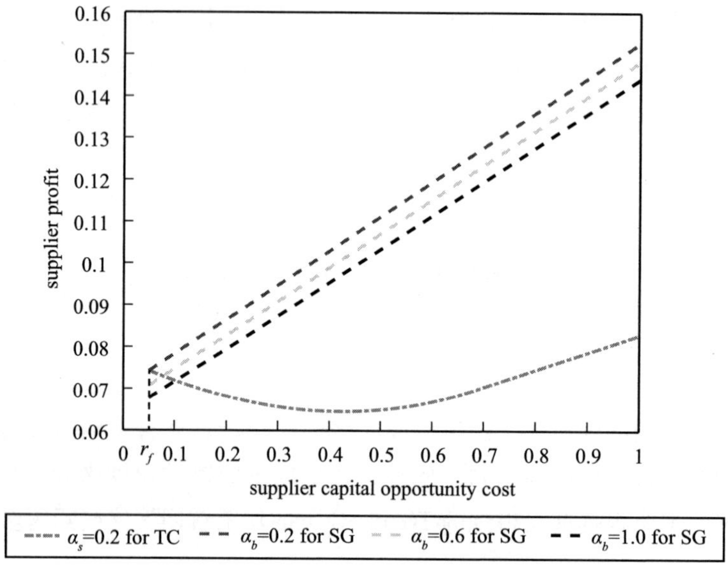

图 4-2　TC 和 SG 下供应商的利润

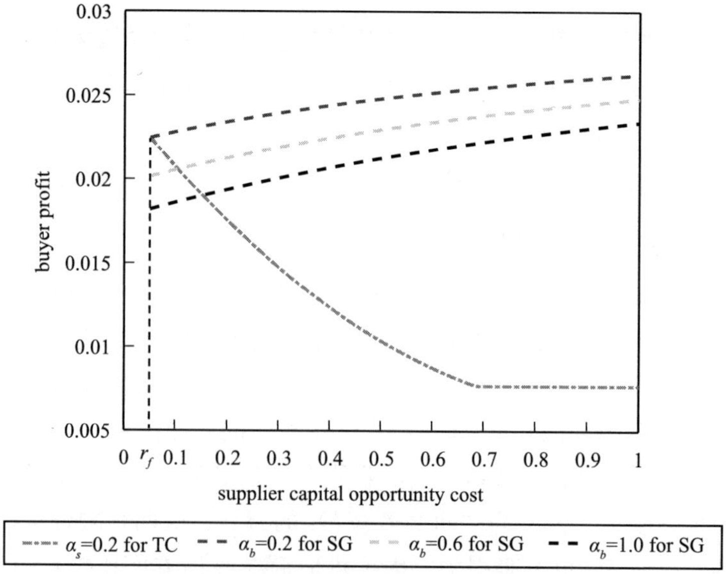

图 4-3　TC 和 SG 条款下买方的利润

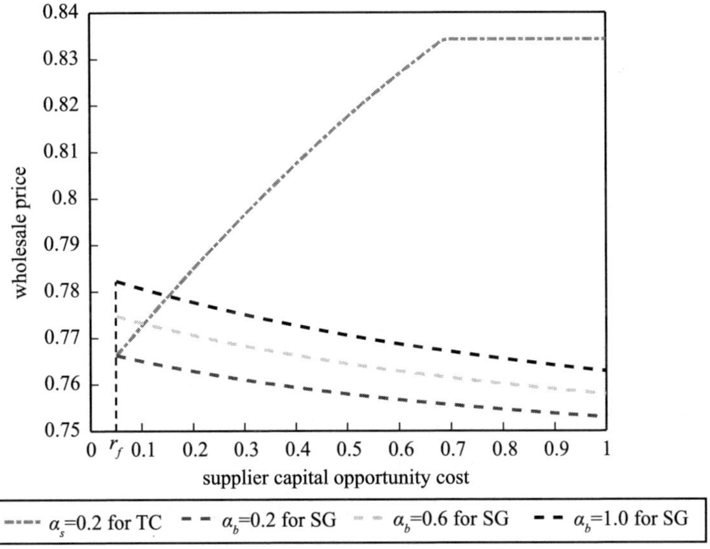

图 4－4　TC 和 SG 下的批发价

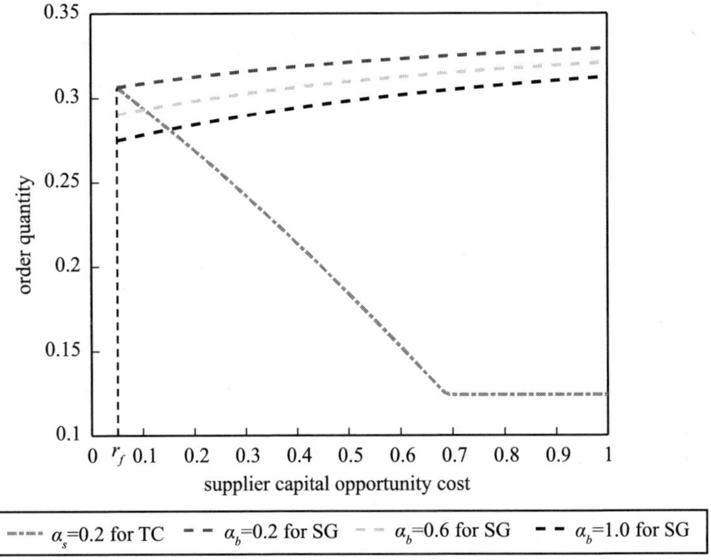

图 4－5　TC 和 SG 下的订单数量

为了更好地说明这两种效应如何共同决定供应商的最优选择，我们将供应商在 TC 和 SG 下的利润重新表述如下：

$$\prod_t^* = \underbrace{\int_0^{k_t^*} \overline{F}(x)\,dx + (y - cq_t^*)(1 + r_f)}_{\text{批发利润}} - \underbrace{\alpha_s \int_0^{k_t^*} xf(x)\,dx}_{\text{违约成本}} + \underbrace{(y - cq_t^*)(r_s^o - r_f)}_{\text{机会收益}} \tag{4-20}$$

$$\prod_s^* = \underbrace{\int_0^{k_s^*} \overline{F}(x)\,dx + (y - cq_s^*)(1 + r_f)}_{\text{批发利润}} - \underbrace{\alpha_b \int_0^{k_s^*} xf(x)\,dx}_{\text{违约成本}} + \underbrace{\left(y - cq_s^* + \frac{k_s^*}{1 + r_f}\right)(r_s^o - r_f)}_{\text{机会收益}} \tag{4-21}$$

我们可以从（4－20）和（4－21）观察到，供应商的利润由批发利润、违约成本和机会收益组成。因为批发利润只取决于订货量，并且随着订货量的增加而增加，所以订货量可以作为批发利润的代理变量。当 r_s^o 相对较小时，违约效应在这种情况下占主导地位，并导致以下结果。第一，TC 的违约成本低于 SG，如图 4－6 所示。第二，TC 导致更大的订货量，因此产生更高的批发利润，如图 4－5 所示。因此，供应商更喜欢 TC。相比之下，当 r_s^o 增长到相对较高的水平时，机会效应占主导地位，并导致以下事实。第一，SG 产生的机会收入比 TC 高得多，如图 4－7 所示；第二，SG 诱导了更大的订货量，从而获得了更高的批发利润，如图 4－5 所示。因此，供应商倾向于 SG。

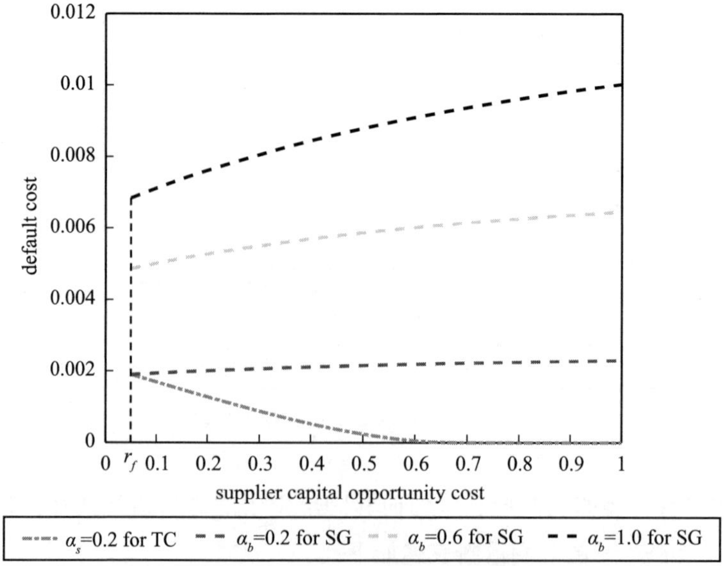

图 4－6　TC 和 SG 下的违约成本

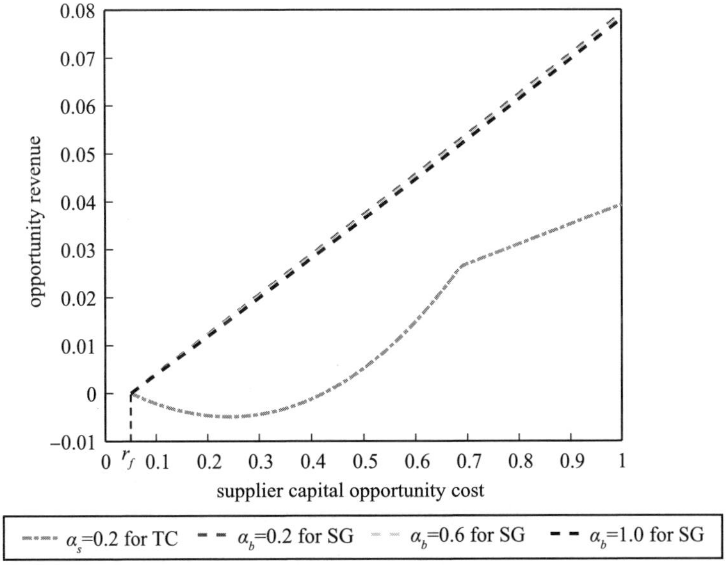

图 4-7　TC 和 SG 下的机会收入

4.5.2　买方和供应链的偏好

我们继续回答本节开头提出的第二个问题。虽然供应商决定选择哪种融资方案，但我们希望揭示买方对 TC 和 SG 的偏好，并确定在何种条件下两个参与者的偏好是一致的。通过比较零售商在 TC 和 SG 下的最大利润，我们得出以下结论。

命题 4.8　存在唯一的 $\tilde{r}_s^o \in [\bar{r}_s^o, \ddot{r}_s^o)$ 使得 $w_t^* = w_s^*$，$q_t^* = q_s^*$ 和 $\pi_t^* = \pi_s^*$，且当且仅当 $r_s^o < \tilde{r}_s^o$ 时，我们有 $w_t^* < w_s^*$，$q_t^* > q_s^*$ 和 $\pi_t^* > \pi_s^*$。

根据命题 4.8，存在一个关于供应商资本机会成本的阈值，在该阈值下，批发价格、订货量和买方利润在 TC 和 SG 下是相同的。如果供应商的资本机会成本低于这个阈值，供应商就在 TC 下设定一个较低的批发价格。因此，买方订购更多的产品，从而获得更高的利润。也就是买方更喜欢 TC。如果供应商的资本机会成本高于这个阈值，则相反的结论成立。

如前所述，如果忽略两种摩擦，TC 和 SG 是相等的。因此，买方对两种融资方案的偏好取决于违约和机会效应之间的权衡。为了更好地理解这两种效应的作用机制，我们将买方利润重新表述如下：

$$\pi_i^* = \underbrace{\int_{k_i^*}^{q_i^*} \overline{F}(x)\,dx - y(1 + r_f)}_{\text{零售利润}} \quad i = t,\ s \tag{4-22}$$

我们可以从（4－22）观察到，买方的利润仅来自零售利润，而零售利润依赖于订货量并随订货量增加而增加。因此，订单数量可以代表买方的利润。当 r_s^o 相对较小时，违约效应占主导地位，导致 TC 下的订货量较大，如图 4－5 所示。因此，买方更喜欢 TC。相比之下，当 r_s^o 增长相对较大时，机会效应占主导地位，导致 SG 下的订单量较大，如图 4－5 所示。因此，买方倾向于 SG。

根据命题 4.7 和命题 4.8，就供应商的机会成本而言，供应商和买方的偏好都遵循阈值政策。如果供应商的机会成本相对较小，则优先选择 TC，否则优先选择 SG。它表明，当供应商的机会成本足够小或足够大时，买方的偏好与供应商的偏好是一致的。然而，命题 4.8 指出买方的门槛高于供应商的门槛（即 $\tilde{r}_s^o \in [\bar{r}_s^o, \ddot{r}_s^o)$）。这表明买方的偏好可能与供应商的偏好相冲突。下一个推论指出了一致区域和冲突区域。

推论 4.11　根据 r_s^o，存在如下三种情形：

（1）（一致区域）如果 $r_f \leqslant r_s^o \leqslant \bar{r}_s^o$，供应商和买方都倾向于 TC；

（2）（冲突区域）如果 $\bar{r}_s^o < r_s^o \leqslant \tilde{r}_s^o$，供应商偏好 SG，而买方偏好 TC；

（3）（一致区域）如果 $\tilde{r}_s^o < r_s^o \leqslant \dfrac{1}{c} - 1$，供应商和买方都倾向于 SG。

推论 4.11 指出，当 r_s^o 相对较小时，供应商和买方都更喜欢 TC，而当 r_s^o 相对较大时，他们更喜欢 SG。然而，当 r_s^o 落在中间区域（即两个阈值之间）时，供应商更喜欢 SG，而买方更喜欢 TC。这种利益冲突源于两个参与者的利润构成不同。回想一下，买方的利润完全来自零售利润，零售利润可以使用订单数量作为代理。相比之下，除了批发利润（也使用订单数量作为代理），供应商的利润包括两个其他部分：违约成本和机会收入。当 r_s^o 处于中间水平时，从买方的角度来看，违约效应占主导地位，因为它在 TC 下诱导了更大的订货量。因此，买方更喜欢 TC。然而，从供应商的角度来看，机会效应占主导地位，因为它在 SG 下产生更高的机会收入。因此，供应商倾向于 SG。

最后，我们从由供应商和买方组成的集成供应链的角度比较了两种融资策略。设 Ω_t^* 和 Ω_s^* 分别表示在 TC 和 SG 下，集成供应链在时间 1 的均衡期望利润。那么，

$$\Omega_t^* = \underbrace{\int_0^{q_t^*} \overline{F}(x)dx - cq_t^*(1+r_f)}_{\text{供应链利润}} - \underbrace{\alpha_s \int_0^{k_t^*} xf(x)dx}_{\text{违约成本}} + \underbrace{(y - cq_t^*)(r_s^o - r_f)}_{\text{机会收益}} \tag{4-23}$$

$$\Omega_s^* = \underbrace{\int_0^{q_s^*} \overline{F}(x)dx - cq_s^*(1+r_f)}_{\text{供应链利润}} - \underbrace{\alpha_b \int_0^{k_s^*} xf(x)dx}_{\text{违约成本}} + \underbrace{\left(y - cq_s^* + \frac{k_s^*}{1+r_f}\right)(r_s^o - r_f)}_{\text{机会收益}} \tag{4-24}$$

比较 TC 和 SG 下集成供应链的利润，我们得到以下结果。

命题 4.9 存在唯一 $\bar{\bar{r}}_s^o \in [\bar{r}_s^o, \tilde{r}_s^o)$，使得 $\Omega_t^* = \Omega_s^*$，我们有 $\Omega_t^* > \Omega_s^*$ 当且仅当 $r_s^o < \bar{\bar{r}}_s^o$。

命题 4.9 表明供应商的资本机会成本存在一个阈值，低于该阈值，供应链优先选择 TC，超过该阈值，则选择 SG。供应链偏好背后的基本原理类似于供应商偏好背后的基本原理。我们可以从（4－23）和（4－24）观察到供应链的利润由三部分组成：供应链销售利润、违约成本和机会收益。同样，供应链销售利润只取决于订货量，利润随着订货量的增加而增加。因此，订单数量可以代表供应链销售利润。此外，供应链的偏好是违约和机会效应之间权衡的结果。具体来说，当 r_s^o 相对较小时，违约效应占主导地位，导致 TC 下更低的违约成本和更高的供应链销售利润。因此，TC 是集成供应链的首选。相比之下，当 r_s^o 增长相对较大时，机会效应占主导地位，导致 SG 下更高的机会收入和更高的供应链销售利润。因此，SG 是首选。

值得一提的是，关于供应链协调契约的经典文献（例如，Cachon 和 Lariviere，2005）指出，订单数量可以作为集成供应链利润的代理。也就是说，当且仅当订货量相同时，两个不同合同下的供应链利润相同。然而，当模型中包含市场摩擦时，这一结论不一定成立。根据命题 4.9，供应链利润的阈值小于订货量的阈值，即 $\bar{\bar{r}}_s^o < \tilde{r}_s^o$。这是因为供应链利润不仅由销售利润决定，而且由于引入了两种摩擦成本，还取决于违约成本和机会收益。

4.6 拓展：不完全竞争的信贷市场

前面的分析假设信贷市场是完全竞争的。然而，这很少是实际情况，特别是对于发展中经济体。本节扩展了这一假设，并考虑了不完全竞争的影响。

银行期望在不完全竞争的银行信贷市场中获得正利润。因此，贷款的预期收益率高于无风险利率，即 $r_b^e \geq r_f$。预期回报率反映了竞争程度，回报率越低，竞争越激烈。直觉上，不完全竞争会提高银行贷款的融资成本，从而影响 SG 的最优决策，并进一步影响 SG 和 TC 的比较结果。建模方法类似于第 4.4 节，除了银行的预期收益率等于 r_b^e 而不是定价公式（4－12）中的 r_f。由于很难解析地求解这个模型，我们利用数值分析来揭示管理的含义。除非另有说明，数值实验参数设置如下：$r_f=0.05$，$c=0.4$，$r_s^0=0.1$，$\alpha_s=0.2$，$\alpha_b=0.4$，$\gamma=0.08$，D 在区间［0，1］上服从均匀分布。调整参数设置不会改变主要的管理启示。数值分析揭示了以下四个主要发现。

第一，在不完全竞争下，银行要求更高的预期回报率，因此对银行贷款收取更高的利率。它提高了买方的融资成本，从而提高了供应商在 SG 下的担保成本。因此，我们预计不完全竞争将降低供应商的担保比例。但是，数值结果表明，即使考虑不完全竞争，供应商应为买方提供全额担保，如图 4－8 所示。背后的权衡是，完全担保可以激励买方订购更多产品，增加供应商的批发利润。批发利润的增长超过了担保成本的增长。

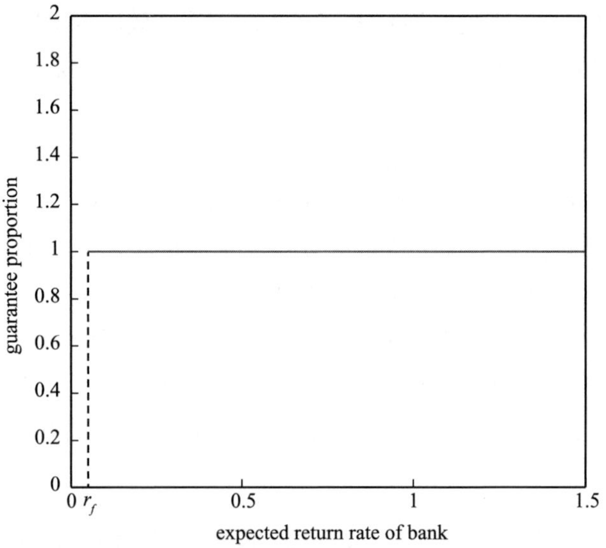

图 4－8　SG 下的担保比例

第二，回想一下，在完全竞争的信贷市场中，SG 总是会被采用。相比之下，在不完全竞争市场中，只有当竞争强度超过阈值（或等价地，银行要求的预期回报率低于阈值）时 SG 才会被使用。阈值对应于图 4 - 9 ~ 图 4 - 11 中的跳跃点。随着竞争变得不那么激烈，银行收取更高的利率，供应商承担更高的担保成本。供应商为买方提供贷款担保变得不太有利。因此，当竞争程度变得足够低时，供应商选择不担保。

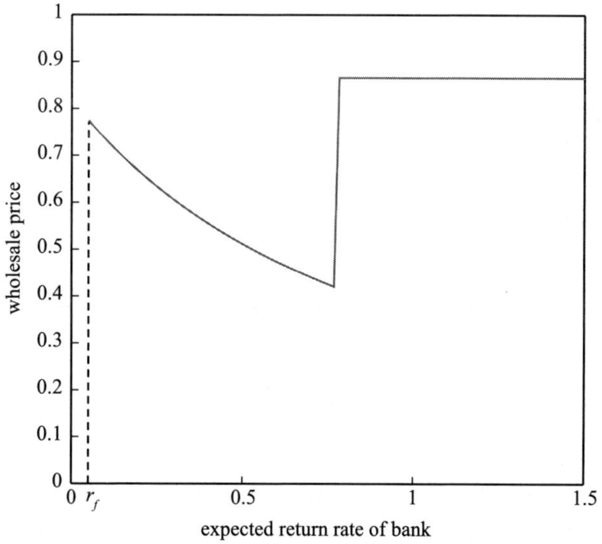

图 4 - 9　SG 下的批发价

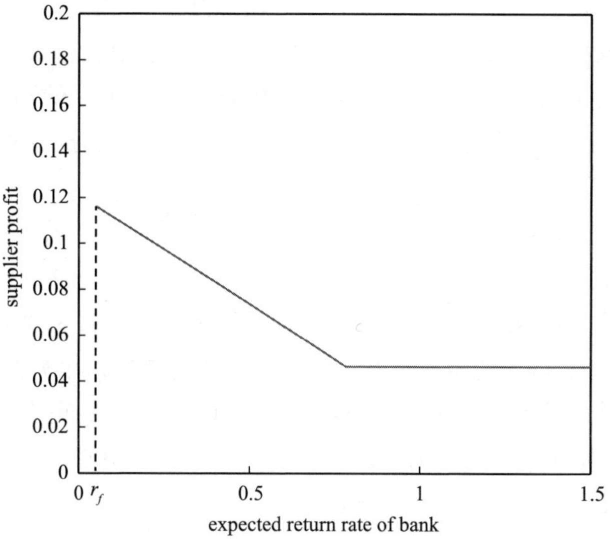

图 4 - 10　SG 下供应商的利润

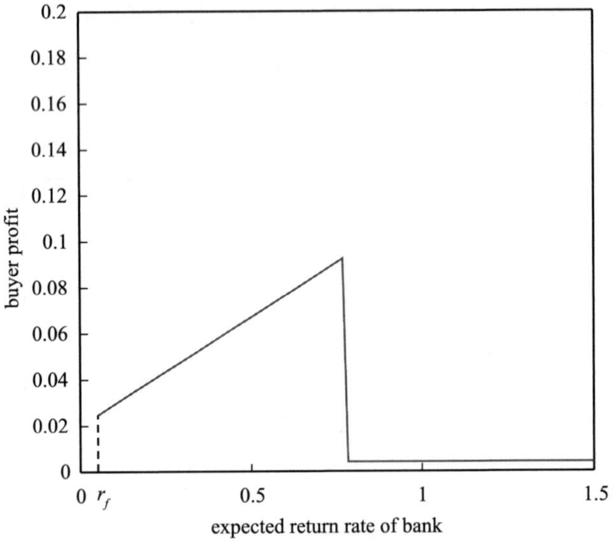

图 4－11　SG 下买方的利润

第三，竞争使得银行信贷更便宜，从而供应商承担较低的担保成本。因此，不出所料，供应商在 SG 下的利润随着竞争强度的增加而增加（或等价地，随着银行的预期收益率的减少而减少），如图 4－10 所示。有趣的是，数值结果表明，在 SG 下，买方的利润递减于竞争程度，如图 4－11 所示。也就是说，买方可以从信贷市场的不完全竞争中获益。根本原因是不完全竞争提高了银行贷款的融资成本，从而提高了买方的边际订单成本。如图 4－9 所示，为了激励买方订购，供应商必须降低批发价，这有利于买方。

第四，供应商和买方对 TC 和 SG 的偏好仍然遵循关于供应商资金机会成本的阈值政策。然而，如图 4－12 和图 4－13 所示，供应商的偏好阈值随着竞争程度的增加而降低，而买方的偏好阈值随着竞争程度的增加而增加。这是因为在 SG 下，随着竞争的加剧，供应商的利润增加，而买方的利润减少。这一结果表明，不完全竞争增加了供应商对 TC 的偏好，而强化了买方对 SG 的偏好。这一结果还表明，随着信贷市场竞争强度的下降，供应商和买方对 TC 和 SG 的偏好从逐渐趋于一致到逐渐趋于偏离。

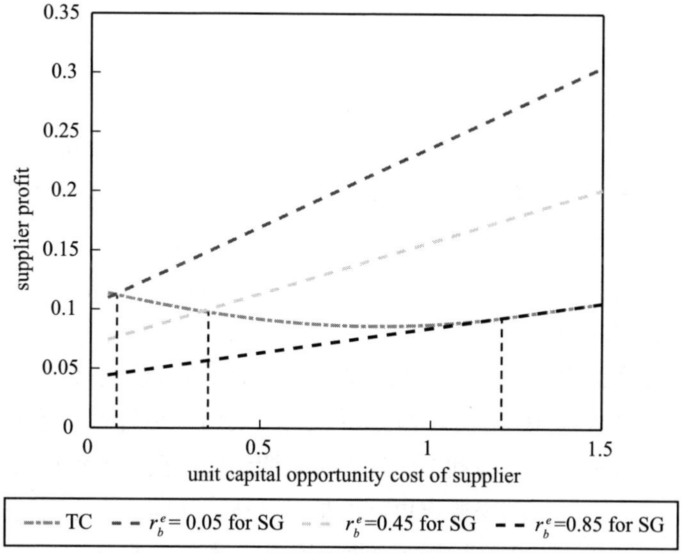

图 4-12 供应商的利润：TC vs SG

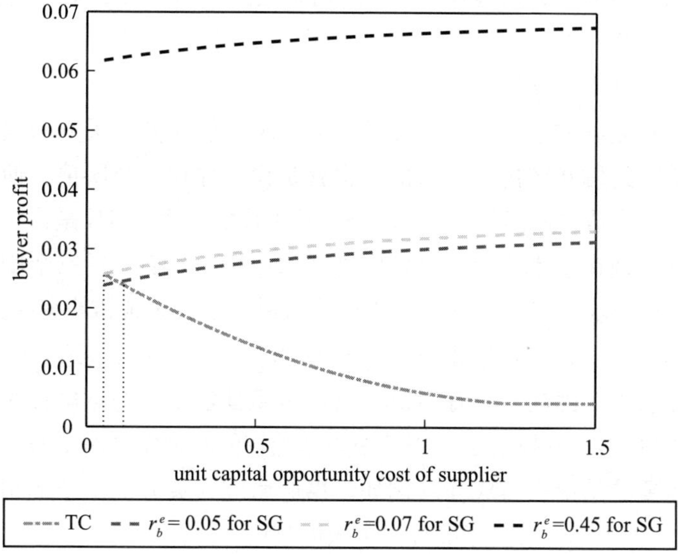

图 4-13 买方利润：TC vs SG

4.7 本章小结

目前，企业面临着越来越严重的财务约束和更高的违约风险。为了缓解下游买方的财务困境和促进采购过程，上游供应商通常采用两种融资方案：TC 和 SG。已有文献尚未对这两种融资策略进行系统的比较。因此，本书通过引入买方的财务约束和两种摩擦成本（即违约和机会成本），按照经典的SN 范式研究这些融资方案。

我们首先考虑没有资金约束和无外部融资两种情况，它们是后续分析的基准。我们继续进行 TC 下的均衡分析。结果表明，尽管存在违约和机会成本，供应商仍应提供无风险利率。这似乎表明供应商损失了利息收入。然而，供应商赢得了更大的空间来要求更高的批发价格，从而产生更高的批发收入。此外，因为授予 TC 占用了供应商的营运资本，供应商承担额外的机会成本。因此，只有当供应商的资金机会成本低于一个阈值时，TC 才会被使用。然后，我们推导出 SG 下的均衡，结果表明：供应商应始终为买方提供全额担保。基本原理类似于无风险 TC 利率的均衡结果。与仅在相对较低的资本机会成本条件下使用的 TC 不同，SG 将始终被使用。这是因为 SG 因为引入银行资金而不会产生额外的机会成本。

TC 和 SG 之间的进一步比较分析表明，关于供应商、买方和集成供应链的这两种策略的偏好结构是一致的。也就是说，存在一个阈值，使得如果供应商的资本机会成本超过该阈值，则 SG 是占优的，否则 TC 是占优的。偏好结构的基本原理在于违约和机会效应之间的权衡。然而，这三个阈值并不相等，表明对于供应商、买方和集成供应链来说，一致区域和冲突区域都存在。最后，我们放松了完全竞争银行信贷市场的假设。不完全竞争降低了 SG 对供应商的吸引力。因此，只有当银行信贷市场具备足够的竞争性时，供应商才会选择提供 SG。有趣的是，买方因为享受较低的批发价而受益于不完全竞争。其他重要的结论仍然成立。例如，供应商应为买方提供全额担保，供应商和买方对 TC 和 SG 的偏好都有一个阈值政策。

除了违约成本和机会成本之外，实践中还存在许多其他摩擦，预示着未来的研究方向。例如，像不对称信息和风险厌恶这样的摩擦可能是广泛使用的两部分 TC 背后的潜在驱动力，因此值得研究。解释现实中应用的部分担保策略也是一个值得研究的课题。此外，混合融资策略（如银行信贷和股权投资）可以是另一个值得探索的未来研究方向。

4.8 本章附录

A. 技术性引理

引理 A4.1 给定 r_t，$w\overline{F}^{-1}[w(1+r_f)]$ 和 $w\overline{F}^{-1}[w(1+r_t)]$ 都是 w 的拟凹函数。

引理 A4.2 设 $\varphi(q)=:q\overline{F}(q)$，则 $\varphi(q)$ 是 q 的拟凹函数，因而有唯一的最大点 $\tilde{q}$，它满足 $\varphi'(\tilde{q})=0$。

引理 A4.3 $1-wq_t(1+r_t)z(k_t)>0$。

引理 A4.4 均衡订货量 q_t^* 满足 $q_t^*\in[0,\ \tilde{q}]$。

引理 A4.5 $k_t^\#$ 在 $q_t^\#\in(q^{nfl},\ \tilde{q})$ 上呈凹形增长。

引理 A4.6 $\theta(q^{nfl})$ 和 $\delta_t(q^{nfl})$ 都递减于 y。

引理 A4.7 $\int_0^k[\lambda+(1-\lambda)\hat{F}_b(x)]dx\geqslant k[\lambda+(1-\lambda)\hat{F}_b(k)]$。

引理 A4.8 设 $\phi(x)$ 是一个连续可微的函数，如果 $\phi''(x_0)<0$ 对满足 $\phi'(x_0)=0$ 的任意 x_0 都成立，那么 $\phi(x)$ 是拟凹函数。

引理 A4.9 $1-\dfrac{wq_s(1+r_f)}{\lambda+(1-\lambda)\hat{F}_b(k_s)}z(k_s)>0$。

引理 A4.10 均衡订货量 q_s^* 满足 $q_s^*\in[0,\ \tilde{q}]$。

引理 A4.11 $k_s^\#$ 在 $q_s^\#\in(q^{nbr},\ \tilde{q}]$ 上呈凹形增长。

引理 A4.12 $\dfrac{\prod_t^*}{1+r_s^o}$ 递减于 r_s^o，而 $\dfrac{\prod_s^*}{1+r_s^o}$ 递增于 r_s^o。

B. 证明

引理 A4.1 证明： 令 $\gamma(w)=:\overline{F}^{-1}[w(1+r_f)]$。很容易看出 $\gamma(w)$ 递

减于 w，即 $\gamma'(w)<0$ 且 $w\overline{F}^{-1}[w(1+r_f)]=\dfrac{\gamma(w)\overline{F}(\gamma(w))}{1+r_f}$。$w\overline{F}^{-1}[w(1+r_f)]$ 相较于 w 的一阶导数为 $\dfrac{\gamma'(w)\overline{F}(\gamma(w))[1-\gamma(w)z(\gamma(w))]}{1+r_f}$。由于递增故障率的假设，存在唯一的 w^0 使得 $1-\gamma(w^0)z(\gamma(w^0))=0$：对于 $w<w^0$ 有 $\dfrac{\gamma'(w)\overline{F}(\gamma(w))[1-\gamma(w)z(\gamma(w))]}{1+r_f}>0$，而对于 $w>w^0$ 有 $\dfrac{\gamma'(w)\overline{F}(\gamma(w))[1-\gamma(w)z(\gamma(w))]}{1+r_f}<0$。也就是说 $w\overline{F}^{-1}[w(1+r_f)]$ 是 w 的拟凹函数。同样，我们可以证明，对于定值 r_t，$w\overline{F}^{-1}[w(1+r_t)]$ 是拟凹函数。证毕。

引理 A4.2 证明：$\varphi(q)$ 相较于 q 的一阶导数为 $\varphi'(q)=\overline{F}(q)[1-qz(q)]$。由于递增故障率的假设，由 $\varphi'(\tilde{q})=0$ 得到唯一的 $\tilde{q}$。而且当 $q<\tilde{q}$ 有 $\varphi'(q)>0$，当 $q>\tilde{q}$ 有 $\varphi'(q)<0$。所以 $\varphi(q)$ 是 q 的拟凹函数。证毕。

引理 A4.3 证明：根据命题 4.1，我们有

$$\begin{aligned} q_t\overline{F}(q_t) &= wq_t(1+r_t)\overline{F}(k_t) \\ &= wq_t(1+r_t)\overline{F}[(wq_t-y)(1+r_t)] > wq_t(1+r_t)\overline{F}[wq_t(1+r_t)] \end{aligned} \tag{A4-1}$$

这意味着根据引理 A4.2，$wq_t(1+r_t)<\tilde{q}$。因此 $1-wq_t(1+r_t)z(k_t)>1-wq_t(1+r_t)z(wq_t(1+r_t))>0$。证毕。

引理 A4.4 证明：$\prod_t^{\#}(q_t)$ 相较于 q_t 的一阶导数为

$$\frac{d\prod_t^{\#}(q_t)}{dq_t}=\begin{cases}\overline{F}(q_t)[1-g(q_t)]-c(1+r_s^o), & if\ q_t\in[0,\ q^{nfl}]\cup[q^{nfu},\ +\infty) \quad (a)\\ \dfrac{[1-\alpha_s g(k_t)]\overline{F}(q_t)[1-g(q_t)]}{1-w(1+r_f)q_t z(k_t)} -c(1+r_s^o), & if\ q_t\in[q^{nbl},\ q^{nbu}] \quad (b)\end{cases} \tag{A4-2}$$

首先，根据（A4－2a），显然，由于 $q^{nfu}>\tilde{q}$，对于 $q_t\in[q^{nfu},\ +\infty)$，有 $\dfrac{d\prod_t^{\#}(q_t)}{dq_t}<0$。因此 $q_t^*\in[0,\ q^{nfu}]\in[0,\ \tilde{q}]$。接下来，根据（A4－2b），当 $q_t\in(\tilde{q},\ q^{nfu}]$，我们有 $\dfrac{[1-\alpha_s g(k_t)]\overline{F}(q_t)[1-g(q_t)]}{1-w(1+r_f)q_t z(k_t)}-c(1+r_s^o)<0$。根

据引理 A4.3 以及 $1-g(q_t)<0$，我们有 $1-\alpha_s g(k_t)>1-w(1+r_f)q_t z(k_t)>0$。因此 $q_t^* \in [q^{nfl}, \tilde{q}] \in [0, \tilde{q}]$。综合上述两种情况，我们得到以下结论，$q_t^* \in [0, \tilde{q}]$。证毕。

引理 A4.5 证明：从（4-13）和（4-14）来看，对于 $q_t^\# \in (q^{nfl}, \tilde{q}]$，我们有

$$q_t^\# \overline{F}(q_t^\#) = [k_t^\# + y(1+r_f)]\overline{F}(k_t^\#) \tag{A4-3}$$

这意味着 $k_t^\#$ 相较于 $q_t^\#$ 的一阶导数是

$$\frac{dk_t^\#}{dq_t^\#} = \frac{\overline{F}(q_t^\#)[1-q_t^\# z(q_t^\#)]}{\overline{F}(k_t^\#)[1-(k_t^\#+y(1+r_f))z(k_t^\#)]} > 0 \tag{A4-4}$$

“>”成立的原因是当 $q_t^\# \in (q^{nbr}, \tilde{q}]$，

$$(k_t^\# + y(1+r_f))z(k_t^\#) = w(1+r_f)q_t^\# z(k_t^\#) < q_t^\# z(q_t^\#) < 1 \tag{A4-5}$$

我们定义 $H(q_t^\#) =: \overline{F}(q_t^\#)[1-q_t^\# z(q_t^\#)]$ 和 $G(k_t^\#) =: \overline{F}(k_t^\#)[1-(k_t^\#+y(1+r_f))z(k_t^\#)]$。（A4-5）意味着

$$0 < H(q_t^\#) < G(k_t^\#) < 1 \tag{A4-6}$$

$k_t^\#$ 关于 $q_t^\#$ 的二阶导数是

$$\frac{d^2 k_t^\#}{dq_t^{\#2}} = \frac{\tau(q_t^\#, k_t^\#)}{[G(k_t^\#)]^3} \tag{A4-7}$$

其中：

$$\begin{aligned}
\tau(q_t^\#, k_t^\#) &= [H(q_t^\#)]^2[2f(k_t^\#) + (k_t^\# + y(1+r_f))f'(k_t^\#)] \\
&\quad - [G(k_t^\#)]^2[2f(q_t^\#) + q_t^\# f'(q_t^\#)] \\
&= [H(q_t^\#)]^2\Bigg[\overline{F}(k_t^\#)z(k_t^\#) + z(k_t^\#)G(k_t^\#) + (k_t^\# + y(1+r_f))\overline{F}(k_t^\#) \\
&\quad \left[\frac{f'(k_t^\#)}{\overline{F}(k_t^\#)} + (z(k_t^\#))^2\right]\Bigg] - [G(k_t^\#)]^2\Bigg[\overline{F}(q_t^\#)z(q_t^\#) + z(q_t^\#)H(q_t^\#) \\
&\quad + q_t^\# \overline{F}(q_t^\#)\left[\frac{f'(q_t^\#)}{\overline{F}(q_t^\#)} + (z(q_t^\#))^2\right]\Bigg] \\
&= [H(q_t^\#)]^2[\overline{F}(k_t^\#)z(k_t^\#) + z(k_t^\#)G(k_t^\#)] \\
&\quad - [G(k_t^\#)]^2[\overline{F}(q_t^\#)z(q_t^\#) + z(q_t^\#)H(q_t^\#)] \\
&\quad + [H(q_t^\#)]^2(k_t^\# + y(1+r_f))\overline{F}(k_t^\#)\left[\frac{f'(k_t^\#)}{\overline{F}(k_t^\#)} + (z(k_t^\#))^2\right]
\end{aligned}$$

$$-[G(k_t^{\#})]^2 q_t^{\#}\overline{F}(q_t^{\#})\left[\frac{f'(q_t^{\#})}{\overline{F}(q_t^{\#})}+(z(q_t^{\#}))^2\right]$$

$$<0 \tag{A4-8}$$

最后的“<0”成立是因为以下事实（1）和（2）：

（1）

$$[H(q_t^{\#})]^2[\overline{F}(k_t^{\#})z(k_t^{\#})+z(k_t^{\#})G(k_t^{\#})]-[G(k_t^{\#})]^2[\overline{F}(q_t^{\#})z(q_t^{\#})+z(q_t^{\#})H(q_t^{\#})]$$

$$=[H(q_t^{\#})]^2[G(k_t^{\#})]^2\left\{\frac{\overline{F}(k_t^{\#})z(k_t^{\#})+z(k_t^{\#})G(k_t^{\#})}{[G(k_t^{\#})]^2}-\frac{\overline{F}(q_t^{\#})z(q_t^{\#})+z(q_t^{\#})H(q_t^{\#})}{[H(q_t^{\#})]^2}\right\}$$

$$=[H(q_t^{\#})]^2[G(k_t^{\#})]^2\left\{\left[\frac{z(k_t^{\#})}{G(k_t^{\#})[1-(k_t^{\#}+y(1+r_f))z(k_t^{\#})]}-\frac{z(q_t^{\#})}{H(q_t^{\#})[1-q_t^{\#}z(q_t^{\#})]}\right]\right.$$

$$\left.+\left[\frac{z(k_t^{\#})}{G(k_t^{\#})}-\frac{z(q_t^{\#})}{H(q_t^{\#})}\right]\right\}$$

$$<0$$

因为$\frac{z(k_t^{\#})}{G(k_t^{\#})[1-(k_t^{\#}+y(1+r_f))z(k_t^{\#})]}-\frac{z(q_t^{\#})}{H(q_t^{\#})[1-q_t^{\#}z(q_t^{\#})]}<0$ 并且$\frac{z(k_t^{\#})}{G(k_t^{\#})}-\frac{z(q_t^{\#})}{H(q_t^{\#})}<0$，而前面这两个不等式成立是因为（A4－6）和故障率递增的假设，即 $z'(x)>0$。

（2）

$$[H(q_t^{\#})]^2(k_t^{\#}+y(1+r_f))\overline{F}(k_t^{\#})\left[\frac{f'(k_t^{\#})}{\overline{F}(k_t^{\#})}+(z(k_t^{\#}))^2\right]$$

$$-[G(k_t^{\#})]^2 q_t^{\#}\overline{F}(q_t^{\#})\left[\frac{f'(q_t^{\#})}{\overline{F}(q_t^{\#})}+(z(q_t^{\#}))^2\right]$$

$$=q_t^{\#}\overline{F}(q_t^{\#})\left\{[H(q_t^{\#})]^2\left[\frac{f'(k_t^{\#})}{\overline{F}(k_t^{\#})}+(z(k_t^{\#}))^2\right]-[G(k_t^{\#})]^2\left[\frac{f'(q_t^{\#})}{\overline{F}(q_t^{\#})}+(z(q_t^{\#}))^2\right]\right\}$$

$$<0$$

其中第一个“＝”成立是因为由（A4－3）得 $q_t^{\#}\overline{F}(q_t^{\#})=[k_t^{\#}+y(1+r_f)]\overline{F}(k_t^{\#})$；第二个“<0”成立是因为（A4－6）和凸故障率的假设，即 $z''(x)>0$，从而得出 $z'(q_t^{\#})>z'(k_t^{\#})$，即$\frac{f'(q_t^{\#})}{\overline{F}(q_t^{\#})}+(z(q_t^{\#}))^2>\frac{f'(k_t^{\#})}{\overline{F}(k_t^{\#})}+(z(k_t^{\#}))^2$。因

此，$\frac{d^2k_t^{\#}}{dq_t^{\#2}}<0$。证毕。

引理 A4.6 证明： 显然，$\theta(q_t^{\#})$ 在 $q_t^{\#}\in[0,\ q^{nfl}]$ 是递减的，并且 $\overline{F}(q_t^{\#})$ 和 $1-g(q_t^{\#})$ 在 $q_t^{\#}\in[0,\ q^{nfl}]$ 也是递减的。此外，根据定义，q^{nfl} 由 $q^{nfl}\overline{F}(q^{nfl})=y(1+r_f)$ 唯一确定且由于 $y<y_N^*$ 有 $q^{nfl}<\tilde{q}$。这意味着 q^{nfl} 递增于 y。根据链式法则，$\theta(q^{nfl})$ 递减于 y。

此外，我们有

$$\begin{aligned}\delta_t(q^{nfl}) &= \frac{\overline{F}(q^{nfl})[1-g(q^{nfl})]}{1-w^{nfu}(1+r_f)q^{nfl}z(0)}-c(1+r_s^o)\\ &= \overline{F}(q^{nfl})\cdot\frac{1-q^{nfl}z(q^{nfl})}{1-q^{nfl}\overline{F}(q^{nfl})z(0)}-c(1+r_s^o)\end{aligned} \qquad (A4-9)$$

令 $\mu(q^{nfl})=\frac{1-q^{nfl}z(q^{nfl})}{1-q^{nfl}\overline{F}(q^{nfl})z(0)}$，那么

$$\mu'(q^{nfl})=\frac{z(0)\overline{F}(q^{nfl})[1-q^{nfl}z(q^{nfl})]^2-[z(q^{nfl})+q^{nfl}z'(q^{nfl})][1-q^{nfl}\overline{F}(q^{nfl})z(0)]}{[1-q^{nfl}\overline{F}(q^{nfl})z(0)]^2}<0 \qquad (A4-10)$$

其中"<0"成立是因为 $z(0)<z(q^{nfl})$，$z(0)\overline{F}(q^{nfl})<z(q^{nfl})+q^{nfl}z'(q^{nfl})$ 和 $[1-q^{nfl}z(q^{nfl})]^2<[1-q^{nfl}\overline{F}(q^{nfl})z(0)]$。因此，$\delta_t(q^{nfl})$ 递减于 q^{nfl}。又因为 q^{nfl} 递增于 y，所以按照链式法则，$\delta_t(q^{nfl})$ 递减于 y。证毕。

引理 A4.7 证明： 我们有

$$\begin{aligned}\int_0^k \hat{F}_b(x)dx &= \int_0^k \overline{F}(x)[1-\alpha_b g(x)]dx\\ &= (1-\alpha_b)\int_0^k \overline{F}(x)dx+\alpha_b\int_0^k \overline{F}(x)[1-g(x)]dx\\ &= (1-\alpha_b)\int_0^k \overline{F}(x)dx+\alpha_b k\overline{F}(k)\\ &\geqslant (1-\alpha_b)k\overline{F}(k)+\alpha_b k\overline{F}(k)=k\overline{F}(k)\\ &\geqslant k\overline{F}(k)[1-\alpha_b g(k)]=k\hat{F}_b(k)\end{aligned} \qquad (A4-11)$$

其中第三个"="成立是因为被积函数 $\overline{F}(x)[1-g(x)]$ 的原函数是 $x\overline{F}(x)$；第一个"$\geqslant$"成立是因为 $\overline{F}(x)$ 在 $x\in[0,\ k]$ 中递减，第二个"$\geqslant$"成立是因为当 $g(x)=\frac{xf(x)}{\overline{F}(x)}\geqslant 0$ 时，$1-\alpha_b g(k)\leqslant 1$。引理 A4.7 中的不等式直接由

(A4－11) 推导出来。证毕。

引理 A4.8 证明： 首先，我们用反证法证明 $\phi(x)$ 存在唯一的极值点 x_0。假设 $\phi(x)$ 有两个极值点，分别设为 x_0^1 和 x_0^2 且 $x_0^1 < x_0^2$。由于 $\phi(x)$ 是连续可微的，我们有 $\phi'(x_0^i)=0$，进一步推出 $\phi''(x_0^i)<0$，$i=1$，2。它表示存在一个足够小的 ε 使得对于 $x\in(x_0^1, x_0^1+\varepsilon)$，$\phi'(x)<0$ 并且对于 $x\in(x_0^2-\varepsilon, x_0^2)$，$\phi'(x)>0$。因为 $\phi(x)$ 是连续可微的，所以应该有另一个极值点 $x_0^3\in[x_0^1+\varepsilon, x_0^2-\varepsilon]$ 使得 $\phi'(x_0^3)=0$。这个矛盾证明了 $\phi(x)$ 有唯一的极端点 x_0。

接下来，我们通过反证法证明对于 $x<x_0$ 有 $\phi'(x)>0$，对于 $x>x_0$ 有 $\phi'(x)<0$。我们假设存在这样一个点 $x_1<x_0$ 使得 $\phi'(x_1)<0$。当 $\phi'(x_0)=0$ 且 $\phi''(x_0)<0$ 时，存在一个足够小的 ε 使得当 $x\in(x_0-\varepsilon, x_0)$ 时 $\phi'(x)>0$。它和假设共同意味着应该存在一个点 $x_2\in(x_1, x_0-\varepsilon]$ 使得 $\phi'(x_2)=0$，导致矛盾。因此当 $x<x_0$ 时 $\phi'(x)>0$。同样，我们可以证明当 $x>x_0$ 时 $\phi'(x)<0$。因此 $\phi(x)$ 是拟凹函数。证毕。

引理 A4.9 证明： (A4－36) 中的不等式 $q_s\bar{F}(q_s)\geqslant k_s\bar{F}(k_s)$ 和 (A4－39a) 中的等式 $q_s=\bar{F}^{-1}\left[\frac{w(1+r_f)}{\lambda+(1-\lambda)\hat{F}_b(k_s)}\bar{F}(k_s)\right]$ 共同意味着

$$q_s\bar{F}(q_s)=\frac{wq_s(1+r_f)}{\lambda+(1-\lambda)\hat{F}_b(k_s)}\bar{F}(k_s)\geqslant k_s\bar{F}(k_s) \tag{A4－12}$$

或者等同地

$$\frac{wq_s(1+r_f)}{\lambda+(1-\lambda)\hat{F}_b(k_s)}\geqslant k_s \tag{A4－13}$$

由不等式 (A4－13) 推出

$$1-\frac{wq_s(1+r_f)}{\lambda+(1-\lambda)\hat{F}_b(k_s)}z(k_s)\geqslant 1-\frac{wq_s(1+r_f)}{\lambda+(1-\lambda)\hat{F}_b(k_s)}z\left(\frac{wq_s(1+r_f)}{\lambda+(1-\lambda)\hat{F}_b(k_s)}\right) \tag{A4－14}$$

同样，由不等式 (A4－13) 推出

$$q_s\bar{F}(q_s)=\frac{wq_s(1+r_f)}{\lambda+(1-\lambda)\hat{F}_b(k_s)}\bar{F}(k_s)\geqslant\frac{wq_s(1+r_f)}{\lambda+(1-\lambda)\hat{F}_b(k_s)}\bar{F}\left(\frac{wq_s(1+r_f)}{\lambda+(1-\lambda)\hat{F}_b(k_s)}\right) \tag{A4－15}$$

这可以推出

$$\frac{wq_s(1+r_f)}{\lambda+(1-\lambda)\hat{F}_b(k_s)}\leqslant\tilde{q} \tag{A4-16}$$

由不等式（A4－14）和（A4－16）得出

$$1-\frac{wq_s(1+r_f)}{\lambda+(1-\lambda)\hat{F}_b(k_s)}z(k_s)\geqslant 1-\frac{wq_s(1+r_f)}{\lambda+(1-\lambda)\hat{F}_b(k_s)}z\left(\frac{wq_s(1+r_f)}{\lambda+(1-\lambda)\hat{F}_b(k_s)}\right)\geqslant 0 \tag{A4-17}$$

证毕。

引理 A4.10 证明：$\prod_s^{\#}(q_s)$ 相较于 q_s 的一阶导数为

$$\frac{d\prod_s^{\#}(q_s^{\#})}{dq_s^{\#}}=\begin{cases}\delta^-(q_s^{\#})=\dfrac{(1+r_s^o)\overline{F}(q_s^{\#})[1-g(q_s^{\#})]}{1+r_f} & if\ q_s^{\#}\in[0,q^{nfl}]\cup \\ -c(1+r_s^o) & [q^{nfu},+\infty)\quad (a) \\ \delta_s^+(q_s^{\#})=\left[\overline{F}(k_s^{\#})[1-\alpha_b g(k_s^{\#})]\right. & \\ \left.+\dfrac{r_s^o-r_f}{1+r_f}\right]\dfrac{\overline{F}(q_s^{\#})[1-g(q_s^{\#})]}{\overline{F}(k_s^{\#})[1-wq_s^{\#}(1+r_f)z(k_s^{\#})]} & \\ -c(1+r_s^o) & if\ q_s^{\#}\in(q^{nfl},q^{nfu})\quad (b)\end{cases} \tag{A4-18}$$

首先，对于（A4－18），显然 $q^{nfu}>\tilde{q}$。当 $q_s^{\#}\in[q^{nfu},+\infty)$ 时，我们有 $\frac{d\prod_s^{\#}(q_s)}{dq_s}<0$，因此 $q_s^*\in[0,q^{nfl}]\in[0,\tilde{q}]$。其次，对于（A4－18b），由引理 A4.9 以及 $1-g(q_s)<0$ 可得 $1-\alpha_b g(k_s)>1-w(1+r_f)q_s z(k_s)>0$。因而当 $q_s\in(\tilde{q},q^{nfl}]$ 可得 $\delta_s^+(q_s^{\#})<0$。因此 $q_s^*\in[q^{nfu},\tilde{q}]\in[0,\tilde{q}]$。综合这两种情况，我们可以得出结论，$q_s^*\in[0,\tilde{q}]$。证毕。

引理 A4.11 证明：这个证明与引理 A4.5 的证明是一样的，此处省略细节。证毕。

引理 A4.12 证明：将 $\prod_t^{\#}(q_t^{\#})$ 和 $\prod_s^{\#}(q_s^{\#})$ 除以 $1+r_s^o$，我们有

$$\frac{\prod_t^{\#}(q_t^{\#})}{1+r_s^o}=\begin{cases}(w-c)q_t^{\#}, & if\ q_t\in[0,q^{nfl}]\quad (a)\\ \dfrac{\int_0^{k_t^{\#}}\hat{F}_s(x)dx}{1+r_s^o}+y-cq_t^{\#}, & if\ q_t\in(q^{nfl},\tilde{q}]\quad (b)\end{cases} \tag{A4-19}$$

$$\frac{\prod_s^{\#}(q_s^{\#})}{1+r_s^o} = \begin{cases} (w-c)q_s^{\#}, & if\ q_s \in [0,\ q^{nfl}] \quad (a) \\ -\dfrac{k_s^{\#} - \int_0^{k_s^{\#}} \hat{F}_b(x)dx}{1+r_s^o} + \dfrac{k_s^{\#}}{1+r_f} + y - cq_s, & if\ q_s \in (q^{nfl},\ \tilde{q}] \quad (b) \end{cases}$$

（A4－20）

显然，（A4－19）和（A4－20）意味着 $\dfrac{\partial \dfrac{\prod_t^{\#}(q_t^{\#})}{1+r_s^o}}{\partial r_s^o} = -\dfrac{\int_0^{k_t^{\#}} \hat{F}_s(x)dx}{(1+r_s^o)^2} < 0$

以及 $\dfrac{\partial \dfrac{\prod_s^{\#}(q_s^{\#})}{1+r_s^o}}{\partial r_s^o} = \dfrac{k_s^{\#} - \int_0^{k_s^{\#}} \hat{F}_b(x)dx}{(1+r_s^o)^2} > 0$，其中“>0”在第二个不等式中成立是因为当 $\hat{F}_b(x) \in (0,\ 1)$ 时 $k_s^{\#} - \int_0^{k_s^{\#}} \hat{F}_b(x)dx > 0$。又根据包络定理，$\dfrac{\prod_t^*}{1+r_s^o} = \max\limits_{q_t^{\#}} \dfrac{\prod_t^{\#}(q_t^{\#})}{1+r_s^o}$ 和 $\dfrac{\prod_s^*}{1+r_s^o} = \max\limits_{q_s^{\#}} \dfrac{\prod_s^{\#}(q_s^{\#})}{1+r_s^o}$，所以 $\dfrac{\prod_t^*}{1+r_s^o}$ 递减于 r_s^o，$\dfrac{\prod_s^*}{1+r_s^o}$ 递增于 r_s^o。证毕。

引理4.1证明：将（4－2）中买方的最佳订货量代入（4－3）中供应商的利润表达式，利用一阶条件得到引理4.1中的最优结果。证毕。

引理4.2证明：显然，当 $0 < y < y_N^*$ 时 $q^{nfl} < q_N^* < q^{nfu}$，所以 $\prod_{NF}(q_{NF})$ 先在 $q \in [0,\ q^{nfl}]$ 递增，然后再在 $q \in (q^{nfl},\ \infty)$ 递减。因此，最佳订货量是 $q_{NF}^* = q^{nfl}$，它是 $q\overline{F}(q) = y(1+r_f)$ 的较小根。因此，最优批发价是 $w_{NF}^* = \dfrac{y}{q_{NF}^*}$。证毕。

引理4.3证明：（4－10）中 $\pi(q)$ 的一阶导数是

$$\frac{d\pi(q)}{dq} = \begin{cases} \overline{F}(q) - w(1+r_f), & if\ q \in [0,\ q^y] \quad (a) \\ \overline{F}(q) - w(1+r_t)\overline{F}(k), & if\ q \in (q^y,\ \infty) \quad (b) \end{cases}$$

（A4－21）

设 $\chi(q) = \dfrac{\overline{F}(q)}{w(1+r_t)\overline{F}(k)}$ 并对 $\chi(q)$ 取自然对数，有：

$$\ln\chi(q) = -\ln w(1+r_t) + \ln\overline{F}(q) - \ln\overline{F}(k) \quad (A4-22)$$

$\ln\chi(q)$ 相较于 q 的一阶导数满足

$$\frac{d\ln\chi(q)}{dq}=w(1+r_t)z(k)-z(q)\leqslant 0 \qquad (A4-23)$$

其中，最后一个"≤"成立是由于假设故障率递增，$k\leqslant q$ 和 $w(1+r_t)<p=1$。因此，$\chi(q)$ 在 $q\in(q^y,\infty)$ 上递减，因此 $\chi(q)=1$ 最多有一个唯一的根 q^0。而且我们可以得到，当 $q\in(q^y,q^0)$，$\chi(q)>1$；当 $q\in(q^0,\infty)$，$\chi(q)<1$。等价地，在区间 $q\in(q^y,\infty)$ 上 $\frac{d\pi(q)}{dq}=0$ 至多存在一个唯一解 q^0。当 $q\in(q^y,q^0)$，$\frac{d\pi(q)}{dq}>0$；当 $q\in(q^0,\infty)$，$\frac{d\pi(q)}{dq}<0$。因此，$\pi(q)$ 在 $q\in(q^y,\infty)$ 中是拟凹的。

另外，显然，$\pi(q)$ 在 $q\in[0,q^y]$ 是凹的。此外，因为 $k(q^y)=0$，我们有 $\left.\frac{d\pi(q)}{dq}\right|_{q=q^{y-}}\geqslant\left.\frac{d\pi(q)}{dq}\right|_{q=q^{y+}}$。因此，$\pi(q)$ 在 $q\in[0,\infty)$ 是拟凹的。证毕。

命题 4.1 证明： 根据引理 4.3 及其证明，$\pi(q)$ 有一个唯一的最大点 q_t，它依赖于 $\pi(q)$ 在线段点 $q=q^y$ 处的一阶条件。具体来说，有三种相关情形：

（1）$\left.\frac{d\pi(q)}{dq}\right|_{q=q^{y+}}<\left.\frac{d\pi(q)}{dq}\right|_{q=q^{y-}}\leqslant 0$，或者等价地 $y\geqslant w\bar{F}^{-1}[w(1+r_f)]$。在这种情况下，$q_t$ 位于 $[0,q^y)$ 且满足 $\left.\frac{d\pi(q)}{dq}\right|_{q=q_t}=0$，即 $q_t=\bar{F}^{-1}[w(1+r_f)]$。

（2）$\left.\frac{d\pi(q)}{dq}\right|_{q=q^{y+}}<0<\left.\frac{d\pi(q)}{dq}\right|_{q=q^{y-}}$，或者等价地 $w\bar{F}^{-1}[w(1+r_t)]<y<w\bar{F}^{-1}[w(1+r_f)]$。在这种情况下，$q_t$ 位于分段点，即 $q_t^o=q^y=\frac{y}{w}$。

（3）$0\leqslant\left.\frac{d\pi(q)}{dq}\right|_{q=q^{y+}}<\left.\frac{d\pi(q)}{dq}\right|_{q=q^{y-}}$，或者等价地 $0<y\leqslant w\bar{F}^{-1}[w(1+r_t)]$。在这种情况下，$q_t$ 位于 (q^y,∞) 并满足 $\left.\frac{d\pi(q)}{dq}\right|_{q=q_t}=0$。也就是说，$q_t$ 由 $q_t=\bar{F}^{-1}[w(1+r_t)\bar{F}(k_t)]$ 和 $k_t=(wq_t-y)(1+r_t)$ 的方程组决定。基于 $\pi(q)$ 的拟凹性，q_t 也是被唯一决定的。证毕。

推论 4.1 证明： 推论 4.1 由命题 4.1 和引理 A4.1 推出，此处省略细节。证毕。

推论 4.2 证明： 我们首先证明 q_t 递减于 w。当 $w\in[c,\ w^{nfl}]\cup\left[w^{nfu},\ \frac{1}{1+r_f}\right]$或 $w\in(w^{nfl},\ w^{fl}(r_t))\cup(w^{fu}(r_t),\ w^{nfu})$ 时，q_t 递减于 w。当 $w\in[w^{fl}(r_t),\ w^{fu}(r_t)]$，根据推论 4.1，我们有

$$\frac{\partial q_t}{\partial w}=\frac{(1+r_t)\overline{F}(k_t)[wq_t(1+r_t)z(k_t)-1]}{[\overline{F}(q_t)]^2\left[\frac{z(q_t)}{\overline{F}(q_t)}-\frac{z(k_t)}{\overline{F}(k_t)}\right]}<0 \tag{A4-24}$$

最后一个“<”成立是因为根据引理 A4.3 且$\frac{z(q_t)}{\overline{F}(q_t)}-\frac{z(k_t)}{\overline{F}(k_t)}>0$。这些结论得出了期望的单调性结果。

接下来，我们证明对于给定的 r_t，π_t 均递减于 q_t，然后 π_t 递减于 w。具体来说，有三种相关情形：

（1）当 $w\in[c,\ w^{nfl}]\cup\left[w^{nfu},\ \frac{1}{1+r_f}\right]$，我们有

$$\pi_t=\int_0^{q_t}\overline{F}(x)dx-wq_t(1+r_f)=\int_0^{q_t}\overline{F}(x)dx-q_t\overline{F}(q_t) \tag{A4-25}$$

这意味着$\frac{\partial\pi_t}{\partial q_t}=q_tf(q_t)>0$。

（2）当 $w\in(w^{nfl},\ w^{fl}(r_t))\cup(w^{fu}(r_t),\ w^{nfu})$，我们有 $\pi_t=\int_0^{q_t}\overline{F}(x)dx-y(1+r_f)$，因此$\frac{\partial\pi_t}{\partial q_t}=\overline{F}(q_t)>0$。

（3）当 $w\in[w^{fl}(r_t),\ w^{fu}(r_t)]$，我们有

$$\pi_t=\int_{k_t}^{q_t}\overline{F}(x)dx-y(1+r_f) \tag{A4-26}$$

这意味着$\frac{\partial\pi_t}{\partial q_t}=\overline{F}(q_t)-\overline{F}(k_t)\frac{\partial k_t}{\partial q_t}=\overline{F}(q_t)\left[1-\frac{1-q_tz(q_t)}{1-w(1+r_t)q_tz(k_t)}\right]>0$。

这些结论得出$\frac{\partial\pi_t}{\partial q_t}>0$。因此，根据链式法则，我们有$\frac{\partial\pi_t}{\partial w}=\frac{\partial\pi_t}{\partial q_t}\cdot\frac{\partial q_t}{\partial w}<0$。

随后，我们证明了 q_t 和 π_t 均递减于 r_t。

（1）如果 $w\in[c,\ w^{nfl}]\cup\left[w^{nfr},\ \frac{1}{1+r_f}\right]$，那么 q_t 和 π_t 独立于 r_t；

（2）否则，对于一个给定的 w，存在 r_t^{bl} 和 r_t^{br} 使得 $w_t^{bl}(r_t^{bl})=w_t^{br}(r_t^{br})=w$。

令 $\tilde{r}_t = \min(r_t^{bl}, r_t^{br})$，那么（i）如果 $r_t > \tilde{r}_t$，则 $q_t = y/w$ 并且 $\pi_t = \int_0^{q_t} \overline{F}(x)dx - y(1+r_f)$。显然，$q_t$ 和 π_t 是独立于 r_t 的常数；（ii）如果 $r_t \leqslant \tilde{r}_t$，那么 $q_t = \overline{F}^{-1}[w(1+r_t)\overline{F}(k_t)]$ 并且 $\pi_t = \int_{k_t}^{q_t} \overline{F}(x)dx - y(1+r_f)$。我们有 $\frac{\partial q_t}{\partial r_t} = \frac{w\overline{F}(k_t)[1-k_t z(k_t)]}{[\overline{F}(q_t)]^2\left[\frac{z(k_t)}{\overline{F}(k_t)} - \frac{z(q_t)}{\overline{F}(q_t)}\right]} < 0$ 且 $\frac{\partial \pi_t}{\partial r_t} = \frac{k_t\overline{F}(k_t)[z(q_t) - w(1+r_t)z(k_t)]}{\left[\frac{z(k_t)}{\overline{F}(k_t)} - \frac{z(q_t)}{\overline{F}(q_t)}\right]\overline{F}(q_t)(1+r_t)} < 0$。

所以，综合上述两种情形，我们有 $\frac{\partial q_t}{\partial r_t} < 0$，$\frac{\partial \pi_t}{\partial r_t} < 0$。证毕。

命题 4.2 证明：设供应商定订货量为 q_t 时，最优利率为 r_t^o。

（1）对于任意 $q_t \in [0, q^{nfl}] \cup [q^{nfu}, +\infty)$，那么根据（4-12），我们有 $\prod_t = (w-c)q_t(1+r_s^o)$，其中 $q_t = \overline{F}^{-1}[w(1+r_f)]$ 独立于 r_t。

（2）如果 $q_t \in (q^{nfl}, q^{nfu})$，那么令 $\hat{r}_t = \frac{q_t\overline{F}(q_t)}{y} - 1$。在这种情况下，对任意 $r_t > \hat{r}_t$ 我们有 $\prod_t(q_t, r_t) = (y - cq_t)(1+r_s^o) = \prod_t(q_t, \hat{r}_t)$。换句话说，$r_t \leqslant \hat{r}_t$ 优于 $r_t > \hat{r}_t$ 或者等价地 $r_t^o \leqslant \hat{r}_t$。对于 $r_t \leqslant \hat{r}_t$，我们有 $q_t \in [q^{fl}(r_t), q^{fu}(r_t)]$。在这种情况下，

$$\prod_t = \int_0^{k_t} \hat{F}_s(x)dx + (y - cq_t)(1+r_s^o) \tag{A4-27}$$

满足：

$$\begin{cases} q_t = \overline{F}^{-1}[w(1+r_t)\overline{F}(k_t)] \\ k_t = (wq_t - y)(1+r_t) \end{cases} \tag{A4-28}$$

在（A4-28）中去掉 w 得到

$$q_t\overline{F}(q_t) = [k_t + y(1+r_t)]\overline{F}(k_t) = \xi(k_t, r_t) \tag{A4-29}$$

对于给定的 q_t，将隐函数定理应用于（A4-29）可得

$$\frac{dk_t}{dr_t} = -\frac{\frac{\partial \xi(k_t, r_t)}{\partial r_t}}{\frac{\partial \xi(k_t, r_t)}{\partial k_t}} \tag{A4-30}$$

根据（A4-29），$\xi(k_t, r_t)$ 相较于 r_t 和 k_t 的一阶偏导数为

$$\frac{\partial \xi(k_t, r_t)}{\partial r_t} = y\overline{F}(k_t) > 0 \tag{A4-31}$$

$$\frac{\partial\xi(k_t, r_t)}{\partial k_t}=\overline{F}(k_t)[1-wq_t(1+r_t)z(k_t)]>0 \quad (A4-32)$$

其中“>”成立是因为由引理 A4.3 知 $1-wq_t(1+r_t)z(k_t)>0$。因此，根据（A4-30）、（A4-31）和（A4-32）我们有

$$\frac{dk_t}{dr_t}<0 \quad (A4-33)$$

另外，我们可以从（A4-27）知，$\prod_t$ 只取决于 q_t 和 k_t，且对于给定的 q_t，它递增于 k_t。它与（A4-33）意味着，为了实现 k_t 最大化，从而产生最大利润，供应商应该将 r_t 设置得尽可能的低，即 $r_t^o=r_f$。

基于以上分析，我们可以得出结论，对于任意 q_t，有 $r_t^o=r_f$。因此，$r_t^*=r_f$。证毕。

引理 4.4 证明：对于 $q_t^\#\in(q^{nfl}, \tilde{q}]$，根据引理 A4.5，$k_t^\#$ 递增于 $q_t^\#$，因此 $\hat{F}_s(k_t^\#)$ 递减于 $q_t^\#$。另外，根据引理 A4.5，$\frac{dk_t^\#}{dq_t^\#}$递减于 $q_t^\#$。因此，$\delta_t(q_t^\#)=\hat{F}_s(k_t^\#)\cdot\frac{dk_t^\#}{dq_t^\#}-c(1+r_s^o)$ 递减于 $q_t^\#$。证毕。

命题 4.3 证明：因为 $\prod_t^\#(q_t^\#)$ 分别在 $q_t^\#\in[0, q^{nfl}]$ 和 $q_t^\#\in[q^{nfl}, \tilde{q}]$ 中是凹的，所以全局最优解的位置取决于 $\theta(q^{nfl})$ 和 $\delta_t(q^{nfl})$ 的值。根据引理 A4.6，当 $y<y_N^*$，我们有 $\theta(q^{nfl})>\theta(q_N^*)=0$。另外，由引理 A4.6，$\delta_t(q^{nfl})$ 的第一部分即$\frac{\overline{F}(q^{nfl})[1-g(q^{nfl})]}{1-w^{nfu}(1+r_f)q^{nfl}z(0)}$递减于 y，则它在 $y=0$ 处取得最大值，在 $y=y_N^*$ 处取得最小值。在 $y=0$ 处，我们有$\frac{\overline{F}(q^{nfl})[1-g(q^{nfl})]}{1-w^{nfu}(1+r_f)q^{nfl}z(0)}=1$，与此同时，当 $y=y_N^*$ 时，我们有$\frac{\overline{F}(q^{nfl})[1-g(q^{nfl})]}{1-w^{nfu}(1+r_f)q^{nfl}z(0)}=\frac{c(1+r_f)}{1-y_N^*(1+r_f)z(0)}>c(1+r_f)$。而且，当 $0<y<y_N^*$ 时，$\frac{\overline{F}(q^{nfl})[1-g(q^{nfl})]}{1-w^{nfu}(1+r_f)q^{nfl}z(0)}\in(c(1+r_f), 1)$。因此，给定 $0<y<y_N^*$，有唯一的 $\ddot{r}_s^o=\frac{\overline{F}(q^{nfl})[1-g(q^{nfl})]}{c[1-w^{nfu}(1+r_f)q^{nfl}z(0)]}-1$ 使得 $\delta_t(q^{nfl})=0$。根据 $r_s^o\leqslant\ddot{r}_s^o$ 与否，有如下两种相关情况：

（1）如果 $r_s^o\leqslant\ddot{r}_s^o$，那么 $\delta_t(q^{nfl})\geqslant0$，这意味着 q_t^b 是［q^{nfl}，$\tilde{q}$］中的局部

最大点。另外，当 $\theta(q^{nfl})>0$，q^{nfl} 是 $[0,\ q^{nfl}]$ 中的局部最大值点。显然，q_t^b 占优于 q^{nfl}。因此 $q_t^*=q_t^b$，$w_t^*=w_t^b$。

（2）如果 $r_s^o>\ddot{r}_s^o$，那么 $\delta_t(q^{nfl})<0$，这意味着 q^{nfl} 是 $[q^{nfl},\ \tilde{q}]$ 中的局部最大点，并且 $\delta^-(q^{nfl})>0$ 意味着 q^{nfl} 是 $[0,\ q^{nfl}]$ 中的局部最大点。因此，$q_t^*=q^{nfl}$，$w_t^*=w^{nfl}$。证毕。

推论 4.3 证明：根据命题 4.3，有两个相关情形：

（1）如果 $r_s^o\in[r_f,\ \ddot{r}_s^o]$，我们有 $\prod_t^*=\prod_{NF}^*$ 和 $\pi_t^*=\pi_{NF}^*$。

（2）如果 $r_s^o\in\left(\ddot{r}_s^o,\ \dfrac{1}{c}-1\right)$，由于 $\delta_t(q^{nfl})>0$ 我们有 $\prod_t^*=\prod_t^{\#}(q_t^b)>\prod_t^{\#}(q^{nfl})=\prod_{NF}^*$。此外，根据推论 4.2 得出 $\dfrac{d\pi_t^{\#}}{dw}<0$ 和 $\dfrac{dw}{dq_t^{\#}}<0$，我们推出 $\dfrac{d\pi_t^{\#}}{dq_t^{\#}}=\dfrac{d\pi_t^{\#}}{dw}\cdot\dfrac{dw}{dq_t^{\#}}>0$。因此，由 $q_t^b>q^{nfl}$ 得 $\pi_t^*=\pi_t^{\#}(q_t^b)>\pi_t^{\#}(q^{nfl})=\pi_{NF}^*$。

由情形（1）和情形（2），结论得证。证毕。

推论 4.4 证明：根据命题 4.3，如果 $r_s^o\in\left(\ddot{r}_s^o,\ \dfrac{1}{c}-1\right)$，那么 α_s 对均衡结果没有影响，因此我们只需要考虑 $r_s^o\in[r_f,\ \ddot{r}_s^o]$ 的情形。在这种情形下，$q_t^*=q_t^b$，$w_t^*=w_t^b$。根据引理 4.4，我们有 $\dfrac{\partial\delta_t(q_t^b;\ \alpha_s)}{\partial q_t^b}<0$。而且 $\dfrac{\partial\delta_t(q_t^b;\ \alpha_s)}{\partial\alpha_s}=-\dfrac{g(k_t^b)\overline{F}(q_t^b)[1-g(q_t^b)]}{1-w_t^b(1+r_f)q_t^bz(k_t^b)}<0$。因此，对 $\delta_t(q_t^b;\ \alpha_s)=0$ 应用隐函数定理，我们有 $\dfrac{dq_t^b}{d\alpha_s}=-\dfrac{\dfrac{\partial\delta_t(q_t^b;\ \alpha_s)}{\partial\alpha_s}}{\dfrac{\partial\delta_t(q_t^b;\ \alpha_s)}{\partial q_t^b}}<0$。而且，根据推论 4.2，$\dfrac{dw_t^b}{dq_t^b}<0$。根据微分链式法则，我们有 $\dfrac{dw_t^b}{d\alpha_s}=\dfrac{dw_t^b}{dq_t^b}\cdot\dfrac{dq_t^b}{d\alpha_s}>0$。根据包络定理，我们有 $\dfrac{d\prod_t^{\#}(q_t^b)}{d\alpha_s}=-\int_0^{k_t^b}xdF(x)<0$。由链式法则求微分，我们有 $\dfrac{d\pi_t^{\#}(q_t^b)}{d\alpha_s}=\dfrac{d\pi_t^{\#}(q_t^b)}{dq_t^b}\cdot\dfrac{dq_t^b}{d\alpha_s}<0$，其中最后一个“<”成立是因为由推论 4.2 可得 $\dfrac{d\pi_t^{\#}(q_t^b)}{dq_t^b}>0$。证毕。

推论 4.5 证明：我们在以下两种情况下分析关于 r_s^o 的单调性：

（1）根据命题4.3，如果 $r_s^o \in [r_f, \ddot{r}_s^o]$，我们有 $q_t^* = q_t^b$，$w_t^* = w_t^b$。根据引理 4.4，我们有 $\frac{\partial \delta_t(q_t^b; r_s^o)}{\partial q_t^b} < 0$。而且 $\frac{\partial \delta_t(q_t^b; r_s^o)}{\partial r_s^o} = -c < 0$。因此，对 $\delta_t(q_t^b; r_s^o) = 0$ 应用隐函数定理，我们有 $\frac{dq_t^b}{dr_s^o} = -\frac{\frac{\partial \delta_t(q_t^b; r_s^o)}{\partial r_s^o}}{\frac{\partial \delta_t(q_t^b; r_s^o)}{\partial q_t^b}} < 0$。而且，根据推论4.2，$\frac{dw_t^b}{dq_t^b} < 0$。根据微分链式法则，我们有 $\frac{dw_t^b}{dr_s^o} = \frac{dw_t^b}{dq_t^b} \cdot \frac{dq_t^b}{dr_s^o} > 0$。根据微分链式法则，我们有 $\frac{d\pi_t^{\#}(q_t^b)}{dr_s^o} = \frac{d\pi_t^{\#}(q_t^b)}{dq_t^b} \cdot \frac{dq_t^b}{dr_s^o} < 0$。最后，根据包络定理，我们有 $\frac{d\prod_t^{\#}(q_t^b)}{dr_s^o} = y - cq_t^b$。此外，因为 $\frac{dq_t^b}{dr_s^o} < 0$，正如刚刚证明的，$\frac{d\prod_t^{\#}(q_t^b)}{dr_s^o} = y - cq_t^b$ 递增于 r_s^o。也就是先有 $\frac{d\prod_t^{\#}(q_t^b)}{dr_s^o} \leqslant 0$ 后有 $\frac{d\prod_t^{\#}(q_t^b)}{dr_s^o} \geqslant 0$ 。

（2）如果 $r_s^o \in \left(\ddot{r}_s^o, \frac{1}{c} - 1\right)$，我们有 $q_t^* = q^{nfl}$ 和 $w_t^* = w^{nfu}$，它们是独立于 r_s^o 的常数。因此 $\pi_t^* = \int_0^{q^{nfl}} \overline{F}(x)dx - w^{nfu}q^{nfl}(1 + r_f)$ 独立于 r_s^o，并且 $\prod_t^* = (w^{nfu} - c)q^{nfl}(1 + r_s^o)$ 递增于 r_s^o。

由于所有均衡变量在 $r_s^o = \ddot{r}_s^o$ 处都是连续的，总结情形（1）和情形（2）给出了所需的单调性结果。证毕。

引理 4.5 证明： $\pi(q)$ 相较于 q 的一阶导数推导如下：

$$\frac{d\pi(q)}{dq} = \begin{cases} \overline{F}(q) - w(1 + r_f), & if\ q \in [0, q^y] \quad (a) \\ \overline{F}(q) - \frac{w(1 + r_f)\overline{F}(k)}{\lambda + (1 - \lambda)\hat{F}_b(k)}, & if\ q \in (q^y, \infty) \quad (b) \end{cases} \tag{A4-34}$$

在交点处，我们有 $\left.\frac{d\pi(q)}{dq}\right|_{q=q^{y-}} = \overline{F}(q^y) - w(1 + r_f) = \left.\frac{d\pi(q)}{dq}\right|_{q=q^{y+}}$。所以 $\frac{d\pi(q)}{dq}$ 在 $q \in [0, \infty)$ 中是连续的，或者等价地，$\pi(q)$ 在 $q \in [0, \infty)$ 中是连续可微的。令 q^0 为 $\pi(q)$ 一阶条件即 $\left.\frac{d\pi(q)}{dq}\right|_{q=q^0} = 0$ 的解。我们在以下两

种情况下考虑 $\pi(q)$ 在 $q=q^0$ 即 $\left.\frac{d^2\pi(q)}{dq^2}\right|_{q=q^0}$ 处二阶导数的符号：

（1）如果 $q^0\in[0,\ q^y]$，那么 $\overline{F}(q^0)-w(1+r_f)=0$，$\left.\frac{d^2\pi(q)}{dq^2}\right|_{q=q^0}=-f(q^0)<0$。

（2）如果 $q^0\in(q^y,\ \infty)$，则 q^0 由以下隐式决定：

$$\begin{cases}\overline{F}(q^0)-\dfrac{w(1+r_f)}{\lambda+(1-\lambda)\hat{F}_b(k^0)}\overline{F}(k^0)=0 & \text{(a)}\\ (wq^0-y)^+(1+r_f)=\displaystyle\int_0^{k0}[\lambda+(1-\lambda)\hat{F}_b(x)]dx & \text{(b)}\end{cases} \tag{A4-35}$$

在研究 $\pi(q)$ 的二阶导数之前，我们先证明一个关键性质。由（A4－35a）我们可知

$$q^0\overline{F}(q^0)=\frac{y(1+r_f)+\int_0^{k0}[\lambda+(1-\lambda)\hat{F}_b(x)]dx}{\lambda+(1-\lambda)\hat{F}_b(k^0)}\overline{F}(k^0)\geqslant k^0\overline{F}(k^0) \tag{A4-36}$$

不等式成立的原因是根据引理 A4.7，$\int_0^{k0}[\lambda+(1-\lambda)\hat{F}_b(x)]dx\geqslant k^0[\lambda+(1-\lambda)\hat{F}_b(k^0)]$。（A4－36）中的不等式 $q^0\overline{F}(q^0)\geqslant k^0\overline{F}(k^0)$ 蕴含

$$k^0\leqslant\tilde{q} \tag{A4-37}$$

因为根据引理 A4.2，我们 $\varphi(x)=x\overline{F}(x)$ 是拟凹函数以及 $q^0\geqslant k^0$。

在 $q=q^0$ 处的二阶导数满足

$$\begin{aligned}\left.\frac{d^2\pi(q)}{dq^2}\right|_{q=q^0}&=-f(q^0)+w(1+r_f)\cdot\\&\quad\frac{f(k^0)[\lambda+(1-\lambda)\hat{F}_b(k^0)]+(1-\lambda)\overline{F}(k^0)\hat{F}'_b(k^0)}{[\lambda+(1-\lambda)\hat{F}_b(k^0)]^2}\left.\frac{dk}{dq}\right|_{q=q^0}\\&=-f(q^0)+\frac{f(k^0)[\lambda+(1-\lambda)\hat{F}_b(k^0)]+(1-\lambda)\overline{F}(k^0)\hat{F}'_b(k^0)}{\lambda+(1-\lambda)\hat{F}_b(k^0)}\\&\quad\left[\frac{\overline{F}(q^0)}{\overline{F}(k^0)}\right]^2\\&=[\overline{F}(q^0)]^2\left\{-\frac{z(q^0)}{\overline{F}(q^0)}+\frac{z(k^0)}{\overline{F}(k^0)}-\frac{1-\lambda}{\lambda+(1-\lambda)\hat{F}_b(k^0)}\cdot z(k^0)\right.\end{aligned}$$

$$\left[\alpha_b \frac{d[k^0 z(k^0)]}{dk^0} + z(k^0)[1-\alpha_b g(k^0)]\right]\Big\}$$

$$\leqslant [\overline{F}(q^0)]^2 \left\{ -\frac{z(q^0)}{\overline{F}(q^0)} + \frac{z(k^0)}{\overline{F}(k^0)} \right\}$$

$$\leqslant 0 \tag{A4-38}$$

（A4 - 38）中的第二个等式成立是因为，由（A4 - 35a）知 $\left.\frac{dk}{dq}\right|_{q=q^0} = \frac{w(1+r_f)}{\lambda+(1-\lambda)\hat{F}_b(k^0)} = \frac{\overline{F}(q^0)}{\overline{F}(k^0)}$；由于递增故障率的假设，并且由（A4－37）知，当 $k^0 \leqslant \tilde{q}$，有 $1-\alpha_b g(k^0) \geqslant 1-g(k^0) > 0$，则第一个不等式 $\frac{d[k^0 z(k^0)]}{dk^0} > 0$ 成立；由于 $\frac{z(x)}{\overline{F}(x)}$ 是一个增函数且 $q^0 > k^0$，则第三个不等式成立。

综合以上两种情形，我们得出结论，对于使得 $\left.\frac{d\pi(q)}{dq}\right|_{q=q^0} = 0$ 成立的任意 q^0，我们都有 $\left.\frac{d^2\pi(q)}{dq^2}\right|_{q=q^0} < 0$。因此，根据引理 A4.8，$\pi(q)$ 是 q 的拟凹函数。证毕。

命题 4.4 证明：根据引理 4.5 及其证明，最优量 q_s 应该是满足 $\left.\frac{d\pi(q)}{dq}\right|_{q=q_s} = 0$ 的边界点或内部极值点。在两个边界点 $q=0$ 和 $q=\infty$，我们有 $\left.\frac{d\pi(q)}{dq}\right|_{q=0} = 1-w(1+r_f) > 0$ 和 $\left.\frac{d\pi(q)}{dq}\right|_{q=\infty} = -\frac{w(1+r_f)}{\lambda+(1-\lambda)\hat{F}_b(k)}\overline{F}(k) < 0$。因此，$q_s$ 不可能是一个边界点，而应该是满足 $\left.\frac{d\pi(q)}{dq}\right|_{q=q_s} = 0$ 的一个内部极值点。根据 q_s 所处的区间，我们有以下两种情形：

（1）如果 $\left.\frac{d\pi(q)}{dq}\right|_{q=q^y} \leqslant 0$，或者等价地 $y \geqslant w\overline{F}^{-1}[w(1+r_f)]$，那么 $q_s = \overline{F}^{-1}[w(1+r_f)]$；

（2）如果 $\left.\frac{d\pi(q)}{dq}\right|_{q=q^y} > 0$，或者等价地 $0 < y < w\overline{F}^{-1}[w(1+r_f)]$，则 q_s 由以下联立方程隐式确定：

$$\begin{cases} q_s = \overline{F}^{-1}\left[\dfrac{w(1+r_f)}{\lambda+(1-\lambda)\hat{F}_b(k_s)}\overline{F}(k_s)\right] & \text{(a)} \\ (wq_s-y)(1+r_f) = \displaystyle\int_0^{k_s}[\lambda+(1-\lambda)\hat{F}_b(x)]dx & \text{(b)} \end{cases} \tag{A4-39}$$

由于 $\pi(q)$ 的拟凹性，q_s 也是唯一确定的。证毕。

推论 4.6 证明：结果由命题4.4 直接得到，此处省略细节。证毕。

推论 4.7 证明：对于 $w\in[c, w^{nfl}]\cup[w^{nfu}, 1/(1+r_f)]$，单调性显然成立。接下来，我们将考虑 $w\in(w^{nfl}, w^{nfu})$ 的情形。

应用隐函数定理，计算方程（A4－39）两边关于 w 的一阶导数，我们得到

$$\begin{cases} [(1-\lambda)\hat{F}'_b(k_s)\overline{F}(q_s)+w(1+r_f)f(k_s)]\dfrac{\partial k_s}{dw} \\ =(1+r_f)\overline{F}(k_s)+[\lambda+(1-\lambda)\hat{F}_b(k_s)]f(q_s)\dfrac{\partial q_s}{dw} \\ [\lambda+(1-\lambda)\hat{F}_b(k_s)]\dfrac{\partial k_s}{dw}=\left[q_s+w\dfrac{\partial q_s}{dw}\right](1+r_f) \end{cases} \tag{A4-40}$$

求解（A4－40）得

$$\frac{\partial q_s}{\partial w}=\frac{\mathrm{B}\cdot(1+r_f)}{\mathrm{A}} \tag{A4-41}$$

其中：$\mathrm{A}=[\lambda+(1-\lambda)\hat{F}_b(k_s)]^2f(q_s)-[(1-\lambda)\hat{F}'_b(k_s)\overline{F}(q_s)+w(1+r_f)f(k_s)]w(1+r_f)$，$\mathrm{B}=(1-\lambda)\hat{F}'_b(k_s)q_s\overline{F}(q_s)+wq_s(1+r_f)f(k_s)-[\lambda+(1-\lambda)\hat{F}_b(k_s)]\overline{F}(k_s)$。

接下来，我们分析 A 和 B 的符号。

$$\begin{aligned} \mathrm{A} &= [\lambda+(1-\lambda)\hat{F}_b(k_s)]^2f(q_s)-[(1-\lambda)\hat{F}'_b(k_s)\overline{F}(q_s) \\ &\quad +w(1+r_f)f(k_s)]w(1+r_f) \\ &= [\lambda+(1-\lambda)\hat{F}_b(k_s)]^2[\overline{F}(q_s)]^2\left[\frac{z(q_s)}{\overline{F}(q_s)}-\frac{z(k_s)}{\overline{F}(k_s)}\right] \\ &\quad -(1-\lambda)w(1+r_f)\hat{F}'_b(k_s)\overline{F}(q_s) \\ &> 0 \end{aligned} \tag{A4-42}$$

和

$$\begin{aligned} \mathrm{B} &= (1-\lambda)\hat{F}'_b(k_s)q_s\overline{F}(q_s)+wq_s(1+r_f)f(k_s) \\ &\quad -[\lambda+(1-\lambda)\hat{F}_b(k_s)]\overline{F}(k_s) \end{aligned}$$

$$
\begin{aligned}
&=(1-\lambda)\hat{F}_b'(k_s)q_s\overline{F}(q_s)-\overline{F}(k_s)[\lambda+(1-\lambda)\hat{F}_b(k_s)]\\
&\left[1-\frac{wq_s(1+r_f)}{\lambda+(1-\lambda)\hat{F}_b(k_s)}z(k_s)\right]\\
&<0
\end{aligned}
\tag{A4-43}
$$

以上不等式成立基于以下事实：（1）由于$\frac{z(\cdot)}{\overline{F}(\cdot)}$是一个增函数且$q_s \geqslant k_s$，所以$\frac{z(q_s)}{\overline{F}(q_s)}-\frac{z(k_s)}{\overline{F}(k_s)} \geqslant 0$；（2）由于当$x \in [0, k_s]$时，$\hat{F}_b'(x) \leqslant 0$，所以$\hat{F}_b'(k_s)<0$；（3）由引理A4.9知$1-\frac{wq_s(1+r_f)}{\lambda+(1-\lambda)\hat{F}_b(k_s)}z(k_s)>0$，因此，$\frac{\partial q_s}{\partial w}<0$。

类似地，应用隐函数定理并计算方程（A4－39）两边关于λ的一阶导数得

$$
\begin{cases}
f(q_s)[\lambda+(1-\lambda)\hat{F}_b(k_s)]\dfrac{\partial q_s}{\partial \lambda}=w(1+r_f)f(k_s)\dfrac{\partial k_s}{\partial \lambda}\\
+\overline{F}(q_s)\left[1-\hat{F}_b(k_s)+(1-\lambda)\hat{F}_b'(k_s)\dfrac{\partial k_s}{\partial \lambda}\right]\\
w(1+r_f)\dfrac{\partial q_s}{\partial \lambda}=[\lambda+(1-\lambda)\hat{F}_b(k_s)]\dfrac{\partial k_s}{\partial \lambda}+\int_0^{k_s}[1-\hat{F}_b(x)]dx
\end{cases}
\tag{A4-44}
$$

这推出

$$
\frac{\partial q_s}{\partial \lambda}=\frac{\mathrm{N}}{\mathrm{P}} \tag{A4-45}
$$

其中$\mathrm{N}=\int_0^{k_s}[1-\hat{F}_b(x)]dx[w(1+r_f)f(k_s)+\overline{F}(q_s)(1-\lambda)\hat{F}_b'(k_s)]-\overline{F}(q_s)[1-\hat{F}_b(k_s)][\lambda+(1-\lambda)\hat{F}_b(k_s)]$，$\mathrm{P}=[w(1+r_f)]^2f(k_s)-f(q_s)[\lambda+(1-\lambda)\hat{F}_b(k_s)]^2+w(1+r_f)\overline{F}(q_s)(1-\lambda)\hat{F}_b'(k_s)$。接下来，我们分析N和P的符号。

因为

$$
\begin{aligned}
&w(1+r_f)f(k_s)\int_0^{k_s}[1-\hat{F}_b(x)]dx-\overline{F}(q_s)[1-\hat{F}_b(k_s)][\lambda+(1-\lambda)\hat{F}_b(k_s)]\\
&=w(1+r_f)\overline{F}(k_s)\left[z(k_s)\int_0^{k_s}[1-\hat{F}_b(x)]dx-[1-\hat{F}_b(k_s)]\right]\\
&\leqslant w(1+r_f)\overline{F}(k_s)[k_sz(k_s)-1][1-\hat{F}_b(k_s)]\\
&<0
\end{aligned}
\tag{A4-46}
$$

我们有 N<0。而且，

$$
\begin{aligned}
\mathrm{P} &= [w(1+r_f)]^2 f(k_s) - f(q_s)[\lambda+(1-\lambda)\hat{F}_b(k_s)]^2 \\
&\quad + w(1+r_f)\overline{F}(q_s)(1-\lambda)\hat{F}'_b(k_s) \\
&= [w(1+r_f)\overline{F}(k_s)]^2\left[\frac{z(k_s)}{\overline{F}(k_s)}-\frac{z(q_s)}{\overline{F}(q_s)}\right] + w(1+r_f)\overline{F}(q_s)(1-\lambda)\hat{F}'_b(k_s) \\
&< 0 \qquad \text{(A4-47)}
\end{aligned}
$$

因此，$\frac{\partial q_s}{\partial \lambda}>0$。

接下来，我们分析 π_s 相较于 w 和 λ 的单调性。由（4-14）我们有

$$
\begin{aligned}
\frac{\partial \pi_s}{\partial w} &= \overline{F}(q_s)\frac{\partial q_s}{\partial w} - \overline{F}(k_s)\frac{\partial k_s}{\partial w} \\
&= \frac{(1+r_f)q_s[\overline{F}(q_s)]^2\left\{(1-\lambda)\hat{F}'_b(k_s)+\overline{F}(k_s)[\lambda+(1-\lambda)\hat{F}_b(k_s)]\left[\frac{z(k_s)}{\overline{F}(k_s)}-\frac{z(q_s)}{\overline{F}(q_s)}\right]\right\}}{\mathrm{A}} \\
&< 0 \qquad \text{(A4-48)}
\end{aligned}
$$

和

$$
\begin{aligned}
\frac{\partial \pi_s}{\partial \lambda} &= \overline{F}(q_s)\frac{\partial q_s}{\partial \lambda} - \overline{F}(k_s)\frac{\partial k_s}{\partial \lambda} \\
&= \frac{\left[\frac{z(k_s)}{\overline{F}(k_s)}-\frac{z(q_s)}{\overline{F}(q_s)}\right]w(1+r_f)[\overline{F}(k_s)]^2\int_0^{k_s}[1-\hat{F}_b(x)]dx + (1-\lambda)\overline{F}(q_s)\hat{F}'_b(k_s)\int_0^{k_s}[1-\hat{F}_b(x)]dx}{\overline{F}(q_s)[\lambda+(1-\lambda)\hat{F}_b(k_s)]^2\left[\frac{z(k_s)}{\overline{F}(k_s)}-\frac{z(q_s)}{\overline{F}(q_s)}\right]+w(1+r_f)(1-\lambda)\hat{F}'_b(k_s)} \\
&> 0 \qquad \text{(A4-49)}
\end{aligned}
$$

证毕。

命题 4.5 证明： 对于给定的 $q_s \in [0, q^{nfl}] \cup [q^{nfu}, +\infty)$，在（4-16a）中，供应商的利润 $\prod_s(q_s, \lambda)$ 独立于 λ。对于给定的 $q_s \in (q^{nfl}, q^{nfu})$，由（4-16b）和（4-17），我们有

$$q_s\overline{F}(q_s) = \frac{\int_0^{k_s}[\lambda + (1-\lambda)\hat{F}_b(x)]dx + y(1+r_f)}{\lambda + (1-\lambda)\hat{F}_b(k_s)} \cdot \overline{F}(k_s) = \Gamma(k_s, \lambda)$$

（A4－50）

基于隐函数定理，这表明

$$\frac{dk_s}{d\lambda} = -\frac{\dfrac{\partial\Gamma(k_s, \lambda)}{\partial\lambda}}{\dfrac{\partial\Gamma(k_s, \lambda)}{\partial k_s}} \quad \text{（A4－51）}$$

$\Gamma(k_s, \lambda)$ 相较于 λ 的一阶偏导数为

$$\frac{\partial\Gamma(k_s, \lambda)}{\partial\lambda} = \frac{\zeta(k_s, \lambda) - y(1+r_f)[F(k_s) + \alpha_s k_s f(k_s)]}{[\lambda + (1-\lambda)\hat{F}_b(k_s)]^2} \quad \text{（A4－52）}$$

其中

$$\begin{aligned}(k_s, \lambda) &= [\lambda + (1-\lambda)\hat{F}_b(k_s)] \cdot \int_0^{k_s}[F(x) + \alpha_b xf(x)]dx - \\ &\quad \int_0^{k_s}[\lambda + (1-\lambda)\hat{F}_b(x)]dx \cdot [F(k_s) + \alpha_b k_s f(k_s)] \\ &= [\hat{F}_b(k_s) + \lambda(F(k_s) + \alpha_b k_s f(k_s))] \cdot \int_0^{k_s}[F(x) + \alpha_b xf(x)]dx - \\ &\quad \int_0^{k_s}[\hat{F}_b(x) + \lambda(F(x) + \alpha_b xf(x))]dx \cdot [F(k_s) + \alpha_b k_s f(k_s)] \\ &= \hat{F}_b(k_s)\int_0^{k_s}[F(x) + \alpha_b xf(x)]dx - [1 - \hat{F}_b(k_s)]\int_0^{k_s}\hat{F}_b(x)dx \\ &= k_s\hat{F}_b(k_s) - \int_0^{k_s}\hat{F}_b(x)dx \\ &< 0\end{aligned} \quad \text{（A4－53）}$$

由（A4－52）和（A4－53）直接推出

$$\frac{\partial\Gamma(k_s, \lambda)}{\partial\lambda} < 0 \quad \text{（A4－54）}$$

$\Gamma(k_s, \lambda)$ 相较于 k_s 的一阶偏导数为

$$\frac{\partial\Gamma(k_s, \lambda)}{\partial k_s} = \frac{[\lambda + (1-\lambda)\hat{F}_b(k_s)]^2\overline{F}(k_s)\left[1 - \dfrac{wq_s(1+r_f)z(k_s)}{\lambda + (1-\lambda)\hat{F}_b(k_s)}\right] - (1-\lambda)\overline{F}(k_s)\hat{F}'_b(k_s)wq_s(1+r_f)}{[\lambda + (1-\lambda)\hat{F}_b(k_s)]^2} > 0$$

（A4－55）

"$>$"成立是因为根据引理 A4.9 以及 $\hat{F}_b'(k_s)<0$ 有 $1-\frac{wq_s(1+r_f)z(k_s)}{\lambda+(1-\lambda)\hat{F}_b(k_s)}>0$。

等式（A4－51）和不等式（A4－54）以及（A4－55）可推出

$$\frac{dk_s}{d\lambda}>0 \tag{A4－56}$$

另外，根据（4－16b），可以在供应商的利润函数中观察到，$\prod_s(q_s, \lambda)$ 由 q_s、k_s 和 λ 确定。此外，对于给定的 q_s，$\prod_s(q_s, \lambda)$ 在 k_s 和 λ 都是递增的。它与（A4－56）共同表明，为了实现 k_s 最大化，从而为供应商获得最大利润，供应商应设置尽可能大的 λ，即 $\lambda=1$。也就是 $\lambda^*=1$。证毕。

引理 4.6 证明：根据引理 A4.11，$\frac{dk_s^\#}{dq_s^\#}=\frac{\overline{F}(q_s^\#)[1-g(q_s^\#)]}{\overline{F}(k_s^\#)[1-wq_s^\#(1+r_f)z(k_s^\#)]}$递减于 $q_s^\#$。此外，根据引理 A4.11，由于 $\overline{F}(k_s^\#)[1-\alpha_b g(k_s^\#)]$ 递减于 $k_s^\#$，$k_s^\#$ 递减于 $q_s^\#$，因此 $\overline{F}(k_s^\#)[1-\alpha_b g(k_s^\#)]$ 递增于 $q_s^\#$。进而得出，$\delta_s(q_s^\#)$ 递减于 $q_s^\#$。证毕。

命题 4.6 证明：因为 $0<y<y_N^*$ 且 $\theta(q_s^\#)$ 递减于 $q_s^\#$，我们有 $\theta(q_s^\#)\geqslant\theta(q^{nfl})>\theta(q_N^*)=0$。因此，$\prod_s^\#(q_s^\#)$ 在 $q_s^\#\in[0, q^{nfl}]$ 上递增。此外，根据定义，我们有

$$\theta(q^{nfl}) = \left.\frac{d\prod_s^\#(q_s^\#)}{dq_s^\#}\right|_{q_s^\#=q^{nfl-}} = \frac{1+r_s^o}{1+r_f}\cdot\overline{F}(q^{nfl})[1-g(q^{nfl})]-c(1+r_s^o) \tag{A4－57}$$

$$\delta_s(q^{nfl}) = \left.\frac{d\prod_s^\#(q_s^\#)}{dq_s^\#}\right|_{q_s^\#=q^{nfl+}} = \frac{1+r_s^o}{1+r_f}\cdot\frac{\overline{F}(q^{nfl})[1-g(q^{nfl})]}{1-w^{nfu}q^{nfl}(1+r_f)z}-c(1+r_s^o) \tag{A4－58}$$

很容易从（A4－57）和（A4－58）观察到 $\delta_s(q^{nfl})(0)>\theta(q^{nfl})$，它和 $\theta(q^{nfl})>0$ 可以推出 $\delta_s(q^{nfl})>0$。根据引理4.6，$\delta_s(q_s^\#)$ 在 $q_s^\#\in[q^{nfl}, \tilde{q}]$ 上递减。因此，$\prod_s^\#(q_s^\#)$ 在 $q_s^\#\in[q^{nfl}, \tilde{q}]$ 上先递增后递减。因此，在 $[0, \tilde{q}]$ 的整个区间内，$\prod_s^\#(q_s^\#)$ 最大值出现在 $q_s^\#=q_s^b$ 处，即 $q_s^*=q_s^b$。相应地，$w_s^*=w_s^b$。证毕。

推论 4.8 证明：由 $\delta_s(q^{nfl})>0$ 知 $\prod_s^* = \prod_s^\#(q_s^b) > \prod_s^\#(q^{nfl}) = \prod_{NF}^*$。此外，根据推论 4.7，$\frac{d\pi_s^\#}{dw}<0$ 且 $\frac{dw}{dq_s^\#}<0$，我们可得 $\frac{d\pi_s^\#}{dq_s^\#}=\frac{d\pi_s^\#}{dw}\cdot\frac{dw}{dq_s^\#}>0$。因此，当 $q_s^b>q^{nfl}$ 时，$\pi_s^*=\pi_s^\#(q_s^b)>\pi_s^\#(q^{nfl})=\pi_{NF}^*$。证毕。

推论 4.9 证明：根据引理 4.6，我们有 $\frac{\partial\delta_s(q_s^b;\ \alpha_b)}{\partial q_s^b}<0$。而且 $\frac{\partial\delta_s(q_s^b;\ \alpha_b)}{\partial\alpha_b}=-\frac{g(k_s^b)\overline{F}(q_s^b)[1-g(q_s^b)]}{1-w_s^b(1+r_f)q_s^bz(k_s^b)}<0$。因此，对 $\delta_s(q_s^b;\ \alpha_b)=0$ 应用隐函数定理，我们有 $\frac{dq_s^b}{d\alpha_b}=-\frac{\frac{\partial\delta_s(q_s^b;\ \alpha_b)}{\partial\alpha_b}}{\frac{\partial\delta_s(q_s^b;\ \alpha_b)}{\partial q_s^b}}<0$。而且根据推论 4.7，有 $\frac{dw_s^b}{dq_s^b}<0$。根据微分链式法则，我们有 $\frac{dw_s^b}{d\alpha_b}=\frac{dw_s^b}{dq_s^b}\cdot\frac{dq_s^b}{d\alpha_b}>0$。根据包络定理，我们有 $\frac{d\prod_s^\#(q_s^b)}{d\alpha_b}=-\left[1+\frac{(1-\lambda)(r_s^o-r_f)}{1+r_f}\right]\int_0^{k_s^b}xdF(x)<0$。由链式法则求微分，我们有 $\frac{d\pi_s^\#(q_s^b)}{d\alpha_b}=\frac{d\pi_s^\#(q_s^b)}{dq_s^b}\cdot\frac{dq_s^b}{d\alpha_b}<0$，其中"<"成立是因为根据推论 4.7 有 $\frac{d\pi_s^\#(q_s^b)}{dq_s^b}>0$。证毕。

推论 4.10 证明：根据引理 4.6，我们有 $\frac{\partial\delta_s(q_s^b;\ r_s^o)}{\partial q_s^b}<0$。此外，我们有

$$\frac{\partial\delta_s(q_s^b;\ r_s^o)}{\partial r_s^o}=\frac{\overline{F}(q_s^b)[1-g(q_s^b)]}{(1+r_f)\overline{F}(k_s^b)[1-w_s^bq_s^b(1+r_f)z(k_s^b)]}-c \qquad (A4-59)$$

因为 $\delta_s(q_s^b)=0$，我们有

$$\left[\overline{F}(k_s^b)[1-\alpha_bg(k_s^b)]+\frac{r_s^o-r_f}{1+r_f}\right]\frac{\overline{F}(q_s^b)[1-g(q_s^b)]}{\overline{F}(k_s^b)[1-w_s^bq_s^b(1+r_f)z(k_s^b)]}-c(1+r_s^o)=0$$

这推出

$$\frac{\overline{F}(q_s^b)[1-g(q_s^b)]}{(1+r_f)\overline{F}(k_s^b)[1-w_s^bq_s^b(1+r_f)z(k_s^b)]}-c$$

$$=\frac{\overline{F}(q_s^b)[1-g(q_s^b)][1-\overline{F}(k_s^b)[1-\alpha_b g(k_s^b)]]}{(1+r_s^o)\overline{F}(k_s^b)[1-w_s^b q_s^b(1+r_f)z(k_s^b)]}>0 \quad (A4-60)$$

由（A4－59）和（A4－60）可推出$\frac{\partial\delta_s(q_s^b;\ r_s^o)}{\partial r_s^o}>0$。因此对$\delta_s(q_s^b;\ r_s^o)=0$应用隐函数定理，我们有$\frac{dq_s^b}{dr_s^o}=-\frac{\frac{\partial\delta_s(q_s^b;\ r_s^o)}{\partial r_s^o}}{\frac{\partial\delta_s(q_s^b;\ r_s^o)}{\partial q_s^b}}>0$。而且根据推论4.7有$\frac{dw_s^b}{dq_s^b}<0$。根据微分链式法则，我们有$\frac{dw_s^b}{dr_s^o}=\frac{dw_s^b}{dq_s^b}\cdot\frac{dq_s^b}{dr_s^o}<0$。根据微分链式法则，我们有$\frac{d\pi_t^{\#}(q_s^b)}{dr_s^o}=\frac{d\pi_s^{\#}(q_s^b)}{dq_s^b}\cdot\frac{dq_s^b}{dr_s^o}>0$。最后，根据包络定理，我们有$\frac{d\prod_s^{\#}(q_s^b)}{dr_s^o}=\frac{\int_0^{k_s^b}\hat{F}_b(x)dx}{1+r_f}+y-cq_s^b=(w_s^b-c)q_s^b>0$。证毕。

命题4.7证明：考虑两种极端情况：

（1）根据命题4.3和命题4.6，当$r_s^o=r_f$，我们有$\prod_t^*=\prod_t^{\#}(q_t^b)$和$\prod_s^*=\prod_s^{\#}(q_t^b)$。如果$\alpha_s\leqslant\alpha_b$，我们有$\prod_t^{\#}(q_t^b)\geqslant\prod_s^{\#}(q_t^b)$。因此，$\frac{\prod_t^*}{1+r_f}\geqslant\frac{\prod_s^*}{1+r_f}$。

（2）根据命题4.3和命题4.6，当$r_s^o\geqslant\ddot{r}_s^o$，我们有$\prod_t^*=\prod_t^{\#}(q^{nfl})$和$\prod_s^*=\prod_s^{\#}(q_t^b)$。显然，因为$\prod_s^*=\prod_s^{\#}(q_t^b)>\prod_s^{\#}(q^{nfl})=\prod_t^{\#}(q^{nfl})$，所以$\frac{\prod_s^*}{1+r_s^o}>\frac{\prod_t^*}{1+r_s^o}$。

从以上的讨论，我们得出，当$r_s^o=r_f$时，$\frac{\prod_t^*}{1+r_f}\geqslant\frac{\prod_s^*}{1+r_f}$；当$r_s^o\geqslant\ddot{r}_s^o$时，$\frac{\prod_s^*}{1+r_s^o}>\frac{\prod_t^*}{1+r_s^o}$。因此，根据引理A4.12，存在唯一的$r_f\leqslant\bar{r}_s^o<\ddot{r}_s^o$使得$\frac{\prod_s^*}{1+\bar{r}_s^o}=$

$\dfrac{\prod_t^*}{1+\bar{r}_s^o}$，并且当 $r_s^o<\bar{r}_s^o$ 时，$\dfrac{\prod_s^*}{1+r_s^o}<\dfrac{\prod_t^*}{1+r_s^o}$（或等价地 $\prod_s^*<\prod_t^*$），否则 $\dfrac{\prod_s^*}{1+r_s^o}>\dfrac{\prod_t^*}{1+r_s^o}$（或等价地 $\prod_s^*>\prod_t^*$）。证毕。

命题 4.8 证明：一方面，根据命题 4.3，如果 $r_s^o>\ddot{r}_s^o$，那么 $q_t^*=q^{nfl}$；如果 $r_s^o\leqslant\ddot{r}_s^o$，那么 $q_t^*=q_t^b$，其中 q_t^b 由 $\dfrac{\delta_t(q_t^b)}{1+r_s^o}=:\dfrac{[1-\alpha_s g(k_t^b)]\bar{F}(q_t^b)[1-g(q_t^b)]}{(1+r_s^o)[1-wq_t^b(1+r_f)z(k_t^b)]}-c=0$ 唯一确定。根据引理 4.4，$\dfrac{\delta_t(q_t^b)}{1+r_s^o}$递减于 q_t^b。此外，显然$\dfrac{\delta_t(q_t^b)}{1+r_s^o}$递减于 r_s^o。因此，应用隐函数定理，可以推导出 q_t^b 递减于 r_s^o。

另一方面，根据命题 4.6，$q_s^*=q_s^b$，这是由 $\dfrac{\delta_s(q_s^b)}{1+r_s^o}=:\left[\dfrac{1}{1+r_f}-\dfrac{1-\bar{F}(k_s^b)[1-\alpha_b g(k_s^b)]}{1+r_s^o}\right]\dfrac{\bar{F}(q_s^b)[1-g(q_s^b)]}{\bar{F}(k_s^b)[1-wq_s^b(1+r_f)z(k_s^b)]}-c=0$ 唯一确定的。根据引理 4.6，$\dfrac{\delta_s(q_s^b)}{1+r_s^o}$递减于 q_s^b。此外，显然$\dfrac{\delta_s(q_s^b)}{1+r_s^o}$递增于 r_s^o。因此，应用隐函数定理，可以推导出 q_s^b 递增于 r_s^o。

当 $r_s^o=r_f$，由 $\alpha_b\geqslant\alpha_s$ 知 $q_t^b\geqslant q_s^b$。当 $r_s^o\geqslant\ddot{r}_s^o$ 时，我们有 $q_t^b=q^{nfl}<q_s^b$。因此，基于上面推导的性质可得，q_t^b 递减于 r_s^o，q_s^b 递增于 r_s^o。存在唯一的 $\tilde{r}_s^o\in[r_f,\ddot{r}_s^o)$ 使得 $q_t^b=q_s^b$，并且当且仅当 $r_s^o<\tilde{r}_s^o$时，我们有 $q_t^b>q_s^b$。

此外，我们可以知道，当且仅当 $q_t^\#=q_s^\#$，有 $w_t^\#(q_t^\#)=w_s^\#(q_s^\#)$，$\pi_t^\#(q_t^\#)=\pi_s^\#(q_s^\#)$。此外，根据推论 4.2 可得，$\dfrac{dw_t^\#}{dq_t^\#}<0$ 且$\dfrac{d\pi_t^\#}{dq_t^\#}=\dfrac{d\pi_t^\#}{dw_t^\#}\Big/\dfrac{dq_t^\#}{dw_t^\#}>0$，根据推论 4.7 可得，$\dfrac{dw_s^\#}{dq_s^\#}<0$ 且$\dfrac{d\pi_s^\#}{dq_s^\#}=\dfrac{d\pi_s^\#}{dw_s^\#}\Big/\dfrac{dq_s^\#}{dw_s^\#}>0$。因此，当 $r_s^o=\tilde{r}_s^o$时，我们有 $w_t^*=w_s^*$ 且 $\pi_t^*=\pi_s^*$；当且仅当 $r_s^o<\tilde{r}_s^o$时，$w_t^*<w_s^*$ 且 $\pi_t^*>\pi_s^*$。

最后，我们将证明 $\tilde{r}_s^o>\bar{r}_s^o$，这相当于证明，当 $r_s^o=\tilde{r}_s^o$时，$\prod_s^*-\prod_t^*>0$。根据推论 4.4 和推论 4.9，$\prod_s^*$ 递减于 α_b，$\prod_t^*$ 递减于 α_s。而且 $\alpha_b>\alpha_s$。因此当 $\alpha_b=1$ 且 $\alpha_s=0$ 时，$\prod_s^*-\prod_t^*$ 值最小。接下来，我们分析 $\prod_s^*-$

$\prod_t^*$ 的最小值。在 $r_s^o = \tilde{r}_s^o$处，我们有 $q_t^* = q_s^*$ 和 $k_t^* = k_s^*$。因此，

$$\prod_s^* - \prod_t^* = \int_0^{k_s^*} \overline{F}(x)[1 - xz(x)]dx + \frac{\tilde{r}_s^o - r_f}{1 + r_f}k_s^* - \int_0^{k_s^*} \overline{F}(x)dx$$

$$= \frac{\tilde{r}_s^o - r_f}{1 + r_f}k_s^* - \int_0^{k_s^*} xf(x)dx \qquad (A4-61)$$

此外，在 $r_s^o = \tilde{r}_s^o$处，我们有 $\delta_s(q_s^*) = \delta_t(q_s^*) = 0$，这推出

$$\frac{\tilde{r}_s^o - r_f}{1 + r_f}k_s^* = (k_s^*)^2 f(k_s^*) \qquad (A4-62)$$

将（A4－62）代入（A4－61）得

$$\prod_s^* - \prod_t^* = (k_s^*)^2 f(k_s^*) - \int_0^{k_s^*} xf(x)dx = \omega(k_s^*) \qquad (A4-63)$$

$\omega(k_s^*)$ 相较于 k_s^* 的一阶导数为

$$\omega'(k_s^*) = k_s^* f(k_s^*) + (k_s^*)^2 f'(k_s^*) = \overline{F}(k_s^*)\left[k_s^* z(k_s^*) + \frac{(k_s^*)^2 f'(k_s^*)}{\overline{F}(k_s^*)}\right]$$

$$> \overline{F}(k_s^*)k_s^* z(k_s^*)[1 - k_s^* z(k_s^*)] > 0 \qquad (A4-64)$$

其中第一个“>”成立是因为，由于 $z'(k_s^*) > 0$，则$\frac{f'(k_s^*)}{\overline{F}(k_s^*)} > -[z(k_s^*)]^2$。

（A4－64）意味着 $\omega(k_s^*)$ 递增于 k_s^*。而且 $\omega(0) = 0$。因此，$\omega(k_s^*) > 0$ 或等价地 $\prod_s^* - \prod_t^* > 0$。也就是说，$\prod_s^* - \prod_t^*$ 的最小值为正。因此，在 $r_s^o = \tilde{r}_s^o$ 处，$\prod_s^* - \prod_t^* > 0$。证毕。

推论 4.11 证明：由命题 4.7 和命题 4.8 直接推出，此处省略细节。证毕。

命题 4.9 证明：根据推论 4.11，当 $r_s^o \leqslant \bar{r}_s^o$ 时，$\Omega_t^* > \Omega_s^*$；当 $r_s^o \geqslant \tilde{r}_s^o$时，$\Omega_t^* < \Omega_s^*$。因此，我们只需要考虑 $r_s^o \in (\bar{r}_s^o, \tilde{r}_s^o)$。在这个区域，供应链在时间 1 时 TC 和 SG 下的预期利润分别是

$$\Omega_t^* = \prod_t^* + \pi_t^*$$

$$= \int_0^{k_t^*} \hat{F}_s(x)dx + (y - cq_t^*)(1 + r_s^o) + \int_{k_t^*}^{q_t^*} \overline{F}(x)dx - y(1 + r_f) \qquad (A4-65)$$

$$\Omega_s^* = \prod_s^* + \pi_s^*$$

$$= \int_0^{k_s^*} \left[\hat{F}_b(x) + \frac{r_s^o - r_f}{1 + r_f}\right]dx + (y - cq_s^*)(1 + r_s^o) + \int_{k_s^*}^{q_s^*} \overline{F}(x)\,dx - y(1 + r_f) \tag{A4-66}$$

我们定义

$$\Delta\Omega^* = \Omega_s^* - \Omega_t^* = \int_0^{k_s^*} \left\{\hat{F}_b(x) + \frac{r_s^o - r_f}{1 + r_f}\right\}dx + \int_{k_s^*}^{q_s^*} \overline{F}(x)\,dx - \int_0^{k_t^*} \hat{F}_s(x)\,dx - \int_{k_t^*}^{q_t^*} \overline{F}(x)\,dx + c(q_t^* - q_s^*)(1 + r_s^o) \tag{A4-67}$$

显然，对于 $r_s^o \in (\bar{r}_s^o,\ \tilde{r}_s^o)$，当 $q_t^* - q_s^* > 0$ 时，$\Delta\Omega^*$ 递增于 r_s^o。而且，在 $r_s^o = \bar{r}_s^o$ 处，$\Delta\Omega^* < 0$；在 $r_s^o = \tilde{r}_s^o$处，$\Delta\Omega^* > 0$。因此，存在唯一的 $\bar{\bar{r}}_s^o$ 使得 $\Delta\Omega^* = 0$，并且若 $r_s^o < \bar{\bar{r}}_s^o$，则 $\Delta\Omega^* < 0$；其他情况下，$\Delta\Omega^* > 0$。证毕。

5 考虑机会成本时拉式供应链中银行信贷与买方信用对比研究

5.1 问题背景

在拉式供应链（pull supply chain）中，零售商在销售季节根据需求下达及时订单，供应商管理库存并承担所有库存风险。在大量的文献中，拉式供应链也被称为“从报童处采购的零售商”。拉式供应链在实践中普遍存在，并以多种形式呈现，如寄售库存，供应商管理库存（VMI）和代发货（drop shipping）。比如：高端自行车制造商崔克（Trek Inc.）甘愿承受所有的库存成本，而零售商则根据即刻需求下达订单。自从保洁和沃尔玛开始实施“再造企业”（Reengineering the Corporation）的计划，VMI 已经成为最成功的商业模式之一，被沃尔玛、家得宝、亚马逊和阿里巴巴这些企业采用。

然而，在实践中，许多的上游制造商都是中小型企业，普遍面临资金约束，并且因为信用等级不够而无法向银行等金融中介机构借入资金来支持他们的生产计划。Gupta 和 Chen（2020）指出，上百万的小企业为美国创造了 60% ~80% 的就业岗位，但 43% 的小企业主在过去四年中至少面临一次资金约束且无法获得任何融资。据世界银行集团企业调查报告显示，在 135 个国家的 130000 家公司中，有 27% 认为融资渠道受限是主要的业务限制。这种财务困境会进一步加重受资金约束制造商的负担，尤其是如果生产交付周期很长，制造商必须在零售商订购前生产并囤积产品。

为了缓解上游供应商的资金约束问题，许多下游零售商采取了各种形式的资金支持计划。一方面，一些大型零售商，如：好市多、亚马逊和梅西百货，通过提前支付来帮助资金约束的上游供应商。另一方面，一些零售商通过其金融子公司为上游供应商提供贷款。比如：京东通过其金融子公司京东金融为供应商提供金宝贝融资服务计划，该计划设定一个固定贷款利率；又如：亚马逊通过亚马逊借贷计划为小型供应商提供贷款支持。在本书中，我们将上述两种融资支持计划统称为“买方信用”。

买方信用和传统银行信用相比较，从供应商、零售商的不同视角，孰优孰劣？进一步，零售商应当何时提供提前支付，何时提供有利息偿付的贷款？考虑到实践中零售商在提供买方信用时面临的资金机会成本问题，本书构建由供应商和零售商组成的二层级拉式系统，考虑供应商的资金约束和零售商的资金机会成本问题，通过博弈模型的方法针对上述问题展开研究。

5.2 模型设置与基准模型

5.2.1 模型设置

我们考虑由供应商（她）在单一销售季节以寄售方式向零售商（他）销售季节性产品的拉式供应链。在销售季节之前（称为“时间 0”），零售商报告批发价格 w。因此，供应商确定库存数量 q 并以边际成本 c 进行生产。在销售季节（称为“时间 1”），供应商将产品交付给零售商，然后零售商以零售价格将产品销售给最终消费者，零售价格标准化为 1。

市场需求 D 是一个定义在 $[0, +\infty)$ 上的随机变量，令 $f(x)$，$F(x)$ 和 $\overline{F}(x)$ 代表需求 D 的密度分布函数、累积密度分布函数和互补累积分布函数，此外，$z(x)=f(x)/\overline{F}(x)$ 和 $g(x)=xz(x)$ 表示故障率和广义故障率。为了保证最优解的存在性和唯一性，我们假设 $z(x)$ 是递增且凸的，即 $z'(x)\geqslant 0$ 和 $z''(x)\geqslant 0$。许多常见的分布（例如均匀分布、正态分布和指数分布）满足该假设。在不失一般性的前提下，我们假设库存不足的短缺成本为零，库存积压的剩余价值为零。

供应商有一个初始运营成本 $y>0$，可能不足以支付生产费用。在这种情况下，供应商可能从银行（称为“银行信贷”）或零售商（称为“买方信用”）取得贷款。遵循经典文献（例如，Burkart & Ellingsen，2004；Kouvelis & Zhao，2012；Chod，2017；Yang & Birge，2018），银行信贷市场应该是完全竞争的。因此，银行贷款利率 r_b 由市场决定，并按照公平定价原则计算。

也就是说，任何贷款的预期收益率等于无风险利率，该利率被标准化为零。

相比之下，零售商可以灵活设置买方信用的利率 r_e，因为供应商已经与零售商建立了长期合作伙伴关系，无法转向其他零售商进行融资。零售商的借贷资本可能来自于金融机构借款，因此具有一定的资金成本。例如，像京东这样的电子零售商充当中介，将资金从商业银行转移到供应商。即使零售商拥有足够的资金，他也会因借贷给供应商而失去其他投资机会。因此，我们假设零售商通过提供买方信贷而导致资本成本 r_v。所有参与者均为风险中性，除资本成本外，不存在其他市场摩擦（如违约成本、税收、信息不对称）。

图 5 - 1 展示了事件的时间线。所有决策均在时间 0 时做出。在博弈开始时，零售商报告批发价格和买方信用的利率。相应地，供应商选择融资选项。在没有资金的情况下，供应商用自己的营运资本构建库存，无需借款。相比之下，如果供应商选择从外部来源借款，那么她需要决定是使用银行信贷还是买方信用。然后，供应商决定库存数量，银行在适当的时候计算利率。在时间 1，需求被实现，零售商收集零售收入并向供应商支付批发收入。最后，供应商在借款的情况下偿还贷款。

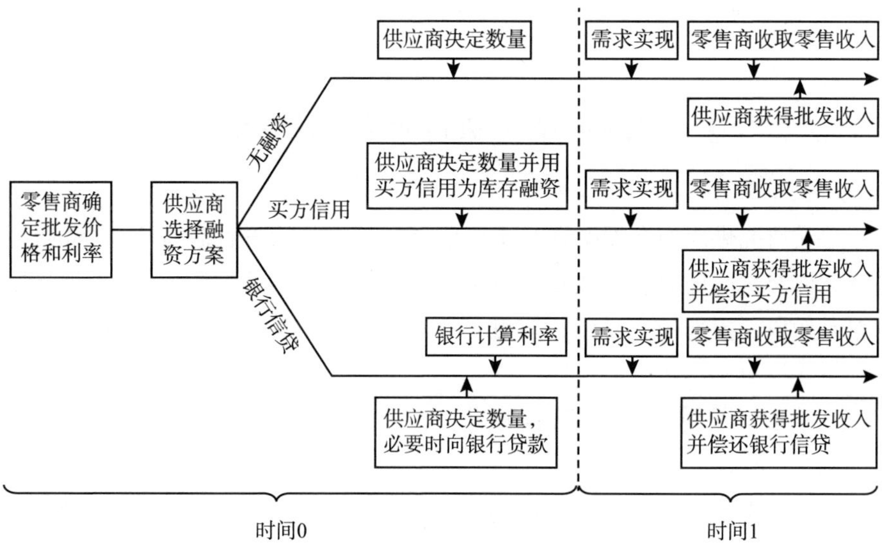

图 5 - 1　事件顺序

5.2.2 基准模型：无资金约束的情形

我们首先考虑一个基准情形，即供应商有足够的营运资本。它退化为标准的从报童型零售商那里购买的模式。在 $t=1$ 时，供应商和零售商的预期利润分别为 $\pi(q)=E[w\min(D,q)]-cq$ 和 $\prod(q)=E[(1-w)\min(D,q)]$。利用反向归纳法，我们首先考虑供应商的最优库存数量。使用一阶条件，最优库存数量由下式导出：$q_N(w)=\overline{F}^{-1}\left(\frac{c}{w}\right)$。将 $q_N(w)$ 代入零售商的利润函数中，最大化利润函数可得引理 5.1 中的最优结果。

引理 5.1 在没有财务约束的情况下，均衡库存数量 q_N^* 由

$$\theta(q_N^*)=\overline{F}(q_N^*)-c-\frac{cz(q_N^*)}{\overline{F}(q_N^*)}\int_0^{q_N^*}\overline{F}(x)dx$$

唯一确定，并且均衡批发价格为 $w_N^*=\frac{c}{\overline{F}(q_N^*)}$。

根据引理 5.1，供应商在 $t=0$ 时用于生产所需的营运资本金额为 $y_N^*:=cq_N^*$。在其余部分我们将重点放在财务受限的情形上并因此假设 $y<y_N^*$。

5.3 供应商的最优库存数量和融资策略

首先研究供应商在无融资、银行信贷和买方信用三种融资方式下的最优选择，以及供应商对库存数量的决策。根据反向归纳法，我们首先考虑供应商在无融资、银行信贷和买方信用下的数量决策，然后揭示其最优融资选择。

5.3.1 不融资时的库存决策

给定批发价格 w 和买方信用利率 r_e，如果供应商选择在不借贷的情况下构建库存，则博弈类似于基准情形，只是数量被供应商的有限营运资本限制，即：$q\leqslant\frac{y}{c}$。因此，供应商的最优库存数量为 $q_n=\min\left\{\overline{F}^{-1}\left(\frac{c}{w}\right),\frac{y}{c}\right\}$，这在

引理5.2中给出。

引理5.2 定义 $y^n(w)=c\overline{F}^{-1}\left(\frac{c}{w}\right)$，给定（$w$，$r_e$），在无融资条件下，供应商最优库存数量为 $q_n=\overline{F}^{-1}\left(\frac{c}{w}\right)$，如果 $y\geq y^n(w)$ 且 $q_n=\frac{y}{c}$。

5.3.2 银行信贷下的库存决策

给定（w，r_e），如果供应商选择银行信贷，则后续博弈事件按以下顺序在时间0发生：(1) 供应商确定库存数量 q，必要时向银行借贷（$cq-y$）$^+$；(2) 银行计算银行借贷利率 r_b。基于反向归纳法，我们首先分析银行贷款的定价问题。供应商有义务在时间1向银行支付全部贷款本金加利息，$(cq-y)^+(1+r_b)$。此外，对于销售的每单位产品，供应商收取 w 作为批发收入。所以，

$$k_b=\frac{(cq-y)^+(1+r_b)}{w} \tag{5-1}$$

表示需求的违约阈值，低于该阈值，供应商无法偿还银行贷款。在违约的情况下，供应商仅向银行支付其批发收益 $w\min(D,\ q)$ 作为贷款的部分偿还。因此，银行预期在时间1从供应商处获得的收入由下式给出：

$$\int_{k_b}^{\infty}wk_b dF(x)+\int_0^{k_b}wxdF(x)=w\int_0^{k_b}\overline{F}(x)dx$$

假设一个完全竞争的银行信贷市场，银行贷款的预期收益率应等于无风险利率（标准化为零），即：

$$(cq-y)^+=w\int_0^{k_b}\overline{F}(x)dx \tag{5-2}$$

其中利率 r_b 由等式（5-1）和（5-2）隐式且唯一地确定。

接下来，我们分析供应商的最优库存数量。在时间0，预计银行的响应，供应商决定数量 q 并以利率 r_b 从银行借款（$cq-y$）$^+$。基于上述分析，供应商在时间1的预期利润为：

$$\pi(q)=E[w\min(D,\ q)-(cq-y)^+(1+r_b)]^+-\min(cq,\ y) \tag{5-3}$$

其中（5-3）第一个期望项 $E[\cdot]$ 表示供应商在时间1尽可能偿还银行贷款后的预期剩余收益，第二项表示在时间0时由供应商的初始资本支付的库存费用。

引理5.3 给定（w，r_e），在银行信贷下，供应商的最优库存数量为 $q_b = \overline{F}^{-1}\left(\frac{c}{w}\right)$。

根据引理5.3，在银行信贷下，供应商的最优库存量是一个常数，与供应商的资本状态无关。此外，可以观察到，对于给定的批发价格，银行信贷下的最优库存数量与基准中的最优库存数量相同。这意味着在银行信贷下，供应商将安装最优库存，就好像她没有财务约束一样。

当供应商选择最优库存数量 q_b 时，令其利润为 π_b，则：

推论5.1 （1）q_b 和 π_b 递增于 w；（2）r_b 递增于 y。

当零售商提供更高的批发价格时，供应商的边际销售收入增加，导致其最佳库存量和利润增加。此外，随着供应商营运资金的减少，其违约门槛也随之上升，从而导致银行信贷风险增大。因此，银行将设置更高的利率，导致供应商的融资成本增加。

5.3.3 买方信用下的库存决策

给定（w，r_e），如果供应商选择买方信用，则随后的事件按以下顺序发生。在时间0，供应商决定库存数量 q，并在必要时向零售商申请 $(cq-y)^+$ 贷款。在时间1，供应商收集批发收入 $w\min(D, q)$，并尽可能向零售商偿还其贷款义务，$(cq-y)^+(1+r_e)$，因此，供应商期望在时间1产生利润

$$\pi(q) = E[w\min(D, q) - (cq-y)^+(1+r_e)]^+ - \min(cq, y) \quad (5-4)$$

其中（5-4）期望项 $E[\cdot]$ 表示供应商的预期剩余收益，扣除贷款偿还金额加上利息，$\min(\cdot)$ 项表示在0时从供应商的初始营运资本中支付的库存安装成本。

引理5.4 定义 $y^b(w, r_e) = c\overline{F}^{-1}\left[\frac{c(1+r_e)}{w}\right]$。给定（$w$，$r_e$），通过选择买方信用，供应商的最佳库存数量 q_e 分为以下三种相关情况。

（1）如果 $y \geqslant y^n(w)$，则供应商使用其部分营运资金构建库存，并且最优库存数量为 $q_e = \overline{F}^{-1}\left(\frac{c}{w}\right)$；

（2）如果 $y^b(w, r_e) \leqslant y < y^n(w)$，则供应商在没有借款的情况下使用其全部营运资本来构建库存，最优库存数量 $q_e = \frac{y}{c}$；

（3）如果$0 \leqslant y < y^b(w, r_e)$，则供应商使用买方信用来构建库存，最优库存数量$q_e$由以下耦合方程唯一且隐式地确定：

$$\begin{cases} q_e = \overline{F}^{-1}\left[\dfrac{c(1+r_e)}{w}\overline{F}(k_e)\right] \\ k_e = \dfrac{(cq_e - y)(1+r_e)}{w} \end{cases} \tag{5-5}$$

其中k_e表示需求的违约阈值，低于该阈值，供应商无法偿付买方信贷。

引理5.4表明，给定批发信贷合同（w，r_e），在买方信用下，供应商的最优库存决策和相关的借贷行为取决于其营运资本。具体而言，如果供应商富有（情况1），她将安装最佳数量，而没有财务限制。如果供应商是中等富裕的（情况2），其营运资本不足以支付财务上不受约束的最优数量的费用。然而，供应商将安装她自己的流动资金可以支持的数量，而不选择借贷。这是因为借贷的边际收益$w\overline{F}\left(\dfrac{y}{c}\right)$小于借贷的边际成本$c(1+r_e)$。如果供应商较贫穷（情况3），边际收益超过借款的边际成本，供应商将采用买方信用来构建库存。

当选择q_e时，设π_e是供应商的相应利润，则：

推论5.2 q_e和π_e递增于w，而递减于r_e。

当零售商提供更高的批发价格时，供应商的边际销售收入增加。因此，供应商将安装更多的存货，并产生更大的利润。相比之下，当买方信贷利率上升时，供应商的边际融资成本增加。因此，供应商将准备较少的库存，并实现较低的利润。

5.3.4 最优融资策略

通过比较前三小节得出的每种融资方案下的最大利润，我们在下一个命题中揭示了供应商以（w，r_e）为条件的最佳融资选择。

命题5.1 给定（w，r_e），供应商的最优融资选择及其关联订单数量分为三种情况：

（1）如果$(w, r_e) \in \Omega_n = \left\{(w, r_e) \mid c < w \leqslant \dfrac{c}{\overline{F}\left(\dfrac{y}{c}\right)}\right\}$，则供应商不会选择

融资，最优库存数量为 $q_n=\overline{F}^{-1}\left(\frac{c}{w}\right)$。

（2）如果 $(w, r_e)\in\Omega_b=\left\{(w, r_e)\mid w\geqslant\frac{c}{\overline{F}\left(\frac{y}{c}\right)}, r_e\geqslant\bar{r}_e(w)\right\}$，其中 $\bar{r}_e(w)$ 由 $\pi_e(w, r_e)=\pi_b(w)$ 唯一确定，则供应商选择银行信贷，最优库存数量为 $q_b=\overline{F}^{-1}\left(\frac{c}{w}\right)$。

（3）如果 $(w, r_e)\in\Omega_e=\left\{(w, r_e)\mid w\geqslant\frac{c}{\overline{F}\left(\frac{y}{c}\right)}, r_e\leqslant\bar{r}_e(w)\right\}$，供应商会选择买方信用，最佳库存数量由公式 $q_e=\overline{F}^{-1}\left[\frac{c(1+r_e)}{w}\overline{F}(k_e)\right]$ 和 $k_e=\frac{(cq_e-y)(1+r_e)}{w}$ 唯一且隐式地确定。

根据命题5.1，当批发价格较低时，即 $c<w\leqslant\frac{c}{\overline{F}\left(\frac{y}{c}\right)}$，供应商有充足的营运资金准备最佳库存，因此，供应商不选择融资（对应情况1）。相比之下，当批发价格高时，即 $w\geqslant\frac{c}{\overline{F}\left(\frac{y}{c}\right)}$ 时，供应商的资本受到限制，并转向外部来源进行融资。银行信贷和买方信用之间的选择取决于它们各自的利率。具体地，如果 r_e 相对高，即 $r_e\geqslant\bar{r}_e(w)$，银行信贷比买方信用便宜，因此更受欢迎（对应情况2）；如果相反，则相反的情况成立（对应情况3）。

5.4 零售商的定价决策

零售商作为博弈领导者，通过预测供应商对于融资选择的最优反应和相应的库存量，确定其在 (w, r_e) 上的最优定价。根据命题5.1，通过设置 $(w, r_e)\in\Omega_n$，$(w, r_e)\in\Omega_b$ 和 $(w, r_e)\in\Omega_e$，供应商将分别选择不融资、银行信贷和买方信用。下面我们首先研究零售商在三个分区的最优定价决策，然后通过比较得出全局最优解。

5.4.1 不融资时的定价决策

在 Ω_n 范围内，零售商提供批发价格，即 $w \leqslant \frac{c}{\overline{F}\left(\frac{y}{c}\right)}$，以及供应商的流动资金可以支付最佳库存的费用 $q_n = \overline{F}^{-1}\left(\frac{c}{w}\right)$。最终，供应商选择不融资。因此，零售商在时间 1 的预期利润仅来自净零售额收入，即，

$$\prod_n(w) = (1-w)E[\min(D, q_n)] = (1-w)\int_0^{q_n}\overline{F}(x)dx \quad (5-6)$$

在引理 5.5 中给出了最优批发价格 w_n^* 和关联数量 q_n^*。

引理 5.5 设 $(w, r_e) \in \Omega_n$，在无融资条件下，最优批发价格和库存数量为 $w_n^* = \frac{c}{\overline{F}\left(\frac{y}{c}\right)}$ 和 $q_n^* = \frac{y}{c}$。此外，我们有 $w_n^* < w_N^*$ 和 $q_n^* < q_N^*$。

根据引理 5.5，在没有融资的领域，供应商将用尽她的营运资本来构建库存。由于资金约束（即 $y < y_N^*$），非融资条件下的批发价格和库存数量均低于基准情形。

5.4.2 银行信贷下的定价决策

在 Ω_b 区域，批发价和买方信贷利率均较高，即，$w \geqslant \frac{c}{\overline{F}\left(\frac{y}{c}\right)}$ 和 $r_e \geqslant \bar{r}_e(w)$。因此，供应商选择银行信贷来为库存融资。由于未使用买方信用，r_e 与参与双方的利润无关。零售商只需要对 w 进行优化，就能使其在时间 1 的预期利润最大化：

$$\prod_b(w) = (1-w)E[\min(D, q_b)] = (1-w)\int_0^{q_b}\overline{F}(x)dx \quad (5-7)$$

设 w_b^* 为最优批发价格，则 r_e 的最优解不是唯一的，只需要满足 $r_e \geqslant \bar{r}_e(w_b^*)$ 即可保证不选择买方信用。从这个意义上讲，$r_e \geqslant \bar{r}_e(w)$ 的条件等价于零售商不提供买方信用。因此，$(w, r_e) \in \Omega_b$ 相当于以下条件：（ⅰ）$w \geqslant$

$\dfrac{c}{\overline{F}\left(\frac{y}{c}\right)}$，（ⅱ）零售商不提供买方信用。最佳批发价格 w_b^* 和库存数量 q_b^* 如下。

引理 5.6 假设 $w \geqslant \dfrac{c}{\overline{F}\left(\frac{y}{c}\right)}$并且零售商不提供买方信用。在银行信贷条件下，最优库存数量为 $q_b^* = q_N^*$，最优批发价格为 $w_b^* = w_N^*$。

通过引理5.6，如果零售商不提供买方信用，并设定高批发价格，使得供应商使用银行信贷为库存融资，则最优结果与基准结果相同。也就是说，在银行信用的条件下，供应链的行为就像没有财务约束一样。

5.4.3 买方信用下的定价决策

在 Ω_e 范围内，批发价格高$\left(w \geqslant \dfrac{c}{\overline{F}\left(\frac{y}{c}\right)}\right)$，买方信贷利率相对较低（$r_e \leqslant \bar{r}_e(w)$），因此供应商使用买方信用进行融资。在买方信用下，零售商在时间0时向供应商借出 $cq_e - y$ 的贷款。在时间1，需求 D 就会显现。零售商收取销售收入 $\min(D, q_e)$，向供应商支付批发成本 $w\min(D, q_e)$。然后，供应商用批发收入向零售商支付本金和买方信贷利息，$(cq_e - y)(1 + r_e)$。如果需求超过违约阈值，即 $D > k_e$，则零售商收取全部贷款本息和；否则，零售商部分收取贷款，wD。因此，零售商在时间1的预期利润是

$$\begin{aligned}\prod\nolimits_e(w, r_e) &= (1 - w)E[\min(D, q_e)] + E[\min\{w\min(D, q_e), wk_e\}] \\ &\quad - (cq_{ECO} - y)(1 + r_v) \\ &= (1 - w)\int_0^{q_e}\overline{F}(x)dx + w\int_0^{k_e}\overline{F}(x)dx - (cq_e - y)(1 + r_v)\end{aligned} \tag{5-8}$$

其中，（5-8）中的第一个积分项表示零售净收入，第二个积分项表示预期贷款偿还额，第三个积分项表示按资本成本计算的贷款成本。零售商通过考虑命题5.1中导出的供应商的最优响应 q_e，对（w，r_e）$\in \Omega_e$ 进行优化，以最大化其期望利润 $\prod_e(w, r_e)$。

命题 5.2 买方信用的最优利率等于0，即 $r_e^* = 0$。

直觉上，随着 r_v 上升，零售商招致了更大的资金成本，并且应该在给予买方信用时收取越来越高的利率。然而，命题 5.2 证明无论零售商的资金成本如何，买方信用的最优利率等于 0。基本原理解释如下。从命题 5.1 可以看出，一旦边际成本与收入的比率确定，供应商的最佳数量 q_e 和相关违约阈值 k_e 是唯一确定的，即$\frac{1+r_e}{w}$是给定的。此外，在 q_e 和 k_e 不变的情况下，零售商在（5-8）中的预期利润在 w 中递减。因此，给定$\frac{1+r_e}{w}$，零售商应设置 r_e 为最低值，即 $r_e=0$，以达到最小 w，从而获得最大利润。也就是说，当联合使用批发价格和利率两个杠杆时，通过设定最低利率和最低批发价格，使零售商收益最大。换言之，牺牲利息收入使零售商能够通过要求较低的批发价格从供应商那里获得最大的销售收入。命题 5.2 为零利率预付款融资方案在实践中的应用提供了可能的解释。

我们继续求解最优批发价格。对于给定的（w，r_e^*），设 $q_e^\# = q_e(w, r_e^*)$，$k_e^\# = k_e(w, r_e^*)$，以及 $\prod_e^\#(w) = \prod_e(w, r_e^*)$ 分别为供应商的最优数量、违约阈值和零售商的利润。给定 $q_e^\#$ 和 w 之间的一对一映射，根据推论 5.2，为了求解分析便利，我们使用 $q_e^\#$ 作为零售商的决策变量，w 作为供应商的决策变量。那么，（5-8）中供应商的预期利润可以重新公式化为

$$\prod\nolimits_e^\#(q_e^\#) = (1-w)\int_0^{q_e^\#}\overline{F}(x)dx + w\int_0^{k_e^\#}\overline{F}(x)dx - (cq_e^\# - y)(1+r_v) \tag{5-9}$$

其中，$q_e^\# \in \left(\frac{y}{c}, \infty\right)$。设 $\delta(q_e^\#)$ 为 $\prod_e^\#(q_e^\#)$ 相对于 $q_e^\#$ 的一阶导数，则

$$\delta(q_e^\#) =: \overline{F}(q_e^\#) - c(1+r_v) - \frac{c\overline{F}(k_e^\#)}{1-k_e^\# z(k_e^\#)} \cdot \left[\frac{z(q_e^\#)}{\overline{F}(q_e^\#)} - \frac{z(k_e^\#)}{\overline{F}(k_e^\#)}\right]$$

$$\left[\int_{k_e^\#}^{q_e^\#}\overline{F}(x)dx + k_e^\#\overline{F}(k_e^\#)\right] \tag{5-10}$$

引理 5.7 $\delta(q_e^\#)$ 在 $q_e^\# \in \left(\frac{y}{c}, \infty\right)$中递减。

根据引理 5.7，在满足 $q_e^\# \in \left(\frac{y}{c}, \infty\right)$的条件下，$\delta(q_e^\#)=0$ 至多存在一个可行解。我们将唯一解表示为 q_e^b，其关联的批发价格和违约阈值分别为 w_e^b 和 k_e^b。下一个命题给出了买方信用下的均衡决策。

命题5.3 设 $(w, r_e^*) \in \Omega_e$。存在唯一的 $\tilde{r}_v$ 使得 $\delta\left(\dfrac{y}{c}\right) = 0$，并且基于 r_v 有两个相关的情况：

（1）如果 $r_v \leqslant \tilde{r}_v$，则供应商将使用买方信用来构建库存，最佳数量和批发价格为 $q_e^* = q_e^b$ 和 $w_e^* = w_e^b$。

（2）如果 $r_v > \tilde{r}_v$，则退化为没有融资的情况。也就是说，供应商将用尽她的营运资金来构建库存而不借贷，最优的数量和批发价格为 $q_e^* = \dfrac{y}{c}$ 和

$$w_e^* = \frac{c}{\overline{F}\left(\dfrac{y}{c}\right)}。$$

根据命题 5.3，给定 $(w, r_e) \in \Omega_e$，是否使用买方信用取决于零售商的资金成本。对零售商来说，向财务受限的供应商提供买方信用是一把双刃剑。一方面，买方信用可以缓解供应商的财务约束，并激励供应商安装更多库存。零售商通过获得更大的净销售收入而受益于这种激励效应。另一方面，买方信用束缚了零售商的营运资本并产生机会成本。因此，是否向买方提供信用取决于收益与成本之间的权衡。具体而言，当零售商的资金成本较低时，激励效果的收益大于机会成本，从而使用买方信用（对应情况 1）。相比之下，当零售商的资金成本较高，机会成本超过激励效果的收益时，零售商不愿意向买方提供信用。因此，供应商用其全部营运资金构建库存，无需借款（对应情况 2）。

5.4.4 最优融资策略

通过设置 $(w, r_e) \in \Omega_n$，$(w, r_e) \in \Omega_b$ 和 $(w, r_e) \in \Omega_e$，零售商可以分别诱导无融资、银行信贷和买方信用。随之而来的疑问是，哪种融资方案对零售商来说是最优的。我们继续通过比较在前三个小节中导出的无融资、银行信贷和买方信用的最优结果来回答这个问题。

引理5.8 银行信贷是无融资情形下的严格帕累托改进，即 $\pi_b^* > \pi_n^*$ 和 $\prod_b^* > \prod_n^*$。

如前所述，通过银行信贷，供应商的财务约束得以缓解，供应链的效率恢复到财务不受约束的状态。因此，正如引理 5.8 所确立的，零售商和供应

商在银行信贷下的情况都比在无融资的情况下获得更高收益。因此，绝不会选择不融资。下面我们只需比较银行信贷和买方信用，以揭示最终的均衡融资选择。

命题 5.4 存在唯一的 $\hat{r}_v \in [0, \tilde{r}_v)$ 使得 $\prod_e^* = \prod_b^*$。如果 $r_v < \hat{r}_v$，则零售商选择买方信用（即 $\prod_e^* > \prod_b^*$），否则，选择银行信贷（即 $\prod_e^* < \prod_b^*$）。

命题 5.4 表明，如果零售商的资金成本较低，则零售商偏好买方信用，否则，则偏好银行信贷，如图 5－2 所示。与银行信贷相比，零售商在买方信用下具有双重角色优势：零售商和债权人。对批发价格和利率的联合控制，给零售商带来了更大的操作灵活性和利益。一方面，买方信用可以激励供应商安装比银行信贷更多的库存，定义为“激励效应”。从图 5－3 可以看出，当零售商的资本成本相对较低时，供应商在买方信用下准备了更多的库存。另一方面，在某些情况下，买方信用的灵活性使零售商能够从供应商手中夺取更大比例的销售收入，这被定义为“掠夺效应”。这种影响可以从图 5－4 中得到验证，图 5－4 表明，当供应商陷入严重的财务约束或资本成本相对较高时，零售商在买方信用下要求较低的批发价格。

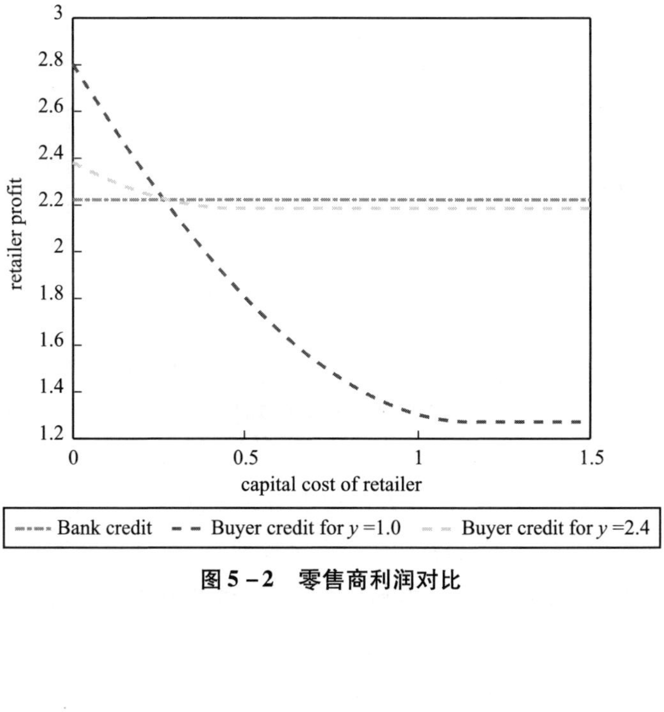

图 5－2 零售商利润对比

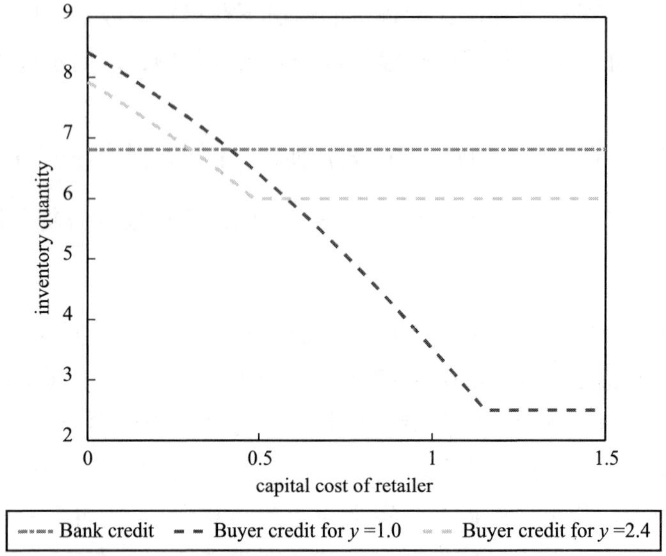

图 5-3　库存数量对比

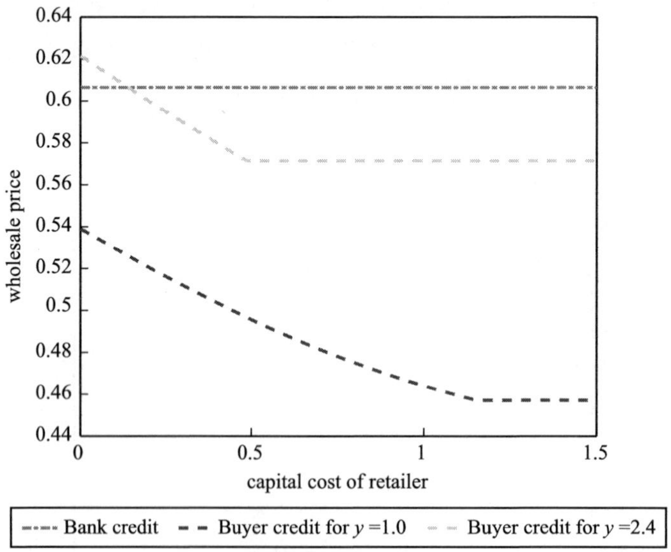

图 5-4　批发价格对比

然而，与银行信贷相比，买方信用也有一个缺点：它占用了零售商的营运资金，并产生机会成本，定义为“机会效应”。当零售商的资金成本较低时，激励效应和掠夺效应占主导地位，因此零售商偏好买方信用。相比之下，当零售商资金成本较高时，机会效应占主导地位，因此零售商更喜欢银行信贷。此外，图5－5表明，供应商在资金成本方面也具有类似的偏好结构。

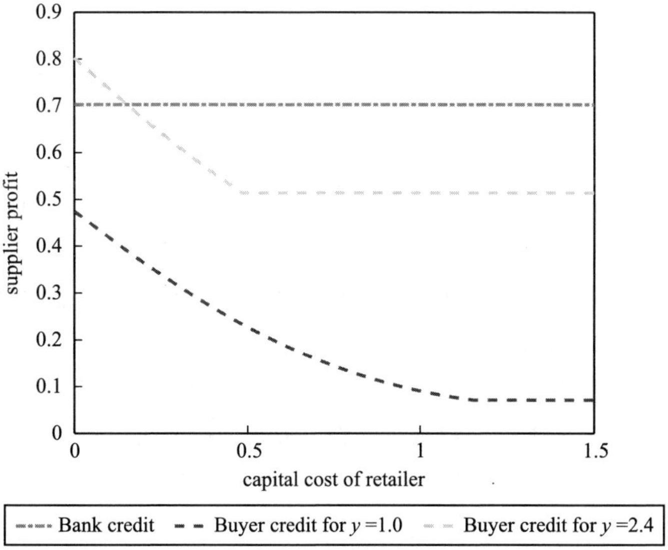

图5－5 供应商利润对比

5.5 本章小结

拉式供应链在实践中普遍存在。同时，上游供应商大多是中小微企业，面临着严重的资金约束问题。为了缓解供应商的资金约束困境，下游零售商纷纷提供各种形式的买方信用。从比较的视角而言，买方信用和传统的银行信用对于供应链上各成员而言孰优孰劣，进一步，下游零售商应当如何选取不同形式的买方信用？纵观现有供应链金融的研究，大部分文献都是关注推式供应链（push supply chain）和下游零售商的资金约束问题，鲜有文献关注拉式供应链和上游供应商的资金约束问题。为了回答上述问题，弥补实践和学术研究之间的差距，本章针对受资金约束的拉式供应链展开研究。

本章构建由受资金约束供应商和零售商组成的二层级拉式供应链系统，并凸显供应商资金机会成本这一摩擦因素对供应链均衡决策和绩效的影响。具体而言，我们分别考虑了无融资、传统银行信贷和买方信用三种不同情形，并对其展开对比分析。研究结论表明：第一，在传统银行信贷模式下，供应链的决策和绩效同无资金约束时相同；第二，在买方信用模式下，零售商应该设置零利率。换言之，零售商应该始终提供提前支付的融资策略。另外，只有在零售商的资金机会成本较低时，零售商才会提供买方信用；第三，银行信贷是无外部融资选项的帕累托改进；第四，当零售商资金机会成本较低时，均衡处将采用买方信用，而当其资金机会成本较高时，均衡处将采用银行信用。

本章研究结论系统比较了买方信用和银行信用，为受资金约束的拉式供应链最优决策提供了理论指导。然而，本章研究也存在其不足之处。比如：本章研究表明零售商应该始终提供提前支付这种策略，并不能解释实践中广泛存在的要求利息偿付的零售商贷款这种信贷支持计划。在未来的研究中，我们可以进一步考虑混合融资等方案，来解决研究中的不足。又如：本部分只考虑了资金机会成本这一种摩擦因素，未来的研究可以进一步考虑信息不对称、税收等摩擦因素，让理论模型与实践更加吻合。

5.6 本章附录

A. 技术性引理

引理 A5.1 （5－4）中的 $\pi(q)$ 是 q 的拟凹函数。

引理 A5.2 设 $\tilde{q}$ 是方程 $1-qz(q)=0$ 的唯一解，那么 $k_e\leq\tilde{q}$。

B. 主要结论证明

引理 A5.1 证明：（5－4）中 $\pi(q)$ 的一阶导数为

$$\frac{d\pi(q)}{dq}=\begin{cases}w\overline{F}(q)-c & if\ q\in[0,\ q^{y}] \quad (a)\\ w\overline{F}(q)-c(1+r_e)\overline{F}(k_e) & if\ q\in(q^{y},\ \infty) \quad (b)\end{cases} \quad (A5-1)$$

其中 $k_e=\frac{(cq-y)^{+}(1+r_e)}{w}$，$q^{y}=\frac{y}{c}$。

我们首先分析（A5－1b）并定义 $\kappa(q)=\dfrac{w\overline{F}(q)}{c(1+r_e)\overline{F}(k_e)}$。取 $\kappa(q)$ 的自然对数 $\ln\kappa(q)=\ln w-\ln c(1+r_e)+\ln\overline{F}(q)-\ln\overline{F}(k_e)$。$\ln\kappa(q)$ 相较于 q 的一阶导数为 $\dfrac{d\ln\kappa(q)}{dq}=\dfrac{c(1+r_e)}{w}z(k_e)-z(q)$。显然，$\dfrac{c(1+r_e)}{w}<1$；否则，由于边际融资成本大于边际收益，供应商不会向零售商借款。因此，根据 k_e 的定义，$k_e<q$。此外，由于 $z(\cdot)$ 是递增函数且 $\dfrac{d\ln\kappa(q)}{dq}<0$，所以 $\kappa(q)$ 递减于 $q\in(q^y,\infty)$。因此，最多存在一个根 q^0，使得 $\kappa(q^0)=1$。当 $q\in(q^y,q^0]$ 时，我们有 $\kappa(q)\geqslant1$；当 $q\in(q^0,\infty)$，我们有 $\kappa(q)<1$。等价地，等式 $\dfrac{d\pi(q)}{dq}=w\overline{F}(q)-c(1+r_e)\overline{F}(k_e)=0$ 最多有一个零根 q^0，当 $q\in(q^y,q^0]$ 时，有 $\dfrac{d\pi(q)}{dq}\geqslant0$；当 $q\in(q^0,\infty)$ 时，有 $\dfrac{d\pi(q)}{dq}<0$。因此，$\pi(q)$ 在 $q\in(q^y,q^0]$ 内递增，在 $q\in(q^0,\infty)$ 内递减。所以，$\pi(q)$ 是 $q\in(q^y,\infty)$ 上的拟凹函数。

接下来我们检验（A5－1a）。$\pi(q)$ 对 q 的一阶导数在 $q\in[0,q^y]$ 内是递减的，因此 $\pi(q)$ 在 $q\in[0,q^y]$ 中是凹的。而且，$\left.\dfrac{d\pi(q)}{dq}\right|_{q=q^{y-}}\geqslant\left.\dfrac{d\pi(q)}{dq}\right|_{q=q^{y+}}$，因此，$\pi(q)$ 在 $q\in[0,\infty)$ 中是拟凹的。证毕。

引理 A5.2 证明：设 $\psi(q)=q\overline{F}(q)$，它的一阶导数为 $\psi'(q)=\overline{F}(q)[1-qz(q)]$，那么 $\psi'(q)=\overline{F}(q)[1-qz(q)]$ 的唯一解为 $\tilde{q}$。此外，$\psi(q)$ 在 $q\in[0,\tilde{q})$ 内递增，在 $q\in[\tilde{q},\infty)$ 递减。根据引理5.4，我们有 $q_e\overline{F}(q_e)=\dfrac{cq_e(1+r_e)}{w}\overline{F}(k_e)=\left[k_e+\dfrac{y(1+r_e)}{w}\right]\overline{F}(k_e)\geqslant k_e\overline{F}(k_e)$。因此，由于 $q_e\geqslant k_e$，所以 $k_e\leqslant\tilde{q}$。证毕。

引理 5.1 证明：根据一阶条件，结果可以直接导出。证毕。

引理 5.2 证明：从文中的分析可以直接得出结果。证毕。

引理 5.3 证明：从等式（5－2）和（5－3）可以推导出 $\pi(q)=w\int_0^q\overline{F}dx-cq$，因此等式（5－3）中 $\pi(q)$ 关于 q 的一阶导数为 $\dfrac{d\pi(q)}{dq}=w\overline{F}(q)-c$，明显地，$\pi(q)$ 是 q 的减函数。所以，$\pi(q)$ 是 q 的凹函数，说明供应商在满足

$\left.\frac{d\pi(q)}{dq}\right|_{q=q_b}=0$ 的极值点 $q=q_b$ 处获得最大利润，其中 $q_b=\overline{F}^{-1}\left(\frac{c}{w}\right)$。证毕。

推论 5.1 证明： 明显地，q_b 随着 w 增加。根据包络定理，$\frac{d\pi_b}{dw}=\int_0^{q_b}\overline{F}(x)dx>0$，所以 π_b 随着 w 增加。将隐函数定理应用于（5-1）和（5-2）得到 $\frac{dk_b}{dy}=\frac{wf(q_b)\overline{F}(k_b)}{c[w\overline{F}'(k_b)\overline{F}(q_b)+cf(k_b)]-[w\overline{F}(k_b)]^2f(q_b)}=-\frac{1}{w\overline{F}(k_b)}<0$，此外，将隐函数定理应用于（5-1）和（5-2）给出了 $\frac{dr_b}{dk_b}=\frac{\int_0^{k_b}\overline{F}(x)dx-k_b\overline{F}(k_b)}{[\int_0^{k_b}\overline{F}(x)dx]^2}>0$，$\overline{F}(x)$ 在 $x\in(0,k_b)$ 中递减，所以 $\frac{dr_b}{dy}=\frac{dr_b}{dk_b}\cdot\frac{dk_b}{dy}<0$。证毕。

引理 5.4 证明： 根据引理 A5.1，供应商的最优库存 q_e 位于分段函数 $\pi(q)$ 的唯一极值点。通过分析 $\pi(q)$ 在分界点 q^y 的一阶导数，我们有以下三种情况：

（1）如果 $\left.\frac{d\pi(q)}{dq}\right|_{q=q^{y+}}\leqslant\left.\frac{d\pi(q)}{dq}\right|_{q=q^{y-}}\leqslant 0$，或者等价地，$y\geqslant y^n(w)$，那么 $q_e\in[0,q^y]$ 且 $q^e=\overline{F}^{-1}\left(\frac{c}{w}\right)$。

（2）如果 $\left.\frac{d\pi(q)}{dq}\right|_{q=q^{y+}}\leqslant 0\leqslant\left.\frac{d\pi(q)}{dq}\right|_{q=q^{y-}}$，或者等价地 $y^b(w,r^e)\leqslant y\leqslant y^n(w)$，其中 $y^b(w,r^e)=c\overline{F}^{-1}\left[\frac{c(1+r_e)}{w}\right]$，那么 q_e 位于分界点 q^y，即 $q_e=q^y$。

（3）如果 $0\leqslant\left.\frac{d\pi(q)}{dq}\right|_{q=q^{y+}}\leqslant\left.\frac{d\pi(q)}{dq}\right|_{q=q^{y-}}$，或者等价地 $0<y\leqslant y^b(w,r^e)$，那 $q_e\in(q^y,\infty)$ 且 $q^e=\overline{F}^{-1}\left[\frac{c(1+r_e)}{w}\overline{F}(k_e)\right]$。证毕。

推论 5.2 证明： 根据引理 5.4，我们有

$$q_e=\begin{cases}\overline{F}^{-1}\left(\frac{c}{w}\right) & if\ c\leqslant w\leqslant\frac{c}{\overline{F}(q^y)}\\ q^y & if\ \frac{c}{\overline{F}(q^y)}<w\leqslant\frac{c(1+r_e)}{\overline{F}(q^y)}\\ \overline{F}^{-1}\left[\frac{c(1+r_e)}{w}\overline{F}(k_e)\right] & if\ \frac{c(1+r_e)}{\overline{F}(q^y)}<w\leqslant 1\end{cases}\qquad (A5-2)$$

且

$$\pi(q_e)=\begin{cases} w\int_0^{q_e}\overline{F}(x)dx-cq_e & if\ c\leqslant w\leqslant \dfrac{c}{\overline{F}(q^y)} \\ w\int_0^{q_e}\overline{F}(x)dx-y & if\ \dfrac{c}{\overline{F}(q^y)}<w\leqslant \dfrac{c(1+r_e)}{\overline{F}(q^y)} \\ w\int_{k_e}^{q_e}\overline{F}(x)dx-y & if\ \dfrac{c(1+r_e)}{\overline{F}(q^y)}<w\leqslant 1 \end{cases} \quad (A5-3)$$

当 $c\leqslant w\leqslant\frac{c}{\overline{F}(q^y)}$和$\frac{c}{\overline{F}(q^y)}<w\leqslant\frac{c(1+r_e)}{\overline{F}(q^y)}$时，紧接着从（A5－2）得出 q_e 随着 w 增加。根据包络定理，从（A5－3）中我们有 $\frac{d\pi_e}{dw}=\int_0^{q_e}\overline{F}(x)dx>0$。在这种情况下，$q_e$ 和 π_e 独立于 r_e。当$\frac{c(1+r_e)}{\overline{F}(q^y)}<w\leqslant 1$，我们有 $\frac{dq_e}{dw}=-\frac{c(1+r_e)k_ef(k_e)-w\overline{F}(q_e)}{w^2f(q_e)-c^2(1+r_e)^2f(k_e)}=\frac{1-k_ez(k_e)}{w\overline{F}(q_e)\left[\frac{z(q_e)}{\overline{F}(q_e)}-\frac{z(k_e)}{\overline{F}(k_e)}\right]}\geqslant 0$。最后一个"$\geqslant$"成立是因为根据引理 A5.2，分子为正；又因为$\frac{z(\cdot)}{\overline{F}(\cdot)}$是增函数且 $q_e\geqslant k_e$，所以分母也为正。此外，$\frac{dq_e}{dr_e}=\frac{c\overline{F}(k_e)[k_ez(k_e)-1]}{w\overline{F}^2(q_e)\left[\frac{z(q_e)}{\overline{F}(q_e)}-\frac{z(k_e)}{\overline{F}(k_e)}\right]}<0$，同样地，根据包络定理，$\frac{d\pi_e}{dw}=\int_{k_e}^{q_e}\overline{F}(x)dx>0$，$\frac{d\pi_e}{dr_e}=-(cq_e-y)\overline{F}(k_e)<0$。证毕。

命题 5.1 证明：根据引理 5.2～引理 5.4，当 $y\geqslant y^n(w)$ 或者等价地 $w\leqslant\frac{c}{\overline{F}\left(\frac{y}{c}\right)}$，在无融资、银行信贷和买方信贷的三种情况下，供应商用自己的营运资金建立了库存 $\overline{F}^{-1}\left(\frac{c}{w}\right)$。因此，如果 $c<w\leqslant\frac{c}{\overline{F}\left(\frac{y}{c}\right)}$，供应商会选择不融资，最优库存数量是 $q_n=\overline{F}^{-1}\left(\frac{c}{w}\right)$，这对应于命题 5.1 中的陈述 1。

当 $y<y^n(w)$ 或者等价地 $w>\dfrac{c}{\overline{F}\left(\frac{y}{c}\right)}$，从供应商的角度来看，可以证实银行信贷占优与无外部融资。因此，在这种情况下，供应商将在银行信贷和买方信贷之间做出选择。通过引理 5.3 和引理 5.4，我们在以下两种情况下讨论它：

（1）当 $y\geqslant y^b(w, r_e)$ 或者 $r_e\geqslant\dfrac{w\overline{F}\left(\frac{y}{c}\right)}{c}-1$，供应商不会运用买方信贷。类似地，可以验证供应商更喜欢银行信贷而不是买方信贷。

（2）当 $y<y^b(w, r_e)$ 或者 $r_e<\dfrac{w\overline{F}\left(\frac{y}{c}\right)}{c}-1$，供应商将在买方信贷下借款。我们考虑两种极端情况：

（ⅰ）r_e 取最小值，即 $r_e=0$，在买方信贷下选择 q_b，令 $\pi(q_b)$ 和 $k(q_b)$ 为对应的利润和违约阈值。所以 $\pi(q_b)=w\int_{k(q_b)}^{q_b}\overline{F}(x)dx-y<\pi_e$。另外，在银行信贷下，$\pi_b=w\int_{k_b}^{q_b}\overline{F}(x)dx-y$，因为 $k_b=\dfrac{(cq_b-y)(1+r_b)}{w}>\dfrac{cq_b-y}{w}=k(q_b)$，我们有 $\pi_b<\pi(q_b)$，因此 $\pi_e>\pi_b$。

（ⅱ）r_e 取最大值，即 $r_e=\dfrac{w\overline{F}\left(\frac{y}{c}\right)}{c}-1$。可以证实，供应商在银行信贷下比在买方信贷下赚得更多，即 $\pi_e<\pi_b$。

根据（ⅰ）和（ⅱ）两个极端情况和在推论 5.2 中 π_e 递减于 r_e 的性质，存在唯一的 $\bar{r}_e$ 使得 $\pi_e=\pi_b$。我们有：如果 $r_e<\bar{r}_e$，那么 $\pi_e>\pi_b$，反之则 $\pi_e<\pi_b$。

根据情况（1）和情况（2），命题 5.1 中的陈述 2 和陈述 3 得证。证毕。

引理 5.5 证明：由引理 5.2 可知，供应商最优数量 $q_n=\overline{F}^{-1}\left(\frac{c}{w}\right)$。由于 w 和 q_n 之间存在一对一的映射，我们将 q_n 作为零售商的决策变量，将 w 作为供应商的决策变量，所以零售商在（5-6）中的利润可以改写为 $\prod_n(q_n)=\left(1-\dfrac{c}{\overline{F}(q_n)}\right)\int_0^{q_n}\overline{F}(x)dx$，其中 $q_n\in\left[0, \frac{y}{c}\right]$。因为 $\prod_n(q_n)$ 是凹的，在极值点 $q_n=q_N^*$ 取最大值，其中 $\frac{y}{c}<q_N^*$，我们有 $q_n^*=\frac{y}{c}<q_N^*$。相应地，$w_n^*=\dfrac{c}{\overline{F}\left(\frac{y}{c}\right)}>$

$\frac{c}{\overline{F}(q_N^*)}=w_N^*$。证毕。

引理 5.6 证明： 由引理 5.3 可知，供应商最优数量 $q_b=\overline{F}^{-1}\left(\frac{c}{w}\right)$。同样，我们将 q_b 作为零售商的决策变量和 w 作为供应商的决策变量，所以零售商在（5－7）中的利润可以改写为 $\prod_b(q_b)=\left(1-\frac{c}{\overline{F}(q_b)}\right)\int_0^{q_b}\overline{F}(x)dx$，其中 $q_b\in\left[\frac{y}{c},\ \infty\right)$。因为 $\prod_b(q_b)$ 是凹的，在极值点 $q_b=q_N^*$ 取最大值，其中 $\frac{y}{c}<q_N^*$，我们有 $q_b^*=q_N^*$，相应地，$w_b^*=w_N^*$。证毕。

命题 5.2 证明： 根据命题 5.1，供应商的最优响应可以表达如下：

$$\begin{cases}k_e=(cq_e-y)\frac{1+r_e}{w}\\ \overline{F}(q_e)=c\overline{F}(k_e)\cdot\frac{1+r_e}{w}\end{cases}\tag{A5－4}$$

其中 $(w,\ r_e)\in\Omega_e=\left\{(w,\ r_e)\mid w>\frac{c}{\overline{F}(q^y)}\text{和}\ r_e<\bar{r}_e(w)\right\}$。假设 $\frac{1+r_e}{w}$ 的值是固定的，$\frac{1+r_e}{w}=A$，那么可以从（A5－4）观察到 q_e 和 k_e 是唯一确定的，分别表示为 $q_e(A)$、$k_e(A)$。对于给定的 $q_e(A)$ 和 $k_e(A)$，零售商在（5－8）中的预期利润随着 w 减少。因此，在给定 $\frac{1+r_e}{w}=A$ 的情况下，零售商应该将 r_e 设置得尽可能低，以实现最小的 w，从而实现最大的利润。所以，零售商将 r_e 设为最小值，即 $r_e^*=0$。

为了便于说明，我们不恰当地用 w^* 来表示相应的 w，$w^*=\frac{1}{A}=\frac{w}{1+r_e}$，其中 $(w,\ r_e)\in\Omega_e$。接下来，我们证明 $(w^*,\ r_e^*)$ 确实是一个可行解，即 $(w^*,\ r_e^*)\in\Omega_e$ 或者等价地 $w^*>\frac{c}{\overline{F}(q^y)}$。如果 $\frac{w}{1+r_e}\leq\frac{c}{\overline{F}(q^y)}$，很容易证明银行信用占优于买方信用。因此，$r_e<\bar{r}_e(w)$ 表明 $\frac{w}{1+r_e}>\frac{c}{\overline{F}(q^y)}$，所以 $w^*>\frac{c}{\overline{F}(q^y)}$。证毕。

引理 5.7 证明：根据定义，我们有 $\delta(q_e^{\#}) = \overline{F}(q_e^{\#}) - c(1+r_v) - c \cdot \psi_0(q_e^{\#})$，其中

$$\psi_0(q_e^{\#}) = \frac{\overline{F}(k_e^{\#})}{1-k_e^{\#}z(k_e^{\#})} \cdot \left[\frac{z(q_e^{\#})}{\overline{F}(q_e^{\#})} - \frac{z(k_e^{\#})}{\overline{F}(k_e^{\#})}\right]\left[\int_{k_e^{\#}}^{q_e^{\#}}\overline{F}(x)dx + k_e^{\#}\overline{F}(k_e^{\#})\right]$$

接下来我们证明 $\psi_0'(q_e^{\#}) > 0$，令 $H(q_e^{\#}) = (q_e^{\#} - q^{\gamma})z(q_e^{\#})$，$L(k_e^{\#}) = k_e^{\#}z(k_e^{\#})$，然后我们有 $\psi_0'(q_e^{\#}) = \dfrac{\overline{F}(q_e^{\#})}{(k_e^{\#})^2[1-L(k_e^{\#})]^3\overline{F}(k_e^{\#})} \cdot \varphi_0(q_e^{\#})$，其中

$$\begin{aligned}
\varphi_0(q_e^{\#}) = & (q_e^{\#} - q^{\gamma})H'(q_e^{\#})[1-L(k_e^{\#})]^2\left[\int_{k_e^{\#}}^{q_e^{\#}}\overline{F}(x)dx + k_e^{\#}\overline{F}(k_e^{\#})\right] \\
& - k_e^{\#}L'(k_e^{\#})[1-H(q_e^{\#})]^2\left[\int_{k_e^{\#}}^{q_e^{\#}}\overline{F}(x)dx + k_e^{\#}\overline{F}(k_e^{\#})\right] \\
& - [H(q_e^{\#}) - L(k_e^{\#})][1-L(k_e^{\#})][1-H(q_e^{\#})]\left[\int_{k_e^{\#}}^{q_e^{\#}}\overline{F}(x)dx + k_e^{\#}\overline{F}(k_e^{\#})\right] \\
& + k_e^{\#}\overline{F}(k_e^{\#})[1-L(k_e^{\#})]^2[H(q_e^{\#}) - L(k_e^{\#})] \\
& - k_e^{\#}\overline{F}(k_e^{\#})L(k_e^{\#})[1-L(k_e^{\#})][1-H(q_e^{\#})][H(q_e^{\#}) - L(k_e^{\#})]
\end{aligned} \tag{A5-5}$$

根据引理 5.2，我们有 $1-L(k_e^{\#})>0$，所以 $\psi_0'(q_e^{\#})$ 的符号由 $\varphi_0(q_e^{\#})$ 的符号决定。设 $\overline{q}_e^{\#}$ 是 $1-H(\overline{q}_e^{\#})=0$ 的唯一解，接下来我们分析以下两种情况中 $\varphi_0(q_e^{\#})$ 的符号：

情况（1）：$q^{\gamma} < q_e^{\#} \leq \overline{q}_e^{\#}$。在这种情况下，我们有 $1-H(q_e^{\#}) \geq 0$。因此，（A5-5）中的前三项之和满足：

$$\begin{aligned}
& (q_e^{\#} - q^{\gamma})H'(q_e^{\#})[1-L(k_e^{\#})]^2\left[\int_{k_e^{\#}}^{q_e^{\#}}\overline{F}(x)dx + k_e^{\#}\overline{F}(k_e^{\#})\right] \\
& - k_e^{\#}L'(k_e^{\#})[1-H(q_e^{\#})]^2\left[\int_{k_e^{\#}}^{q_e^{\#}}\overline{F}(x)dx + k_e^{\#}\overline{F}(k_e^{\#})\right] \\
& - [1-L(k_e^{\#})][1-H(q_e^{\#})][H(q_e^{\#}) - L(k_e^{\#})]\left[\int_{k_e^{\#}}^{q_e^{\#}}\overline{F}(x)dx + k_e^{\#}\overline{F}(k_e^{\#})\right] \\
> & (q_e^{\#} - q^{\gamma})H'(q_e^{\#})[1-L(k_e^{\#})]^2\left[\int_{k_e^{\#}}^{q_e^{\#}}\overline{F}(x)dx + k_e^{\#}\overline{F}(k_e^{\#})\right] \\
& - k_e^{\#}L'(k_e^{\#})[1-L(k_e^{\#})]^2\left[\int_{k_e^{\#}}^{q_e^{\#}}\overline{F}(x)dx + k_e^{\#}\overline{F}(k_e^{\#})\right] \\
& - [H(q_e^{\#}) - L(k_e^{\#})][1-L(k_e^{\#})]^2\left[\int_{k_e^{\#}}^{q_e^{\#}}\overline{F}(x)dx + k_e^{\#}\overline{F}(k_e^{\#})\right]
\end{aligned}$$

$$= [(q_{ECO}^{\#} - q^{\gamma})^2 z'(q_{ECO}^{\#}) - (k_{ECO}^{e\#})^2 z'(k_{ECO}^{e\#})][1 - L(k_{ECO}^{e\#})]^2$$
$$[\int_{k_{ECO}^{e\#}}^{q_{ECO}^{\#}} \overline{F}(x)dx + k_{ECO}^{e\#}\overline{F}(k_{ECO}^{e\#})]$$
$$> 0 \qquad (A5-6)$$

最后两项之和满足：

$$k_e^{\#}\overline{F}(k_e^{\#})[1-L(k_e^{\#})]^2[H(q_e^{\#})-L(k_e^{\#})]-k_e^{\#}\overline{F}(k_e^{\#})L(k_e^{\#})$$
$$[1-L(k_e^{\#})][1-H(q_e^{\#})][H(q_e^{\#})-L(k_e^{\#})]>0 \qquad (A5-7)$$

不等式成立是因为 $q_e^{\#} > q_e^{\#} - q^{\gamma} > k_e^{\#}$，所以 $1 - L(k_e^{\#}) > 1 - H(q_e^{\#}) > 0$。而 $q_e^{\#} > q_e^{\#} - q^{\gamma} > k_e^{\#}$ 可以从等式（5－5）隐含的（$(q_e^{\#} - q^{\gamma})\overline{F}(q_e^{\#}) = k_e^{\#}\overline{F}(k_e^{\#})$）和递增且凸的故障率假设中推导出来。

根据（A5－6）和（A5－7），我们有 $\varphi_0(q_e^{\#}) > 0$。

情况（2）：$q_e^{\#} > \overline{q}_e^{\#}$。在这种情况下，我们有 $1 - H(q_e^{\#}) < 0$。因此，（A5－5）中的最后三项都是正的。我们考虑（A5－5）前两项的和，定义

$$\gamma(q_e^{\#}) = (q_{ECO\,e}^{\#} - q^{\gamma})H'(q_e^{\#})[1-L(k_e^{\#})]^2 - k_e^{\#}L'(k_e^{\#})[1-H(q_e^{\#})]^2$$
$$= (q_e^{\#} - q^{\gamma})[1-L(k_e^{\#})]^2\vartheta(q_e^{\#}) \qquad (A5-8)$$

其中 $\vartheta(q_e^{\#}) = H'(q_e^{\#}) - \eta(q_e^{\#})L'(k_e^{\#})$，$\eta(q_e^{\#}) = \frac{k_e^{\#}}{q_e^{\#} - q^{\gamma}}\frac{[1-H(q_e^{\#})]^2}{[1-L(k_e^{\#})]^2}$。接下来，我们考虑 $\eta(q_e^{\#})$ 的单调性，其一阶导数为

$$\frac{d\eta(q_e^{\#})}{dq_e^{\#}} = \frac{2k_e^{\#}[H(q_e^{\#})-1]}{(q_e^{\#}-q^{\gamma})^2[1-L(k_e^{\#})]^4}$$
$$\left\{\gamma(q_e^{\#}) - \frac{[H(q_e^{\#})-L(k_e^{\#})][H(q_e^{\#})-1][1-L(k_e^{\#})]}{2}\right\}$$
$$(A5-9)$$

（a）当 $q_e^{\#}$ 满足 $\frac{d\eta(q_e^{\#})}{dq_e^{\#}} \geqslant 0$，根据（A5－9），$\gamma(q_e^{\#}) \geqslant 0$；根据（A5－8），$\vartheta(q_e^{\#}) \geqslant 0$。

（b）当 $q_e^{\#}$ 满足 $\frac{d\eta(q_e^{\#})}{dq_e^{\#}} < 0$，因为 $H'(q_e^{\#})$ 是 $q_e^{\#}$ 的增函数，所以 $\vartheta(q_e^{\#})$ 是 $q_e^{\#}$ 的增函数。因为 $L'(k_e^{\#})$ 是 $k_e^{\#}$ 的增函数，且 $k_e^{\#}$ 是 $q_e^{\#} \in (\overline{q}_e^{\#}, \infty)$ 的减函数，所以 $L'(k_e^{\#})$ 随着 $q_e^{\#}$ 减少。此外，在 $q_e^{\#} = \overline{q}_e^{\#}$ 处，我们有 $\vartheta(\overline{q}_e^{\#}) = H'(\overline{q}_e^{\#}) - \frac{\overline{k}_e^{\#}}{\overline{q}_e^{\#} - q^{\gamma}}\frac{[H(\overline{q}_e^{\#})-1]^2}{[1-L(\overline{k}_e^{\#})]^2}L'(\overline{k}_e^{\#}) = H'(\overline{q}_e^{\#}) > 0$。其在（a）和（b）中导出的 $\vartheta(q_e^{\#})$

的性质表明了 $\vartheta(q_e^{\#})>0$、$\gamma(q_e^{\#})\geqslant 0$。即（A5－5）中的后两项为正，因此，$\varphi_0(q_e^{\#})>0$。

综上所述，无论是情况（1）还是情况（2），我们都有 $\varphi_0(q_e^{\#})>0$ 和 $\psi_0'(q_e^{\#})>0$，所以 $\frac{d\delta(q_e^{\#})}{dq_e^{\#}}=-f(q_e^{\#})-c\psi_0'(q_e^{\#})<0$。证毕。

命题 5.3 证明：引理 5.7 表明 $\prod_e^{\#}(q_e^{\#})$ 在 $q_e^{\#}\in(q^{\gamma},\infty)$ 上是凹的。因此，$\prod_e^{\#}(q_e^{\#})$ 的全局最优解的位置取决于 $\delta(q^{\gamma})$ 的值。显然，$\delta(q^{\gamma})$ 递减于 r_v，当 $r_v=0$ 时，$\delta(q^{\gamma})>\theta(q^{\gamma})>0$。因此，$\delta(q^{\gamma})=0$ 存在唯一解 $\tilde{r}_v$。

（1）如果 $r_v\leqslant\tilde{r}_v$，那么 $\delta(q^{\gamma})\geqslant 0$。这意味着 q_e^b 是最佳点，即 $q_e^*=q_e^b$，因此 $w_e^*=w_e^b$。

（2）如果 $r_v>\tilde{r}_v$，那么 $\delta(q^{\gamma})<0$。这意味着 q^{γ} 是最佳点，即 $q_e^*=q^{\gamma}$，因此 $w_e^*=\frac{c}{\overline{F}(q^{\gamma})}$。证毕。

引理 5.8 证明：根据引理 5.5，在没有融资的情况下，供应商和零售商的利润是 $\pi_n^*=\frac{c}{\overline{F}(q_n^*)}\int_0^{q_n^*}\overline{F}(x)dx-cq_n^*$、$\prod_n^*=\left(1-\frac{c}{\overline{F}(q_n^*)}\right)\int_0^{q_n^*}\overline{F}(x)dx$。根据引理 5.6，在银行信贷下，供应商和零售商的利润是 $\pi_b^*=\frac{c}{\overline{F}(q_b^*)}\int_0^{q_b^*}\overline{F}(x)dx-cq_b^*$、$\prod_b^*=\left(1-\frac{c}{\overline{F}(q_b^*)}\right)\int_0^{q_b^*}\overline{F}(x)dx$。设 $\xi(q):=\frac{c}{\overline{F}(q)}\int_0^q\overline{F}(x)dx-cq$，那么 $\xi'(q)=\frac{cz(q)\int_0^q\overline{F}(x)dx}{\overline{F}(q)}>0$。因此 $\pi_b^*=\xi(q_b^*)>\xi(q_n^*)=\pi_n^*$，因为 $q_b^*=q_N^*>q_n^*$。同样地，设 $\chi(q):=\left(1-\frac{c}{\overline{F}(q)}\right)\int_0^q\overline{F}(x)dx$，可以证明 $\chi(q)$ 是凹的，并且在极值点 $q=q_b^*$ 处具有最大值。所以，$\prod_b^*=\chi(q_b^*)>\chi(q_n^*)=\prod_n^*$。证毕。

命题 5.4 证明：根据命题 5.3 和引理 5.8，如果 $r_v\geqslant\tilde{r}_v$，我们有 $\prod_e^*=\prod_n^*<\prod_b^*$。如果 $r_v<\tilde{r}_v$，我们考虑 r_v 的两个极值：

（1）当 $r_v=\tilde{r}_v$，我们有 $\prod_e^*=\prod_n^*<\prod_b^*$；

（2）当 $r_v=0$，根据引理5.6可知，在银行信贷下，最优批发价格和数量是 $w_b^*=w_N^*$、$q_b^*=q_N^*$。另外，根据引理5.4，给定 $w=w_N^*$，供应商的最优数量是

$$q_e=\begin{cases}\bar{F}^{-1}\left[\dfrac{c(1+r_e)}{w_N^*}\bar{F}(k_e)\right] & if\ 0\leqslant r_e\leqslant\dfrac{w_N^*\bar{F}(q^y)}{c}-1\\ q^y & if\ r_e>\dfrac{w_N^*\bar{F}(q^y)}{c}-1\end{cases}$$

当 $r_e=0$，$q_e=\bar{F}^{-1}\left[\dfrac{c}{w_N^*}\bar{F}(k_e)\right]>q_N^*$；当 $r_e=\dfrac{w_N^*\bar{F}(q^y)}{c}-1$，$q_e=q^y<q_N^*$。此外，根据推论5.2，$q_e$ 递减于 r_e。因此，存在唯一解 $\bar{r}_e$ 使得 $q_e(w_N^*,\ \bar{r}_e)=q_N^*$。

我们继续证明 $\prod_e(w_N^*,\ \bar{r}_e)>\prod_b^*$，在银行信贷下，零售商的利润是

$$\prod\nolimits_b^*=(1-w_N^*)\int_0^{q_N^*}\bar{F}(x)dx \tag{A5-10}$$

在买方信贷下，给定 $(w_N^*,\ \bar{r}_e)$，零售商的利润是

$$\prod\nolimits_e(w_N^*,\ \bar{r}_e)=(1-w_N^*)\int_0^{q_N^*}\bar{F}(x)dx+w_N^*\int_0^{k_e}\bar{F}(x)dx-(cq_N^*-y) \tag{A5-11}$$

而且，$q_e(w_N^*,\ \bar{r}_e)=q_N^*=q_b^*$ 表明 $\bar{F}^{-1}\left[\dfrac{c(1+\bar{r}_e)}{w_N^*}\bar{F}(k_e)\right]=\bar{F}^{-1}\left(\dfrac{c}{w_N^*}\right)$，相当于

$$cq_N^*-y=w_N^*k_e\bar{F}(k_e) \tag{A5-12}$$

将（A5－12）代入（A5－11）得

$$\prod\nolimits_e(w_N^*,\ \bar{r}_e)=(1-w_N^*)\int_0^{q_N^*}\bar{F}(x)dx+w_N^*\left[\int_0^{k_e}\bar{F}(x)dx-k_e\bar{F}(k_e)\right] \tag{A5-13}$$

根据（A5－10）和（A5－13），我们有 $\prod_e(w_N^*,\ \bar{r}_e)>\prod_b^*$ 因为 $\int_0^{k_e}\bar{F}(x)dx-k_e\bar{F}(k_e)>0$。因此，$\prod_e^*>\prod_e(w_N^*,\ \bar{r}_e)>\prod_b^*$。

根据情况（1）、情况（2）以及如下性质：$\prod_e^*$ 递减于 r_v 而 $\prod_b^*$ 与 r_v 无关时，可以推断出存在唯一 $\hat{r}_v\in[0,\ \tilde{r}_v)$ 使得 $\prod_e^*=\prod_b^*$。如果 $r_v<\hat{r}_v$，我们有 $\prod_e^*>\prod_b^*$，否则有 $\prod_e^*<\prod_b^*$。证毕。

6 考虑违约成本时电商信贷与债务优先序研究

6.1 问题背景

随着电子商务的快速发展，电子零售在过去十年中经历了强劲的增长。除了传统的代理销售业务（即为第三方供应商提供与客户直接联系的通道，同时收取佣金），随着竞争的加剧，电子零售商不断寻求其他增值机会。提供融资服务是最流行的策略之一。大多数第三方供应商是中小企业，它们经常遭遇流动性短缺，导致供应不足甚至供应中断。为了缓解流动性困境，电子零售商竞相向其平台上的供应商提供信用贷款（简称“电商信贷”/E-tailer Credit，EC）。苏宁设计多样化的金融产品来支持其平台上的供应商。比如：速贷理财就是一种可以快速发放的信用贷款，日利率低至0.035%。同样，京东开展供应链金融服务，推出了京小贷、京宝、动产融资等一系列产品。京小贷专为第三方供应商量身定制，信用贷款和采购订单贷款日利率分别低至0.036%和0.033%。

如上所述，苏宁和京东等电子零售商在其平台上向第三方供应商提供EC。与大多数小额贷款公司收取的年利率15%～20%相比，EC的利率相对较低。这一现实违背了我们的直觉，即电子零售商应该对EC收取高利率，因为大多数第三方供应商是信用违约风险高的中小企业。因此，考虑到中小企业类型供应商的高违约风险和相关违约成本，电子零售商的低利率信贷行为背后的动机是什么？此外，如果供应商可以选择银行信贷（bank credit，BC），从电子零售商和供应商各自的角度来看，哪种信贷形式更可取？此外，电子零售商是否应该允许供应商同时使用EC和BC，如果是的话，电子零售商应该如何设置贷款回收的优先级规则？相应地，面对多种融资来源，供应商应如何为库存融资？本章试图通过构建电子零售商和第三方卖家之间的博弈模型来回答这些问题。

6.2 模型设置与基本假设

我们考虑一个电子零售商，他允许一个第三方卖家在他的平台上销售一种季节性产品。在销售季节（称为“时间0”）之前，卖方以单位成本 c 准备存货 q，该存货将在销售季节（称为“时间1”）以零售价 p 出售。电子零售商收取销售收入的一个 γ（称为“佣金率”）比例，作为每售出一个商品的佣金。随机市场需求 D 在时间0时对双方都是事先未知的，并且直到时间1才会实现。$F(x)$，$\overline{F}(x)$ 和 $f(x)$ 分别是定义在［0，$+\infty$）上 D 的 CDF，CCDF 和 PDF。设 $z(x)=f(x)/\overline{F}(x)$、$g(x)=xz(x)$ 为失效率和广义失效率。假设 $z(x)$ 是递增且凸的，即 $z'(x)\geqslant 0$，$z''(x)\geqslant 0$。在不改变问题性质的情况下，我们假定未满足需求的短缺成本为零，未售出产品的残值为零。

卖方具有有限的流动资金，$y\geqslant 0$，并且可能从银行（称为“银行信贷”，BC）或/和从电子零售商（称为“电商信贷”，EC）申请贷款，这种融资模式在事件中很常见。根据先前的研究（例如，Burkart & Ellingsen，2004；Kouvelis & Zhao，2012；Chod，2017），银行信贷市场应该是完全竞争的。因此，银行将收取利率 r^b，使得任何贷款的预期收益率等于无风险利率 r_f。EC 市场被假设为垄断性的，因此电子零售商可以灵活地设定 EC 利率 r^e。这一假设是合理的，因为在中国，电子零售市场的绝大多数交易量被少数电子零售商占据，如阿里巴巴和京东。因此，他们有相当强的定价能力。为避免无风险套利机会的出现，我们假定 $r^e\geqslant r_f$。我们还假设，在违约时，债权人（电子零售商和银行）承担与他们攫取的价值成比例的违约成本（例如，Xu & Birge，2004；Lai et al.，2009；Yang & Birge，2018）。设与收回未付 BC 和 EC 相关的成本比例为 α。所有参与者都是风险中性的，除了违约成本，不存在其他市场摩擦（如交易成本、税收、信息不对称）。

根据借贷是否具有排他性，本书分别考察了“排他性借贷”和“非排他性借贷”。在前一种情况下，卖方可以利用单一融资来源，BC 或 EC，分别称为“BCO”和“ECO”。在后一种情况下，允许同时使用 BC 和 EC。根据索偿的优先规则，本书分别考虑了“ECP”和“BCP”两种情况，其中“ECP”

代表 EC 优先于 BC，而“BCP”则是相反的情况。图 6－1 和图 6－2 分别说明了排他性借贷和非排他性借贷下的事件的时间线。

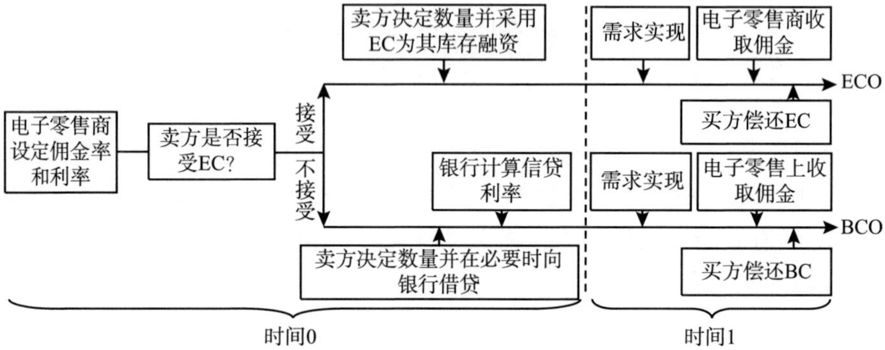

图 6－1　排他性借贷下的事件顺序

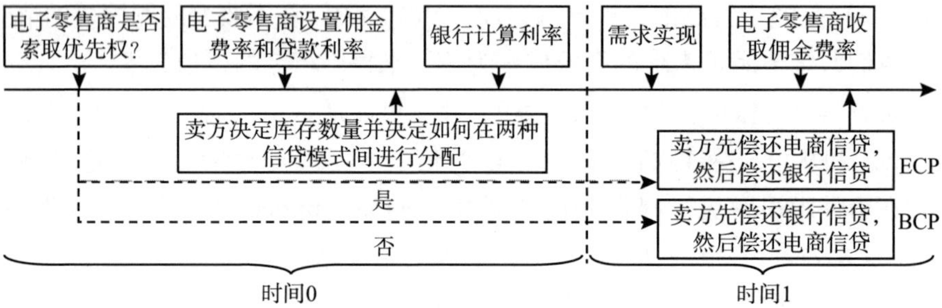

图 6－2　非排他性借贷下的事件顺序

6.3　排他性借贷：卖方最优库存决策

在排他性借贷下，遵循反向归纳法，本节从卖方的最优库存决策入手。如图 6－1 所示，如果卖方由于低利率而接受 EC，则博弈在 ECO 下进行，否则在 BCO 下进行。

6.3.1　ECO 下卖方的最优库存决策

在 ECO 下，如图 6－1 所示，在 $t=0$ 时，电子零售商和卖家之间的互动是标准的 Stackelberg 博弈，前者是领导者，后者是跟随者。给定寄售 - 信贷合约（γ，r^e），卖方决定库存数量 q，并在必要时向电子零售商申请贷款 $(cq-y)^+$。在 $t=1$ 时，卖方收取销售收入 $p\min(D, q)$，并将 $\gamma p\min(D, q)$ 作为佣金支付给电子零售商。利用剩余净收入（$(1-\gamma)p\min(D, q)$）下，卖方尽可能向电子零售商偿还其贷款义务（$(cq-y)^+(1+r^e)$）。因此，卖方在 $t=1$ 时预期产生的利润为：

$$\pi(q)=E[(1-\gamma)p\min(D, q)-(cq-y)^+(1+r^e)]^+-\min(cq, y)(1+r_f) \tag{6-1}$$

其中期望项 $E[\cdot]$ 表示卖方的预期扣除佣金后的剩余收益减去贷款本息和，$\min(\cdot)$ 表示卖方在 $t=0$ 时利用初始营运资金支付的存货订购成本在 $t=1$ 时的终值。

引理 6.1 定义 $y^{nb}(\gamma)=c\overline{F}^{-1}\left[\frac{c(1+r_f)}{(1-\gamma)p}\right]$ 和 $y^b_{ECO}(\gamma, r^e)=c\overline{F}^{-1}\left[\frac{c(1+r^e)}{(1-\gamma)p}\right]$。给定（$\gamma$，$r^e$），卖方的最优库存数量 q_{ECO} 分为以下三种相关情况：

（1）如果 $y\geqslant y^{nb}(\gamma)$，则卖方使用其部分营运资金订购库存，且最优库存数量为 $q_{ECO}=\overline{F}^{-1}\left[\frac{c(1+r_f)}{(1-\gamma)p}\right]$；

（2）如果 $y^b_{ECO}(\gamma, r^e)\leqslant y<y^{nb}(\gamma)$，则卖方在没有借款的情况下用尽营运资金订购库存，最优库存数量为 $q_{ECO}=q^y=:\frac{y}{c}$；

（3）如果 $0\leqslant y<y^b_{ECO}(\gamma, r^e)$，则卖方借用 EC 来订购库存。最优库存数量 q_{ECO} 由以下耦合方程唯一且隐式地确定：

$$\begin{cases} q_{ECO}=\overline{F}^{-1}\left[\frac{c(1+r^e)}{(1-\gamma)p}\overline{F}(k^e_{ECO})\right] \\ k^e_{ECO}=\frac{(cq_{ECO}-y)(1+r^e)}{(1-\gamma)p} \end{cases} \tag{6-2}$$

其中 k^e_{ECO} 表示需求的违约阈值，低于该阈值，卖方无法支付 EC。

引理 6.1 表明，给定寄售 - 信贷合约（γ，r^e），卖方的最优库存决策和相关借款行为取决于其营运资金。具体而言，当电子零售商资金充足时（对应于情形 1），她将使用自有资金订购无资金约束水平下的最优订货量。当电子零售商资金紧缺时（对应于情形 2），她的营运资金不足以支付财务上不受约束的最优数量的费用。然而，她将恰好订购其自身流动性可以支持的库存数量，而无需借款，因为边际收入（$1-\gamma$）$p\overline{F}(q^{y})$ 小于借款边际成本 $c(1+r^{e})$。如果电子零售商资金极度紧缺时（对应于情形3），边际收入超过借款边际成本，她将借入 EC 来进行订货。

推论 6.1 q_{ECO}分别递减于γ、r^{e} 和 y。

当 EC 的佣金率和利率上升时，卖方的边际销售收入和融资成本增加。因此，卖方将订购较少的库存。与直觉相反，卖方的库存数量递减于其营运资金水平。这是因为较高的营运资金水平导致较低的违约阈值 k^{e}_{ECO}，从而导致较大的融资边际成本 $c(1+r^{e})\overline{F}(k^{e}_{ECO})$。因此，卖方的最优库存数量下降。这一结果表明，卖方的营运资金削弱了 EC 在缓解双重边缘化效应方面的价值。

6.3.2 BCO 下卖方的最优库存决策

在 BCO 下，如图 6-1 所示，给定（γ，r^{e}），卖方由于高利率而拒绝 EC，并转向 BC。在 $t=0$ 时，卖方决定库存数量 q，并在必要时向银行借款 $(cq-y)^{+}$。然后，银行计算 BC 的利率 r^{b}。

遵循逆向归纳法，我们首先分析银行关于 BC 的定价问题。卖方有义务在 $t=1$ 时向银行支付全部贷款本金加利息 $(cq-y)^{+}(1+r^{b})$。此外，每售出一件产品，卖家必须向电子零售商支付 γp 作为佣金，只收取剩余的（$1-\gamma$）p。所以，

$$k^{b}=\frac{(cq-y)^{+}(1+r^{b})}{(1-\gamma)p} \tag{6-3}$$

表示需求的违约阈值，低于该阈值卖方无法偿还银行贷款。在违约的情况下，卖方只向银行支付其净销售收入 $(1-\gamma)p\min(D,q)$ 作为部分偿还贷款。此外，除去与卖方销售收入成比例的违约成本 $\alpha(1-\gamma)p\min(D,q)$，银行实际收取的金额为 $(1-\alpha)(1-\gamma)p\min(D,q)$。因此，银行预期在 $t=1$ 时从卖方处获得的收入由 $\int_{k^b}^{\infty}(1-\gamma)pk^{b}dF(x)+\int_{0}^{k^b}(1-\alpha)(1-\gamma)px dF(x)=(1-\gamma)p\int_{0}^{k^b}\hat{F}(x)dx$ 给出，其中 $\hat{F}(x)=\overline{F}(x)[1-\alpha xz(x)]$。在完全竞争的银行信贷市场假设下，银行贷款的预期收益率应等于无风险利率，即

$$(cq-y)^{+}(1+r_{f})=(1-\gamma)p\int_{0}^{k^b}\hat{F}(x)dx \tag{6-4}$$

其中利率由等式（6－3）和（6－4）隐式且唯一地确定。

接下来，我们分析卖方的最优库存数量。在 $t=0$ 时，预期银行的响应，卖方决定数量 q 并以利率 r^b 从银行借款 $(cq-y)^+$。基于上述分析，卖方在 $t=1$ 时的预期利润为

$$\pi(q)=E[(1-\gamma)p\min(D,\ q)-(cq-y)^+(1+r^b)]^+-\min(cq,\ y)(1+r_f) \tag{6-5}$$

其中，第一个期望项 $E[\cdot]$ 表示卖方在 $t=1$ 时净销售收益减去银行贷款本息和以后的剩余收益，第二个期望项表示卖方在 $t=0$ 时的由初始资本支付的库存费用在 $t=1$ 时的终值。

引理 6.2 给定 $(\gamma,\ r^e)$，卖家最优库存数量 q_{BCO} 由下式给出：

（1）如果 $y \geqslant y^{nb}(\gamma)$，则卖方使用其部分营运资本订购库存，并且最优库存数量为 $q_{BCO}=\bar{F}^{-1}\left[\frac{c(1+r_f)}{(1-\gamma)p}\right]$。

（2）如果 $0 \leqslant y < y^{nb}(\gamma)$，则卖方使用 BC 订购库存，最优库存数量 q_{BCO} 由耦合方程隐式唯一确定：

$$\begin{cases} q_{BCO}=\bar{F}^{-1}\left[\dfrac{c(1+r_f)}{(1-\gamma)p\hat{F}(k_{BCO}^b)}\bar{F}(k_{BCO}^b)\right] \\ (cq_{BCO}-y)^+(1+r_f)=(1-\gamma)p\displaystyle\int_0^{k_{BCO}^b}\hat{F}(x)dx \end{cases} \tag{6-6}$$

根据引理 6.2，当卖方资金充足时（对应于情形 1），她没有财务约束，用部分营运资本来订购存货。相比之下，当卖方资金紧缺时（对应于情形 2），她无法订购财务上不受约束的最优库存，并将申请 BC。（6－6）中 q_{BCO} 的表达式表明，当不存在违约成本时，即 $\alpha=0$，卖方会像不受财务约束一样订购库存。然而，当违约成本存在时，卖方的库存决策与其营运资金水平相关，且最优库存小于财务不受约束情况下的最优库存，为 $0<\dfrac{\hat{F}(k_{BCO}^b)}{\bar{F}(k_{BCO}^b)}<1$。

推论 6.2 （1）q_{BCO} 随 γ 减小，随 y 增大；（2）r_{BCO}^b 随 y 减小。

当佣金率上升时，卖家的净销售收入利润率下降，导致其最优库存量减少。此外，随着卖家营运资金的减少，她的违约门槛也随之上升，使得 BC 风险更高。因此，银行将设置更高的利率，导致卖方的融资成本上升。这导致了卖方的库存数量减少。

6.4 排他性借贷：电商的最优合同设计

基于 ECO 和 BCO 下卖方对库存量的最优响应，电子零售商作为博弈领导者，确定最优定价策略（γ，r^e）。

在 ECO 下，在 $t=0$ 时，电子零售商借给卖方一笔贷款（$cq_{ECO}-y)^+$。在 $t=1$ 时，需求 D 实现。电子零售商首先收取佣金 $\gamma p\min(D,\ q_{ECO})$，然后向卖家要求偿还贷款。如果 $D>k_{ECO}^e$，则电子零售商能够全额收回贷款 $(1-\gamma)pk_{ECO}^e$；否则，由于债务人的有限责任和违约成本，电子零售商部分收回贷款 $(1-\alpha)(1-\gamma)pD$。因此，电子零售商在 $t=1$ 时的预期利润由下式给出：

$$\prod_{ECO}(\gamma,\ r^e) = \gamma p\int_0^{q_{ECO}}\overline{F}(x)dx + (1-\gamma)p\int_0^{k_{ECO}^e}\hat{F}(x)dx - (cq_{ECO}-y)^+(1+r_f) \tag{6-7}$$

其中第一个积分项表示收取的佣金，第二个积分项表示预期贷款偿还，第三个积分项表示 $t=0$ 时的贷款支出加上其在无风险利率下的时间价值。通过考虑引理 6.1 中卖方的最优响应 q_{ECO}，电子零售商策略性地选择（γ，r^e）以最大化其期望利润 $\prod_{ECO}(\gamma,\ r^e)$。

在 BCO 下，在 $t=1$ 时，电子零售商的收入完全来自成功销售产品所收取的佣金。因此，电子零售商在 $t=1$ 时的预期利润为

$$\prod_{BCO}(\gamma,\ r^e) = \gamma p\int_0^{q_{BCO}}\overline{F}(x)dx \tag{6-8}$$

在这种情况下，r^e 与双方的利润无关，电子零售商只需要通过考虑引理 6.2 中得出的卖方最优响应 q_{BCO} 来优化 γ 以最大化其预期利润 $\prod_{BCO}(\gamma,\ r^e)$。

6.4.1 ECO 下最优寄售－信贷合约

命题 6.1 EC 的最优利率等于无风险利率，即：$r_{ECO}^{e*}=r_f$。

直观上，随着 α 的增大，电子零售商承担了更大的违约成本，因此在授予 EC 时承担了更高的风险。因此，电子零售商应该收取越来越高的利率。然而，命题 6.1 证明了无论违约成本如何，EC 的最优利率等于无风险利率。

其根本原因解释如下。由式（6－6）可以看出，当边际成本与收益之比$\frac{1+r^e}{1-\gamma}$给定时，卖方的最优数量 q_{ECO} 和相应的违约阈值 k_{ECO}^e 是唯一确定的。对于固定的 q_{ECO} 和 k_{ECO}^e，电子零售商在（6－7）中的期望利润递减于 $1-\gamma$。因此，给定$\frac{1+r^e}{1-\gamma}$，电子零售商应将 r^e 设置为最低水平，即 r_f，以达到最小的 $1-\gamma$，从而获得最大的利润。简而言之，当联合使用佣金率和利率两个杠杆时，设定最低的利率和最高的佣金率对电子零售商最有利。换言之，牺牲利息收入使电子零售商能够通过要求高佣金率从卖家那里攫取最大的销售收入。命题 6.1 为引言中提到的 EC 的利率相对低于小额信贷公司的利率的现象提供了一种可能的解释。

我们继续求解最优佣金率。设 $q_{ECO}^{\#}=q_{ECO}(\gamma, r_{ECO}^{e*})$、$k_{ECO}^{\#}=k_{ECO}(\gamma, r_{ECO}^{e*})$、$\prod_{ECO}^{\#}(\gamma)=\prod_{ECO}(\gamma, r_{ECO}^{e*})$ 分别为给定（γ，r_{ECO}^{e*}）下卖家的最优数量、违约阈值和电子零售商的利润。根据推论 6.1，给定 $q_{ECO}^{\#}$ 和 γ 之间的一对一映射，为了技术上的方便，我们使用 $q_{ECO}^{\#}$ 作为电子零售商的决策变量，γ 作为卖家的决策变量。那么，根据引理 6.1，（6－7）中供应商的预期利润可以重新表述为

$$\prod{}_{ECO}^{\#}(q_{ECO}^{\#})\begin{cases}\gamma p\int_0^{q_{ECO}^{\#}}\overline{F}(x)dx & if\ q_{ECO}^{\#}\in[0, q^{y}]\\ \gamma p\int_0^{q_{ECO}^{\#}}\overline{F}(x)dx+(1-\gamma)p\int_0^{k_{ECO}^{\#}}\hat{F}(x)dx & \\ -(cq_{ECO}^{\#}-y)(1+r_f) & if\ q_{ECO}^{\#}\in(q^{y}, \infty)\end{cases} \tag{6－9}$$

设 $\delta^-(q_{ECO}^{\#})$ 和 $\delta^+(q_{ECO}^{\#})$ 分别是 $\prod_{ECO}^{\#}(q_{ECO}^{\#})$ 在 $q_{ECO}^{\#}\in[0, q^{y}]$ 和 $q_{ECO}^{\#}\in(q^{y}, \infty)$ 的一阶导数，即：

$$\delta^-(q_{ECO}^{\#})=:p\overline{F}(q_{ECO}^{\#})-c(1+r_f)-\frac{c(1+r_f)z(q_{ECO}^{\#})}{\overline{F}(q_{ECO}^{\#})}\cdot\int_0^{q_{ECO}^{\#}}\overline{F}(x)dx \tag{6－10}$$

$$\delta^+(q_{ECO}^{\#})=:p\overline{F}(q_{ECO}^{\#})-c(1+r_f)-\frac{c(1+r_f)\overline{F}(k_{ECO}^{e\#})}{1-k_{ECO}^{e\#}z(k_{ECO}^{e\#})}\cdot\left[\frac{z(q_{ECO}^{\#})}{\overline{F}(q_{ECO}^{\#})}-\frac{z(k_{ECO}^{e\#})}{\overline{F}(k_{ECO}^{e\#})}\right]\left[\int_{k_{ECO}^{e\#}}^{q_{ECO}^{\#}}\overline{F}(x)dx+k_{ECO}^{e\#}\overline{F}(k_{ECO}^{e\#})\right]$$

$$
-\alpha\frac{c(1+r_f)\overline{F}(k_{ECO}^{e\#})}{1-k_{ECO}^{e\#}z(k_{ECO}^{e\#})}\left\{k_{ECO}^{e\#}z(k_{ECO}^{e\#})\left[1-\frac{k_{ECO}^{e\#}\overline{F}(k_{ECO}^{e\#})z(q_{ECO}^{\#})}{\overline{F}(q_{ECO}^{\#})}\right]\right.
$$

$$
\left.+\left[\frac{z(q_{ECO}^{\#})}{\overline{F}(q_{ECO}^{\#})}-\frac{z(k_{ECO}^{e\#})}{\overline{F}(k_{ECO}^{e\#})}\right]\int_0^{k_{ECO}^{e\#}}xf(x)dx\right\} \tag{6-11}
$$

引理 6.3 $\delta^-(q_{ECO}^{\#})$ 和 $\delta^+(q_{ECO}^{\#})$ 均递减于 $q_{ECO}^{\#}$。

根据引理 6.3，当 $q_{ECO}^{\#}\in[0, q^{\gamma}]$ 时，$\delta^-(q_{ECO}^{\#})=0$ 最多存在一个可行解。我们将唯一解记为 q_{ECO}^{nb}，其对应的佣金率记为 γ_{ECO}^{nb}。同样，当 $q_{ECO}^{\#}\in(q^{\gamma}, \infty)$ 时，$\delta^+(q_{ECO}^{\#})=0$ 最多存在一个可行解。我们将唯一解记为 q_{ECO}^{b}，其关联的佣金率和违约阈值分别记为 γ_{ECO}^{b} 和 k_{ECO}^{b}。

命题 6.2 设 y^{h*} 和 y^{l*} 由 $\delta^+(q^{\gamma})=0$ 和 $\delta^-(q^{\gamma})=0$ 的方程唯一隐式确定。根据 y 的不同，将最优库存 q_{ECO}^{*} 和佣金率 γ_{ECO}^{*} 分为以下三种相关情况：

（1）如果 $y\geqslant y^{h*}$，则 $q_{ECO}^{*}=q_{ECO}^{nb}$ 且 $\gamma_{ECO}^{*}=\gamma_{ECO}^{nb}$；

（2）如果 $y^{l*}\leqslant y<y^{h*}$，则 $q_{ECO}^{*}=\operatorname{argmax}\{\prod_{ECO}^{\#}(q_{ECO}^{nb}), \prod_{ECO}^{\#}(q_{ECO}^{b})\}$，且如果 $q_{ECO}^{*}=q_{ECO}^{nb}$，则 $\gamma_{ECO}^{*}=\gamma_{ECO}^{nb}$，而如果 $q_{ECO}^{*}=q_{ECO}^{b}$，则 $\gamma_{ECO}^{*}=\gamma_{ECO}^{b}$；

（3）如果 $0\leqslant y<y^{l*}$，则 $q_{ECO}^{*}=q_{ECO}^{b}$ 且 $\gamma_{ECO}^{*}=\gamma_{ECO}^{b}$。

根据命题 6.2，关于佣金率和库存数量的均衡决策取决于卖方的营运资金水平。具体而言，如果卖家资金充足时（对应于情形 1），她可以负担得起财务上不受约束的最优数量。卖家借贷行为带来的电子零售商库存数量的边际收益低于边际成本，即 $\delta^+(q^{\gamma})\leqslant 0$。因此，电子零售商将选择 q_{ECO}^{nb}（或在实际操作中相当于 γ_{ECO}^{nb}）。因此，卖方使用自己的部分营运资金订购库存，而无需借款。因此，它退化为没有资金约束的常规情况。

如果卖方资金紧缺时（对应于情形 2），她仍然能够在不借款的情况下订购财务上不受约束的最优数量 q_{ECO}^{nb}。然而，由于卖方的营运资金减少，借款阈值 q^{γ} 减少。电子零售商在库存数量方面的边际收益增长，超过了边际成本，即 $\delta^+(q^{\gamma})>0$。因此，对于电子零售商来说，选择较大的数量 q_{ECO}^{b}（或者在实际操作中选择较小的佣金率 γ_{ECO}^{b}）来诱导卖方借款可能是有益的。选择 q_{ECO}^{nb} 还是 q_{ECO}^{b} 取决于哪种情况会给电子零售商带来更多的利润。相应地，在前一种情况下，卖方在不借款的情况下订购库存，而在后一种情况下，卖方通过 EC 订购。

如果卖方资金极度紧缺时（对应于情形 3），如果不借款，她就负担不起财务上不受约束的最优数量 q_{ECO}^{nb}。此外，由于卖家的营运资金减少，借贷门

槛 q^y 进一步下降，电子零售商在库存数量方面的边际收益增长甚至更高，远超过边际成本，即 $\delta^+(q^y)>0$。因此，电子零售商将选择 q^b_{ECO}（或在实际操作中等效为 γ^b_{ECO}），卖方将使用 EC 来订购库存。

6.4.2 ECO vs BCO

定理 6.1 电子零售商在 ECO 下的利润大于 BCO，即 $\prod^*_{ECO} \geqslant \prod^*_{BCO}$。

定理 6.1 表明，电子零售商更倾向于 ECO 而不是 BCO，如图 6-3 所示。其理由是，电子零售商对 ECO 下的佣金率和利率具有共同控制权。额外的利率杠杆带来更大的经营灵活性，从而为电子零售商带来更多利润。具体而言，EC 可以激励卖方订购比 BC 更多的库存，定义为“激励效应”，如图 6-4 所示。此外，EC 的灵活性使电子零售商能够在卖家陷入严重财务约束时从卖家那里攫取更大比例的销售收入，这被定义为“掠夺效应”。这种影响可以从图 6-5 中观察到，该图表明，随着卖方营运资金的下降，ECO 下的佣金率越来越高于 BCO 下的佣金率。

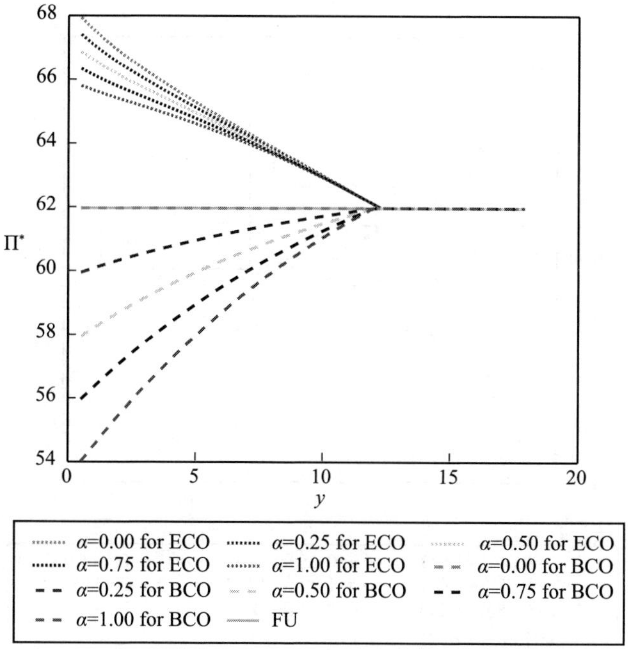

图 6-3 电商在 ECO 和 BCO 下的利润

注：“FU”代表财务上不受约束的情况。

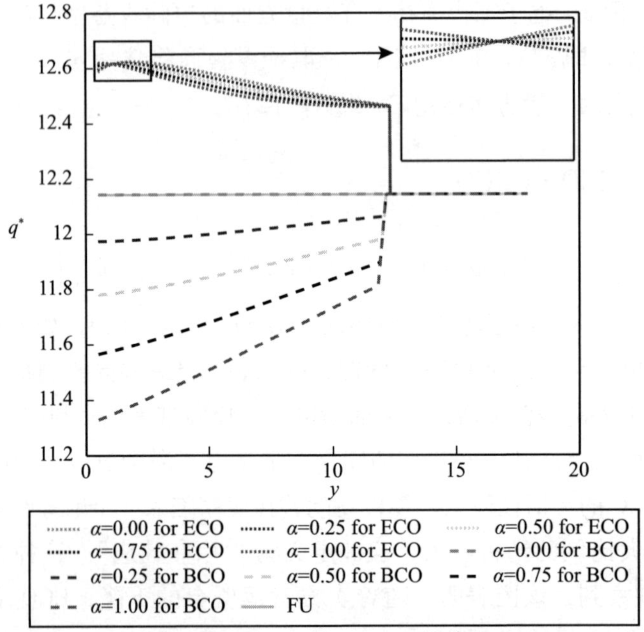

图 6－4　ECO 和 BCO 下的库存

注："FU"代表财务上不受约束的情况。

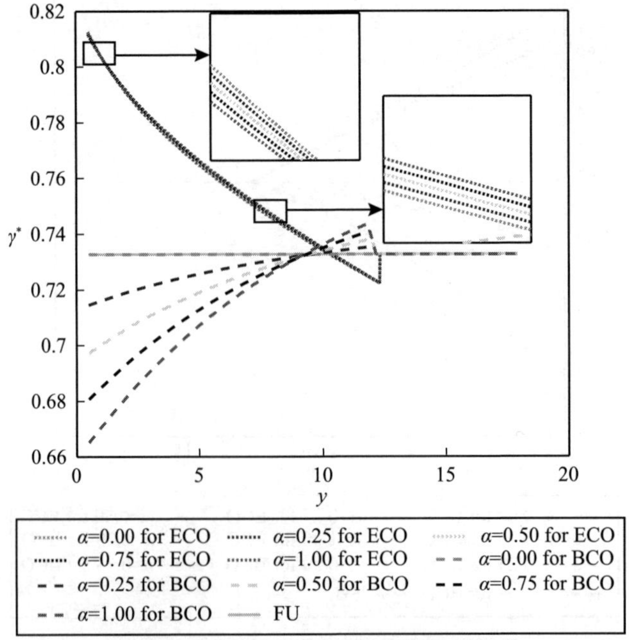

图 6－5　ECO 和 BCO 下的佣金率

注："FU"代表财务上不受约束的情况。

根据定理6.1，电子零售商倾向于向卖方提供寄售－信贷合约（γ_{ECO}^{*}，r_{ECO}^{e*}），而不是（γ_{BCO}^{*}，r_{BCO}^{e*}）。然而，从卖方的角度来看，当面对最优寄售－信贷合约（γ_{ECO}^{*}，r_{ECO}^{e*}）时，她会接受EC还是转向BC？下一个命题回答了这个问题。

命题6.3 给定（γ_{ECO}^{*}，r_{ECO}^{e*}），则 $q_{ECO}^{*} \geqslant q_{BCO}(\gamma_{ECO}^{*})$ 且 $\pi_{ECO}^{*} \geqslant \pi_{BCO}(\gamma_{ECO}^{*})$，即卖方在ECO下比在BCO下订购更多的库存，获得更大的利润。

根据命题6.3，给定最优寄售－信贷合约（γ_{ECO}^{*}，r_{ECO}^{e*}），卖方在ECO下比在BCO下订购更多的库存并获得更大的利润。因此，卖方会选择EC。其根本原因是，对于固定的γ_{ECO}^{*}，ECO下的利率低于BCO下的利率。命题6.3和定理6.1表明，在排他性借贷情况下，ECO是子博弈完美纳什均衡。然而，在ECO下，由于“掠夺效应”，卖方的情况可能更糟，如图6－6所示。

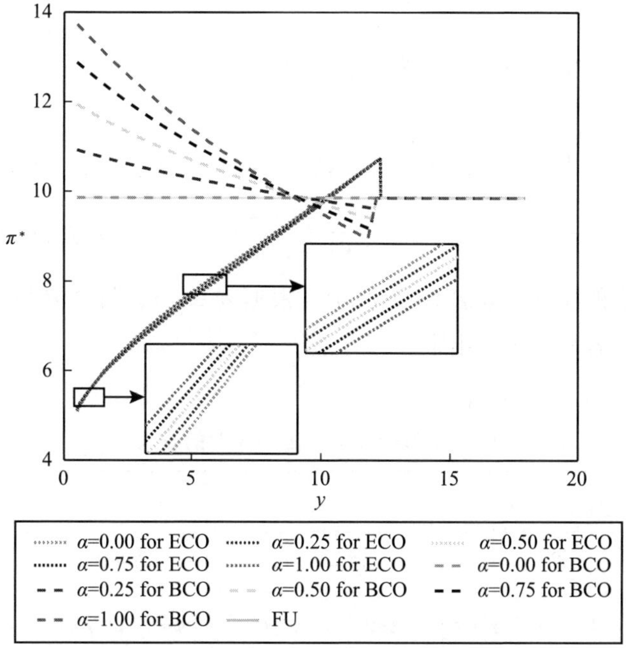

图6－6 ECO和BCO下的卖方利润

注：“FU”代表财务上不受约束的情况。

6.5 非排他性借贷：卖方最优库存决策

本节和下一节继续讨论非排他性借贷的情况。遵循逆向归纳论证，这一部分求解卖方的最优库存决策。回顾图 6-2 所描述的决策序列，在 $t=0$ 开始时，电子零售商决定优先级规则并提供寄售-信贷合约（γ，r^e）。作为回应，卖方决定总库存数量 q，以及如何在由自己的营运资金（q^o）、BC（q^b）和 EC（q^e）提供资金之间分配 q。为了技术上的方便，我们定义 $q^t=q^o+q^b$，它表示由卖方自己的营运资金加上 BC 支撑的库存。那么，$q=q^o+q^b+q^e=q^t+q^e$。设 k^b 和 k^e 分别表示 BC 和 EC 对应的违约阈值。也就是说，当且仅当 $D\geqslant k^b$（或 $D\geqslant k^e$）时，零售商能够全额偿还 BC（或 EC）。接下来，根据优先级规则，我们分别考察 ECP 和 BCP 下卖方的库存决策。

6.5.1 ECP 下卖方最优库存决策

根据 ECP，卖方首先偿还 EC，然后偿还 BC。因此，EC 和 BC 的违约阈值为 $k^e=\dfrac{c(1+r^e)q^e}{(1-\gamma)p}$和 $k^b=k^e+\dfrac{(cq^t-y)(1+r^b)}{(1-\gamma)p}$。每个参与者在 $t=1$ 时的收入取决于需求的实现，如表 6-1 所示。根据表 6-1，每个参与者在 $t=1$ 时的利润可以很容易地表示出来。

表 6-1　　ECP 下每个参与者在 $t=1$ 时的收入

	$D\in[0,\ k^e)$	$D\in[k^e,\ k^b)$	$D\in[k^b,\ q)$	$D\in[q,\ \infty)$
Bank	0	$(1-\alpha)(1-\gamma)p(D-k^e)$	$(1-\gamma)p(k^b-k^e)$	$(1-\gamma)p(k^b-k^e)$
E-tailer	$\gamma pD+(1-\alpha)(1-\gamma)pD$	$\gamma pD+(1-\gamma)pk^e$	$\gamma pD+(1-\gamma)pk^e$	$\gamma pq+(1-\gamma)pk^e$
Seller	0	0	$(1-\gamma)p(D-k^b)$	$(1-\gamma)p(q-k^b)$

由于完全竞争的假设，BC 是公平定价的：

$$(cq^t - y)(1 + r_f) = \int_{k^e}^{k^b}(1 - \alpha)(1 - \gamma)p(x - k^e)dF(x) + \int_{k^b}^{\infty}(1 - \gamma)p(k^b - k^e)dF(x) \quad (6-12)$$

预期银行的定价规则（6-12），卖方优化（q^t，q^e）以使其利润最大化。由于卖方仅在 $D > k^b$ 时才在 $t = 1$ 时获得收益，因此她在 $t = 1$ 时的预期利润是

$$\pi(q^t, q^e) = (1 - \gamma)p\int_{k^b}^{q^t+q^e}\bar{F}(x)dx - \min\{c(q^t + q^e), y\}(1 + r_f) \quad (6-13)$$

命题 6.4　在 ECP 下，给定（γ，r^e），卖方的最优库存数量记为（q^t_{ECP}，q^e_{ECP}），根据 y 分为以下三种相关情况：

（1）如果 $y \geqslant y^{nb}(\gamma)$，则卖方用部分营运资金订购库存，无需借款。最优库存数量为 $q^e_{ECP} = 0$ 且 $q^t_{ECP} = \bar{F}^{-1}\left[\frac{c(1 + r_f)}{(1 - \gamma)p}\right]$；

（2）如果 $y^b_{ECP}(\gamma, r^e) \leqslant y < y^{nb}(\gamma)$，且 $y^b_{ECP}(\gamma, r^e)$ 由 $\pi_{ECO}(\gamma, r^e) = \pi_{BCO}(\gamma)$ 唯一隐式确定，则卖方仅使用 BC 为库存融资。因此，$q^e_{ECP} = 0$，且 q^t_{ECP}由以下方程组唯一隐式确定：

$$\begin{cases} q^t_{ECP} = \bar{F}^{-1}\left[\dfrac{c(1 + r_f)}{(1 - \gamma)p\hat{F}(k^b_{ECP})}\bar{F}(k^b_{ECP})\right] \\ (cq^t_{ECP} - y)(1 + r_f) = (1 - \gamma)p\displaystyle\int_0^{k^b_{ECP}}\hat{F}(x)dx \end{cases} \quad (6-14)$$

（3）如果 $0 \leqslant y < y^b_{ECP}(\gamma, r^e)$，则卖方仅使用 EC 为库存融资。因此，$q^t_{ECP} = q^y$，且 q^e_{ECP}由以下方程组唯一隐式确定：

$$\begin{cases} q^e_{ECP} + q^y = \bar{F}^{-1}\left[\dfrac{c(1 + r^e)}{(1 - \gamma)p}\bar{F}(k^e_{ECP})\right] \\ k^e_{ECP} = \dfrac{c(1 + r^e)}{(1 - \gamma)p}q^e_{ECP} \end{cases} \quad (6-15)$$

根据命题 6.4，给定（γ，r^e），卖方关于库存数量的最优决策以及如何在由自己的营运资金、BC 和 EC 之间进行分配取决于她的营运资金。具体而言，如果卖方资金充足时（对应于情形 1），她可以用自己的营运资金来订购财务上不受约束的最优数量。在其他情况下，卖方在财务上受到限制，需要寻求外部资源来资助库存订购。命题 6.4 指出，卖方要么选择 BC，要么选择 EC，从不同时使用两者。这一结果表明，ECP 规则下的混合融资方案不能降

低单一来源融资方案（BC 或 EC）产生的融资成本。

具体而言，是选择 BC 还是 EC 取决于这两种方案的融资成本。一方面，给定（γ，r^e），EC 的平均融资成本是常数，即 $1+r^e$。另一方面，根据推论 6.2，卖方在 BC 下单位资金的平均融资成本 $1+r_{BCO}^b$ 递减于卖方营运资金。因此，当卖方资金紧缺时（对应于情形 2），BC 的融资成本小于 EC 的融资成本，因此卖方会选择 BC。然而，当营运资金水平进一步下降至低于某一阈值，在该阈值下，卖方在 BC 下的利润等于 EC 下的利润（对应于情形 3），BC 的融资成本超过了 EC。因此，卖方将选择 EC。

6.5.2 BCP 下卖方最优库存决策

根据 BCP，卖方首先偿还 BC，然后偿还 EC。因此，BC 和 EC 的违约阈值为 $k^b=\dfrac{(cq^t-y)(1+r^b)}{(1-\gamma)p}$，$k^e=k^b+\dfrac{c(1+r^e)q^e}{(1-\gamma)p}$。每个参与者在 $t=1$ 时的收入计算如表 6-2 所示，通过表 6-2 可以推导出他们各自在 $t=1$ 时的预期利润表达式。

表 6-2　BCP 下每个参与者在 $t=1$ 时的收入

	$D\in[0,\ k^b)$	$D\in[k^b,\ k^e)$	$D\in[k^e,\ q)$	$D\in[q,\ \infty)$
Bank	$(1-\alpha)(1-\gamma)pD$	$(1-\gamma)pk^b$	$(1-\gamma)pk^b$	$(1-\gamma)pk^b$
E-tailer	γpD	$\gamma pD(1-\alpha)(1-\gamma)p(D-k^b)$	$\gamma pD+$ $(1-\gamma)p(k^e-k^b)$	$\gamma pq+(1-\gamma)p(k^e-k^b)$
Seller	0	0	$(1-\gamma)p(D-k^e)$	$(1-\gamma)p(q-k^e)$

在完全竞争的信贷市场中，BC 按照公平定价原则定价：

$$
\begin{aligned}
(cq^t-y)(1+r_f) &= \int_0^{kb}(1-\alpha)(1-\gamma)px\,dF(x)+\int_{kb}^{\infty}(1-\gamma)pk^b\,dF(x)\\
&=(1-\gamma)p\int_0^{kb}\hat{F}(x)\,dx \qquad (6-16)
\end{aligned}
$$

预期银行的定价规则（6-16），卖方优化（q^t，q^e）以使其利润最大化。因为卖方仅在 $D>k^e$ 时才在 $t=1$ 时获得收入，她在 $t=1$ 时的预期利润是

$$\pi(q^t, q^e) = (1-\gamma)p\int_{k^e}^{q^t+q^e}\overline{F}(x)dx - \min\{c(q^t+q^e), y\}(1+r_f) \tag{6-17}$$

命题 6.5 让 $y_{BCP}^b(\gamma, r^e) =: c\overline{F}^{-1}\left[\frac{c(1+r_f)}{(1-\gamma)p\left[1-\alpha g\left(\hat{F}^{-1}\left(\frac{1+r_f}{1+r^e}\right)\right)\right]}\right] - \frac{(1-\gamma)p\int_0^{\hat{F}^{-1}\left(\frac{1+r_f}{1+r^e}\right)}\hat{F}(x)dx}{1+r_f}$。给定（$\gamma$，$r^e$），最优库存数量（$q_{BCP}^t$，$q_{BCP}^e$）依赖于 y，具体如下：

（1）如果 $y \geqslant y^{nb}(\gamma)$，则卖方用部分营运资金订购库存而无需借款。最优库存数量为 $q_{ECP}^e = 0$，$q_{ECP}^t = \overline{F}^{-1}\left[\frac{c(1+r_f)}{(1-\gamma)p}\right]$。

（2）如果 $y_{BCP}^b(\gamma, r^e) \leqslant y < y^{nb}(\gamma)$，则卖方仅使用 BC 来为库存融资。因此，$q_{ECP}^e = 0$，且 q_{ECP}^t 由以下方程组唯一隐式确定：

$$\begin{cases} q_{ECP}^t = \overline{F}^{-1}\left[\frac{c(1+r_f)}{(1-\gamma)p\hat{F}(k_{ECP}^b)}\overline{F}(k_{ECP}^b)\right] \\ (cq_{ECP}^t - y)(1+r_f) = (1-\gamma)p\int_0^{k_{ECP}^b}\hat{F}(x)dx \end{cases} \tag{6-18}$$

（3）如果 $0 \leqslant y < y_{BCP}^b(\gamma, r^e)$，则卖方同时使用 BC 和 EC 为库存融资。并且，（q_{BCP}^t，q_{BCP}^e）由以下方程组唯一隐式确定：

$$\begin{cases} \hat{F}(k_{BCP}^b) = \frac{1+r_f}{1+r^e} \\ q_{BCP}^t = \frac{(1-\gamma)p\int_0^{k_{BCP}^b}\hat{F}(x)dx}{c(1+r_f)} + q^y \\ \overline{F}(q_{BCP}^t + q_{BCP}^e) - \frac{c(1+r^e)\overline{F}(k_{BCP}^e)}{(1-\gamma)p} = 0 \\ k_{BCP}^e = k_{BCP}^b + \frac{c(1+r^e)}{(1-\gamma)p}q_{BCP}^e \end{cases} \tag{6-19}$$

根据命题 6-5，给定寄售-信贷合约，卖方在 BCP 下的最优库存决策取决于其营运资金。具体而言，当卖方资金充足时（对应于情形 1），她没有财务约束，因此不会借款。在其他情况下，卖方负担不起财务上不受约束的最优数量，而转向外部融资。从卖方的角度来看，选择 BC 还是和 EC 取决于这两种融资方案的融资成本。由于 BC 在贷款催收过程中处于优先地位，因此在 BCP 下一定数量 BC 的平均融资成本与 BCO 下相同，即 $r_{BCP}^{b}=r_{BCO}^{b}$。回想一下，在 BCO 下，卖方每单位资本的 BC 平均融资成本为 $1+r_{BCO}^{b}$，递减于卖方营运资金水平，而 EC 保持不变，即 $1+r^{e}$。因此，如果卖方资金紧缺时（对应于情形 2），她只会使用 BC，因为卖方 BC 的平均融资成本小于 EC，即 $1+r_{BCO}^{b}<1+r^{e}$。然而，当卖方资金极度紧缺时（对应于情形 3），如果卖方仅使用 BC，则 BC 的平均融资成本将高于 EC，即 $1+r_{BCO}^{b}>1+r^{e}$。因此，卖方将使用 BC 和 EC 的组合。具体而言，卖方将首先借入 BC，使 BC 的边际融资成本等于 EC 的边际融资成本，即 $\frac{1+r_f}{\hat{F}(k_{BCP}^{b})}=1+r^{e}$，如（6－19）所示，然后借入 EC 以获得剩余的金额。

6.6 非排他性借贷：电商最优决策

预计卖方在 ECP 和 BCP 下的最优库存决策响应，电商作为博弈领导者，决定是否索取 EC 的优先权和相关定价决策，以实现最大利润。

在 ECP 下，电子零售商在时间 1 的收入包括佣金，$\gamma p\min(D,\ q_{ECP}^{t}+q_{ECP}^{e})$ 和贷款偿还。如果 $D\geqslant k_{ECP}^{e}$，电子零售商全额收取贷款 $(1-\gamma)pk_{ECP}^{e}$，否则收取部分贷款 $(1-\alpha)(1-\gamma)pD$。因此，电子零售商在时间 1 的预期利润为：

$$\prod_{ECP}(\gamma,\ r^{e}) = \gamma p\int_{0}^{q_{ECP}^{t}+q_{ECP}^{e}}\overline{F}(x)dx + (1-\gamma)p\int_{0}^{k_{ECP}^{e}}\hat{F}(x)dx - cq_{ECP}^{e}(1+r_f) \tag{6-20}$$

同样，在 BCP 下，电子零售商在时间 1 的利润由佣金 $\gamma p\min(D,\ q_{BCP}^{t}+q_{BCP}^{e})$ 和贷款偿还组成。如果 $D\geqslant k_{BCP}^{e}$，电子零售商全额收取贷款 $(1-\gamma)p(k_{BCP}^{e}-k_{BCP}^{b})$，如果 $k_{BCP}^{b}<D<k_{BCP}^{e}$，部分收取贷款，否则不收取。因此，电子零售商在时间 1 的期望利润为：

$$\prod_{BCP}(\gamma,\ r^{e}) = \gamma p\int_{0}^{q_{BCP}^{t}+q_{BCP}^{e}}\overline{F}(x)dx + (1-\gamma)p\int_{k_{BCP}^{b}}^{k_{BCP}^{e}}\widetilde{F}(x;\ k_{BCP}^{b})dx - cq_{BCP}^{e}(1+r_f) \tag{6-21}$$

其中，$\tilde{F}(x;\ k_{BCP}^{b})=\bar{F}(x)[1-\alpha(x-k_{BCP}^{b})z(x)]$。

6.6.1 基于ECP的最优定价决策

定理6.2 ECP下的均衡结果与ECO下的均衡结果相同。

根据定理6.2，在ECP下，电子零售商提供的佣金率和利率与ECO下相同。考虑到卖方的最优反应，这个结论是相当直观的。一方面，根据命题6.4，给定（γ，r^{e}），卖方会选择EC或BC。另一方面，根据定理6.1，电子零售商在ECO下通过设定（γ_{ECO}^{*}，r_{ECO}^{e*}）比在BCO下通过设定（γ_{BCO}^{*}，γ_{BCO}^{*}）产生更大的利润。根据命题6.3，面对委托信用合同（γ_{ECO}^{*}，r_{ECO}^{e*}），卖方更倾向于ECO而不是BCO。结合这两个方面，可以推断，电子零售商应该设置$r_{ECP}^{e*}=r_{ECO}^{e*}=r_f$和$\gamma_{ECP}^{*}=\gamma_{ECO}^{*}$。相应地，卖方将只使用EC来融资库存，数量与ECO完全相同。与ECO相比，ECP引入了另一种融资来源，即BC。然而，定理6.2表明，BC的引入对EC既没有替代效应，也没有互补效应。

6.6.2 ECP或BCP

由图6－2可知，在时间0开始时，电子零售商需要决定是否要求EC在贷款催收中具有优先权。定理6.3提供了答案。

定理6.3 电子零售商在BCP下的利润不低于ECP下的利润，即$\prod_{BCP}^{*}\geqslant\prod_{ECP}^{*}$。

在BCP下，给定（γ_{ECO}^{*}，r_{ECO}^{*}），根据命题6.5，卖方只选择EC。因此，电子零售商获得的利润与ECO相同，即$\prod_{BCP}(\gamma_{ECO}^{*},r_{ECO}^{*})=\prod_{ECO}^{*}$。而且，定理6.2表明电子零售商在ECP和ECO下的利润是相同的，即$\prod_{ECP}^{*}=\prod_{ECO}^{*}$。因此，在BCP下，电子零售商至少可以赚取与ECP相等的利润，如定理6.3所示。实际上，如图6－7所示，在BCP均衡中，当c和α相对较大且y足够小时，电子零售商在高借贷成本区域（即区域Ⅲ）设定了高于无风险利率的利率。因此，卖方将使用BC和EC的组合。这一观察结果表明，从电子零售商的角度来看，在高借贷成本区域，BCP严格占优于ECP/ECO。这一结论意味着电子零售商更倾向于在银行之后收回贷款，这违背了我们的直觉：要求优先收回贷款符合电子零售商的利益。

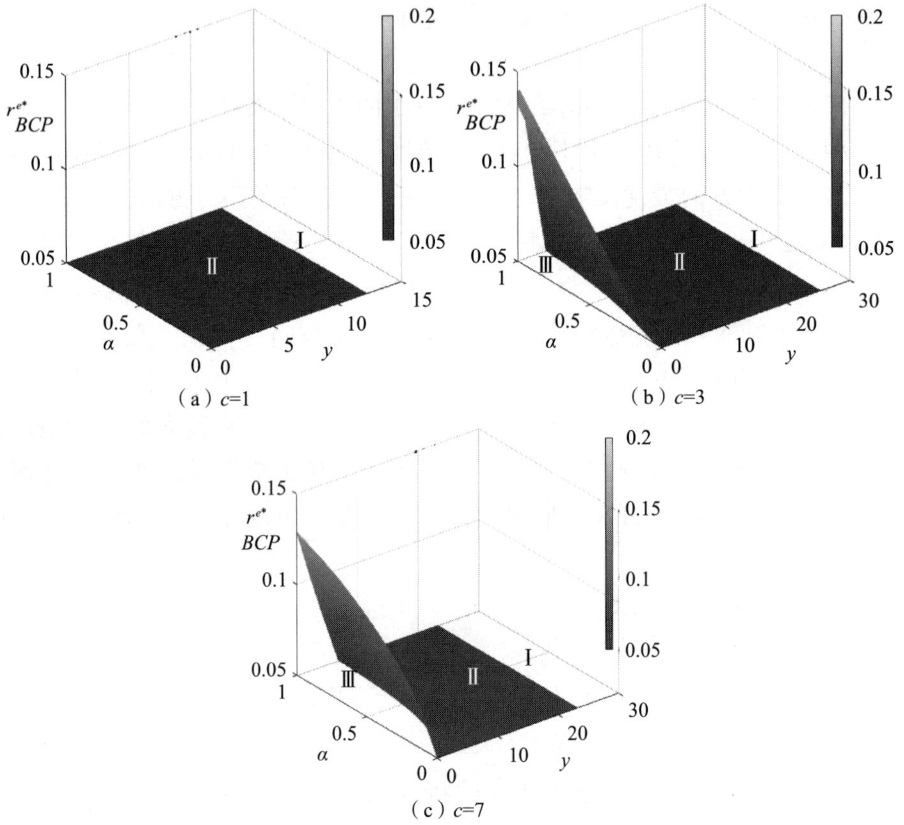

图 6－7　BCP 下 EC 均衡利率

注：在区域Ⅰ，卖方有充足的流动资金，不借款；在区域Ⅱ，零售商提供无风险利率，卖方仅使用 EC；在区域Ⅲ，电子零售商提供的利率高于无风险利率，卖方同时使用 BC 和 EC。

根本原因如下：如果电商零售商要求优先收款，则根据定理 6.2，卖方不会使用 BC。然而，通过放弃优先级，电子零售商除了佣金率和利率外还可以获得额外的杠杆，即 BC，因此在控制上更加灵活。根据命题 6.5，电子零售商可以通过调整 EC 的利率来控制卖家使用 BC 的确切数量。在高借贷成本地区，通过提供高于无风险利率的利率，电子零售商促使卖方利用 BC，为除 EC 以外的部分库存提供资金。BC 的引入将卖方的部分违约成本转移到了银行，降低了电商的借贷成本。特别是随着 α 的升高，电商零售商的借贷成本上升，BC 在风险分担中扮演着越来越重要的角色。这就解释了为什么电子零售商在 BCP 和 ECP 之间的利润差异递增于 α，如图 6－8 所示。因此，BC 是 EC 的补充而不是替代。

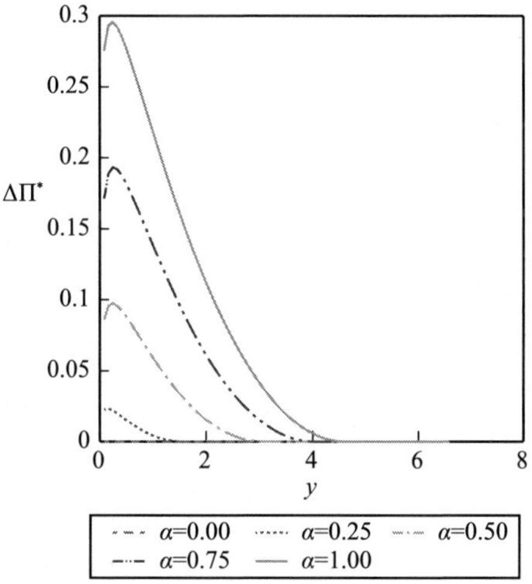

图 6－8 BCP 和 ECP 的电商利润差异

卖方偏好。图 6－9 揭示了一个意想不到的结果，即在采用混合融资方案的高贷款成本地区，在 BCP 下，卖方也变得更富裕。在该地区，电子零售商提供的利率高于无风险利率，增加了卖方的融资成本。然而，电子零售商通过收取较低的佣金率来补偿卖方，如图 6－10 所示，这提高了卖方的边际销售收入。总的来说，增加的销售收入超过增加的融资成本，因此卖家变得更富裕。图 6－10 还揭示出，随着 α 升高，电子零售商提供越来越低的佣金率，并且相应地，卖方产生越来越高的利润，如图 6－9 所示。这意味着，随着违约成本的增加，BC 和 EC 的联合使用对卖方更有利。

供应链偏好。基于这些讨论，BCP 不仅有利于电商，也有利于卖方，是 ECP/ECO 的帕累托改进。因此，BCP 增强了集成供应链的绩效。在不同的成本环境下，BCP 的潜在作用机制也有所不同。具体来说，在低成本环境中（对应于图 6－11（a）），或中等成本但 α 相对较小（对应于图 6－11（b）的情况），卖方在 BCP 下安装的库存比在 ECP 下少，定义为“抑制效应”。虽然这种抑制效应减少了供应链的总收入，但它也降低了沉没的违约成本，如图 6－12 所示。总体而言，违约成本的减少超过了收入的减少，从而提高了供应链的利润。相比之下，在高成本环境中，成本较高（对应于图 6－11（c）），

或中等但 α 相对较大（对应于图 6-11（b）中 $\alpha>0.25$ 的情况），BCP 激励卖方安装更多库存，定义为"激励效应"。这种激励效应不仅扩大了集成供应链的销售收入，而且降低了违约成本。因此，供应链获得更大的预期利润。

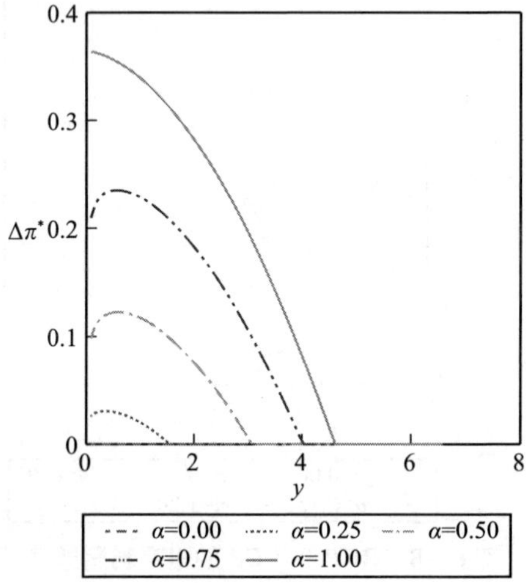

图 6-9　BCP 与 ECP 的卖方利润差异

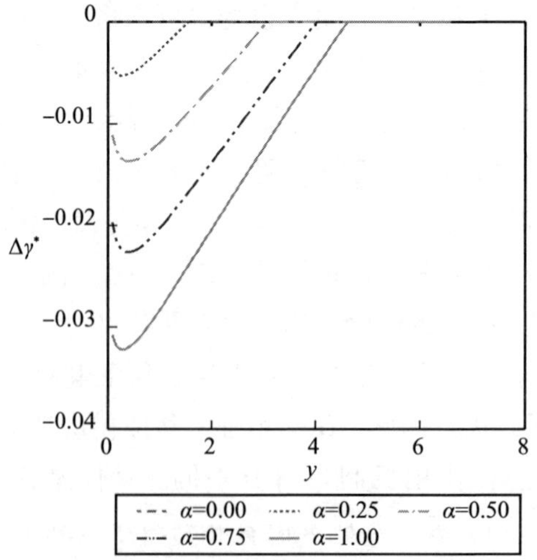

图 6-10　BCP 和 ECP 的佣金率差异

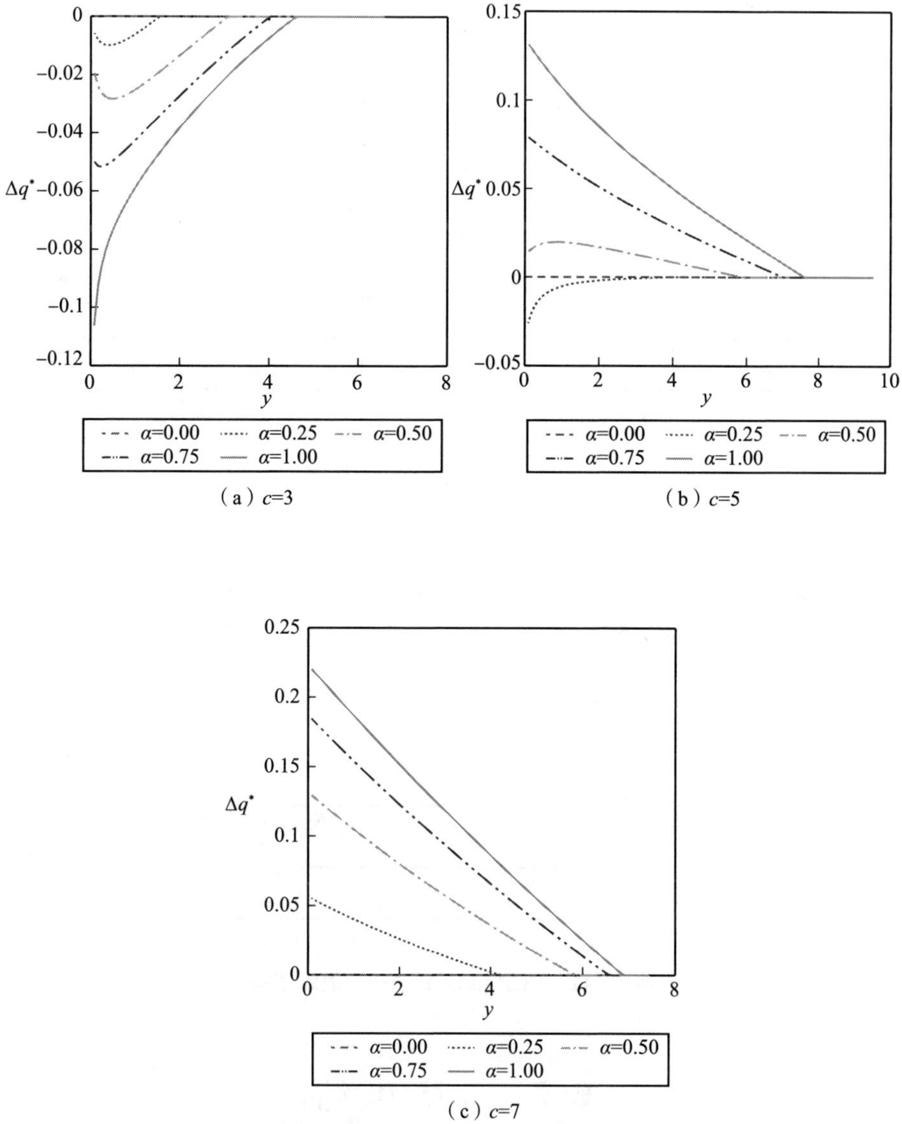

图 6－11　BCP 与 ECP 的库存数量差异

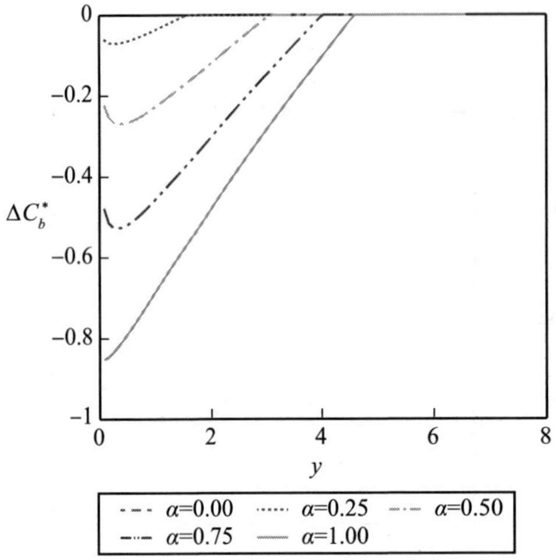

(a) c=3

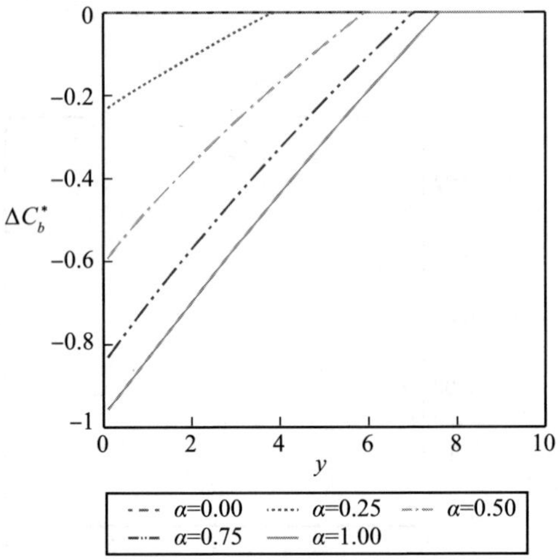

(b) c=5

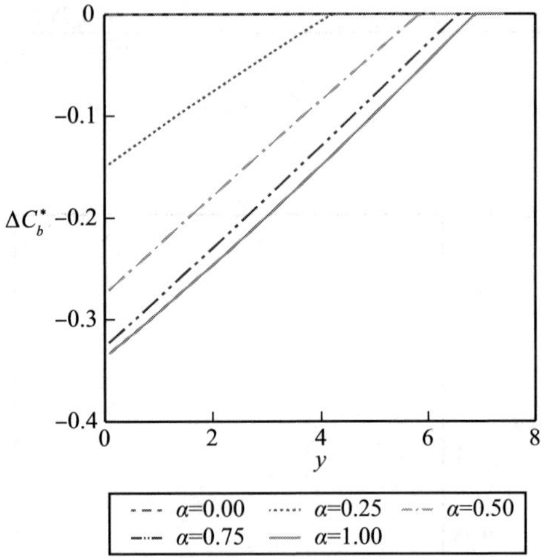

(c) c=7

图 6-12　BCP 和 ECP 的违约成本差异

6.7　本章小结

随着电子商务的发展，电子零售商纷纷开展广泛的增值业务，金融服务是其中流行的一种。本章旨在探讨这种授信行为的动机及其对经营决策的影响。我们考虑由采用代理销售模式的电子零售商和财务受限的卖方组成的两级供应链，该卖方可与BC或（和）EC一起为库存安装提供资金。我们从卖方可以从单一来源为库存融资的情况开始。研究表明，无风险利率的ECO是均衡融资策略。其根本原因是，与BCO相比，在ECO下，电子零售商具有作为零售商和债权人的双重角色优势。这种优势通过激励效应和掠夺效应使电商受益，给电商带来了更大的运营灵活性。

我们继续考虑卖方可以利用双源融资的方案。如果电子零售商要求贷款收款具有优先性，我们发现只有电商信贷被使用，均衡结果与电商信贷的均衡结果相同。令人惊讶的是，一旦放弃优先权，电子零售商就变得更好了。基本的经济原理是，将优先权让与银行降低了BC的融资成本，从而诱导卖方在高借贷成本区域使用BC为库存融资。BC的引入分担了电子零售商的部分借贷成本，是EC的有益补充。卖方也倾向于银行优先，这意味着银行优先是电子零售商优先的帕累托改进。一般来说，银行优先通过低成本环境下的抑制效应和高成本环境下的激励效应使集成供应链获利。

我们的模型突出了在运营和融资方面联合决策的优势。我们的研究结果解释了普遍存在的廉价EC现象，并与银行优先序的普遍做法一致。此外，所建立的模型和相关均衡结果不仅适用于在线零售和电子商务的特定场景，也适用于基于寄售的业务交互的一般场景。然而，本书存在一些局限性，可能启示未来的研究方向。首先，本书仅包含违约成本，考虑其他市场摩擦（如机会成本、风险规避）会使模型与实践更加吻合。其次，进一步考虑渠道竞争，例如多个销售商、在线和离线渠道以及代理销售和转售渠道，可能是比较有意思的选题。最后，除了EC和BC之外，其他供应链金融方案（如零售商中介银行融资、库存融资）也值得研究。

6.8 本章附录

A. 技术性引理

引理 A6.1 （6-1）中定义的$\pi(q)$是q的拟凹函数。

引理 A6.2 令$\tilde{q}$代表方程$1-qz(q)=0$的唯一解，那么$k_{ECO}^{e}\leq\tilde{q}$。

引理 A6.3 （6-5）中定义的$\pi(q)$是q的凹函数。

引理 A6.4 $\delta^-(q^\gamma)$ 和 $\delta^+(q^\gamma)$ 均递减于 γ，且 $\delta^-(q^\gamma) < \delta^+(q^\gamma)$。

B. 主要结论证明

引理 A6.1 证明： $\pi(q)$ 的一阶导数是

$$\frac{d\pi(q)}{dq} = \begin{cases} (1-\gamma)p\overline{F}(q) - c(1+r_f) & if\ q \in [0,\ q^\gamma] \quad (a) \\ (1-\gamma)p\overline{F}(q) - c(1+r^e)\overline{F}(k^e) & if\ q \in (q^\gamma,\ \infty) \quad (b) \end{cases} \tag{A6-1}$$

其中 $k^e = \frac{(cq-y)^+(1+r^e)}{(1-\gamma)p}$。我们首先分析（A6－1b）并定义 $\kappa(q) = \frac{(1-\gamma)p\overline{F}(q)}{c(1+r^e)\overline{F}(k^e)}$。取 $\kappa(q)$ 的自然对数，得到

$$\ln\kappa(q) = \ln(1-\gamma)p - \ln c(1+r^e) + \ln\overline{F}(q) - \ln\overline{F}(k^e) \tag{A6-2}$$

$\ln\kappa(q)$ 对 q 的一阶导数是

$$\frac{d\ln\kappa(q)}{dq} = \frac{c(1+r^e)}{(1-\gamma)p}z(k^e) - z(q) \tag{A6-3}$$

显然，$\frac{c(1+r^e)}{(1-\gamma)p} < 1$；否则，卖方将不会向电子零售商借款，因为边际融资成本大于边际收入。因此，根据 k^e 的定义有 $k^e < q$。此外，因为 $z(\cdot)$ 是一个递增函数，所以 $\frac{d\ln\kappa(q)}{dq} < 0$，因此 $\kappa(q)$ 递减于 $q \in (q^\gamma,\ \infty)$。因此，最多存在一个根 q^0 使得 $\kappa(q^0) = 1$。当 $q \in (q^\gamma,\ q^0]$，我们有 $\kappa(q) \geq 1$；当 $q \in (q^0,\ \infty)$，我们有 $\kappa(q) < 1$。等价地，方程

$$\frac{d\pi(q)}{dq} = (1-\gamma)p\overline{F}(q) - c(1+r^e)\overline{F}(k^e) = 0 \tag{A6-4}$$

最多有一个零根 q^0，并且对于 $q \in (q^\gamma,\ q^0]$ 有 $\frac{d\pi(q)}{dq} \geq 0$，而对于 $q \in (q^0,\ \infty)$ 有 $\frac{d\pi(q)}{dq} < 0$。结果，$\pi(q)$ 递增于 $q \in (q^\gamma,\ q^0]$ 且递减于 $q \in (q^0,\ \infty)$。因此，$\pi(q)$ 在 $q \in (q^\gamma,\ \infty)$ 里是准凹的。

接下来，我们考察（A6－1a）。$\pi(q)$ 的一阶导数递减。因此，$\pi(q)$ 在 $q \in [0,\ q^\gamma]$ 里是凹的。此外，$\left.\frac{d\pi(q)}{dq}\right|_{q=q^{\gamma-}} \geq \left.\frac{d\pi(q)}{dq}\right|_{q=q^{\gamma+}}$。因此，$\pi(q)$ 在

$q \in [0, \infty)$ 里是准凹的。证毕。

引理 A6.2 证明： 设 $\psi(q) = q\bar{F}(q)$，其一阶导数为 $\psi'(q) = \bar{F}(q)[1 - qz(q)]$，那么 $\psi'(q) = 0$ 的唯一解是 $\tilde{q}$。此外，$\psi(q)$ 递增于 $q \in [0, \tilde{q})$ 且递减于 $q \in [\tilde{q}, \infty)$。根据引理6.1，我们有

$$q_{ECO}\bar{F}(q_{ECO}) = \frac{cq_{ECO}(1+r^e)}{(1-\gamma)p}\bar{F}(k_{ECO}^e)$$

$$= \left[k_{ECO}^e + \frac{\gamma(1+r^e)}{(1-\gamma)p}\right]\bar{F}(k_{ECO}^e) \geqslant k_{ECO}^e\bar{F}(k_{ECO}^e) \qquad (A6-5)$$

由于 $q_{ECO} \geqslant k_{ECO}^e$，所以 $k_{ECO}^e \leqslant \tilde{q}$。证毕。

引理 A6.3 证明： 关于（6－5）中的一阶导数推导如下：

$$\frac{d\pi(q)}{dq} = \begin{cases} (1-\gamma)p\bar{F}(q) - c(1+r_f) & \text{if } q \in [0, q^\gamma] \\ (1-\gamma)p\bar{F}(q) - \dfrac{c(1+r_f)}{\hat{F}(k^b)}\bar{F}(k^b) & \text{if } q \in (q^\gamma, \infty) \end{cases} \qquad (A6-6)$$

一方面，显然，$\frac{d\pi(q)}{dq}$递减于 $q \in [0, q^\gamma]$。另一方面，当 $q \in (q^\gamma, \infty)$，等式（6－4）意味着（ⅰ）由于完全竞争信贷市场的假设，有 $1 - \alpha k^b z(k^b) \geqslant 0$，从而（ⅱ）$k^b$ 递增。（ⅰ）和（ⅱ）的事实表明$\frac{d\pi(q)}{dq}$递减于 $q \in (q^\gamma, \infty)$。此外，因为 $k^b(q^\gamma) = 0$，所以$\frac{d\pi(q)}{dq}$在分段点 $q = q^\gamma$ 处是连续的。因此，在整个定义域中，$\frac{d\pi(q)}{dq}$递减于 q。因此，$\pi(q)$ 是 q 的凹函数。证毕。

引理 A6.4 证明： 在 $q_{ECO}^{\#} = q^\gamma$ 处，我们有

$$\delta^-(q^\gamma) = \left.\frac{d\prod_{ECO}^{\#}(q_{ECO}^{\#})}{dq_{ECO}^{\#}}\right|_{q_{ECO}^{\#} = q^{\gamma -}}$$

$$= p\bar{F}(q^\gamma) - c(1+r_f) - c(1+r_f)\frac{z(q^\gamma)}{\bar{F}(q^\gamma)}\int_0^{q^\gamma}\bar{F}(x)dx \qquad (A6-7)$$

$$\delta^+(q^\gamma) = \left.\frac{d\prod_{ECO}^{\#}(q_{ECO}^{\#})}{dq_{ECO}^{\#}}\right|_{q_{ECO}^{\#} = q^{\gamma +}}$$

$$= p\bar{F}(q^\gamma) - c(1+r_f) - c(1+r_f)\left[\frac{z(q^\gamma)}{\bar{F}(q^\gamma)} - z(0)\right]\int_0^{q^\gamma}\bar{F}(x)dx$$

(A6－8)

根据（A6－7）和（A6－8），$\delta^-(q^\gamma)$ 和 $\delta^+(q^\gamma)$ 都递减于 q^γ。并且，根据定义，q^γ 递增于 γ。使用链导法则，$\delta^-(q^\gamma)$ 和 $\delta^+(q^\gamma)$ 递减于 γ。此外，因为 $z(0)>0$，所以 $\delta^-(q^\gamma)<\delta^+(q^\gamma)$。证毕。

引理 6.1 证明： 根据引理 A6.1，卖方的最佳库存 q_{ECO} 位于分段函数 $\pi(q)$ 的唯一极值点。通过分析分界点 q^γ 处的一阶方向导数，我们有以下三种情况：

（1）如果 $\left.\frac{d\pi(q)}{dq}\right|_{q=q^{\gamma}+}\leqslant\left.\frac{d\pi(q)}{dq}\right|_{q=q^{\gamma}-}\leqslant 0$，或等价地，$y\geqslant y^{nb}(\gamma)$，则 $q_{ECO}\in[0,\ q^\gamma]$，因此，$q_{ECO}=\bar{F}^{-1}\left[\frac{c(1+r_f)}{(1-\gamma)p}\right]$。

（2）如果 $\left.\frac{d\pi(q)}{dq}\right|_{q=q^{\gamma}+}\leqslant 0\leqslant\left.\frac{d\pi(q)}{dq}\right|_{q=q^{\gamma}-}$，或等价地 $y^b_{ECO}(\gamma,\ r^e)\leqslant y<y^{nb}(\gamma)$，其中 $y^b_{ECO}(\gamma,\ r^e)=c\bar{F}^{-1}\left[\frac{c(1+r^e)}{p(1-\gamma)}\right]$，则 q_{ECO} 位于分界点 q^γ 处，即 $q_{ECO}=q^\gamma$。

（3）如果 $0\leqslant\left.\frac{d\pi(q;\ \gamma,\ r^e)}{dq}\right|_{q=q^{\gamma}+}\leqslant\left.\frac{d\pi(q;\ \gamma,\ r^e)}{dq}\right|_{q=q^{\gamma}-}$，或等价地 $0\leqslant y<y^b_{ECO}(\gamma,\ r^e)$，则 $q_{ECO}\in(q^\gamma,\ \infty)$，因此，$q_{ECO}=\bar{F}^{-1}\left[\frac{c(1+r^e)}{(1-\gamma)p}\bar{F}(k^e_{ECO})\right]$。证毕。

推论 6.1 证明： 根据引理 6.1，我们有

$$q_{ECO}=\begin{cases}\bar{F}^{-1}\left[\frac{c(1+r_f)}{(1-\gamma)p}\right] & if\ \frac{c(1+r_f)}{p}\leqslant 1-\gamma\leqslant\frac{c(1+r_f)}{p\bar{F}(q^\gamma)}\\ q^\gamma & if\ \frac{c(1+r_f)}{p\bar{F}(q^\gamma)}<1-\gamma\leqslant\frac{c(1+r^e)}{p\bar{F}(q^\gamma)}\\ \bar{F}^{-1}\left[\frac{c(1+r^e)}{(1-\gamma)p}\bar{F}(k^e_{ECO})\right] & if\ \frac{c(1+r^e)}{p\bar{F}(q^\gamma)}<1-\gamma\leqslant 1\end{cases}$$

（A6－9）

首先，我们证明 q_{ECO} 递减于 γ。当 $\frac{c(1+r_f)}{p}\leqslant 1-\gamma\leqslant\frac{c(1+r_f)}{p\bar{F}(q^\gamma)}$ 和 $\frac{c(1+r_f)}{p\bar{F}(q^\gamma)}<1-\gamma\leqslant\frac{c(1+r^e)}{p\bar{F}(q^\gamma)}$ 时，从（A6－9）可观察出 q_{ECO} 递减于 γ。当 $\frac{c(1+r^e)}{p\bar{F}(q^\gamma)}<1-$

$\gamma \leqslant 1$，我们有

$$\frac{dq_{ECO}}{d\gamma}=\frac{cp(1+r^{e})k_{ECO}^{e}f(k_{ECO}^{e})-p^{2}(1-\gamma)\bar{F}(q_{ECO})}{p^{2}(1-\gamma)^{2}f(q_{ECO})-c^{2}(1+r^{e})^{2}f(k_{ECO}^{e})}$$

$$=\frac{k_{ECO}^{e}z(k_{ECO}^{e})-1}{(1-\gamma)\bar{F}(q_{ECO})\left[\frac{z(q_{ECO})}{\bar{F}(q_{ECO})}-\frac{z(k_{ECO}^{e})}{\bar{F}(k_{ECO}^{e})}\right]}\leqslant 0 \qquad (A6-10)$$

其中最后一个"$\leqslant 0$"成立是因为根据引理 A6.2，分子为负，且因为$\frac{z(\cdot)}{\bar{F}(\cdot)}$是一个递增函数并且 $q_{ECO}\geqslant k_{ECO}^{e}$，所以分母为正。同样，我们有

$$\frac{dq_{ECO}}{dr^{e}}=\frac{c\bar{F}(k_{ECO}^{e})[k_{ECO}^{e}z(k_{ECO}^{e})-1]}{(1-\gamma)p\bar{F}^{2}(q_{ECO})\left[\frac{z(q_{ECO})}{\bar{F}(q_{ECO})}-\frac{z(k_{ECO}^{e})}{\bar{F}(k_{ECO}^{e})}\right]}\leqslant 0 \qquad (A6-11)$$

和$\frac{dq_{ECO}}{dy}=\frac{z(k_{ECO}^{e})}{\bar{F}(k_{ECO}^{e})\left[\frac{z(k_{ECO}^{e})}{\bar{F}(k_{ECO}^{e})}-\frac{z(q_{ECO})}{\bar{F}(q_{ECO})}\right]}\leqslant 0$。因此，$q_{ECO}$递减于 r^{e} 和 y。证毕。

引理 6.2 证明：根据引理 A6.3，卖方在满足$\left.\frac{d\pi(q)}{dq}\right|_{q=q_{BCO}}=0$ 的极值点 $q=q_{BCO}$获得最大利润。当$\left.\frac{d\pi(q)}{dq}\right|_{q=q^{y}}\leqslant 0$，或等价地 $y\geqslant y^{nb}(\gamma)=c\bar{F}^{-1}\left[\frac{c(1+r_{f})}{(1-\gamma)p}\right]$，$q_{BCO}\in[0,\ q^{y}]$。因此 $q_{BCO}=\bar{F}^{-1}\left[\frac{c(1+r_{f})}{(1-\gamma)p}\right]$。当$\left.\frac{d\pi(q)}{dq}\right|_{q=q^{y}}>0$，或等价地 $0\leqslant y<y^{nb}(\gamma)$，$q_{BCO}\in(q^{y},\ \infty)$，因此 $q_{BCO}=\bar{F}^{-1}\left[\frac{c(1+r_{f})}{(1-\gamma)p\hat{F}(k_{BCO}^{b})}\bar{F}(k_{BCO}^{b})\right]$。证毕。

推论 6.2 证明：引理 6.2 表明

$$q_{BCO}=\begin{cases}\bar{F}^{-1}\left[\frac{c(1+r_{f})}{(1-\gamma)p}\right] & if\ \frac{c(1+r_{f})}{p}\leqslant 1-\gamma\leqslant\frac{c(1+r_{f})}{p\bar{F}(q^{y})} \quad (a)\\ \bar{F}^{-1}\left[\frac{c(1+r_{f})}{(1-\gamma)p\hat{F}(k_{BCO}^{b})}\bar{F}(k_{BCO}^{b})\right] & if\ \frac{c(1+r_{f})}{p\bar{F}(q^{y})}<1-\gamma\leqslant 1 \quad (b)\end{cases}$$

(A6-12)

(1) 当$\frac{c(1+r_{f})}{p}\leqslant 1-\gamma\leqslant\frac{c(1+r_{f})}{p\bar{F}(q^{y})}$，显然，$q_{BCO}$递减于 γ。

（2）当$\frac{c(1+r_f)}{p\bar{F}(q^{\gamma})}<1-\gamma<1$，将隐函数定理应用于（6－6）可得

$$\begin{cases} c(1+r_f)\dfrac{dq_{BCO}}{d\gamma}-(1-\gamma)p\hat{F}(k_{BCO}^{b})\dfrac{dk_{BCO}^{b}}{d\gamma}=-p\int_0^{k_{BCO}^{b}}\hat{F}(x)dx \\ (1-\gamma)z(q_{BCO})\dfrac{\hat{F}(k_{BCO}^{b})}{\bar{F}(k_{BCO}^{b})}\dfrac{dq_{BCO}}{d\gamma}-(1-\gamma)\left[\dfrac{\hat{F}(k_{BCO}^{b})}{\bar{F}(k_{BCO}^{b})}\right]'\dfrac{dk_{BCO}^{b}}{d\gamma}=-\dfrac{\hat{F}(k_{BCO}^{b})}{\bar{F}(k_{BCO}^{b})} \end{cases} \tag{A6－13}$$

求解（A6－13）有

$$\frac{dq_{BCO}}{d\gamma}=\frac{p\hat{F}(k_{BCO}^{b})[\hat{F}(k_{BCO}^{b})/\bar{F}(k_{BCO}^{b})]-p\int_0^{k_{BCO}^{b}}\hat{F}(x)dx[\hat{F}(k_{BCO}^{b})/\bar{F}(k_{BCO}^{b})]'}{c(1+r_f)[\hat{F}(k_{BCO}^{b})/\bar{F}(k_{BCO}^{b})]'-p(1-\gamma)z(q_{BCO})\hat{F}(k_{BCO}^{b})[\hat{F}(k_{BCO}^{b})/\bar{F}(k_{BCO}^{b})]}<0 \tag{A6－14}$$

其中最后一个“<”成立是因为$\int_0^{k_{BCO}^{b}}\hat{F}(x)dx>0$和$[\hat{F}(k_{BCO}^{b})/\bar{F}(k_{BCO}^{b})]'<0$。因此，$q_{BCO}$递减于$\gamma$。以类似的方式，将隐函数定理应用于（6－6）得到

$$\frac{dk_{BCO}^{b}}{dy}=\frac{(1+r_f)(1-\gamma)pf(q_{BCO})\hat{F}(k_{BCO}^{b})}{c(1+r_f)[(1-\gamma)p\hat{F}'(k_{BCO}^{b})\bar{F}(q_{BCO})+c(1+r_f)f(k_{BCO}^{b})]-[(1-\gamma)p\hat{F}(k_{BCO}^{b})]^2f(q_{BCO})}<0 \tag{A6－15}$$

不等号之所以成立是因为

$$\begin{aligned}&(1-\gamma)p\hat{F}'(k_{BCO}^{b})\bar{F}(q_{BCO})+c(1+r_f)f(k_{BCO}^{b})\\ &=(1-\gamma)p\bar{F}(q_{BCO})\bar{F}(k_{BCO}^{b})[\hat{F}(k_{BCO}^{b})/\bar{F}(k_{BCO}^{b})]'<0\end{aligned} \tag{A6－16}$$

此外，将隐函数定理应用于（6－3）和（6－4）可得

$$\frac{dr_{BCO}^{b}}{dk_{BCO}^{b}}=\frac{(1+r_f)[\int_0^{k_{BCO}^{b}}\hat{F}(x)dx-k_{BCO}^{b}\hat{F}(k_{BCO}^{b})]}{[\int_0^{k_{BCO}^{b}}\hat{F}(x)dx]^2}>0 \tag{A6－17}$$

其中不等号成立是因为$\hat{F}(x)$中递减于$x\in(0,k_{BCO}^{b})$。所以，$\frac{dr_{BCO}^{b}}{dy}=\frac{dr_{BCO}^{b}}{dk_{BCO}^{b}}\cdot\frac{dk_{BCO}^{b}}{dy}<0$。证毕。

命题 6.1 证明：使用（γ，r^{e}）代替变量y，则根据引理 6.1，卖方的最

佳响应可以表示如下：

$$
q_{ECO}=\begin{cases}\bar{F}^{-1}\left[\dfrac{c(1+r_f)}{(1-\gamma)p}\right] & if\ \dfrac{c(1+r_f)}{p}\leqslant 1-\gamma<\dfrac{c(1+r_f)}{p\bar{F}(q^{\gamma})} \quad (a)\\ q^{\gamma} & if\ \dfrac{c(1+r_f)}{p\bar{F}(q^{\gamma})}\leqslant 1-\gamma<1 \text{ and } \dfrac{1-\gamma}{1+r^e}\leqslant\dfrac{c}{p\bar{F}(q^{\gamma})} \quad (b)\\ \bar{F}^{-1}\left[\dfrac{c(1+r^e)}{(1-\gamma)p}\bar{F}(k_{ECO}^e)\right] & if\ \dfrac{c(1+r_f)}{p\bar{F}(q^{\gamma})}\leqslant 1-\gamma<1 \text{ and } \dfrac{1-\gamma}{1+r^e}>\dfrac{c}{p\bar{F}(q^{\gamma})} \quad (c)\end{cases}
\tag{A6-18}
$$

相应地，电子零售商的预期利润可以改写如下：

$$
\prod\nolimits_{ECO}(\gamma,r^e)=\begin{cases}\gamma p\displaystyle\int_0^{q_{ECO}}\bar{F}(x)dx & if\ \dfrac{c(1+r_f)}{p}\leqslant 1-\gamma\leqslant\dfrac{c(1+r_f)}{p\bar{F}(q^{\gamma})} \quad (a)\\ \gamma p\displaystyle\int_0^{q^{\gamma}}\bar{F}(x)dx & if\ \dfrac{c(1+r_f)}{p\bar{F}(q^{\gamma})}\leqslant 1-\gamma<1 \text{ and } \dfrac{1-\gamma}{1+r^e}\leqslant\dfrac{c}{p\bar{F}(q^{\gamma})} \quad (b)\\ -(cq_{ECO}-y)(1+r_f)+\gamma p\displaystyle\int_0^{q_{ECO}}\bar{F}(x)dx+(1-\gamma)p\int_0^{k_{ECO}^e}\hat{F}(x)dx & if\ \dfrac{c(1+r_f)}{p\bar{F}(q^{\gamma})}\leqslant 1-\gamma<1 \text{ and } \dfrac{1-\gamma}{1+r^e}>\dfrac{c}{p\bar{F}(q^{\gamma})} \quad (c)\end{cases}
\tag{A6-19}
$$

首先，我们考虑电子零售商设置 $1-\gamma$ 满足$\dfrac{c(1+r_f)}{p}\leqslant 1-\gamma<\dfrac{c(1+r_f)}{p\bar{F}(q^{\gamma})}$。这对应于（A6－19a），显然 r^e 对电子零售商的利润没有影响。为了保持一致性，我们在这种情况下定义 $r_{ECO}^{e*}=r_f$。

接下来，我们考虑电子零售商设置 $1-\gamma$ 满足$\dfrac{c(1+r_f)}{p\bar{F}(q^{\gamma})}\leqslant 1-\gamma<1$。对于任何给定$\dfrac{c(1+r_f)}{p\bar{F}(q^{\gamma})}\leqslant 1-\gamma<1$ 的，我们定义 $\bar{r}^e$ 满足：$\dfrac{1-\gamma}{1+\bar{r}^e}=\dfrac{c}{p\bar{F}(q^{\gamma})}$。那么，

$r^e \geqslant \bar{r}^e$ 对应于（A6－19b），而 $r^e < \bar{r}^e$ 对应于（A6－19c）。接下来，我们分别求解这两种定价方案下的局部最优解。

（1）通过设定 $r^e \geqslant \bar{r}^e$，电子零售商旨在使其预期利润（A6－19b）在可行区域内 $\Omega_1 = \left\{(\gamma, r^e) \middle| \frac{c(1+r_f)}{p\bar{F}(q^\gamma)} \leqslant 1-\gamma \leqslant 1 \text{ and } \frac{1-\gamma}{1+r^e} \leqslant \frac{c}{p\bar{F}(q^\gamma)} \text{ and } r^e \geqslant \bar{r}^e \right\}$最大化。从（A6－19b）可以看出，电子零售商的利润独立于 r^e 并且递减于 $1-\gamma$。因此，电子零售商在受$\left\{(\gamma, r^e) \mid 1-\gamma = \frac{c(1+r_f)}{p\bar{F}(q^\gamma)} \text{ and } r^e \geqslant \bar{r}^e = r_f \right\}$约束的连续区间内实现最优。由于确切的值 r^e 不会影响电子零售商的最佳利润，因此我们采取 $r_{ECO}^{e*} = r_f$ 一致性。

（2）通过设置 $r^e < \bar{r}^e$，电子零售商的目标是在可行区域 $\Omega_2 = \left\{(\gamma, r^e) \middle| \frac{c(1+r_f)}{p\bar{F}(q^\gamma)} \leqslant 1-\gamma \leqslant 1 \text{ and } \frac{1-\gamma}{1+r^e} > \frac{c}{p\bar{F}(q^\gamma)} \text{ and } r^e < \bar{r}^e \right\}$内最大化其预期利润（A6－19c），其中

$$\begin{cases} k_{ECO}^e = \dfrac{cq_{ECO} - y}{p} \cdot \dfrac{1+r^e}{1-\gamma} \\ \bar{F}(q_{ECO}) = \dfrac{c}{p} \cdot \bar{F}(k_{ECO}^e) \cdot \dfrac{1+r^e}{1-\gamma} \end{cases} \tag{A6－20}$$

假设$\frac{1+r^e}{1-\gamma}$的值是固定的，比方说，$\frac{1+r^e}{1-\gamma} = A$ 那么从（A6－20）可以观察到 q_{ECO} 和 k_{ECO}^e 是唯一确定的，分别表示为 $q_{ECO}(A)$ 和 $k_{ECO}^e(A)$。给定 $q_{ECO}(A)$ 和 $k_{ECO}^e(A)$，电子零售商的预期利润（A6－19c）递减于 $1-\gamma$。因此，给定 $\frac{1+r^e}{1-\gamma} = A$，电子零售商应设置尽可能低的 r^e，以实现最小 $1-\gamma$，从而获得最大利润。由于我们的假设 $r^e \geqslant r_f$，电子零售商应该设置 $r_{ECO}^{e*} = r_f$。为了便于表述的便捷性，我们不恰当地使用 γ^* 来表示相应的 γ，那么

$$1-\gamma^* = \frac{1+r_f}{A} = \frac{(1+r_f)(1-\gamma)}{1+r^e} \tag{A6－21}$$

其中（r^e，$1-\gamma$）$\in \Omega_1$。接下来，我们证明（r_{ECO}^{e*}，$1-\gamma^*$）确实是一个可行的解决方案，即（r_{ECO}^{e*}，$1-\gamma^*$）$\in \Omega_1$ 或等价的$\frac{c(1+r_f)}{p\bar{F}(q^\gamma)} \leqslant 1-\gamma^* \leqslant 1$。根据

(A6-21)，由于 $r^e \geq r_f$，所以显然有 $1-\gamma^* \leq 1$。此外，当 $\frac{1-\gamma}{1+r^e} > \frac{c}{p\overline{F}(q^\gamma)}$，我们有 $\frac{c(1+r_f)}{p\overline{F}(q^\gamma)} \leq 1-\gamma^*$。因此，($r_{ECO}^{e^*}$，$1-\gamma^*$) 是可行的。换句话说，电子零售商总是可以设定 $r_{ECO}^{e^*} = r_f$ 获得最优。

总结上述情况，电子零售商的最佳信用利率为 $r_{ECO}^{e^*} = r_f$。证毕。

引理 6.3 证明： 由于 $\frac{z(q_{ECO}^{\#})}{\overline{F}(q_{ECO}^{\#})}$ 和 $\int_0^{q_{ECO}^{\#}} \overline{F}(x)dx$ 递增于 $q_{ECO}^{\#}$，$\delta^-(q_{ECO}^{\#})$ 递减于 $q_{ECO}^{\#}$。接下来，我们证明 $\delta^+(q_{ECO}^{\#})$ 递减于 $q_{ECO}^{\#}$。方程集（6-2）给出

$$(q_{ECO}^{\#} - q^\gamma)\overline{F}(q_{ECO}^{\#}) = k_{ECO}^{e\#}\overline{F}(k_{ECO}^{e\#}) \quad (A6-22)$$

这意味着 $k_{ECO}^{e\#}$ 由 $q_{ECO}^{\#}$ 唯一确定并独立于 α。因此，从（6-11）可以观察到给定 $q_{ECO}^{\#}$，$\delta^+(q_{ECO}^{\#})$ 和 $\frac{d\delta^+(q_{ECO}^{\#})}{dq_{ECO}^{\#}}$ 是 $\alpha \in [0, 1]$ 的线性函数。因此，证明 $\frac{d\delta^+(q_{ECO}^{\#})}{dq_{ECO}^{\#}} < 0$ 等同于证明 $\frac{d\delta^+(q_{ECO}^{\#})}{dq_{ECO}^{\#}} < 0$ 对于 $\alpha = 0$ 和 $\alpha = 1$ 成立。

（1）$\alpha = 0$。在这种情况下，我们有

$$\delta^+(q_{ECO}^{\#}) = p\overline{F}(q_{ECO}^{\#}) - c(1+r_f) - c(1+r_f) \cdot \psi_0(q_{ECO}^{\#}) \quad (A6-23)$$

其中 $\psi_0(q_{ECO}^{\#}) = \frac{\overline{F}(k_{ECO}^{e\#})}{1 - k_{ECO}^{e\#} z(k_{ECO}^{e\#})} \cdot \left[\frac{z(q_{ECO}^{\#})}{\overline{F}(q_{ECO}^{\#})} - \frac{z(k_{ECO}^{e\#})}{\overline{F}(k_{ECO}^{e\#})}\right]\left[\int_{k_{ECO}^{e\#}}^{q_{ECO}^{\#}} \overline{F}(x)dx + k_{ECO}^{e\#}\overline{F}(k_{ECO}^{e\#})\right]$，接下来我们证明 $\psi_0'(q_{ECO}^{\#}) > 0$。令 $H(q_{ECO}^{\#}) = (q_{ECO}^{\#} - q^\gamma)z(q_{ECO}^{\#})$ 和 $L(k_{ECO}^{\#}) = k_{ECO}^{e\#} z(k_{ECO}^{e\#})$，那么我们有 $\psi_0'(q_{ECO}^{\#}) = \frac{\overline{F}(q_{ECO}^{\#})}{(k_{ECO}^{e\#})^2[1 - L(k_{ECO}^{e\#})]^3 \overline{F}(k_{ECO}^{e\#})} \cdot \varphi_0(q_{ECO}^{\#})$，其中，

$$\begin{aligned}
\varphi_0(q_{ECO}^{\#}) = {} & (q_{ECO}^{\#} - q^\gamma)H'(q_{ECO}^{\#})[1 - L(k_{ECO}^{e\#})]^2\left[\int_{k_{ECO}^{e\#}}^{q_{ECO}^{\#}} \overline{F}(x)dx + k_{ECO}^{e\#}\overline{F}(k_{ECO}^{e\#})\right] \\
& - k_{ECO}^{e\#} L'(k_{ECO}^{e\#})[1 - H(q_{ECO}^{\#})]^2\left[\int_{k_{ECO}^{e\#}}^{q_{ECO}^{\#}} \overline{F}(x)dx + k_{ECO}^{e\#}\overline{F}(k_{ECO}^{e\#})\right] \\
& - [H(q_{ECO}^{\#}) - L(k_{ECO}^{e\#})][1 - L(k_{ECO}^{e\#})][1 - H(q_{ECO}^{\#})] \\
& \left[\int_{k_{ECO}^{e\#}}^{q_{ECO}^{\#}} \overline{F}(x)dx + k_{ECO}^{e\#}\overline{F}(k_{ECO}^{e\#})\right] \\
& + k_{ECO}^{e\#}\overline{F}(k_{ECO}^{e\#})[1 - L(k_{ECO}^{e\#})]^2[H(q_{ECO}^{\#}) - L(k_{ECO}^{e\#})]
\end{aligned}$$

$$- k_{ECO}^{e\#}\overline{F}(k_{ECO}^{e\#})L(k_{ECO}^{e\#})[1 - L(k_{ECO}^{e\#})][1 - H(q_{ECO}^{\#})][H(q_{ECO}^{\#}) - L(k_{ECO}^{e\#})] \quad (A6-24)$$

根据引理 A6.2，我们有 $1 - L(k_{ECO}^{e\#}) > 0$。因此，$\psi_0'(q_{ECO}^{\#})$ 的符号由 $\varphi_0(q_{ECO}^{\#})$ 的符号确定。令 $\overline{q}_{ECO}^{\#}$代表 $1 - H(\overline{q}_{ECO}^{\#}) = 0$ 的唯一解，接下来我们分析以下两种情况下 $\varphi_0(q_{ECO}^{\#})$ 的符号：

情形（ⅰ）：$q^{\gamma} < q_{ECO}^{\#} \leqslant \overline{q}_{ECO}^{\#}$。在这种情况下，我们有 $1 - H(q_{ECO}^{\#}) \geqslant 0$。因此，（A6－24）中前三项的总和满足

$$\begin{aligned}
&(q_{ECO}^{\#} - q^{\gamma})H'(q_{ECO}^{\#})[1 - L(k_{ECO}^{e\#})]^2[\int_{k_{ECO}^{e\#}}^{q_{ECO}^{\#}}\overline{F}(x)dx + k_{ECO}^{e\#}\overline{F}(k_{ECO}^{e\#})] \\
&- k_{ECO}^{e\#}L'(k_{ECO}^{e\#})[1 - H(q_{ECO}^{\#})]^2[\int_{k_{ECO}^{e\#}}^{q_{ECO}^{\#}}\overline{F}(x)dx + k_{ECO}^{e\#}\overline{F}(k_{ECO}^{e\#})] \\
&- [1 - L(k_{ECO}^{e\#})][1 - H(q_{ECO}^{\#})][H(q_{ECO}^{\#}) - L(k_{ECO}^{e\#})] \\
&\quad [\int_{k_{ECO}^{e\#}}^{q_{ECO}^{\#}}\overline{F}(x)dx + k_{ECO}^{e\#}\overline{F}(k_{ECO}^{e\#})] \\
&> (q_{ECO}^{\#} - q^{\gamma})H'(q_{ECO}^{\#})[1 - L(k_{ECO}^{e\#})]^2[\int_{k_{ECO}^{e\#}}^{q_{ECO}^{\#}}\overline{F}(x)dx + k_{ECO}^{e\#}\overline{F}(k_{ECO}^{e\#})] \\
&- k_{ECO}^{e\#}L'(k_{ECO}^{e\#})[1 - L(k_{ECO}^{e\#})]^2[\int_{k_{ECO}^{e\#}}^{q_{ECO}^{\#}}\overline{F}(x)dx + k_{ECO}^{e\#}\overline{F}(k_{ECO}^{e\#})] \\
&- [H(q_{ECO}^{\#}) - L(k_{ECO}^{e\#})][1 - L(k_{ECO}^{e\#})]^2[\int_{k_{ECO}^{e\#}}^{q_{ECO}^{\#}}\overline{F}(x)dx + k_{ECO}^{e\#}\overline{F}(k_{ECO}^{e\#})] \\
&= [(q_{ECO}^{\#} - q^{\gamma})^2 z'(q_{ECO}^{\#}) - (k_{ECO}^{e\#})^2 z'(k_{ECO}^{e\#})][1 - L(k_{ECO}^{e\#})]^2 \\
&\quad [\int_{k_{ECO}^{e\#}}^{q_{ECO}^{\#}}\overline{F}(x)dx + k_{ECO}^{e\#}\overline{F}(k_{ECO}^{e\#})] \\
&> 0
\end{aligned} \quad (A6-25)$$

并且最后两项的总和满足

$$k_{ECO}^{e\#}\overline{F}(k_{ECO}^{e\#})[1 - L(k_{ECO}^{e\#})]^2[H(q_{ECO}^{\#}) - L(k_{ECO}^{e\#})] - k_{ECO}^{e\#}\overline{F}(k_{ECO}^{e\#})L(k_{ECO}^{e\#})[1 - L(k_{ECO}^{e\#})][1 - H(q_{ECO}^{\#})][H(q_{ECO}^{\#}) - L(k_{ECO}^{e\#})] > 0 \quad (A6-26)$$

其中不等式成立是因为 $1 - L(k_{ECO}^{e\#}) > 1 - H(q_{ECO}^{\#}) > 0$ 和 $q_{ECO}^{\#} > q_{ECO}^{\#} - q^{\gamma} > k_{ECO}^{e\#}$。

根据（A6－25）和（A6－26），我们有 $\varphi_0(q_{ECO}^{\#}) > 0$。

情形（ⅱ）：$q_{ECO}^{\#} > \overline{q}_{ECO}^{\#}$。在这种情况下，我们有 $1 - H(q_{ECO}^{\#}) < 0$。因此，（A6－24）中最后三项都是正数。下面我们将考虑（A6－24）中前两项的总和。定义

$$\gamma(q_{ECO}^{\#}) = (q_{ECO}^{\#} - q^{y})H'(q_{ECO}^{\#})[1 - L(k_{ECO}^{e\#})]^{2} - k_{ECO}^{e\#}L'(k_{ECO}^{e\#})[1 - H(q_{ECO}^{\#})]^{2}$$
$$= (q_{ECO}^{\#} - q^{y})[1 - L(k_{ECO}^{e\#})]^{2}\vartheta(q_{ECO}^{\#}) \quad (A6-27)$$

与 $\vartheta(q_{ECO}^{\#}) = H'(q_{ECO}^{\#}) - \eta(q_{ECO}^{\#})L'(k_{ECO}^{e\#})$，其中 $\eta(q_{ECO}^{\#}) = \frac{k_{ECO}^{e\#}}{q_{ECO}^{\#} - q^{y}}\frac{[1 - H(q_{ECO}^{\#})]^{2}}{[1 - L(k_{ECO}^{e\#})]^{2}}$。接下来，我们考虑 $\eta(q_{ECO}^{\#})$ 的单调性，其一阶导数为

$$\frac{d\eta(q_{ECO}^{\#})}{dq_{ECO}^{\#}} = \frac{2k_{ECO}^{e\#}[H(q_{ECO}^{\#}) - 1]}{(q_{ECO}^{\#} - q^{y})^{2}[1 - L(k_{ECO}^{e\#})]^{4}}\left\{\gamma(q_{ECO}^{\#}) - \frac{[H(q_{ECO}^{\#}) - L(k_{ECO}^{e\#})][H(q_{ECO}^{\#}) - 1][1 - L(k_{ECO}^{e\#})]}{2}\right\} \quad (A6-28)$$

（a）如果 $q_{ECO}^{\#}$满足$\frac{d\eta(q_{ECO}^{\#})}{dq_{ECO}^{\#}} \geqslant 0$，那么（A6－28）暗示 $\gamma(q_{ECO}^{\#}) \geqslant 0$ 并因此 $\vartheta(q_{ECO}^{\#}) \geqslant 0$；

（b）如果 $q_{ECO}^{\#}$满足$\frac{d\eta(q_{ECO}^{\#})}{dq_{ECO}^{\#}} < 0$，则因为 $H'(q_{ECO}^{\#})$ 递增于 $q_{ECO}^{\#}$且 $L'(k_{ECO}^{e\#})$ 递减于 $q_{ECO}^{\#}$，所以 $\vartheta(q_{ECO}^{\#})$ 递增于 $q_{ECO}^{\#}$。其中，$L'(k_{ECO}^{e\#})$ 递减于 $q_{ECO}^{\#}$成立时因为 $L'(k_{ECO}^{e\#})$ 递增于 $k_{ECO}^{e\#}$且递减于 $k_{ECO}^{e\#}q_{ECO}^{\#} \in (\bar{q}_{ECO}^{\#}, \infty)$。此外，在 $q_{ECO}^{\#} = \bar{q}_{ECO}^{\#}$，我们有

$$\vartheta(\bar{q}_{ECO}^{\#}) = H'(\bar{q}_{ECO}^{\#}) - \frac{\bar{k}_{ECO}^{e\#}}{\bar{q}_{ECO}^{\#} - q^{y}}\frac{[H(\bar{q}_{ECO}^{\#}) - 1]^{2}}{[1 - L(\bar{k}_{ECO}^{e\#})]^{2}}L'(\bar{k}_{ECO}^{e\#}) = H'(\bar{q}_{ECO}^{\#}) > 0 \quad (A6-29)$$

（A6－29）和（a）以及（b）中得到的 $\vartheta(q_{ECO}^{\#})$ 的性质一起暗示 $\vartheta(q_{ECO}^{\#}) > 0$，因此 $\gamma(q_{ECO}^{\#}) \geqslant 0$。也就是说，（A6－24）中的最后两项是正数。因此，$\varphi_{0}(q_{ECO}^{\#}) > 0$。

总而言之，在情况（ⅰ）或情况（ⅱ）中，我们有 $\varphi_{0}(q_{ECO}^{\#}) > 0$，因此 $\psi_{0}'(q_{ECO}^{\#}) > 0$。所以

$$\frac{d\delta^{+}(q_{ECO}^{\#})}{dq_{ECO}^{\#}} = -pf(q_{ECO}^{\#}) - c(1 + r_{f})\psi_{0}'(q_{ECO}^{\#}) < 0 \quad (A6-30)$$

（2）$\alpha = 1$。在这种情况下，我们有

$$\delta^{+}(q_{ECO}^{\#}) = p\bar{F}(q_{ECO}^{\#}) - c(1 + r_{f}) - c(1 + r_{f}) \cdot \psi_{1}(q_{ECO}^{\#}) \quad (A6-31)$$

其中，$\psi_1(q^{\#}_{ECO}) = \dfrac{[H(q^{\#}_{ECO}) - L(k^{e\#}_{ECO})][\int_0^{q^{\#}_{ECO}} \overline{F}(x)dx - k^{e\#}_{ECO}\overline{F}(k^{e\#}_{ECO})] + k^{e\#}_{ECO}\overline{F}(k^{e\#}_{ECO})[1 - L(k^{e\#}_{ECO})]H(q^{\#}_{ECO})}{k^{e\#}_{ECO}[1 - L(k^{e\#}_{ECO})]}$，下面，我们证明 $\psi'_1(q^{\#}_{ECO}) > 0$。

$$\psi'_1(q^{\#}_{ECO}) = \psi'_0(q^{\#}_{ECO}) = \frac{\overline{F}(q^{\#}_{ECO})}{(k^{e\#}_{ECO})^2[1 - L(k^{e\#}_{ECO})]^3\overline{F}(k^{e\#}_{ECO})} \cdot \varphi_1(q^{\#}_{ECO}) \tag{A6-32}$$

其中，

$$\begin{aligned}
\varphi_1(q^{\#}_{ECO}) = {} & (q^{\#}_{ECO} - q^{y})H'(q^{\#}_{ECO})[1 - L(k^{e\#}_{ECO})]^2[\int_0^{q^{\#}_{ECO}} \overline{F}(x)dx - k^{e\#}_{ECO}\overline{F}(k^{e\#}_{ECO})] \\
& - k^{e\#}_{ECO}L'(k^{e\#}_{ECO})[1 - H(q^{\#}_{ECO})]^2[\int_0^{q^{\#}_{ECO}} \overline{F}(x)dx - k^{e\#}_{ECO}\overline{F}(k^{e\#}_{ECO})] \\
& - [1 - L(k^{e\#}_{ECO})][1 - H(q^{\#}_{ECO})][H(q^{\#}_{ECO}) - L(k^{e\#}_{ECO})] \\
& \quad [\int_0^{q^{\#}_{ECO}} \overline{F}(x)dx - k^{e\#}_{ECO}\overline{F}(k^{e\#}_{ECO})] \\
& + k^{e\#}_{ECO}\overline{F}(k^{e\#}_{ECO})[1 - L(k^{e\#}_{ECO})]^2H(q^{\#}_{ECO})[H(q^{\#}_{ECO}) - L(k^{e\#}_{ECO})] \\
& + k^{e\#}_{ECO}\overline{F}(k^{e\#}_{ECO})[1 - L(k^{e\#}_{ECO})]^2[H(q^{\#}_{ECO}) + (q^{\#}_{ECO} - q^{y})^2z'(q^{\#}_{ECO})] \\
& \quad [1 - L(k^{e\#}_{ECO})] \\
& - k^{e\#}_{ECO}\overline{F}(k^{e\#}_{ECO})[1 - L(k^{e\#}_{ECO})]^2H(q^{\#}_{ECO})[1 - H(q^{\#}_{ECO})]L(k^{e\#}_{ECO})
\end{aligned} \tag{A6-33}$$

显然，因为 $1 - L(k^{e\#}_{ECO}) > 0$，所以 $\psi'_1(q^{\#}_{ECO})$ 的符号是由 $\varphi_1(q^{\#}_{ECO})$ 的符号决定的。同样，我们分析以下两种情况下 $\varphi_1(q^{\#}_{ECO})$ 的符号：

情形（ⅰ）：$q^{y} < q^{\#}_{ECO} \leqslant \overline{q}^{\#}_{ECO}$。在这种情况下，我们有 $1 - H(q^{\#}_{ECO}) \geqslant 0$。因此，使用与（A6－25）中相同的分析，可以得出（A6－33）中前三项之和是正数。此外，显然（A6－33）中的第四项是正的。（A6－33）中最后两项的总和满足

$$\begin{aligned}
& k^{e\#}_{ECO}\overline{F}(k^{e\#}_{ECO})[1 - L(k^{e\#}_{ECO})]^2[H(q^{\#}_{ECO}) + (q^{\#}_{ECO} - q^{y})^2z'(q^{\#}_{ECO})][1 - L(k^{e\#}_{ECO})] \\
& \quad - k^{e\#}_{ECO}\overline{F}(k^{e\#}_{ECO})[1 - L(k^{e\#}_{ECO})]^2H(q^{\#}_{ECO})[1 - H(q^{\#}_{ECO})]L(k^{e\#}_{ECO}) > 0
\end{aligned} \tag{A6-34}$$

上述不等式成立是因为当 $q^{y} < q^{\#}_{ECO} \leqslant \overline{q}^{\#}_{ECO}$ 时，$H(q^{\#}_{ECO}) + (q^{\#}_{ECO} - q^{y})^2z'(q^{\#}_{ECO}) > H(q^{\#}_{ECO})$ 且 $1 - L(k^{e\#}_{ECO}) > 1 - H(q^{\#}_{ECO}) > 0$。因此，我们有 $\varphi_1(q^{\#}_{ECO}) > 0$。

情形（ⅱ）：$q_{ECO}^{\#} > \overline{q}_{ECO}^{\#}$。在这种情况下，我们有 $1 - H(q_{ECO}^{\#}) < 0$。因此，（A6－33）中的最后四项都是正的。此外，通过与 $\alpha = 0$ 时情形（ⅱ）中相同的分析，我们可以证明（A6－33）的前两项之和是正数。因此，$\varphi_1(q_{ECO}^{\#}) > 0$。

总而言之，在情况（ⅰ）或情况（ⅱ）中，我们有 $\varphi_1(q_{ECO}^{\#}) > 0$。因此，$\psi_1'(q_{ECO}^{\#}) > 0$。因此，

$$\frac{d\delta^+(q_{ECO}^{\#})}{dq_{ECO}^{\#}} = -pf(q_{ECO}^{\#}) - c(1 + r_f)\psi_1'(q_{ECO}^{\#}) < 0 \quad (A6-35)$$

总之，当 $\alpha = 0$ 和 $\alpha = 1$ 时，$\frac{d\delta^+(q_{ECO}^{\#})}{dq_{ECO}^{\#}} < 0$ 成立。因此，对于任何 $\alpha \in [0, 1]$，由于$\frac{d\delta^+(q_{ECO}^{\#})}{dq_{ECO}^{\#}}$和 α 之间的线性关系，$\frac{d\delta^+(q_{ECO}^{\#})}{dq_{ECO}^{\#}} < 0$ 都成立。证毕。

命题 6.2 证明： 引理6.3 表明 $\prod_{ECO}^{\#}(q_{ECO}^{\#})$ 在 $q_{ECO}^{\#} \in [0, q^y]$ 和 $q_{ECO}^{\#} \in (q^y, \infty)$ 两个区间是凹函数。因此，$\prod_{ECO}^{\#}(q_{ECO}^{\#})$ 的全局最优解的位置取决于 $\delta^-(q^y)$ 和 $\delta^+(q^y)$ 的值。根据引理 A6.4，存在一个唯一的 y^{h*} 使得 $\delta^+(q^y) = 0$ 和一个唯一的 y^{l*} 使得 $\delta^-(q^y) = 0$。根据 y 的不同，关于 $\delta^-(q^y)$ 和 $\delta^+(q^y)$ 的符号存在三种相关情况，如下所示。

（ⅰ）如果 $y \geqslant y^{h*}$，我们有 $\delta^-(q^y) < \delta^+(q^y) \leqslant 0$。$\delta^-(q^y) < 0 = \delta^-(q_{ECO}^{nb})$ 表明 $\delta^-(q_{ECO}^{nb}) < q^y$。因此，$q_{ECO}^{nb}$是 $q_{ECO}^{\#} \in [0, q^y]$ 中的局部最大值点。此外，由于 $\delta^+(q^y) \leqslant 0$ 和 $\delta^+(q_{ECO}^{\#})$ 递减于 $q_{ECO}^{\#} \in (q^y, \infty)$，我们有 $\delta^+(q_{ECO}^{\#}) < 0$，因此，$q^y$ 是 (q^y, ∞) 中的局部最大值点。显然，q_{ECO}^{nb}占优于 q^y。因此，$q_{ECO}^{*} = q_{ECO}^{nb}$和 $\gamma_{ECO}^{*} = \gamma_{ECO}^{nb}$。

（ⅱ）如果 $y^{l*} \leqslant y < y^{h*}$，我们有 $\delta^-(q^y) \leqslant 0 < \delta^+(q^y)$。类似地，$\delta^-(q^y) \leqslant 0$ 暗示 q_{ECO}^{nb}是 $q_{ECO}^{\#} \in [0, q^y]$ 中的局部最大值点，$0 < \delta^+(q^y)$ 暗示 q_{ECO}^{b}是 $q_{ECO}^{\#} \in (q^y, \infty)$ 中的局部最大值点。因此，$q_{ECO}^{*} = \text{argmax}\{\prod_{ECO}^{\#}(q_{ECO}^{nb}), \prod_{ECO}^{\#}(q_{ECO}^{b})\}$，如果 $q_{ECO}^{*} = q_{ECO}^{nb}$，则 $w_{ECO}^{*} = w_{ECO}^{b}$，而如果 $q_{ECO}^{*} = q_{ECO}^{b}$，则 $w_{ECO}^{*} = w_{ECO}^{b}$。

（ⅲ）如果 $0 \leqslant y < y^{l*}$，我们有 $0 < \delta^-(q^y) < \delta^+(q^y)$。$0 < \delta^-(q^y)$ 表示 q^y 是 $[0, q^y]$ 中的局部最大值点。此外，$0 < \delta^+(q^y)$ 暗示 q_{ECO}^{b}是 (q^y, ∞) 中的局部最大值点。显然，q_{ECO}^{b} 占优于 q^y。因此，$q_{ECO}^{*} = q_{ECO}^{b}$，$\gamma_{ECO}^{*} = \gamma_{ECO}^{b}$。

证毕。

定理6.1证明：根据引理6.1和引理6.2，我们分以下两种情况证明这一结论：

（1）如果 $y \geqslant y^{nb}(\gamma)$ 或等同于设定 $\frac{c(1+r_f)}{p} \leqslant 1-\gamma \leqslant \frac{c(1+r_f)}{p\bar{F}(q^{\gamma})}$，那么卖方将不会利用ECO或BCO借款。显然，电子零售商获得相同的利润，即 $\prod_{ECO}(\gamma, r^e) = \prod_{BCO}(\gamma)$。

（2）如果 $0 \leqslant y < y^{nb}(\gamma)$ 或等同于设定 $\frac{c(1+r_f)}{p\bar{F}(q^{\gamma})} < 1-\gamma \leqslant 1$，卖方将利用ECO和BCO借款。在BCO下，给定任何 $\tilde{\gamma}$ 满足 $1-\tilde{\gamma} \in \left(\frac{c(1+r_f)}{p\bar{F}(q^{\gamma})}, 1\right]$，根据引理6.2的唯一性，存在一个 $\tilde{q}_{BCO} = \bar{F}^{-1}\left[\frac{c(1+r_f)}{(1-\tilde{\gamma})p\hat{F}(\tilde{k}^b_{BCO})}\bar{F}(\tilde{k}^b_{BCO})\right]$。另外，在ECO下，给定 $\tilde{\gamma}$，根据引理6.1，卖方的最佳数量为

$$\tilde{q}_{ECO} = \begin{cases} \bar{F}^{-1}\left[\frac{c(1+r^e)}{(1-\tilde{\gamma})p}\bar{F}(\tilde{k}^e_{ECO})\right] & if\ r_f \leqslant r^e \leqslant \frac{(1-\tilde{\gamma})p\bar{F}(q^{\gamma})}{c} - 1 \\ q^{\gamma} & if\ r^e > \frac{(1-\tilde{\gamma})p\bar{F}(q^{\gamma})}{c} - 1 \end{cases} \tag{A6-36}$$

当 $r^e = r_f$，$\tilde{q}_{ECO} = \bar{F}^{-1}\left[\frac{c(1+r_f)}{(1-\tilde{\gamma})p}\bar{F}(\tilde{k}^e_{ECO})\right] > \bar{F}^{-1}\left[\frac{c(1+r_f)}{(1-\tilde{\gamma})p\hat{F}(\tilde{k}^b_{BCO})}\bar{F}(\tilde{k}^b_{BCO})\right] = \tilde{q}_{BCO}$；当 $r^e = \infty$，$\tilde{q}_{ECO} = q^{\gamma} < \tilde{q}_{BCO}$，其中不等式“<”成立是因为 $1-\tilde{\gamma} > \frac{c(1+r_f)}{p\bar{F}(q^{\gamma})}$。此外，根据推论6.1，给定 $\tilde{\gamma}$，$\tilde{q}_{ECO}$ 递减于 $r^e \in [r_f, \infty)$。因此，存在唯一的 $\tilde{r}^e$，使得 $\tilde{q}_{ECO} = \tilde{q}_{BCO}$。换言之，电子零售商可以订立一份独特的EC合约（$\tilde{\gamma}$，$\tilde{r}^e$），根据该合约，卖方将以电子零售商提供的佣金率准备与BCO相同数量的库存 $\tilde{\gamma}$。

我们继续证明，电子零售商在具有佣金信用合同（$\tilde{\gamma}$，$\tilde{r}^e$）的ECO下获得的预期利润高于在仅佣金合同（$\tilde{\gamma}$）的BCO下获得的预期利润。一方面，根据（6-8），BCO下的电子零售商的预期利润为

$$\prod_{BCO}(\tilde{\gamma}) = \tilde{\gamma} p \int_0^{\tilde{q}_{BCO}} \overline{F}(x) dx \tag{A6-37}$$

另一方面，根据（6－7），ECO 下电子零售商的预期利润

$$\prod_{ECO}(\tilde{\gamma}, \tilde{r}^e) = \tilde{\gamma} p \int_0^{\tilde{q}_{ECO}} \overline{F}(x) dx + (1-\tilde{\gamma}) p \int_0^{\tilde{k}^e_{ECO}} \hat{F}(x) dx - (c\tilde{q}_{ECO} - y)(1+r_f) \tag{A6-38}$$

此外，根据引理6.1和引理6.2，$\tilde{q}_{ECO} = \tilde{q}_{BCO}$暗示

$$\overline{F}^{-1}\left[\frac{c(1+r_f)}{(1-\tilde{\gamma})p\hat{F}(\tilde{k}^b_{BCO})}\overline{F}(\tilde{k}^b_{BCO})\right] = \overline{F}^{-1}\left[\frac{c(1+\tilde{r}^e)}{p(1-\tilde{\gamma})}\overline{F}(\tilde{k}^e_{ECO})\right] \tag{A6-39}$$

相当于

$$(c\tilde{q}_{ECO} - y)(1+r_f) = (1-\tilde{\gamma}) p \tilde{k}^e_{ECO} \hat{F}(\tilde{k}^e_{ECO}) \tag{A6-40}$$

将它代入（A6－38），我们得到

$$\prod_{ECO}(\tilde{\gamma}, \tilde{r}^e) = \tilde{\gamma} p \int_0^{\tilde{q}_{ECO}} \overline{F}(x) dx + (1-\tilde{\gamma}) p \left[\int_0^{\tilde{k}^e_{ECO}} \hat{F}(x) dx - \tilde{k}^e_{ECO} \hat{F}(\tilde{k}^e_{ECO})\right] \tag{A6-41}$$

通过比较电子零售商在 ECO 下的预期利润（A6－41）和 BCO 下的预期利润（A6－37），因为 $\hat{F}(x)$ 递减于 $x \in [0, \tilde{k}^e_{ECO}]$，所以 $\int_0^{\tilde{k}^e_{ECO}} \hat{F}(x) dx - \tilde{k}^e_{ECO} \hat{F}(\tilde{k}^e_{ECO}) > 0$，因此可以得出结论 $\prod_{ECO}(\tilde{\gamma}, \tilde{r}^e) > \prod_{BCO}(\tilde{\gamma})$。令 $\tilde{\gamma} = \gamma^*_{BCO}$，那么 $\prod_{ECO}(\gamma^*_{BCO}, \tilde{r}^e) > \prod^*_{BCO}$。因此，我们有

$$\prod^*_{ECO} \geqslant \prod_{ECO}(\gamma^*_{BCO}, \tilde{r}^e) > \prod^*_{BCO} \tag{A6-42}$$

证毕。

命题6.3证明：给定（γ^*_{ECO}，r^{e*}_{ECO}），如果卖方选择银行借款，根据引理6.2，最佳库存为

$$q_{BCO}(\gamma^*_{ECO}) = \overline{F}^{-1}\left[\frac{c(1+r_f)}{p(1-\gamma^*_{ECO})}\right] \tag{A6-43}$$

卖方获得的预期利润为

$$\pi_{BCO}(\gamma^*_{ECO}) = (1-\gamma^*_{ECO}) p \{E[\min(D, q_{BCO}(\gamma^*_{ECO}))] - E[\min(D, k^b_{BCO}(\gamma^*_{ECO}))]\} - y(1+r_f) \tag{A6-44}$$

另外，根据引理6.1和命题6.1，如果向电子零售商借款，最佳库存是

$$q_{ECO}^{*}=\overline{F}^{-1}\left[\frac{c(1+r_f)}{p(1-\gamma_{ECO}^{*})}\overline{F}(k_{ECO}^{e*})\right] \tag{A6-45}$$

此外，如果卖方准备 $q_{BCO}(\gamma_{ECO}^{*})$ 单位库存，那么她获得的预期利润

$$\begin{aligned}\pi_{EC}(q_{BCO}(\gamma_{ECO}^{*});\ \gamma_{ECO}^{*},\ r_{ECO}^{e*})=&(1-\gamma_{ECO}^{*})p\{E[\min(D,\ q_{BCO}(\gamma_{ECO}^{*}))]\\&-E[\min(D,\ k^{e}(q_{BCO};\ \gamma_{ECO}^{*},\ r_{ECO}^{e*}))]\}\\&-y(1+r_f)\end{aligned} \tag{A6-46}$$

比较（A6-43）和（A6-45）意味着 $q_{ECO}^{*}>q_{BCO}(\gamma_{ECO}^{*})$。相比之下，我们有

$$\pi_{ECO}(\gamma_{ECO}^{*},\ r_{ECO}^{e*})>\pi_{ECO}(q_{BCO}(\gamma_{ECO}^{*});\ \gamma_{ECO}^{*},\ r_{ECO}^{e*})>\pi_{BCO}(\gamma_{ECO}^{*}) \tag{A6-47}$$

第二个“>”成立是因为

$$\begin{aligned}k_{BCO}^{b}(\gamma_{ECO}^{*})&=\frac{[cq_{BCO}(\gamma_{ECO}^{*})-y]^{+}(1+r_{BCO}^{b})}{(1-\gamma_{ECO}^{*})p}>\frac{[cq_{BCO}(\gamma_{ECO}^{*})-y]^{+}(1+r_{ECO}^{e*})}{(1-\gamma_{ECO}^{*})p}\\&=k^{e}(q_{BCO};\ \gamma_{ECO}^{*},\ r_{ECO}^{e*})\end{aligned} \tag{A6-48}$$

鉴于 $r_{BCO}^{b}>r_{ECO}^{e*}=r_f$。证毕。

命题 6.4 证明：根据是否 $q^{t}<q^{y}$，有两种相关情况：

（1）$q^{t}<q^{y}$。在这种情况下，卖方既不使用 BC，也不使用 EC。因此，卖方的利润退化为财务不受约束的情况。因此，最佳库存数量为 $q^{t}=\overline{F}^{-1}\left[\frac{c(1+r_f)}{(1-\gamma)p}\right]$。因此，在所有满足 $q^{t}<q^{y}$ 的库存数量（q^{t}，q^{e}）中，唯一可以全局最优的库存数量是 $q_{ECP}^{t}=q_{ECP}^{t,1}=\overline{F}^{-1}\left[\frac{c(1+r_f)}{(1-\gamma)p}\right]$ 和 $q_{ECP}^{e}=q_{ECP}^{e,1}:=0$。此外，应该注意的是，这个解满足 $q_{ECP}^{t}<q^{y}$ 当且仅当 $y>c\overline{F}^{-1}\left[\frac{c(1+r_f)}{p(1-\gamma)}\right]=:y^{nb}(\gamma)$。

（2）$q^{t}\geqslant q^{y}$。在这种情况下，我们可以求得以下导数：

$$\frac{\partial\pi}{\partial q^{t}}=(1-\gamma)p\left[\overline{F}(q)-\overline{F}(k^{b})\frac{\partial k^{b}}{\partial q^{t}}\right]=(1-\gamma)p\overline{F}(q)-\frac{c(1+r_f)\overline{F}(k^{b})}{\widetilde{F}(k^{b};\ k^{e})} \tag{A6-49}$$

$$\begin{aligned}\frac{\partial\pi}{\partial q^{e}}&=(1-\gamma)p\left[\overline{F}(q)-\overline{F}(k^{b})\frac{\partial k^{b}}{\partial q^{e}}\right]\\&=(1-\gamma)p\overline{F}(q)-\frac{c(1+r^{e})\overline{F}(k^{b})[(1-\alpha)\overline{F}(k^{e})+\alpha\overline{F}(k^{b})]}{\widetilde{F}(k^{b};\ k^{e})}\end{aligned} \tag{A6-50}$$

$$\frac{\partial^2\pi}{\partial q^{t2}}=(1-\gamma)p\left[-f(q)+\frac{c^2(1+r_f)^2f(k^b)}{(1-\gamma)^2p^2[\tilde{F}(k^b;\ k^e)]^2}+\frac{c^2(1+r_f)^2\tilde{F}'(k^b;\ k^e)\overline{F}(k^b)}{(1-\gamma)^2p^2[\tilde{F}(k^b;\ k^e)]^3}\right] \tag{A6-51}$$

$$\begin{aligned}\frac{\partial^2\pi}{\partial q^{e2}}=&-(1-\gamma)pf(q)+(1-\gamma)pf(k^b)\left[\frac{c(1+r^e)[(1-\alpha)\overline{F}(k^e)+\alpha\overline{F}(k^b)]}{(1-\gamma)p\tilde{F}(k^b;\ k^e)}\right]^2\\&+(1-\gamma)p\overline{F}(k^b)\frac{c^2(1+r^e)^2}{(1-\gamma)^2p^2}\left\{\frac{[(1-\alpha)\overline{F}(k^e)+\alpha\overline{F}(k^b)]}{\tilde{F}(k^b;\ k^e)}\right.\\&\frac{\alpha f(k^b)\tilde{F}(k^b;\ k^e)+[(1-\alpha)\overline{F}(k^e)+\alpha\overline{F}(k^b)]\tilde{F}'(k^b;\ k^e)}{[\tilde{F}(k^b;\ k^e)]^2}\\&\left.+\frac{(1-\alpha)f(k^e)\tilde{F}(k^b;\ k^e)+\alpha f(k^b)[(1-\alpha)\overline{F}(k^e)+\alpha\overline{F}(k^b)]}{[\tilde{F}(k^b;\ k^e)]^2}\right\}\end{aligned} \tag{A6-52}$$

$$\begin{aligned}\frac{\partial^2\pi}{\partial q^e\partial q^t}=&(1-\gamma)p\left\{-f(q)+f(k^b)\frac{c(1+r^e)[(1-\alpha)\overline{F}(k^e)+\alpha\overline{F}(k^b)]}{(1-\gamma)p\tilde{F}(k^b;\ k^e)}\right.\\&\frac{c(1+r_f)}{(1-\gamma)p\tilde{F}(k^b;\ k^e)}+\overline{F}(k^b)\frac{c^2(1+r^e)(1+r_f)}{(1-\gamma)^2p^2}\\&\left.\frac{\alpha f(k^b)\tilde{F}(k^b;\ k^e)+[(1-\alpha)\overline{F}(k^e)+\alpha\overline{F}(k^b)]\tilde{F}'(k^b;\ k^e)}{[\tilde{F}(k^b;\ k^e)]^3}\right\}\end{aligned} \tag{A6-53}$$

其中 $\tilde{F}(x;\ k^e)=\overline{F}(x)[1-\alpha(x-k^e)z(x)]$。

令（$q^{e,0}$，$q^{t,0}$）表示$\frac{\partial\pi}{\partial q^t}=\frac{\partial\pi}{\partial q^e}=0$的解，那么（$q^{e,0}$，$q^{t,0}$）满足

$$\begin{cases}\dfrac{\overline{F}(q^{e,0}+q^{t,0})\tilde{F}(k^{b,0};\ k^{e,0})}{\overline{F}(k^{b,0})}=\dfrac{c(1+r_f)}{(1-\gamma)p}\\[2ex]\dfrac{\overline{F}(q^{e,0}+q^{t,0})\tilde{F}(k^{b,0};\ k^{e,0})}{\overline{F}(k^{b,0})[(1-\alpha)\overline{F}(k^{e,0})+\alpha\overline{F}(k^{b,0})]}=\dfrac{c(1+r^e)}{(1-\gamma)p}\end{cases} \tag{A6-54}$$

接下来，我们考虑 Hessian 矩阵 $H=\begin{vmatrix}\dfrac{\partial^2\pi}{\partial q^{t2}} & \dfrac{\partial^2\pi}{\partial q^e\partial q^t}\\[2ex]\dfrac{\partial^2\pi}{\partial q^e\partial q^t} & \dfrac{\partial^2\pi}{\partial q^{e2}}\end{vmatrix}$在（$q^{e,0}$，$q^{t,0}$）的值。首先，我们考查 H_{11}：

$$H_{11}=\frac{\partial^2\pi}{\partial q^{t^2}}\bigg|_{(q^{e,0},q^{t,0})},$$
$$=(1-\gamma)p\Big[-\overline{F}(q^{e,0}+q^{t,0})\Big(z(q^{e,0}+q^{t,0})-\frac{\overline{F}(q^{e,0}+q^{t,0})}{\overline{F}(k^{b,0})}z(k^{b,0})\Big)$$
$$+\frac{c^2(1+r_f)^2\widetilde{F}'(k^{b,0};\ k^{e,0})\overline{F}(k^{b,0})}{(1-\gamma)^2p^2[\widetilde{F}(k^{b,0};\ k^{e,0})]^3}\Big]<0 \tag{A6-55}$$

其中最后一个“<”成立是因为 $z(q^{e,0}+q^{t,0})-\frac{\overline{F}(q^{e,0}+q^{t,0})}{\overline{F}(k^{b,0})}z(k^{b,0})>0$，而该不等式成立又是因为下述原因：递增的故障率，$q^{e,0}+q^{t,0}>k^{b,0}$，以及 $\widetilde{F}'(k^{b,0};k^{e,0})<0$。

接下来，我们分析 H_{22}：

$$H_{22}=\frac{\partial^2\pi}{\partial q^{t^2}}\bigg|_{(q^{e,0},q^{t,0})}\frac{\partial^2\pi}{\partial q^{e^2}}\bigg|_{(q^{e,0},q^{t,0})}-\Big(\frac{\partial^2\pi}{\partial q^e\partial q^t}\bigg|_{(q^{e,0},q^{t,0})}\Big)^2,$$
$$=(1-\gamma)p\Big[-f(q^{e,0}+q^{t,0})+\frac{c^2(1+r_f)^2f(k^{b,0})}{(1-\gamma)^2p^2[\widetilde{F}(k^{b,0};\ k^{e,0})]^2}$$
$$+\frac{c^2(1+r_f)^2\widetilde{F}'(k^{b,0};\ k^{e,0})\overline{F}(k^{b,0})}{(1-\gamma)^2p^2[\widetilde{F}(k^{b,0};\ k^{e,0})]^3}\Big]$$
$$(1-\gamma)p\Big\{-f(q^{e,0}+q^{t,0})+f(k^{b,0})\Big[\frac{c(1+r^e)[(1-\alpha)\overline{F}(k^{e,0})+\alpha\overline{F}(k^{b,0})]}{(1-\gamma)p\widetilde{F}(k^{b,0};\ k^{e,0})}\Big]^2$$
$$+\overline{F}(k^{b,0})\frac{c^2(1+r^e)^2}{(1-\gamma)^2p^2}\cdot\Big\{\frac{[(1-\alpha)\overline{F}(k^{e,0})+\alpha\overline{F}(k^{b,0})]}{\widetilde{F}(k^{b,0};\ k^{e,0})}$$
$$\frac{\alpha f(k^{b,0})\widetilde{F}(k^{b,0};\ k^{e,0})+[(1-\alpha)\overline{F}(k^{e,0})+\alpha\overline{F}(k^{b,0})]\widetilde{F}'(k^{b,0};\ k^{e,0})}{[\widetilde{F}(k^{b,0};\ k^{e,0})]^2}$$
$$+\frac{(1-\alpha)f(k^{e,0})\widetilde{F}(k^{b,0};\ k^{e,0})+\alpha f(k^{b,0})[(1-\alpha)\overline{F}(k^{e,0})+\alpha\overline{F}(k^{b,0})]}{[\widetilde{F}(k^{b,0};\ k^{e,0})]^2}\Big\}\Big\}$$
$$-(1-\gamma)^2p^2\Big\{-f(q^{e,0}+q^{t,0})+f(k^{b,0})\frac{c(1+r^e)[(1-\alpha)\overline{F}(k^{e,0})+\alpha\overline{F}(k^{b,0})]}{(1-\gamma)p\widetilde{F}(k^{b,0};\ k^{e,0})}$$
$$\frac{c(1+r_f)}{(1-\gamma)p\widetilde{F}(k^{b,0};\ k^{e,0})}+\overline{F}(k^{b,0})\frac{c^2(1+r^e)(1+r_f)}{(1-\gamma)^2p^2}$$
$$\frac{\alpha f(k^{b,0})\widetilde{F}(k^{b,0};\ k^{e,0})+[(1-\alpha)\overline{F}(k^{e,0})+\alpha\overline{F}(k^{b,0})]\widetilde{F}'(k^{b,0};\ k^{e,0})}{[\widetilde{F}(k^{b,0};\ k^{e,0})]^3}\Big\}^2$$
$$\tag{A6-56}$$

把$\frac{c(1+r_f)}{(1-\gamma)p}=\frac{\overline{F}(q^{e,0}+q^{t,0})\widetilde{F}(k^{b,0};\ k^{e,0})}{\overline{F}(k^{b,0})}$和$\frac{c(1+r^e)}{(1-\gamma)p}=\frac{\overline{F}(q^{e,0}+q^{t,0})\widetilde{F}(k^{b,0};\ k^{e,0})}{\overline{F}(k^{b,0})[(1-\alpha)\overline{F}(k^{e,0})+\alpha\overline{F}(k^{b,0})]}$

代入上面的表达式并简化得到

$$
\begin{aligned}
\frac{H_{22}}{(1-\gamma)^2p^2}=&[\overline{F}(q^{e,0}+q^{t,0})]^4\left\{-\frac{z(q^{e,0}+q^{t,0})}{\overline{F}(q^{e,0}+q^{t,0})}+\frac{z(k^{b,0})}{\overline{F}(k^{b,0})}+\frac{\widetilde{F}'(k^{b,0};\ k^{e,0})}{\widetilde{F}(k^{b,0};\ k^{e,0})\overline{F}(k^{b,0})}\right\}\\
&\left\{-\frac{z(q^{e,0}+q^{t,0})}{\overline{F}(q^{e,0}+q^{t,0})}+\frac{z(k^{b,0})}{\overline{F}(k^{b,0})}\right.\\
&\left.+\frac{\begin{array}{c}2\alpha f(k^{b,0})\widetilde{F}(k^{b,0};\ k^{e,0})[(1-\alpha)\overline{F}(k^{e,0})+\alpha\overline{F}(k^{b,0})]\\+[(1-\alpha)\overline{F}(k^{e,0})+\alpha\overline{F}(k^{b,0})]^2\widetilde{F}'(k^{b};\ k^{e,0})\\+(1-\alpha)f(k^{e,0})[\widetilde{F}(k^{b,0};\ k^{e,0})]^2\end{array}}{\overline{F}(k^{b,0})[(1-\alpha)\overline{F}(k^{e,0})+\alpha\overline{F}(k^{b,0})]^2\widetilde{F}(k^{b,0};\ k^{e,0})}\right\}\\
&-[\overline{F}(q^{e,0}+q^{t,0})]^4\left\{-\frac{z(q^{e,0}+q^{t,0})}{\overline{F}(q^{e,0}+q^{t,0})}+\frac{z(k^{b,0})}{\overline{F}(k^{b,0})}\right.\\
&\left.+\frac{\begin{array}{c}\alpha f(k^{b,0})\widetilde{F}(k^{b,0};\ k^{e,0})+[(1-\alpha)\overline{F}(k^{e,0})\\+\alpha\overline{F}(k^{b,0})]\widetilde{F}'(k^{b,0};\ k^{e,0})\end{array}}{\overline{F}(k^{b,0})[(1-\alpha)\overline{F}(k^{e,0})+\alpha\overline{F}(k^{b,0})]\widetilde{F}(k^{b,0};\ k^{e,0})}\right\}^2
\end{aligned}
\tag{A6-57}
$$

扩展上述表达式并简化，可以得到

$$
\begin{aligned}
\frac{H_{22}}{(1-\gamma)^2p^2[\overline{F}(q^{e,0}+q^{t,0})]^4}=&\frac{(1-\alpha)f(k^{e,0})\widetilde{F}(k^{b,0};\ k^{e,0})}{\overline{F}(k^{b,0})[(1-\alpha)\overline{F}(k^{e,0})+\alpha\overline{F}(k^{b,0})]^2}\\
&\left[-\frac{z(q^{e,0}+q^{t,0})}{\overline{F}(q^{e,0}+q^{t,0})}+\frac{z(k^{b,0})}{\overline{F}(k^{b,0})}\right]\\
&+\frac{(1-\alpha)f(k^{e,0})\widetilde{F}'(k^{b,0};\ k^{e,0})-[\alpha f(k^{b,0})]^2}{[\overline{F}(k^{b,0})]^2[(1-\alpha)\overline{F}(k^{e,0})+\alpha\overline{F}(k^{b,0})]^2}\\
<&0
\end{aligned}
\tag{A6-58}
$$

最后一个“<”成立是因为$-\frac{z(q^{e,0}+q^{t,0})}{\overline{F}(q^{e,0}+q^{t,0})}+\frac{z(k^{b,0})}{\overline{F}(k^{b,0})}<0$，而该不等式成立是因为$\frac{z(\cdot)}{\overline{F}(\cdot)}$是一个递增的函数和$q^{e,0}+q^{t,0}>k^b$，以及$(1-\alpha)f(k^{e,0})\widetilde{F}'(k^{b,0};\ k^{e,0})-[\alpha f(k^{b,0})]^2<0$，其中“<”成立是因为$\widetilde{F}'(k^{b,0};\ k^{e,0})<0$。因此，$H_{22}<0$。因此，Hessian 矩阵在$H(q^{e,0},\ q^{t,0})$处是不确定的。也就是说，

（$q^{e,0}$，$q^{t,0}$）既不能是局部最优解，因而也不能是全局最优解的候选者（q_{ECP}^{t}，q_{ECP}^{e}）。换句话说，全局最优解位于边界。

随后，我们考虑 $\pi(q^t, q^e)$ 在边界的值。

（1）$q^t = q^y$。在这种情况下，卖方耗尽了所有自有资金，并且不使用 BC 而仅使用 EC。因此，$q^b = 0$ 和 $k^b = k^e$。卖家的优化问题是最大化

$$\pi(q^e) = (1-\gamma)p\int_{k^e}^{q}\overline{F}(x)dx - y(1+r_f) \quad (A6-59)$$

其中 $q = q^t + q^e$，$q^t = q^y$ 和 $k^e = \frac{c(1+r^e)}{(1-\gamma)p}q^e$。根据引理 6.1，局部最优解，标记为（$q^{t2}$，$q^{e2}$），分为以下两种情况：

（ⅰ）如果 $y \geqslant y_{ECO}^{b}(\gamma, r^e)$，其中 $y_{ECO}^{b}(\gamma, r^e) = c\overline{F}^{-1}\left[\frac{c(1+r^e)}{(1-\gamma)p}\right]$，那么 $q^{t2} = q^y$ 和 $q^{e2} = 0$；

（ⅱ）如果 $0 \leqslant y < y_{ECO}^{b}(\gamma, r^e)$，那么 $q^{t2} = q^y$ 和 q^{e2} 由 $q^2 = \overline{F}^{-1}\left[\frac{c(1+r^e)}{(1-\gamma)p}\overline{F}(k^{e2})\right]$ 和 $k^{e2} = \frac{c(1+r^e)}{(1-\gamma)p}q^{e2}$ 唯一且隐式的决定，其中 $q^2 = q^y + q^{e2}$。

（2）$q^e = 0$ 和 $q^t > q^y$。在这种情况下，卖家仅使用 BC。卖家的优化问题是最大化 $\pi(q^t) = (1-\gamma)p\int_{k^b}^{q^t}\overline{F}(x)dx - y(1+r_f)$，满足：

$$(cq^t - y)(1+r_f) = (1-\gamma)p\int_{0}^{k^b}\hat{F}(x)dx \quad (A6-60)$$

根据引理 6.2，可以推导出，唯一可能全局最优的解应该满足（A6－60）。

$$q^t = \overline{F}^{-1}\left[\frac{c(1+r_f)}{(1-\gamma)p\hat{F}(k^b)}\overline{F}(k^b)\right] \quad (A6-61)$$

显然，q^t 在（A6－61）中递减于 k^b 而 q^t 在（A6－60）里递增于 k^b。因此，由（A6－60）和（A6－61）组成的方程集存在唯一的解（$q^{t,3}$，$k^{b,3}$）。相应地，（$q^{t,3}$，$q^{e,3}$）是局部最优解以及全局最优的候选者（q_{ECP}^{t}，q_{ECP}^{e}），其中 $q^{e,3} = 0$。此外，由于应该满足 $q^t > q^y$，（$q^{t,3}$，$q^{e,3}$）是可行的当且仅当 $y < y^{nb}(\gamma)$。

基于对以上四种场景的分析，最优解（q_{ECP}^{t}，q_{ECP}^{e}）应该是上述三种局部最优解之一，即（$q^{t,1}$，$q^{e,1}$），（$q^{t,2}$，$q^{e,2}$）和（$q^{t,3}$，$q^{e,3}$）。为了找到全局最优解，下面我们将根据 y 进行讨论。

（1）$y > y^{nb}(\gamma)$。在这种情况下，$(q^{t,3}, q^{e,3})$ 是不可行的，并且 $(q^{t2}, q^{e2}) = (q^{y}, 0)$ 被 $(q^{t,1}, q^{e,1})$ 占优。因此 $(q^{t}_{ECP}, q^{e}_{ECP}) = (q^{t,1}, q^{e,1})$。

（2）$y^{b}_{ECO}(\gamma, r^{e}) \leqslant y \leqslant y^{nb}(\gamma)$。在这种情况下，$(q^{t,1}, q^{e,1})$ 是不可行的，并且 $(q^{t2}, q^{e2}) = (q^{y}, 0)$ 被 $(q^{t,3}, q^{e,3})$ 占优。因此，$(q^{t}_{ECP}, q^{e}_{ECP}) = (q^{t,3}, q^{e,3})$。

（3）$0 \leqslant y < y^{b}_{ECO}(\gamma, r^{e})$。在这种情况下，$(q^{t,1}, q^{e,1})$ 是不可行的，而 $(q^{t,2}, q^{e,2})$ 和 $(q^{t,3}, q^{e,3})$ 两者都可行。我们展示存在一个唯一的阈值 $y^{b}_{ECP}(\gamma, r^{e})$，该阈值满足：如果 $0 < y < y^{b}_{ECP}(\gamma, r^{e})$，则 $(q^{t,2}, q^{e,2})$ 占优于 $(q^{t,3}, q^{e,3})$；如果 $y^{b}_{ECP}(\gamma, r^{e}) \leqslant y < y^{b}_{ECO}(\gamma, r^{e})$，则反之。设

$$\Delta(\gamma, r_{e}) = \pi(q^{t,2}, q^{e,2}; \gamma, r^{e}) - \pi(q^{t,3}, q^{e,3}; \gamma, r^{e}) = (1-\gamma)p\left[\int_{k^{e,2}}^{q^{2}} \overline{F}(x)dx - \int_{k^{b,3}}^{q^{3}} \overline{F}(x)dx\right] \quad (A6-62)$$

其中 $q^{2} = q^{t,2} + q^{e,2}$，$q^{3} = q^{t,3} + q^{e,3}$，那么

$$\frac{d\Delta(\gamma, r^{e})}{dy} = \frac{(1-\gamma)p}{c}\left[\overline{F}(q^{2}) - \overline{F}(q^{3})\right] \quad (A6-63)$$

根据推论6.1和推论6.2，q^{2} 递减于 $y \in (0, y^{b}_{ECO}(\gamma, r^{e}))$ 而 q^{3} 递增于 $y \in (0, y^{b}_{ECO}(\gamma, r^{e}))$，所以存在一个唯一的 $y^{0}(\gamma, r^{e})$ 使得 $\left.\frac{d\Delta(\gamma, r^{e})}{dy}\right|_{y=y^{0}} = 0$，以及当对于 $y \in (0, y^{0}(\gamma, r^{e}))$ 有 $\frac{d\Delta(\gamma, r^{e})}{dy} < 0$，而当 $y \in (y^{0}(\gamma, r^{e}), y^{b}_{ECO}(\gamma, r^{e}))$ 时有 $\frac{d\Delta(\gamma, r^{e})}{dy} > 0$。换句话说，$\Delta(\gamma, r^{e})$ 首先递减于 $y \in (0, y^{0}(\gamma, r^{e}))$ 然后递增于 $y \in (y^{0}(\gamma, r^{e}), y^{b}_{ECO}(\gamma, r^{e}))$。而且，很明显，在 $y = y^{b}_{ECO}(\gamma, r_{e})$，$\Delta(\gamma, r^{e}) < 0$。因此，存在一个唯一的 $y^{b}_{ECP}(\gamma, r^{e}) \in (0, y^{b}_{ECO}(\gamma, r^{e}))$ 使得 $\Delta(\gamma, r^{e}) = 0$，以及当 $y \in (0, y^{b}_{ECP}(\gamma, r^{e}))$ 时有 $\Delta(\gamma, r^{e}) > 0$，而当 $y \in (y^{b}_{ECP}(\gamma, r^{e}), y^{b}_{ECO}(\gamma, r^{e}))$ 时有 $\Delta(\gamma, r^{e}) < 0$。换句话说，如果 $0 < y < y^{b}_{ECP}(\gamma, r^{e})$，$(q^{t,2}, q^{e,2})$ 占优于 $(q^{t,3}, q^{e,3})$；如果 $y^{b}_{ECP}(\gamma, r^{e}) \leqslant y < y^{b}_{ECO}(\gamma, r^{e})$，反之。

重新组织上述三种情景（1）~（3），可推导出命题6.4。证毕。

命题6.5证明：在以下两种情况下，我们考虑卖家的最佳数量决策。

（1）$q^{t} < q^{y}$。与命题6.4证明类似，在这种情况下，我们有 $q^{t}_{BCP} = \overline{F}^{-1}\left[\frac{c(1+r_{f})}{p(1-\gamma)}\right]$ 和 $q^{e}_{BCP} = 0$。并且，当且仅当 $y > c\overline{F}^{-1}\left[\frac{c(1+r_{f})}{p(1-\gamma)}\right] = y^{nb}(\gamma)$ 时，

这个解是可行的。

（2）$q^t \geqslant q^\gamma$。我们有以下导数：

$$\frac{\partial \pi}{\partial q^t} = (1-\gamma)p\left[\overline{F}(q) - \frac{c(1+r_f)\overline{F}(k^e)}{(1-\gamma)p\hat{F}(k^b)}\right] \tag{A6-64}$$

$$\frac{\partial \pi}{\partial q^e} = (1-\gamma)p\left[\overline{F}(q) - \frac{c(1+r^e)\overline{F}(k^e)}{(1-\gamma)p}\right] \tag{A6-65}$$

$$\frac{\partial^2 \pi}{\partial q^{t2}} = (1-\gamma)p\left[-f(q) + \frac{c^2(1+r_f)^2 f(k^e)}{(1-\gamma)^2 p^2 \hat{F}^2(k^b)} + \frac{c^2(1+r_f)^2 \hat{F}'(k^b)\overline{F}(k^e)}{(1-\gamma)^2 p^2 \hat{F}^3(k^b)}\right] \tag{A6-66}$$

$$\frac{\partial^2 \pi}{\partial q^{e2}} = (1-\gamma)p\left[-f(q) + \frac{c^2(1+r^e)^2 f(k^e)}{(1-\gamma)^2 p^2}\right] \tag{A6-67}$$

$$\frac{\partial^2 \pi}{\partial q^e \partial q^t} = (1-\gamma)p\left[-f(q) + \frac{c^2(1+r_f)(1+r^e)f(k^e)}{(1-\gamma)^2 p^2 \hat{F}(k^b)}\right] \tag{A6-68}$$

设（$q^{e,0}$，$q^{t,0}$）是$\frac{\partial \pi}{\partial q^t} = \frac{\partial \pi}{\partial q^e} = 0$的解，那么（$q^{e,0}$，$q^{t,0}$）满足

$$\begin{cases} \overline{F}(q^{e,0}+q^{t,0}) - \dfrac{c(1+r^e)\overline{F}(k^{e,0})}{(1-\gamma)p} = 0 \\ \hat{F}(k^{b,0}) = \dfrac{1+r_f}{1+r^e} \end{cases} \tag{A6-69}$$

（$q^{e,0}$，$q^{t,0}$）的唯一性证明与引理 A6.1 相同，我们在这里跳过了细节。随后，我们在（$q^{e,0}$，$q^{t,0}$）点考虑 Hessian 矩阵 $H = \begin{vmatrix} \frac{\partial^2 \pi}{\partial q^{e2}} & \frac{\partial^2 \pi}{\partial q^e \partial q^t} \\ \frac{\partial^2 \pi}{\partial q^e \partial q^t} & \frac{\partial^2 \pi}{\partial q^{t2}} \end{vmatrix}$。

首先，我们考查 H_{11}：

$$\begin{aligned} H_{11} &= \left.\frac{\partial^2 \pi}{\partial q^{e2}}\right|_{(q^{e,0},q^{t,0})} \\ &= (1-\gamma)p\overline{F}(q^{e,0}+q^{t,0})\left[-z(q^{e,0}+q^{t,0}) + \frac{c(1+r^e)z(k^{e,0})}{(1-\gamma)p}\right] < 0 \end{aligned} \tag{A6-70}$$

其中最后一个“<”来自递增故障率的假设和 $c(1+r^e) < (1-\gamma)p$。

接下来，我们验证 H_{22}：

$$H_{22}=\frac{\partial^2\pi}{\partial q^{e2}}\bigg|_{(q^{e,0},q^{t,0})}\frac{\partial^2\pi}{\partial q^{t2}}\bigg|_{(q^{e,0},q^{t,0})}-\left(\frac{\partial^2\pi}{\partial q^e\partial q^t}\bigg|_{(q^{e,0},q^{t,0})}\right)^2$$

$$=(1-\gamma)^2p^2\left[-f(q^{e,0}+q^{t,0})+\frac{c^2(1+r_f)^2f(k^{e,0})}{(1-\gamma)^2p^2\hat{F}^2(k^{b,0})}\right.$$

$$\left.+\frac{c^2(1+r_f)^2\hat{F}'(k^{b,0})\overline{F}(k^{e,0})}{(1-\gamma)^2p^2\hat{F}^3(k^{b,0})}\right]\cdot\left[-f(q^{e,0}+q^{t,0})+\frac{c^2(1+r^e)^2f(k^{e,0})}{(1-\gamma)^2p^2}\right]$$

$$-\left[-f(q^{e,0}+q^{t,0})+\frac{c^2(1+r_f)(1+r^e)f(k^{e,0})}{(1-\gamma)^2p^2\hat{F}(k^{b,0})}\right]^2 \quad (A6-71)$$

两边除以 $(1-\gamma)^2p^2\hat{F}(k^{b,0})=\frac{1+r_f}{1+r^e}$代入（A6-71）得到

$$\frac{H_{22}}{(1-\gamma)^2p^2}=-f(q^{e,0}+q^{t,0})\left[\frac{c^2(1+r^e)^3\hat{F}'(k^{b,0})\overline{F}(k^{e,0})}{(1-\gamma)^2p^2(1+r_f)}\right]+\frac{c^2(1+r^e)^2f(k^{e,0})}{(1-\gamma)^2p^2}$$

$$\left[\frac{c^2(1+r^e)^3\hat{F}'(k^{b,0})\overline{F}(k^{e,0})}{(1-\gamma)^2p^2(1+r_f)}\right]$$

$$=\left[\frac{c^2(1+r^e)^3\hat{F}'(k^{b,0})\overline{F}(k^{e,0})}{(1-\gamma)^2p^2(1+r_f)}\right]\left[\frac{c^2(1+r^e)^2f(k^{e,0})}{(1-\gamma)^2p^2}-f(q^{e,0}+q^{t,0})\right]$$

$$=\overline{F}^2(q^{e,0}+q^{t,0})\left[\frac{c^2(1+r^e)^3\hat{F}'(k^{b,0})\overline{F}(k^{e,0})}{(1-\gamma)^2p^2(1+r_f)}\right]\left[\frac{z(k^{e,0})}{\overline{F}(k^{e,0})}-\frac{z(q)}{\overline{F}(q)}\right]>0$$

(A6-72)

因此，$H_{22}>0$。因此，Hessian 矩阵在 $H(q^{e,0},\ q^{t,0})$ 处为负定。也就是说，$(q^{e,0},\ q^{t,0})$ 是局部最优解，也是全局最优解的候选解。

随后，我们考虑 $\pi(q^t,\ q^e)$ 在边界的值。

（1）$q^t=q^y$。在这种情形下，卖方在不使用 BC 的情况下用尽了所有自有资金。因此，$q^b=k^b=0$。假设由 EC 融资的最佳库存为 q^{e*}，相应的总库存为 q^*。那么，卖方的预期利润为

$$\pi(q^{t*},\ q^{e*})=(1-\gamma)p\int_{k^{e*}}^{q^*}\overline{F}(x)dx-y(1+r_f) \quad (A6-73)$$

其中 $q^{t*}=q^y$，$q^*=q^{t*}+q^{e*}$ 和 $k^{e*}=\frac{c(1+r^e)}{(1-\gamma)p}q^{e*}$。下面，我们通过构造方法证明（$q^{t*}$，$q^{e*}$）不可能是全局最优解。设 $\tilde{q}^t$ 是以下方程的解：

$$(c\tilde{q}^t-y)(1+r_f)=(1-\gamma)p\int_0^{\tilde{k}^b}\hat{F}(x)dx \quad (A6-74)$$

其中 $\tilde{k}^b = \hat{F}^{-1}\left(\frac{1+r_f}{1+r^e}\right)$和 $\tilde{q}^e = q^* - \tilde{q}^t$。我们将从卖方的角度证明（$\tilde{q}^t$，$\tilde{q}^e$）占优（$q^{t*}$，$q^{e*}$）。在（$\tilde{q}^t$，$\tilde{q}^e$）下，卖方的预期利润为

$$\pi(\tilde{q}^t,\ \tilde{q}^e) = (1-\gamma)p\int_{\tilde{k}^e}^{q^*}\overline{F}(x)dx - y(1+r_f) \tag{A6-75}$$

接下来，我们比较 $\tilde{k}^e$和 k^{e*}。从 BCP 下的 k^e 的定义来看，我们有

$$\begin{aligned}\tilde{k}^e - k^{e*} &= \tilde{k}^b + \frac{c(1+r^e)}{(1-\gamma)p}[q^* - \tilde{q}^t] - \frac{c(1+r^e)}{(1-\gamma)p}[q^* - q^y] \\ &= \frac{1+r^e}{1+r_f}\left[\tilde{k}^b\hat{F}(\tilde{k}^b) - \int_0^{\tilde{k}^b}\hat{F}(x)dx\right] < 0 \end{aligned} \tag{A6-76}$$

因此，$\pi(\tilde{q}^t,\ \tilde{q}^e) > \pi(q^{t*},\ q^{e*})$。因此，（$q^{t*}$，$q^{e*}$）不能成为全局最优解。

（2）$q^e=0$ 和 $q^t > q^y$。在这种情况下，卖家仅使用 BC。因此，卖方的优化问题是最大化 $\pi(q^t, q^e) = (1-\gamma)p\int_{k^b}^{q^t}\overline{F}(x)dx - y(1+r_f)$，满足：

$$(cq^t - y)(1+r_f) = (1-\gamma)p\int_0^{k^b}\hat{F}(x)dx \tag{A6-77}$$

根据之前的分析，可以得出唯一可能全局最优的解应该满足

$$q^t = \overline{F}^{-1}\left[\frac{c(1+r_f)}{(1-\gamma)pG(k^b)}\right] \tag{A6-78}$$

和（A6－77）。显然，q^t 在（A6－78）里递减于 k^b 而 q^t 在（A6－77）里递增于 k^b。因此，由（A6－78）与（A6－77）组成的方程集存在唯一解（$q^{t,2}$，$k^{b,2}$）。相应地，（$q^{t,2}$，$q^{e,2}$），其中 $q^{e,2}=0$，是局部最优解，也是全局最优解的候选项。并且，由于应该满足 $q^t > q^y$，（$q^{t,2}$，$q^{e,2}$）是可行的当且仅当 $y < y^{nb}(\gamma)$。

基于对以上四种场景的分析，最优解（q^t_{BCP}，q^e_{BCP}）应该是上述三种方案之一，即（$q^{t,0}$，$q^{e,0}$），（$q^{t,1}$，$q^{e,1}$）和（$q^{t,2}$，$q^{e,2}$）。为了找到全局最优解决方案，下面，我们将根据 y 在三种不同情况下讨论该问题。

（1）$y > y^{nb}(\gamma)$。在这种情况下，（$q^{t,2}$，$q^{e,2}$）是不可行的。我们将用反证法证明（$q^{t,0}$，$q^{e,0}$）也是不可行的。假设 $q^{e,0}>0$，那么根据引理 A6.1 的证明，$\left.\frac{\partial\pi(q^e,\ q^{t,0})}{\partial q^e}\right|_{q^e=0} = (1-\gamma)p\overline{F}(q^{t,0}) - c(1+r^e)\overline{F}(k^{b,0}) > 0$。设 $\varphi(q^t) = (1-\gamma)p\overline{F}(q^t) - c(1+r^e)\overline{F}(k^b)$，那么 $\varphi(q^{t,0})>0$ 和 $\varphi(q^y) = (1-\gamma)p\overline{F}(q^y) - c(1+r^e) < (1-\gamma)p\overline{F}(q^y) - c(1+r_f) < 0$，因为 $y > y^{nb}(\gamma)$。并且，可以运用

与引理 A6.1 的证明中类似的分析来证明：在 $q^t \in [q^\gamma, q^{t,0}]$，首先 $\varphi(q^t)>0$，然后 $\varphi(q^t)<0$，这与 $\varphi(q^\gamma)<0$ 和 $\varphi(q^{t,0})>0$ 相矛盾。因此，$(q^t_{BCP}, q^e_{BCP}) = (q^{t,1}, q^{e,1})$。

（2）$y^b_{BCP}(\gamma, r^e)<y\leqslant y^{nb}(\gamma)$ 和

$$y^b_{BCP}(\gamma, r^e) = c\bar{F}^{-1}\left[\frac{c(1+r_f)}{(1-\gamma)p\left[1-\alpha g\left(\hat{F}^{-1}\left(\frac{1+r_f}{1+r^e}\right)\right)\right]}\right]-\frac{(1-\gamma)p\int_0^{\hat{F}^{-1}\left(\frac{1+r_f}{1+r^e}\right)}\hat{F}(x)dx}{1+r_f} \tag{A6-79}$$

在这种情况下，$(q^{t,1}, q^{e,1})$ 是不可行的。同样地，我们运用反证法表明 $(q^{e,0}, q^{t,0})$ 是不可行的。假设 $q^{e,0}>0$ 以及设 $\varphi(q^t) = \left.\frac{\partial\pi_h(q^e, q^t)}{\partial q^e}\right|_{q^e=0} = (1-\gamma)p\bar{F}(q^t)-c(1+r^e)\bar{F}(k^b)$，那么从引理 A6.1 证明来看，我们有 $\varphi(q^{t,0}) = (1-\gamma)p\bar{F}(q^{t,0})-c(1+r^e)\bar{F}(k^{b,0})>0$。另外，$\varphi(q^{t,0}) = (1-\gamma)p\bar{F}(q^{t,0})-c(1+r^e)\bar{F}(k^{b,0}) = (1-\gamma)p\bar{F}(q^{t,0})-\frac{c(1+r_f)}{1-\alpha g(k^{b,0})}\leqslant 0$，其中"$\leqslant$"成立因为 $y>y^b_{BCP}(\gamma, r^e)$，这和 $\varphi(q^{t,0})>0$ 相矛盾。因此，$(q^t_{BCP}, q^e_{BCP}) = (q^{t,2}, q^{e,2})$。

（3）$0\leqslant y\leqslant y^b_{BCP}(\gamma, r^e)$。在这种情况下，$(q^{t,1}, q^{e,1})$ 是不可行的。我们通过构造方法证明 $(q^{t,0}, q^{e,0})$ 占优于 $(q^{t,2}, q^{e,2})$。显然，$\varphi(q^{t,0})>0$ 以及因此 $q^{t,0}<q^{t,1}$。设 $q^{e,4} = q^{t,1}-q^{t,0}$，我们在下面证明 $(q^{t,0}, q^{e,4})$ 占优于 $(q^{t,2}, q^{e,2})$。定义 $q^* = q^{t,0}+q^{e,4} = q^{t,2}+q^{e,2}$ 其中第二个"="成立是因为 $q^{e,2} = 0$，那么卖方在 $(q^{t,0}, q^{e,4})$ 下的预期利润是

$$\pi(q^{t,0}, q^{e,4}) = (1-\gamma)p\int_{k^{e,4}}^{q^{t,2}}\bar{F}(x)dx - y(1+r_f) \tag{A6-80}$$

而在 $(q^{t,2}, q^{e,2})$ 下是

$$\pi(q^{t,2}, q^{e,2}) = (1-\gamma)p\int_{k^{e,2}}^{q^{t,2}}\bar{F}(x)dx - y(1+r_f) \tag{A6-81}$$

接下来，我们比较 $k^{e,4}$ 和 $k^{e,2}$。从 BCP 下 k^e 的定义来看，我们有

$$\begin{aligned} k^{e,4}-k^{e,2} &= k^{b,0}+\frac{c(1+r^e)}{(1-\gamma)p}[q^{t,2}-q^{t,0}]-k^{b,2} \\ &= \frac{1+r^e}{1+r_f}\left[\int_{k^{b,0}}^{k^{b,2}}\hat{F}(x)dx-\hat{F}(k^{b,0})(k^{b,2}-k^{b,0})\right]<0 \end{aligned} \tag{A6-82}$$

因此，$k^{e,4}<k^{e,2}$。因此，$\pi(q^{t,0},\ q^{e,4})>\pi(q^{t,2},\ q^{e,2})$，也就是说（$q^{t,0}$，$q^{e,4}$）占优于（$q^{t,2}$，$q^{e,2}$）。并且，（$q^{t,0}$，$q^{e,0}$）占优于（$q^{t,2}$，$q^{e,2}$）因为（$q^{t,0}$，$q^{e,0}$）占优于（$q^{t,0}$，$q^{e,4}$）。因此，$(q^{t}_{BCP},\ q^{e}_{BCP})=(q^{t,0},\ q^{e,0})$。证毕。

定理 6.2 证明：根据命题 6.4，如果电子零售商设置（γ，r^e）以至于 $(\gamma,\ r^e)\in\Omega_1=\{(\gamma,\ r^e)\mid y^{b}_{ECP}(\gamma,\ r^e)<y<y^{nb}(\gamma)\}$，则卖方会选择 BC；如果电子零售商设置（$\gamma$，$r^e$）以至于 $(\gamma,\ r^e)\in\Omega_2=\{(\gamma,\ r^e)\mid 0<y\leqslant y^{b}_{ECP}(\gamma,\ r^e)\}\cup\{(\gamma,\ r^e)\mid y\geqslant y^{nb}(\gamma)\}$，那么卖方会选择 EC 或不借款（NB）。显然，因为 $r^{e*}_{ECO}=r_f$，所以 $(\gamma^{*}_{ECO},\ r^{e*}_{ECO})\in\Omega_2$，因此在借贷的情况下卖方总是会选择 EC 而不是 BC。此外，对于任何 $(\gamma,\ r^e)\in\Omega_2$，因为（$\gamma^{*}_{ECO}$，$r^{e*}_{ECO}$）是在 ECO 下整个区域 $\Omega_1+\Omega_2$ 的最佳解决方案，所以

$$\prod\nolimits_{ECP}(\gamma^{*}_{ECO},\ r^{e*}_{ECO})=\prod\nolimits^{*}_{ECO}\geqslant\prod\nolimits_{ECP}(\gamma,\ r^e)\qquad\text{(A6-83)}$$

因此，（γ^{*}_{ECO}，r^{e*}_{ECO}）是区域 Ω_2 局部最优解决方案。

另外，设 $(\hat{\gamma},\ \hat{r}^e)\in\Omega_1$ 代表区域 Ω_1 的局部最优解决方案，也就是说，对于任何 $(\gamma,\ r^e)\in\Omega_1$，有 $\prod_{ECP}(\hat{\gamma},\ \hat{r}^e)\geqslant\prod_{ECP}(\gamma,\ r^e)$，那么

$$\prod\nolimits^{*}_{BCO}\geqslant\prod\nolimits_{ECP}(\hat{\gamma},\ \hat{r}^e)\qquad\text{(A6-84)}$$

因为 $\prod^{*}_{BCO}$ 表示电子零售商在 BCO 下在整个区域 $\Omega_1+\Omega_2$ 的最大利润。此外，根据定理 6.1，我们有 $\prod^{*}_{ECO}>\prod^{*}_{BCO}$，将其与（A6-83）和（A6-84）相结合，得到 $\prod_{ECP}(\gamma^{*}_{ECO},\ r^{e*}_{ECO})>\prod_{ECP}(\hat{\gamma},\ \hat{r}^e)$。也就是说，$\Omega_2$ 中局部最优解（γ^{*}_{ECO}，r^{e*}_{ECO}）占优于 Ω_1 中局部最优解（$\hat{\gamma}$，$\hat{r}^e$）。因此，（γ^{*}_{ECO}，r^{e*}_{ECO}）是 $\Omega_1+\Omega_2$ 中的全局最优解。换句话说，$\gamma^{*}_{ECP}=\gamma^{*}_{ECO}$ 和 $r^{e*}_{ECP}=r^{e*}_{ECO}=r_f$。因此，卖方的最佳库存决策与 ECO 下的决定相同。证毕。

定理 6.3 证明：在 BCP 下，如果设置 $r^e=r^{e*}_{ECO}=r_f$，根据命题 6.5，卖方将始终使用 EC。因此，根据定理 6.2，通过进一步设置 $\gamma=\gamma^{*}_{ECO}$，电子零售商可以获得与在 ECP 下相同的利润，即 $\prod_{BCP}(\gamma^{*}_{ECO},\ r_f)=\prod^{*}_{ECP}$。因此，在 BCP 下，电子零售商的收入不低于 ECP，即 $\prod^{*}_{BCP}\geqslant\prod_{BCP}(\gamma^{*}_{ECO},\ r_f)=\prod^{*}_{ECP}$。证毕。

7 考虑违约成本时资金约束供应链协同机制设计

7.1 问题背景

基于劳动分工理论，为了提高生产效率，企业逐渐向专业化细分。然而，与传统整合型企业相比，专业化细分企业面临着新的问题，即分散决策下的代理成本问题。该问题折射在供应链库存管理方面就是“双重边际效应”，由于上游供应商和下游零售商的利益冲突，供应链在分散决策下获得的最大利润小于集中决策下的利润。为了使供应商和零售商的利益趋于一致，从而提升供应链的效益，大量学者展开了对供应链协同契约理论的研究。比较常用的协同契约有回购契约（Pastermack，1985）、收益共享契约（Cachon & Lariviere，2001）、数量折扣契约（Liu，2005）、数量弹性契约（Tsay，1999）等。供应链协同契约理论研究是一个经典的问题，一直以来都吸引着学者们的眼球。在新的问题背景下，学者们基于传统协同理论，通过扩展设计新的协同方案。

然而，目前为止关于供应链协同契约理论的研究大都忽略了资金短缺和违约成本问题。如第1章研究背景中所述，资金短缺是企业尤其是中小微企业的常态。当供应链中存在的资金约束时，要实现供应链协同，不仅要协同物流，也要协同各成员的资金流，因而对协同机制提出了新的要求。另外，伴随着资金短缺和信贷行为，破产风险也对供应链造成了潜在的威胁。企业破产风险的影响是双向的，一方面，企业的破产风险对供应链上其他成员企业的决策和效益造成了深远的影响；另一方面，供应链上其他成员的运营决策和反馈也影响了面临债务危机企业的破产风险。因而，破产风险具有深层次的供应链效应。企业破产会产生违约成本，从而会造成供应链效益的损失。

因此，当进一步考虑供应链存在的信贷违约风险和违约成本时，要实现供应链协同，必须要协同供应链上的违约风险，从而实现违约成本最小化。

从上述分析中不难看出，设计存在资金短缺和违约成本环境下的供应链协同契约具有非常重要的实践价值，但同时也是一个非常复杂而棘手的难题。基于此，本章探索考虑资金约束和违约成本时的供应链协同策略。目前为止，只有 Kouvelis 和 Zhao（2016）的一篇文章分析了存在资金约束和违约成本时的供应链协同问题。本章在以下两个方面区别于 Kouvelis 和 Zhao（2016）：（1）Kouvelis 和 Zhao（2016）假设供应商和零售商都能够成功申请到银行信用，而鉴于实际中中小微企业在资本市场上“融资难”的困境，假设只有上游核心供应商可以申请到银行信用，而下游零售商只能依靠贸易信用解决自身资金短缺问题；（2）Kouvelis 和 Zhao（2016）只考虑了供应商和零售商的总体资金水平不足以生产传统无资金约束情形下最优产量时的情形，而本章考虑了供应商和零售商各种可能的资金分布下的情形。

7.2 模型设置与基本假设

本节将从三个方面论述本章的基本模型和假设，分别是：商业环境和市场需求、资本结构和融资渠道以及决策顺序。

商业环境和市场需求。考虑一个单周期的两层级供应链，该供应链由一个风险中性的供应商（他）和一个风险中性的零售商（她）组成。供应商的单位生产成本是 c，向零售商收取的批发价格是 w（数量折扣契约下是 $w(q)$）。在销售季节开始前，零售商向供应商采购 q 单位的产品，此后零售商没有其他补货机会。销售季节开始后，零售商以单位零售价格 p 向终端消费者市场销售产品，其中 p 是外生给定的。为了模型的简洁，假设缺货不会给商家造成任何名誉损失，过剩库存的残值为零。

市场需求 D 是随机的。令 $f(D)$ 表示定义在 $[0, +\infty)$ 上 D 的概率密度函数，$F(D)$ 表示对应的分布函数，$\overline{F}(D)=1-F(D)$。同时，定义 $z(D)=f(D)/\overline{F}(D)$，代表需求密度函数的故障率，并且假设 $z(D)$ 是增函数，即 $z'(D)>0$。许多常用的分布满足这一假设，如：正态分布、指数分布、幂级数分布和截断正态分布（Lariviere & Porteus，2001；Cachon，2003；Zhou & Groenevelt，2009）。以上假设用以保证优化问题解的存在性和唯一性。

资本结构和融资渠道。假设供应商和零售商都是由股权融资塑造的长期资本结构。供应商和零售商的流动资金分别是 y_s 和 y_r。他们可能会面临由短期运营造成的流动资金短缺。供应商具有较高的信用评级，因而可以向外界金融机构（不失一般性，假定为银行）获取融资服务。而零售商由于信用评级较低，无法获得银行的资金支持。如本章 7.1 节问题背景中所述，这一现象在供应链中是广泛存在的，供应链中大型核心企业可以获得银行信用，而中小型企业由于规模小、信用评级低而无法获得银行融资。为了解决零售商的资金短缺问题，供应商向零售商提供贸易信用融资服务，即供应商允许零售商通过支付一定的利息而获得延期支付货款的权利。

假设外部金融市场是完全竞争的，因而银行向供应商提供的贷款利率 r_b 是公平定价的，即银行的期望收益率等于市场无风险利率 r_f。关于供应商给零售商提供的贸易信用融资，供应商可以自由决定利率 r_s。关于该假设的合理性，已经在第 4 章进行详细论述。假定如果供应商（零售商）不能偿清银行（供应商）的贷款（贸易信用）时，则供应商（零售商）将陷入信贷违约。关于违约成本的假设以及简化处理，已经在第 3 章进行了详细论述。简而言之，假定零售商违约时会产生一个可变违约成本，其值为违约系数 α 乘以季末销售额 pD。另外，假设交易过程中不会产生其他任何交易费用和税收。债务人具有有限责任，并且是讲信誉的，即债务人会尽最大努力偿还债务。

决策顺序。采用 Stackleberg 博弈模型来描述供应商和零售商之间的相互作用。其中供应商为主从博弈的领导者，零售商为追随者，如图 7 - 1 所示。由于在我们的模型中，供应商拥有更高的信用等级，在银行借贷方面占有优势，从而在实际谈判中一般可能更有话语权，因此将其假设为主从博弈的领导者是合理的。在销售季节开始前（简称“季初”），供应商设计一款供应契约，契约参数包含批发价格 w（数量折扣契约时为 $w(q)$）和贸易信用贷款利率 r_s。在供应商提供收益共享契约时，契约参数还包含收益共享比例 θ。同样地，在供应商提供回购契约时，契约参数还包含单位回购价格 b。基于供应契约，零售商决定订货量，同时在资金不足时向供应商寻求贸易信用贷款。供应商在资金不足的情形下向银行借贷，然后启动生产。

在销售季节末（简称“季末”），零售市场末端需求信息揭示，零售商实现一定的销售额。假定贸易相关的转移支付优先于信用贷款的偿还支付（Yang & Birge，2018）。依赖于不同的契约条款，供应商和零售商之间完成贸易相关的转移支付。比如：在收益共享契约下，零售商向供应商支付一定比例的共享收益；在回购契约下，如果零售商有过剩的库存，供应商向零售商进行转移支付，以契约规定的回购价格购买过剩库存。随后，零售商向供应商偿还贸易信用贷款。如果市场需求高，零售商收获较高的销售额从而偿清贷款，反之零售商违约。最后，供应商偿还银行信用。同理，如果市场需求高，供应商获得较高的来自零售商的信用支付，从而偿清银行信用，反之供应商违约。不存在信息不对称，而且以上信息都是各参与方的共同知识（见图 7－1）。

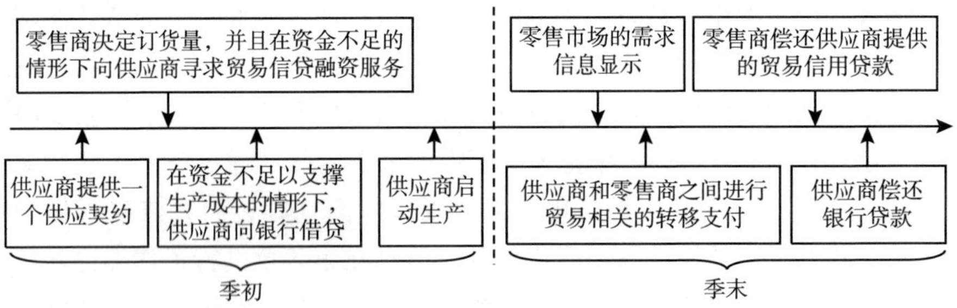

图 7－1　决策顺序

7.3　资金约束供应链的协同条件

本节考虑资金约束和违约成本存在情形下的供应链协同条件。其中，7.3.1 小节分析受资金约束集中供应链的最优决策，以此为基准，在 7.3.2 小节得到了受资金约束的分散供应链的协同条件。

7.3.1　集中供应链的运营与融资决策

在本部分，只考虑 $r_s \geq r_f$ 的情形，但是对于 $r_s < r_f$ 的情形，本章的结论依然成立。

考虑受资金约束的集中供应链，如图 7－2 所示。将供应商和零售商视作一个整体，受资金约束集中供应链的流动资金是供应商和零售商的流动资金之和，即 $y_c = y_r + y_s$。当受资金约束集中供应链的流动资金 y_c 小于生产成本

cq 时，受资金约束集中供应链会向银行申请额度 $L_c=(cq-y_c)^+$ 的贷款。银行决定相应的贷款利率 r_c。基于反向推导的逻辑，首先考虑银行的定价问题。令

$$k_c=(cq-y_c)^+(1+r_c)/p$$

表示受资金约束集中供应链的违约阈值，即如果季末需求小于 k_c，则受资金约束集中供应链因不能偿清银行信用而陷入违约。银行的季末期望收益是

$$\Gamma_c=\int_0^{k_c}(1-\alpha)pD\mathrm{d}F(D)+pk_c\bar{F}(k_c)$$

其中第一项表示受资金约束集中供应链违约情形下银行的期望收益，第二项表示受资金约束集中供应链全额偿清银行信用情形下银行的期望收益。根据公平定价原理，得到 $L_c(1+r_f)=\Gamma_c$。根据此式，银行计算出贷款利率 r_c。令 $\delta_c=p\min(k_c,\ D)$ 表示没有违约成本情形下银行的季末收益，则 $C_c=E[\delta_c]-\Gamma_c$ 代表期望违约成本。

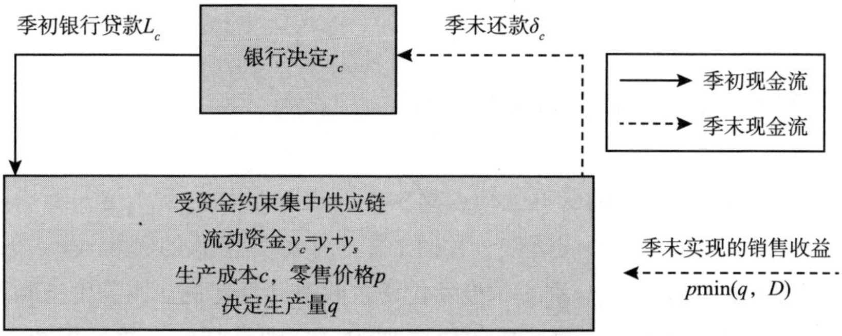

图7－2　受资金约束集中供应链的现金流

销售季末，受资金约束集中供应链的期望利润是

$$\begin{aligned}\pi_c(q)&=pE[\min(D,\ q)]-[(cq-y_c)^+(1+r_f)+C_c]-\min(cq,\ y_c)(1+r_f)\\&=pE[\min(D,\ q)]-cq(1+r_f)-C_c\end{aligned}\tag{7-1}$$

其中（7－1）第一个等式右边的第一项表示受资金约束集中供应链在季末的期望销售收益，第二项表示季末关于银行信用的期望偿还支付，第三项表示期初关于生产的支出成本。最大化受资金约束集中供应链的期望利润 $\pi_c(q)$，得到引理7.1中最优产量：

引理7.1　令 $y_{\max}=c\bar{F}^{-1}[c(1+r_f)/p]$，那么根据受资金约束集中供应链

的流动资金额度，最优产量 q_c^* 分为以下两种情况：

（1）如果 $y_c \geqslant y_{\max}$，那么最优产量是 $q_c^N = \overline{F}^{-1}[c(1+r_f)/p]$；

（2）如果 $0 \leqslant y_c < y_{\max}$，那么最优产量是 $q_c^B = \overline{F}^{-1}[c(1+r_f)/(pG(k_c))]$，其中 $G(k_c) = 1 - \alpha k_c z(k_c)$。

可以参考文献 Kouvelis 和 Zhao（2011）得到证明，在此不再赘述。当 $y_c \geqslant y_{\max}$ 时，受资金约束集中供应链不向外界银行借款，生产传统不受资金约束集中供应链（后文简称“传统集中供应链”）的最优产量 q_c^N。当 $0 \leqslant y_c < y_{\max}$ 时，受资金约束集中供应链向银行借款，生产最优产量 q_c^B。如果不考虑违约成本（即 $\alpha = 0$），那么 $q_c^B = q_c^N$。换句话而言，当 $\alpha = 0$ 时，资金约束对受资金约束集中供应链的生产决策没有影响。该结论与 Kouvelis 和 Zhao（2012）中得到的结论是一致的。在考虑违约成本的情形下（即 $\alpha > 0$），由于 $0 < G(k_c) < 1$，得到 $q_c^B < q_c^N$。该结论表明当资金约束有效时（$0 \leqslant y_c < y_{\max}$），受资金约束集中供应链会向银行借贷，但是最优产量小于传统集中供应链的最优产量。

7.3.2 分散供应链的协同条件

根据 7.3.1 节得到的受资金约束集中供应链的最优决策，这一节探析受资金约束分散供应链的协同条件。我们采用一个一般形式的契约（w，θ，b，r_s），其中 w、θ、b 和 r_s 分别表示批发价格、收益共享比例、回购价格和贸易信贷利率。该契约代表三种经典的协同契约，分别是全单位数量折扣契约、收益共享契约和回购契约（参考 Cachon，2003）。当 w 是 q 的函数且 $1-\theta = b = 0$ 时，该契约代表全单位数量折扣契约；当 w 是常数且 $b=0$ 时，该契约代表收益共享契约；当 w 是常数且 $\theta = 1$ 时，该契约代表回购契约。

图 7－3 阐述在给定契约（w，θ，b，r_s）时受资金约束分散供应链中的现金流。基于逆向分析法，首先考虑零售商的最优订货量。如果零售商采购 q 单位产品，他需要以 r_s 的贷款利率向供应商借入额度为 $(wq - y_r)^+$ 的贸易信用贷。令 k_r 代表零售商的违约阈值（即若市场需求小于 k_r，则零售商将陷入违约），其由下式唯一决定：

$$\theta p k_r + b(q - k_r) = (wq - y_r)^+(1 + r_s)$$

基于 k_r，供应商从零售商处获得的期望贸易信用贷款收益可表示为

$$\Gamma_r = \int_0^{k_r} [(1-\alpha)\theta pD + b(q-D)^+] dF(D) + \int_{k_r}^{\infty} (wq - y_r)^+ (1+r_s) dF(D)$$

其中等式右边第一个积分项代表零售商违约时供应商的期望贸易信用贷款回报，第二项代表零售商偿清贷款时供应商的期望贸易信用贷款回报。如果没有违约成本，供应商从零售商处获得的贸易信用贷款收益为

$$\delta_r = (wq - y_r)^+ (1+r_s) 1_{D \geqslant k_r} + (\theta pD + b(q-D)^+) 1_{D<k_r}$$

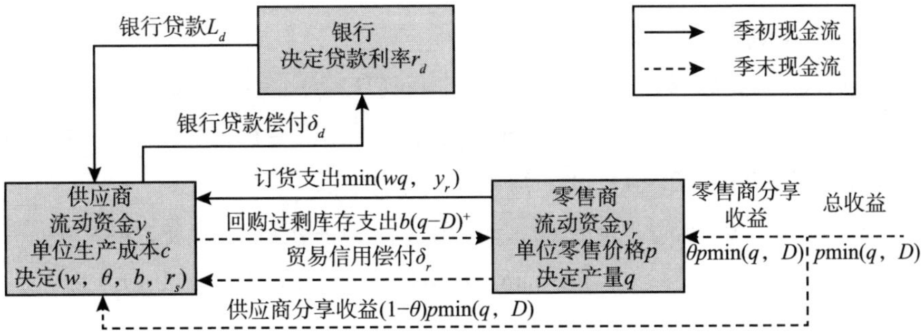

图7-3　受资金约束集中供应链的现金流

根据上述定义，$C_r = E[\delta_r] - \Gamma_r$ 表示违约成本，则零售商的期望利润可表示如下：

$$\pi_r(q, w, \theta, b, r_s) = \theta pE[\min(D, q)] - C_r + \Gamma_b - \Gamma_r - \min(wq, y_r)(1+r_f) \qquad (7-2)$$

其中 $\Gamma_b = E[b(q-D)^+]$，表示供应商向零售商购买过剩库存的期望支出。

接下来分析供应商的最优决策。在季初，如果供应商的资金小于生产支出，则供应商向银行借入额度为 $L_d = [cq - y_s - \min(wq, y_r)]^+$ 的贷款。供应商的违约阈值 k_d 由下式唯一决定：

$$(1-\theta)pk_d - b(q-k_d)^+ = L_d(1+r_d)$$

换句话而言，如果需求小于 k_d，那么供应商将无法偿清他的银行信用。令

$$\Gamma_d = \int_0^{k_d} [(1-\alpha)(1-\theta)pD - b(q-D)^+] dF(D) + \int_{k_d}^{\infty} L_d(1+r_d) dF(D)$$

代表银行从供应商处获得的期望贷款回报，其中第一项表示供应商违约时银行的期望贷款回报，第二项表示供应商偿清银行信用时银行的期望贷款回报。根据公平定价原理，得到 $\Gamma_d = L_d(1+r_f)$，即

$$\Gamma_d = [cq - y_s - \min(wq, y_r)]^+ (1+r_f) \qquad (7-3)$$

令

$$\delta_d = [(1-\theta)pD - b(q-D)^+]1_{\{D<k_d\}} + (cq - y_s - y_r)^+(1+r_d)1_{\{D\geqslant k_d\}}$$

代表没有违约成本时银行从供应商处得到的贷款偿付，那么 $C_d = E[\delta_d] - \Gamma_d$ 表示供应商向银行借贷时造成的期望违约成本。供应商的期望利润是

$$\begin{aligned}\pi_s(q,\ w,\ \theta,\ b,\ r_s) = &(1-\theta)pE[\min(D,\ q)] - C_d - \Gamma_d \\ &- \min(cq,\ y_s + \min(wq,\ y_r))(1+r_f) \\ &- \Gamma_b + \Gamma_r + \min(wq,\ y_r)(1+r_f)\end{aligned}$$

化简上式，得到

$$\begin{aligned}\pi_s(q,\ w,\ \theta,\ b,\ r_s) = &(1-\theta)pE[\min(D,\ q)] - C_d - cq(1+r_f) \\ &+ \min(wq,\ y_r)(1+r_f) - \Gamma_b + \Gamma_r \end{aligned} \tag{7-4}$$

根据（7-2）~（7-4）式，得到

$$\begin{aligned}\pi_d(q,\ w,\ \theta,\ b,\ r_s) &= \pi_r(q,\ w,\ \theta,\ b,\ r_s) + \pi_s(q,\ w,\ \theta,\ b,\ r_s) \\ &= pE[\min(D,\ q)] - (C_r + C_d) - cq(1+r_f)\end{aligned} \tag{7-5}$$

比较受资金约束分散供应链的期望利润（7-5）和受资金约束集中供应链的期望利润（7-1），可以发现两个利润表达式的第一项和第三项是相同的，两式的第二项均代表期望违约成本。关于期望违约成本，有以下结论：

引理 7.2 在一般形式的契约（w，θ，b，r_s）下，如果受资金约束集中供应链和受资金约束分散供应链都生产 q 单位的产品，则 $C_d \geqslant C_c$。

证明： 如果 $y_c \geqslant cq$，那么 $C_c = 0$，因而 $C_d \geqslant C_c$。接下来考虑 $0 \leqslant y_c < cq$ 的情形。受资金约束集中供应链向银行借贷 $L_c = cq - y_c$，根据公平定价原理可得：

$$(cq - y_c)(1 + r_f) = \int_0^{k_c}(1-\alpha)pDdF(D) + pk_c\overline{F}(k_c) \tag{7-6}$$

其中 $C_c = \int_0^{k_c}\alpha pDdF(D)$。

在受资金约束分散供应链中，为了满足生产支出 cq，供应商必须向银行借贷 L_d。季初，根据特定的供应契约，零售商向供应商支付 $T_0 \leqslant y_r$ 的订货费用，因而 $L_d = cq - y_s - T_0 \geqslant L_c$。在这种情形下，供应商唯一可以用来偿还银行信用的资金来自于季末零售商的转移支付。在季末，零售商的现金流为 $p\min(D,\ q) + (y_r - T_0)(1+r_f)$，并且向供应商转移支付 $T_1 = (y_r - T_0)(1 + r_f) + \beta p\min(d,\ q)$，其中 $0 < \beta \leqslant 1$。即零售商转移支付她所剩下的初始流动资

金和部分销售收益。否则供应商获得负的利润而选择不生产。对于供应商的银行信用，根据公平定价原理可得

$$(cq-y_c)(1+r_f)=\int_0^{k_d}(1-\alpha)\beta pDdF(D)+\beta pk_d\overline{F}(k_d) \tag{7-7}$$

其中 $C_d=\int_0^{k_d}\alpha\beta pDdF(D)$。

现在证明 $C_d \geqslant C_c$。比较（7-6）和（7-7）式，由于 $0<\beta\leqslant 1$，得到

$$\int_0^{k_d}(1-\alpha)pDdF(D)+pk_d\overline{F}(k_d)\geqslant\int_0^{k_c}(1-\alpha)pDdF(D)+pk_c\overline{F}(k_c) \tag{7-8}$$

因为 $k\overline{F}(k)$ 是 k 的增函数（Kouvelis & Zhao，2011），从而 $\int_0^{k}(1-\alpha)pDdF(D)+pk\overline{F}(k)$ 是 k 的增函数，所以根据（7-8）式可得 $k_d\geqslant k_c$。

根据（7-6）和（7-7）式，得到

$$\beta=\frac{\int_0^{k_c}(1-\alpha)pDdF(D)+pk_c\overline{F}(k_c)}{\int_0^{k_d}(1-\alpha)pDdF(D)+pk_d\overline{F}(k_d)} \tag{7-9}$$

因而，证明 $C_d\geqslant C_c$ 等价于证明下式：

$$\frac{\int_0^{k_c}(1-\alpha)pDdF(D)+pk_c\overline{F}(k_c)}{\int_0^{k_d}(1-\alpha)pDdF(D)+pk_d\overline{F}(k_d)}\int_0^{k_d}\alpha pDdF(D)\geqslant\int_0^{k_c}\alpha pDdF(D)$$

或者等价地

$$\frac{\int_0^{k_c}\overline{F}(D)dD}{k_c\overline{F}(k_c)}\leqslant\frac{\int_0^{k_d}\overline{F}(D)dD}{k_d\overline{F}(k_d)} \tag{7-10}$$

令 $g(x)=\dfrac{\int_0^{x}\overline{F}(D)dD}{x\overline{F}(x)}$，那么 $g'(x)=\dfrac{\overline{F}(x)[x\overline{F}(x)-(1-xz(x))\int_0^{x}\overline{F}(D)dD]}{(x\overline{F}(x))^2}$。

定义 $h(x)=x\overline{F}(x)-(1-xz(x))\int_0^{x}\overline{F}(D)dD$，那么 $h(0)=0$ 且

$$h'(x)=[z(x)+xz'(x)]\int_0^{x}\overline{F}(D)dD>0$$

因而，$h(x)\geqslant 0$ 且 $g'(x)\geqslant 0$，即 $g(x)$ 是增函数，从而（7-10）得证。证毕。

引理 7.2 表明：生产同样数量的产品，受资金约束分散供应链导致的期

望违约成本比受资金约束集中供应链大。令 q_c^* 表示受资金约束集中供应链的均衡产量，(q_d^*，w^*，θ^*，b^*，r_s^*) 代表受资金约束分散供应链的均衡解。那么根据引理 7.2，得到受资金约束分散供应链的协同条件如下：

引理 7.3 在一般形式的契约 (w，θ，b，r_s) 下，有 $\pi_d(q_d^*; w, \theta, b, r_s) \leqslant \pi_c(q_c^*)$。而且，受资金约束分散供应链被协同（即 $\pi_d(q_d^*; w^*, \theta^*, b^*, r_s^*) = \pi_c(q_c^*)$）等价于以下条件成立：$q_d^* = q_c^*$，$C_r = 0$，且 $C_d = C_c$。

证明见本章附录。

引理 7.3 表明：考虑违约成本时，任何一种协同契约下，受资金约束分散供应链获得的最大期望利润不会大于受资金约束集中供应链获得的最大期望利润。而且，受资金约束分散供应链被协同必须满足以下条件：(1) 必须激励零售商订购与受资金约束集中供应链最优订货量相同数量的产品；(2) 在零售商采用贸易信贷的情况下，供应商应该保护零售商不让其陷入违约；(3) 在供应商采用银行融资的情况下，其期望违约成本应该等于受资金约束集中供应链最优决策下的违约成本。从上述分析中可见，协同受资金约束分散供应链要同时考虑库存和金融两方面的因素。后面将基于引理 7.3 中的条件设计自愿协同契约。

7.4 基于传统契约的协同机制

相关研究表明：供应商在提供传统协同契约的同时提供贸易信贷能够协同受资金约束分散供应链（Chang & Rhee，2010，2011）。本节探讨在考虑违约成本时该方案是否能够继续协同受资金约束分散供应链。具体而言，将分析三种传统协同契约，分别是全单位数量折扣契约、收益共享契约和回购契约。

首先对这三种契约作一个简单分析。根据引理 7.3，供应商协同零售商的一个必要条件是供应商保护零售商使其不陷入违约（$C_r = 0$）。为了满足这一点，供应商设计的协同契约应该使零售商在季初不承受任何债务，或者使零售商在季初承受债务但在季末能无风险地全额偿清贷款。把前面一种策略定义为“事前预防”，后面一种策略定义为“事后控制”。根据这一准则，将前面提到的三种传统契约分为三类。收益共享契约属于“事前预防”型，因为供应商只要恰当地设置零售价格，零售商在季初就不会背负贸易信贷。回购契约属于“事后控制”型，因为当零售商初始流动资金很少时可能会借入贸易信贷，但是供应商在季末可以通过回购零售商过剩库存的方式阻止零售商陷入违约。全单位数量折扣契约既不属于“事前预防”型，也不属于“事后控制”型，因为在全单位数量折扣契约下初始流动资金量很少的零售商会采用贸易信贷，但是在季末供应商没有提供任何形式的补贴，所以零售商会面临违约风险。因而，全单位数量折扣契约不能协同受资金约束分散供应链，后面只需要分析收益共享契约和回购契约。

7.4.1 基于收益共享契约的协同策略

首先，分析 $y_r + y_s < y_{\max}$ 的情形。根据，此种情形下受资金约束集中供应链会向银行借贷进行生产。根据引理 7.3，供应链协同的一个必要条件是 $C_d = C_c$。因此，协同契约应该具备以下两方面的特征：第一，在季初零售商需将她所有的流动资金转移给供应商，使得供应商只需借入数额为 $L_d = L_c = cq_c^* - y_r - y_s$ 的银行信用；第二，根据公平定价原理，当销售收益大于供应商的银行负债时，供应商分享的收益应该不小于其银行负债，当销售收益小于供应商的银行负债时，供应商应该分享所有的收益。根据以上准则，贸易信贷下的传统收益共享契约不能协同受资金约束分散供应链，具体原因如下：在传统收益共享契约下，供应商通过灵活设置批发价契约能够攫取零售商所有的初始流动资金，从而满足特征一；然而，在季末供应商只能根据事先设定好的 θ 分享固定比例的销售收益，因而其不满足特征二，从而不能有效协同供应链。

接下来，分析 $y_r + y_s \geqslant y_{\max}$ 的情形。根据引理 7.3，受资金约束分散供应链被协同等价于收益共享契约（w，θ，r_s）满足以下条件：

$$
\begin{cases}
r_s = \infty & \text{(a)} \\
q_d^* = q_c^* = \overline{F}^{-1}[c(1 + r_f)/p] & \text{(b)} \\
wq_d^* \leqslant y_r & \text{(c)} \\
y_s + \min(wq_d^*,\ y_r) \geqslant cq_d^* & \text{(d)}
\end{cases}
\tag{7-11}
$$

根据前面的分析，收益共享契约属于“事前预防”型契约，因而零售商在季初不背负任何债务，如（7－11c）所示。供应商在此情形下不提供贸易信贷，为了让协同契约的参数形式保持一致，不妨将贸易信贷利率设置为 $r_s =$

∞，如（7－11a）所示。条件（7－11b）用来保证零售商采购与受资金约束集中供应链最优产量相同数量的产品。（7－11d）保证供应商不需要向银行借贷。

在由（7－11）约束的收益共享契约下，零售商在季末的期望利润如下：

$$\pi_r(q;\ w,\ \theta,\ r_s)=\underbrace{\theta pE[\min(q,\ D)]}_{\text{季末分享的销售收益}}-\underbrace{\min(y_r,\ wq)(1+r_f)}_{\text{季初支出的订货费用}} \tag{7-12}$$

通过求 $\pi_r(q;\ w,\ \theta,\ r_s)$ 相对于 q 的一阶导数，得到零售商的最优订货量如下：

$$q(w,\ \theta,\ r_s)=\begin{cases}\bar{F}^{-1}\left[\dfrac{w(1+r_f)}{\theta p}\right], & q\in\left[0,\ \dfrac{y_r}{w}\right) \quad (\text{a})\\ \dfrac{y_r}{w}, & q\in\left[\dfrac{y_r}{w},\ \dfrac{y_r}{w}\right] \quad (\text{b})\end{cases} \tag{7-13}$$

其中，（7－13a）代表零售商有足够流动资金来订购一阶最优订货量的情形，而（7－13b）则代表没有足够资金量的情形。

供应商可以设置不同的契约参数（w，θ，r_s），使得零售商的最优反应是（7－13a）或者（7－13b）。相应地，将这两种不同的契约参数设计方案定义为策略A和策略B。通过求解反问题（7－11），得到以下系列结论。在后面，用 λ 和 $1-\lambda$ 分别代表零售商和供应商分得的协同供应链的利润份额。

引理7.4 使用策略A，如果收益共享契约参数满足如下条件：$r_s=\infty$，$w=c\theta$，且 $\max(0,\ 1-y_s/y_{\max})\leqslant\theta\leqslant\min(1,\ y_r/y_{\max})$，则受资金约束分散供应链能够被协同，且 $\lambda=\theta$，其中 $\lambda\in[\max(0,\ 1-y_s/y_{\max}),\ \min(1,\ y_r/y_{\max})]$。

证明见本章附录。

引理7.5 使用策略B，根据零售商初始流动资金的状态，分为以下两种情况：

（1）$y_r\geqslant y_{\max}$ 时，该策略不能协同受资金约束分散供应链；

（2）$0\leqslant y_r<y_{\max}$ 时，如果契约参数满足 $r_s=\infty$、$w=y_r/q_c^*$ 且 $y_r/y_{\max}\leqslant\theta\leqslant\theta_{\max}$，其中 $\theta_{\max}=\dfrac{\pi_c(q_c^*)+y_r(1+r_f)}{pE[\min(D,\ q_c^*)]}$，那么受资金约束分散供应链可以被协同，且 $\lambda=\dfrac{\theta pE[\min(D,\ q_c^*)]-y_r(1+r_f)}{\pi_c(q_c^*)}\in[y_r/y_{\max},\ 1]$。

证明见本章附录。

根据以上引理7.3和引理7.4，得到以下命题：

命题7.1 贸易信贷下的收益共享契约的协同效果分为以下两种情形：

（1）$y_r + y_s < y_{max}$时，收益共享契约不能协同受资金约束分散供应链；

（2）$y_r + y_s \geqslant y_{max}$时，通过使用策略A和策略B，收益共享契约能够协同受资金约束分散供应链，且$\lambda \in [\max(0, 1 - y_s/y_{max}), 1]$。

证明：根据引理7.3和引理7.4，命题7.1中的结论很容易得到证明。为了简洁性，在此忽略证明细节。

命题7.1表明：当$y_r + y_s < y_{max}$时，收益共享契约无法协同受资金约束分散供应链，前面已经阐述过具体原因；当$y_r + y_s \geqslant y_{max}$时，收益共享契约能够实现供应链协同，而且供应链利润在供应商和零售商之间分配的灵活性依赖于供应商的初始流动资金水平。具体而言，当$y_s \geqslant y_{max}$时，供应链利润可以在两者间任意分配，否则，供应商最多只能分配到y_s/y_{max}比例的利润。

7.4.2 基于回购契约的协同策略

首先分析$y_r + y_s < y_{max}$的情形。基于与前面收益共享契约类似的分析，通过回购契约供应商在季末不能分享任何销售收益，因而回购契约不能满足$C_d = C_c$的协同条件，从而不能协同受资金约束集中供应链。

接下来，分析$y_r + y_s \geqslant y_{max}$的情形。根据引理7.1和引理7.3，为了协同受资金约束分散供应链，回购契约（w，b，r_s）必须满足以下条件：

$$
\begin{cases}
r_s \geqslant r_f & \text{(a)} \\
q_d^* = q_c^* = \bar{F}^{-1}[c(1+r_f)/p] & \text{(b)} \\
p\min(q_d^*, D) + b(q_d^* - D)^+ \geqslant (wq_d^* - y_r)^+(1+r_s) \quad \forall D \in [0, \infty) & \text{(c)} \\
[y_s + \min(wq_d^*, y_r) - cq_d^*](1+r_f) \geqslant & \\
[b(q_d^* - D)^+ - (wq_d^* - y_r)^+(1+r_s)]^+ \quad \forall D \in [0, \infty) & \text{(d)}
\end{cases}
\tag{7-14}
$$

其中条件（7－14a）是为了保证供应商在季初能够收集到足够的生产资金，从而无需向银行借贷。否则当$r_s \geqslant r_f$时，零售商会选择将所有初始流动资金存入银行，而依靠贸易信贷来订货，从而获取无风险收益。条件（7－14b）激励零售商订购q_c^*单位产品。条件（7－14c）用来保证无论最终市场需求如何，零售商可以全额偿清贸易信贷。条件（7－14d）保证供应商在季末有足够的资金购买零售商的过剩库存。

在满足（7－14）的回购契约下，零售商在季末的期望利润为

$$\pi_r(q,\ w,\ b,\ r_s)=\underbrace{pE[\min(q,\ D)]}_{\text{季末销售收益}}+\underbrace{bE[(q-D)^+]}_{\text{季末回购补贴}}-\underbrace{\min(y_r,\ wq)(1+r_f)}_{\text{季初订货支出}}\\-\underbrace{E\{\min[(wq-y_r)^+(1+r_s),\ p\min(q,\ D)+b(q-D)^+]\}}_{\text{季末贸易信贷偿付}} \quad (7-15)$$

通过求解 $\pi_r(q,\ w,\ b,\ r_s)$ 相对于 q 的一阶导数，得到零售商的最优订货量如下：

$$q(w,\ b,\ r_s)=\begin{cases}\overline{F}^{-1}\left[\dfrac{w(1+r_f)-b}{p-b}\right], & if\ q\in\left[0,\ \dfrac{y_r}{w}\right) \quad (a)\\ \dfrac{y_r}{w}, & if\ q\in\left[\dfrac{y_r}{w},\ \dfrac{y_r}{w}\right] \quad (b)\\ \overline{F}^{-1}\left[\dfrac{w(1+r_s)-b}{p-b}\right], & if\ q\in\left(\dfrac{y_r}{w},\ \dfrac{y_r(1+r_s)}{w(1+r_s)-b}\right] \quad (c)\\ \overline{F}^{-1}\left[\dfrac{w(1+r_s)-b}{p-b}\overline{F}(k_r)\right], & if\ q\in\left(\dfrac{y_r(1+r_s)}{w(1+r_s)-b},\ \infty\right) \quad (d)\end{cases} \quad (7-16)$$

其中违约阈值 k_r 满足 $pk_r+b(q-k_r)=(wq-y_r)^+(1+r_s)$。（7－16a）表示零售商用部分流动资金采购最优订货量。（7－16b）表示零售商由流动资金短缺不能购买最优订货量，选择不借贷而是用全部流动资金进行采购。（7－16c）和（7－16d）都表示零售商流动资金不足以订购一阶最优订货量，选择向供应商借入贸易信贷来进行采购。但是，在（7－16c）的情形下，贸易信贷额度可以被供应商在季末的回购补贴完全担保，从而是无风险的。而在（7－16d）的情形中，贸易信贷额度不能被供应商在季末的回购补贴完全担保，因而零售商面临违约风险。

由于 $p\min(q_d^*,\ d)+b(q_d^*-d)^+$ 递增于 d，（7－14c）等价于 $bq_d^*\geq(wq_d^*-y_r)^+(1+r_s)$。如果供应商恰当设置契约参数使得零售商的最优订货量是（7－16a）、（7－16b）或者（7－16c），那么条件（7－14c）满足。相应地，将供应商这三种设计契约参数的方案定义为策略A、策略B和策略C。通过求解反问题（7－14）得到以下系列结论。

引理7.6 使用策略A，根据零售商初始流动资金的状态，分为以下两种

情况：

（1）$0 \leqslant y_r < cq_c^*$ 时，收购契约不能协同受资金约束分散供应链；

（2）$y_r \geqslant cq_c^*$ 时，如果回购契约满足以下条件：$r_s = \infty$，$w = \frac{b[p - c(1 + r_f)]}{p(1 + r_f)} + c$ 且 $\frac{b}{p} \in \left[0, \min\left\{\frac{(y_r/q_c^* - c)(1 + r_f)}{p - c(1 + r_f)}, \frac{y_s}{y_{\max}}, 1\right\}\right]$，那么受资金约束分散供应链被协同，且 $\lambda = 1 - \frac{b}{p}$。协同供应链下的利润分配情况分为以下三种情形：

（ⅰ）当 $cq_c^* \leqslant y_r < pq_c^*/(1 + r_f)$ 且 $0 \leqslant y_s < \frac{c(1 + r_f)(y_r - cq_c^*)}{p - c(1 + r_f)}$ 时，$\lambda \in [\lambda_{\min}, 1]$，其中 $\lambda_{\min} = 1 - y_s/y_{\max}$；

（ⅱ）当 $cq_c^* \leqslant y_r < pq_c^*/(1 + r_f)$ 且 $y_s \geqslant \frac{c(1 + r_f)(y_r - cq_c^*)}{p - c(1 + r_f)}$ 时，$\lambda \in [\lambda_{\min}, 1]$，其中 $\lambda_{\min} = \frac{pq_c^* - y_r(1 + r_f)}{pq_c^* - c(1 + r_f)q_c^*}$；

（ⅲ）当 $y_r \geqslant pq_c^*/(1 + r_f)$ 时，$\lambda \in [\lambda_{\min}, 1]$，其中 $\lambda_{\min} = \max(0, 1 - y_s/y_{\max})$。

证明见本章附录。

引理 7.7 使用策略 B，根据零售商初始流动资金状态，分为以下两种情况：

（1）当 $cq_c^* \leqslant y_r \leqslant pq_c^*/(1 + r_f)$ 且 $y_s \geqslant \frac{c(1 + r_f)(y_r - cq_c^*)}{p - c(1 + r_f)}$ 时，为了协同受资金约束分散供应链，必须满足以下条件：$r_s = \infty$，$w = y_r/q_c^*$ 且

$$b \in \left[\frac{(y_r/q_c^* - c)(1 + r_f)}{p - c(1 + r_f)}p, \min\left\{\frac{y_r(1 + r_f)}{q_c^*}, \frac{(y_r + y_s - cq_c^*)(1 + r_f)}{q_c^*}\right\}\right]$$

而且 $\lambda = \frac{pE[\min(D, q_c^*)] + bE[(q_c^* - D)^+] - y_r(1 + r_f)}{\pi_c(q_c^*)}$。协同供应链利润的具体分配分为以下两种情况：

（ⅰ）当 $cq_c^* \leqslant y_r < pq_c^*/(1 + r_f)$ 且 $y_s \geqslant cq_c^*$ 时，$\lambda \in [\lambda_{\min}, \lambda_{\max}]$，其中 $\lambda_{\min} = \frac{pq_c^* - y_r(1 + r_f)}{pq_c^* - cq_c^*(1 + r_f)}$ 且 $\lambda_{\max} = \min\left\{1, \frac{(p - b)E[\min(q_c^*, D)]}{\pi_c(q_c^*)}\right\}$，其中 $b = y_r(1 + r_f)/q_c^*$；

（ⅱ）当 $cq_c^* \leqslant y_r < pq_c^*/(1+r_f)$ 且 $\frac{c(1+r_f)(y_r-cq_c^*)}{p-c(1+r_f)} \leqslant y_s < cq_c^*$ 时，$\lambda \in [\lambda_{\min},\ \lambda_{\max}]$，其中 $\lambda_{\min} = \frac{pq_c^* - y_r(1+r_f)}{pq_c^* - cq_c^*(1+r_f)}$ 且 $\lambda_{\max} = \min\left\{1,\ \frac{(p-b)E[\min(q_c^*,\ D)] + (y_s - cq_c^*)(1+r_f)}{\pi_c(q_c^*)}\right\}$，

其中 $b = \frac{(y_r + y_s - cq_c^*)(1+r_f)}{q_c^*}$。

（2）其他情形下，回购契约无法协同受资金约束分散供应链。

证明见本章附录。

引理 7.8 使用策略 C，为了协同受资金约束分散供应链，必须满足以下条件：$r_s \in [r_f,\ r_s^{\max}]$、$[w(1+r_s)-b]/(p-b) = c(1+r_f)/p$ 且

$$\max\left\{1 - \frac{y_r(1+r_s)}{cq_c^*(1+r_f)},\ \frac{y_r(1+r_s)/q_c^* - c(1+r_f)}{p-c(1+r_f)}\right\} \leqslant \frac{b}{p}$$
$$\leqslant \min\left\{\frac{y_s(1+r_f) - y_r(r_s - r_f)}{cq_c^*(1+r_f)},\ 1\right\},$$

并且有 $\lambda = [(1-b/p)\pi_c(q_c^*) + y_r(r_s - r_f)]/\pi_c(q_c^*)$。协同供应链利润的具体分配分为以下三种情形：

（1）当 $0 \leqslant y_r < pq_c^*/(1+r_f)$ 且 $y_s \geqslant \frac{pq_c^*}{1+r_f} + cq_c^* - y_r$ 时，$r_s^{\max}$ 由下式唯一确定：

$$\frac{y_r(1+r_s)/q_c^* - c(1+r_f)}{p-c(1+r_f)} = 1$$

而且 $\lambda \in [0,\ \lambda_{\max}]$，其中 $\lambda_{\max} = \min\left\{\frac{pq_c^* - y_r(1+r_f)}{\pi_c(q_c^*)},\ 1\right\}$；

（2）当 $0 \leqslant y_r < cq_c^*$ 且 $cq_c^* - y_r \leqslant y_s < \frac{pq_c^*}{1+r_f} + cq_c^* - y_r$，或 $cq_c^* \leqslant y_r < pq_c^*/(1+r_f)$ 且 $\frac{c(1+r_f)(y_r - cq_c^*)}{p-c(1+r_f)} \leqslant y_s < \frac{pq_c^*}{1+r_f} + cq_c^* - y_r$ 时，$r_s^{\max}$ 由下式唯一确定：

$$\frac{y_r(1+r_s)/q_c^* - c(1+r_f)}{p-c(1+r_f)} = \frac{y_s(1+r_f) - y_r(r_s - r_f)}{cq_c^*(1+r_f)}$$

而且，$\lambda \in [\lambda_{\min},\ \lambda_{\max}]$，其中 $\lambda_{\min} = \max(0,\ 1 - y_s/y_{\max})$ 且

$$\lambda_{\max} = \min\left\{1 - \frac{(y_r + y_s - cq_c^*)(1+r_f)}{pq_c^*} - \frac{(y_r + y_s - cq_c^*)c(1+r_f)^2 - py_s(1+r_f)}{p\pi_c(q_c^*)},\ 1\right\}$$

（3）在其他情形下，回购契约无法协同受资金约束分散供应链。

证明见本章附录。

根据引理7.6和引理7.7，在受资金约束分散供应链的协同效果和利润分配的灵活性方面，策略A占优于策略B。因为在策略B能够实现供应链协同的情形下，策略A也能实现供应链协同，且在利润分配方面具有更高的灵活性。因此，供应商将采用策略A和策略C来协同供应链。基于引理7.6和引理7.7，得到以下命题：

命题7.2 贸易信贷下回购契约的协同效果分为以下两种情形：

（1）$y_r + y_s < y_{max}$时，回购契约不能协同受资金约束分散供应链；

（2）$y_r + y_s \geqslant y_{max}$时，通过使用策略A和策略C，回购契约能够协同受资金约束分散供应链，且$\lambda \in [\max(0, 1 - y_s/y_{max}), 1]$。

证明见本章附录。

命题7.2表明：当$y_r + y_s \geqslant y_{max}$时，通过联合使用策略A和策略B，回购契约能够协同受资金约束分散供应链。在策略A下，供应商设置一个较低的批发价格，诱导零售商在不借贷的情形下订购与受资金约束集中供应链最优订货量相同数量的产品。在策略C下，供应商设置一个相对较高的批发价，并且向零售商提供贸易信贷，以激励零售商采购与受资金约束集中供应链最优订货量相同数量的产品。同时，贸易信贷能够被供应商在季末提供的回购补贴完全担保。不同的策略实现协同供应链利润在两方之间的不同比例的分配。值得一提的是，在回购契约下，利润分配的灵活性取决于供应商的初始流动资金水平。当供应商拥有足够多的初始资金（$y_s \geqslant y_{max}$）时，供应商能够攫取供应链的全部利润，否则供应商最多只能分配到y_s/y_{max}比例的利润。由此可见，当供应商初始流动资金非常小时，他没有提供回契约来协同零售商的动机。因为在批发价契约下，供应商可能会获得更大的利润。

通过比较收益共享契约和回购契约的协同效果，得到以下推论：

推论7.1 在考虑违约成本的情形下，收益共享契约和回购契约在协同受资金约束分散供应链时是等价的。

证明：观察命题7.1和命题7.2，该推论很容易得到。为行文简洁性，在此略过证明细节。

7.5 新型协同机制设计

7.5.1 新型协同机制设计

在7.4节，研究了三种贸易信贷下的传统协同契约，结论表明全单位数量折扣契约不能协同受资金约束分散供应链。在 $y_r+y_s<y_{\max}$ 的情形下，收益共享契约和回购契约不能协同受资金约束分散供应链；在 $y_r+y_s\geqslant y_{\max}$ 的情形下，收益共享契约和回购契约能够协同受资金约束供应链，但是利润分配的灵活性取决于供应商的流动资金水平。在本小节，设计一种新型的协同机制，能够在任何一种初始流动资金分配状态下，实现供应链自愿协同和利润的任意分配。

根据引理7.3，为了协同受资金约束分散供应链，博弈事件应按照以下顺序发生：

（1）供应商提供协同契约，零售商订购 q_c^* 单位的产品，并且转移不少于额度为 $\min\{(y_{\max}-y_s)^+, y_r\}^+$ 的订货费给供应商；

（2）供应商从银行借入额度为 $(y_{\max}-y_r-y_s)^+$ 的贷款。银行根据公平定价原理计算贷款利率 r_b；

（3）季末销售收入实现时，供应商获得收益不少于

$$\min\{p\min(D, q_c^*), (y_{\max}-y_r-y_s)^+(1+r_b)\}$$

基于上述要求，构造一个广义收益共享契约 $(w(q), \theta(D))$，其具体结构如下：

（1）当 $y_r\geqslant y_{\max}$ 时，依据零售商的流动资金水平，契约参数分为以下两种情况：

（ⅰ）如果 $y_r\geqslant y_{\max}$，那么广义收益共享契约满足

$$w=c\theta \text{ 且 } 0\leqslant\theta\leqslant 1 \tag{7-17}$$

（ⅱ）如果 $0\leqslant y_r<y_{\max}$，那么广义收益共享契约满足

$$w=c\theta \text{ 且 } 0\leqslant\theta\leqslant y_r/y_{\max} \tag{7-18}$$

或者

$$w=y_r/q_c^* \text{ 且 } y_r/y_{\max}\leqslant\theta\leqslant\theta_{\max} \tag{7-19}$$

其中，$\theta_{\max}=[\pi_c(q_c^*)+y_r(1+r_f)]/\{pE[\min(D, q_c^*)]\}$。

（2）当$0\leqslant y_s<y_{\max}$时，广义收益共享契约满足

$$w(q)=\frac{\min(y_{\max}-y_s, y_r)}{q}\text{且 }\theta(D)=\begin{cases}0, & if\ D<k_d(q)\\ \beta, & if\ D\geqslant k_d(q)\end{cases} \qquad (7-20)$$

当$y_s\geqslant y_{\max}$，上述设计的广义收益共享契约（7－17）～（7－19）退化为一个传统的收益共享契约。根据命题7.1，此时受资金约束分散供应链可以被协同，且协同供应链的利润可以在供应商和零售商之间任意分配。当$0\leqslant y_s<y_{\max}$时，从广义收益共享契约（7－20）可以看出，批发价是零售商和供应商流动资金以及零售商订货量的函数，收益共享比例是需求的函数。给定由（7－17）～（7－20）定义的广义收益共享契约（$w(q)$，$\theta(D)$），分析零售商的最优反应，得到以下结论：

命题7.3 （7－17）～（7－20）定义的广义收益共享契约（$w(q)$，$\theta(D)$）能够协同受资金约束分散供应链，且被协同供应链的利润可以在供应商和零售商之间任意分配。

证明见本章附录。

7.5.2 比较静态分析

在图7－4所示的三个不同区域里（区域Ⅰ、区域Ⅱ、区域Ⅲ），将广义收益共享契约与传统收益共享契约以及贸易信用契约进行对比分析，结果表明广义收益共享契约极大地提升了供应链利润。以下将通过具体数值算例来阐明这一观点，数值实验基本参数设置如下：$p=10$，$c=3$，$r_f=0.05$ 和 $D\sim U[0, 100]$。

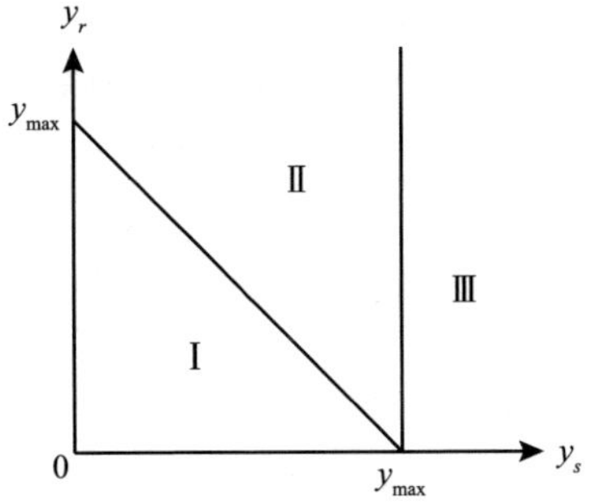

图7－4　广义收益共享契约下的分区

在区域Ⅰ中，受资金约束分散供应链的流动资金不足以生产受资金约束集中供应链的最优产量。在这种情形下，要想实现供应链协，供应商必须分取全部供应链利润。相反地，广义收益共享契约能够实现供应链协同和利润在两方之间的自由分配。在图7－5中，将收益共享比例和违约成本系数固定，比较广义收益共享契约和传统收益共享契约下供应链总体利润随着供应链流动资金水平的变化趋势。从图7－5可以看出，随着供应链流动资金水平的降低，广义收益共享契约和传统收益共享契约下供应链总体利润的差距越来越大，表明随着供应链资金约束程度增大，广义收益共享契约的价值越来越凸显。

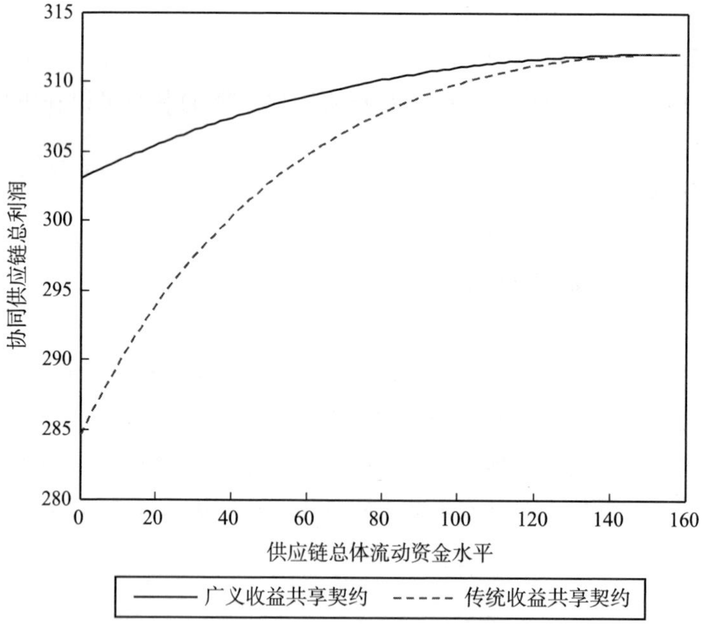

图7－5　区域Ⅰ中广义收益共享契约和传统收益共享契约下被协同供应链的利润相对于供应链流动资金水平的变换趋势

注：参数设置为：$\theta=0.5$，$\alpha=0.5$，其他参数与数值实验基本参数设置相同。

图7－6固定供应商收益共享比例和供应链流动资金水平，比较广义收益共享契约和传统收益共享契约下供应链总体利润随着违约成本系数的变动趋势。从图7－6可见，当没有违约成本即 $\alpha=0$ 时，广义和传统收益共享契约

下供应链总体利润相同。随着违约成本系数增大，两契约下的供应链总体利润差距越来越大，表明广义收益共享契约在违约成本较大时，其价值愈加明显。

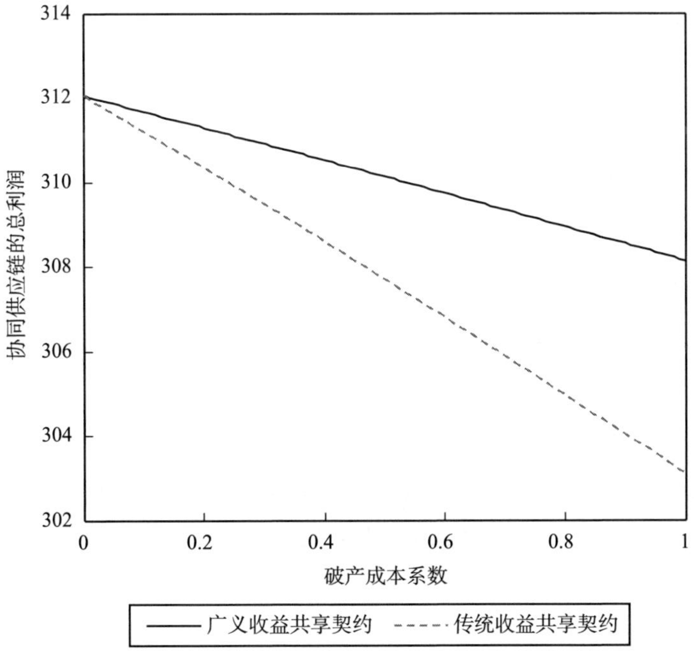

图7－6　区域Ⅰ中广义收益共享契约和传统收益共享契约下被协同供应链的利润相对于违约成本系数的变化趋势

注：参数设置如下：$\theta=0.5$，$y_c=79$，其他参数与数值实验基本参数设置相同。

在图7－7中，固定违约成本系数和供应链流动资金水平，比较广义收益共享契约和传统收益共享契约下供应链总体利润随着供应商收益共享比例的变动趋势。在广义收益共享契约下，供应链利润保持不变。在传统收益共享契约下，供应链利润随着供应商收益共享比例的增加而增加。其原因在于传统收益共享契约下，供应商分得的利润越大，供应商能以此为担保向银行借入的贷款数额越大，从而使得供应链的总体利润越大。这一对比结果表明，当供应商的谈判能力较弱从而只能分取较小比例利润的时候，广义收益共享契约能发挥出更大的价值作用。

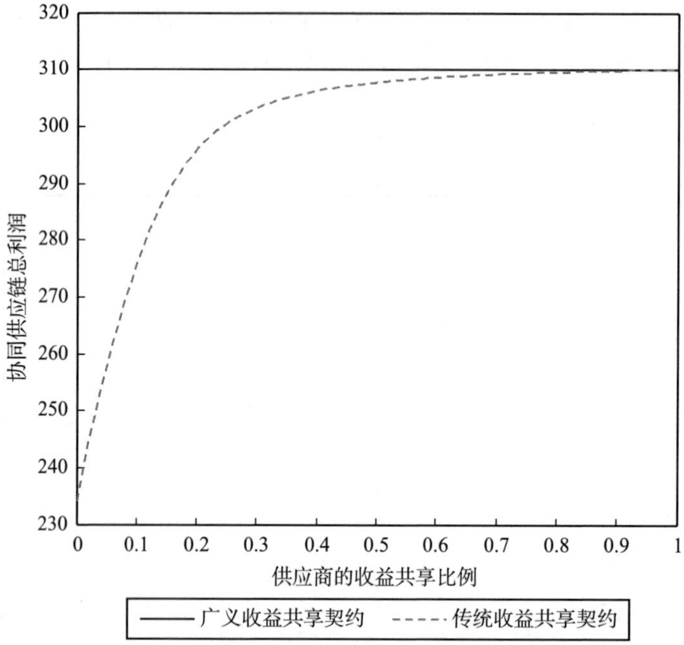

图 7-7 区域Ⅰ中广义收益共享契约和传统收益共享契约下被协同供应链的利润相对于供应商收益共享比例的变化趋势

注：参数设置如下：$\alpha=0.5$，$y_c=79$，其他参数与数值实验基本参数设置相同。

在区域Ⅱ中，受资金约束分散供应链的总体流动资金能够生产受资金约束集中供应链的最优产量，但是供应商一方的流动资金不足以生产该最优产量。在此情形下，广义收益共享契约均能协同供应链，且实现利润的自由分配。而传统收益共享契约能协同供应链，但是供应商只能共享最大份额为 $y_s/y_{\max}$的供应链利润。在实践中，当供应商流动资金较小时，其采取广义收益共享契约的可能性更大，因为在传统收益共享契约下，供应商只能分得很小的供应链利润。

在区域Ⅲ中，供应商有足够的资金来生产受资金约束集中供应链的最优产量。在此情形下，广义收益共享契约退化为传统收益共享契约，能够协同供应链同时实现利润的自由分配。在图 7-8 中，比较广义收益共享契约和第 3 章分析的贸易信用契约。从图中可以观察到，随着零售商流动资金的增加，广义收益共享契约下供应链总体利润保持不变，而贸易信用契约下供应链总体利润不断下降到一个最低值，然后保持不变。广义收益共享契约下的供应链总体利润大于贸易信贷契约下的供应链总体利润，而且随着违约成本系数的增大，这种差距越来越明显。

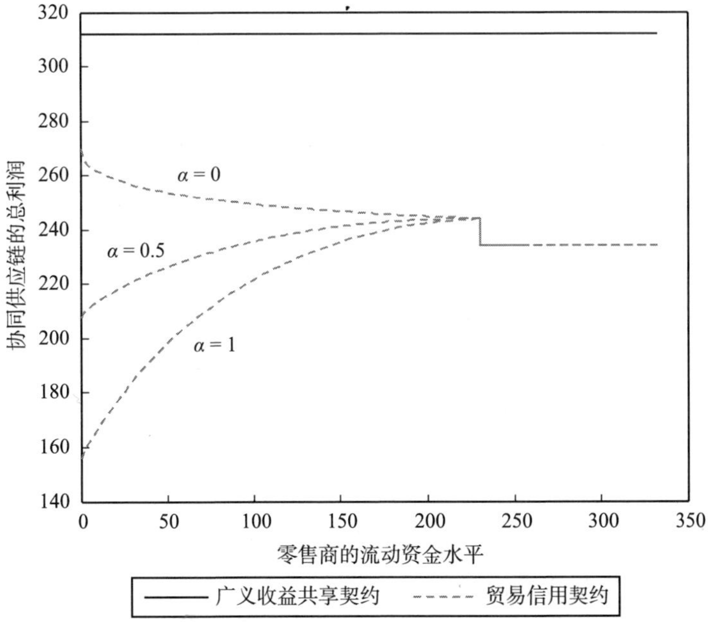

图 7 - 8　区域Ⅲ中广义收益共享契约和贸易信用契约下被协同供应链的利润相对于零售商流动资金水平的变化趋势

由上述分析可见，广义收益共享契约在提高受资金约束分散供应链的效益方面展现了极大优势。但是，广义收益共享契约在具体实践的过程中存在自身的局限性。当 $y_r + y_s < y_{\max}$ 时，为了用广义收益共享契约来协同供应链，供应商借入银行信用，从而将其自身暴露在违约风险之下。在现实生活中，很少有供应商愿意作出这样的牺牲。基于此提出的广义收益共享契约更加适用于集团母公司与子公司或者子公司与子公司之间。总体而言，要在运作和金融两个方面同时协同受资金约束分散供应链，必须要求供应商和零售商之间建立一种长期相互信任的合作关系，同时加强彼此的信息共享。

7.6 本章小结

短期流动资金短缺是供应链中成员企业尤其是中小企业经常面临的难题。由于市场需求不确定，伴随借贷关系造成的债务者违约的现象对供应链发展造成了一定威胁。在资金短缺和违约成本同时存在的情形下，如何有效协同供应链上的物流和资金流成为实践中的一大难题。本章从上述实际问题出发，研究考虑资金约束和违约成本时的供应链协同问题。

具体而言，本章随机需求下，针对单产品单周期由一个受短期流动资金约束的供应商和一个受短期流动资金约束的零售商组成的二级供应链系统展开研究。由于信用评级限制，只有供应商可以申请到银行信用。而零售商只能依靠供应商提供的贸易信贷为其库存融资。如果市场需求较低，则供应商不能偿还银行信用或者零售商在贸易信贷上违约。基于博弈论中的序列博弈模型，本章研究供应商、零售商和银行之间的相互作用。首先，求出受资金约束集中供应链的最优生产和融资策略，并以此为基准，得到了存在资金约束和违约成本时的供应链协同条件。其次，分析了贸易信贷下三种传统契约的协同作用，研究结果表明：全单位数量折扣契约不能协同受资金约束分散供应链；收益共享契约和回购契约在协同受资金约束分散供应链时效果是等价的，只有当分散供应链总体流动资金超过一定阈值时，这两种契约才能协同供应链，而且供应链利润分配的灵活性受限于供应商的流动资金水平。最后，本章提出了一种新型的广义收益共享契约，该契约可以协同受资金约束供应链，而且实现利润在供应商和零售商之间的自由分配。结合数值算例，分析了该广义收益共享契约的价值，同时也阐述了其在实践应用中存在的局限性。

7.7 本章附录

引理 7.3 证明： 分以下两种情况进行证明：

（1）当 $y_r + y_s \geqslant y_{max}$ 时，根据，受资金约束集中供应链在此情形下不会向银行借贷。因而 $C_c = 0$，其最大期望利润如下：

$$\pi_c(q_c^N)=pE[\min(D,\ q_c^N)]-cq_c^N(1+r_f) \qquad (A7-1)$$

其中 $q_c^N=\overline{F}^{-1}[c(1+r_f)/p]$。根据（7－5）式，$\pi_d(q_d^*,\ w,\ \theta,\ b,\ r_s)\leqslant\pi_c(q_c^*)$，而且等式成立等价于以下条件成立：$q_d^*=q_c^N$，$C_r=0$ 且 $C_d=0$。

（2）当 $y_r+y_s<y_{\max}$时，表明受资金约束集中供应链的最大期望利润是

$$\pi_c(q_c^B)=pE[\min(D,\ q_c^B)]-cq_c^B(1+r_f)-C_c \qquad (A7-2)$$

（7－5）式表明

$$\pi_d(q,\ w,\ \theta,\ b,\ r_s)=pE[\min(D,\ q)]-cq(1+r_f)-C_r-C_d \qquad (A7-3)$$

对于任意 q，根据引理 7.2，由于 $C_c(q)\leqslant C_d(q)$，所以 $\pi_d(q,\ w,\ \theta,\ b,\ r_s)\leqslant\pi_c(q)$。从而 $\pi_d(q_d^*,\ w,\ \theta,\ b,\ r_s)\leqslant\pi_c(q_c^B)$。接下来，用反证法证明如下结论：$q_d^*=q_c^B$ 是协同受资金约束分散供应链的必要条件。如果 $q_d^*\neq q_c^B$，那么 $\pi_c(q_c^B)>\pi_c(q_d^*)\geqslant\pi_d(q_d^*,\ w,\ \theta,\ b,\ r_s)$，与受资金约束分散供应链被协同相矛盾。因此，$q_d^*=q_c^B$。根据引理 7.2，有 $C_c(q_c^B)\leqslant C_d(q_c^B)$，所以供应链被协同（即 $\pi_d(q_d^*,\ w,\ \theta,\ b,\ r_s)=\pi_c(q_c^B)$）必须使得以下条件成立：$q_d^*=q_c^*$、$C_d=C_c$ 且 $C_r=0$。证毕。

引理 7.4 证明：在策略 A 下，零售商的最优订货量为

$$q_d^*=\overline{F}^{-1}[w(1+r_f)/(\theta p)] \qquad (A7-4)$$

为了保证（A7－4）是零售商的最优反应，必须满足 $wq_d^*\in[0,\ y_r)$。由（7－11b）推出

$$q_c^*=\overline{F}^{-1}[c(1+r_f)/p]=q_d^*=\overline{F}^{-1}[w(1+r_f)/(\theta p)]$$

上式可得 $w=c\theta$。由（7－11d），得到

$$y_s+\min(c\theta q_d^*,\ y_r)\geqslant cq_d^* \qquad (A7-5)$$

因为 $y_s+y_r\geqslant y_{\max}=cq_d^*$，由（A7－5）可得 $y_s\geqslant(1-\theta)cq_d^*$。因此，$\theta\geqslant\max(0,\ 1-y_s/y_{\max})$。综上所述，受资金约束分散供应链被协同的充要条件如下：

$$\begin{cases} w\leqslant y_r/q_c^* & (a)\\ w=c\theta & (b)\\ \theta\geqslant\max(0,\ 1-y_s/y_{\max}) & (c)\\ r_s=\infty & (d)\end{cases} \qquad (A7-6)$$

在此协同契约下，零售商和供应商的期望利润如下：

$$\begin{cases} \pi_r(q_d^*,\ w,\ \theta,\ r_s)=\theta\pi_c(q_c^*) & (a)\\ \pi_s(q_d^*,\ w,\ \theta,\ r_s)=(1-\theta)\pi_c(q_c^*) & (b)\end{cases} \qquad (A7-7)$$

即零售商和供应商分别分享 θ 和 $1-\theta$ 比例的供应链利润。由（A7－6）可得 $\max(0,\ 1-y_s/y_{\max})\leqslant\theta\leqslant\min\{1,\ y_r/y_{\max}\}$。证毕。

引理 7.5 证明：在此策略下，零售商的最优订货量是 $q_d^*=y_r/w$。为了确保该订货量是零售商的最优反应，必须满足 $q_d^*\leqslant\bar{F}^{-1}[w(1+r_f)/(\theta p)]$，即零售商的初始流动资金不足以支撑其采购一阶最优订货量。由（7－11b），得到

$$q_d^*=y_r/w=q_c^*=\bar{F}^{-1}[c(1+r_f)/p]$$

因此，$w\leqslant c\theta$。因为 $wq_d^*=y_r$ 且 $y_s+y_r\geqslant cq_c^*$，（7－11d）自动满足。总体而言，为了协同受资金约束分散供应链，收益共享契约须满足以下条件：

$$\begin{cases} wq_c^*=y_r & \text{(a)}\\ w\leqslant c\theta & \text{(b)}\\ 0\leqslant\theta\leqslant 1 & \text{(c)}\\ r_s=\infty & \text{(d)}\end{cases}\qquad\text{(A7-8)}$$

接下来，探讨利润分配问题。对于一个满足（A7－8）的收益共享契约 $(w,\ \theta,\ r_s)$，依赖于零售商的初始资金水平，存在以下两种情况：

（1）$y_r\geqslant y_{\max}$ 时，由（A7－8a）得到 $w\geqslant c$，这一结论和（A7－8b）相矛盾，因而该收益共享契约此时不能协同供应链。

（2）$0\leqslant y_r<y_{\max}$ 时，零售商的期望利润为

$$\pi_r(q_d^*,\ w,\ \theta,\ r_s)=\theta pE[\min(D,\ q_c^*)]-y_r(1+r_f)\qquad\text{(A7-9)}$$

根据（A7－8），可以计算出 $y_r/y_{\max}\leqslant\theta\leqslant 1$。很显然，$y_r/y_{\max}\leqslant\theta\leqslant 1$ 递增于 θ。因而，当 $\theta=y_r/y_{\max}$ 时，零售商获得最小利润 $\pi_r^{\min}(q_d^*,\ w,\ \theta,\ r_s)=\pi_c(q_c^*)y_r/y_{\max}$；当 $\theta=1$ 时，$\pi_r(q_d^*,\ w,\ \theta,\ r_s)=pE[\min(D,\ q_c^*)]-y_r(1+r_f)>pE[\min(D,\ q_c^*)]-cq_c^*(1+r_f)=\pi_c(q_c^*)$，因此 $\theta_{\max}=\dfrac{\pi_c(q_c^*)+y_r(1+r_f)}{pE[\min(D,\ q_c^*)]}$，且 $\pi_r^{\max}(q_d^*,\ w,\ \theta_{\max},\ r_s)=\pi_c(q_c^*)$。因而，对于 $y_r/y_{\max}\leqslant\theta\leqslant\theta_{\max}$，有 $\lambda\in[y_r/y_{\max},\ 1]$。证毕。

引理 7.6 证明：在策略 A 下，供应商不提供贸易信贷，所以不妨将信贷利率设置为 $r_s=\infty$。零售商的最优反应为：

$$q_d^*=\bar{F}^{-1}[(w(1+r_f)-b)/(p-b)]\qquad\text{(A7-10)}$$

为了保证零售商有足够的资金采购一阶最优订货量，须满足 $q_d^*\in[0,\ y_r/w)$（即 $0\leqslant wq_d^*<y_r$）。因此，条件（7－14c）自动满足。由（7－14b），得到

$$(w(1+r_f)-b)/(p-b)=c(1+r_f)/p$$

由条件（7－14d）得出 $(y_s + wq_d^* - cq_d^*)(1+r_f) \geqslant bq_d^*$，即 $wq_d^*(1+r_f) - bq_d^* \geqslant (cq_d^* - y_s)(1+r_f)$。综上所述，为了协同供应链，回购契约应满足以下充要条件：

$$\begin{cases} r_s = \infty & \text{(a)} \\ (w(1+r_f) - b)/(p-b) = c(1+r_f)/p & \text{(b)} \\ 0 \leqslant wq_c^* < y_r & \text{(c)} \\ w(1+r_f)q_d^* - bq_d^* \geqslant (cq_d^* - y_s)(1+r_f) & \text{(d)} \\ 0 \leqslant b \leqslant w(1+r_f) \leqslant p & \text{(e)} \end{cases} \quad \text{(A7－11)}$$

在此协同契约下，零售商和供应商的期望利润如下：

$$\begin{cases} \pi_r(q_d^*,\ w,\ b,\ r_s) = (1 - b/p)\pi_c(q_c^*) & \text{(a)} \\ \pi_s(q_d^*,\ w,\ b,\ r_s) = (b/p)\pi_c(q_c^*) & \text{(b)} \end{cases} \quad \text{(A7－12)}$$

根据（7－14），得到：$w \in \left[c,\ \min\left\{\frac{p}{1+r_f},\ \frac{y_r}{q_c^*},\ c + \frac{[p - c(1+r_f)]y_s}{c(1+r_f)q_c^*}\right\}\right]$。因此，$\frac{b}{p} \in \left[0,\ \min\left\{\frac{(y_r/q_c^* - c)(1+r_f)}{p - c(1+r_f)},\ \frac{y_s}{y_{\max}},\ 1\right\}\right]$。基于零售商和供应商的资金水平，有以下两种情况：

（1）当 $0 \leqslant y_r < cq_c^*$ 时，该策略不能协同供应链。

（2）当 $cq_c^* \leqslant y_r < pq_c^*/(1+r_f)$ 时，具体分为以下三种子情况：

（ⅰ）当 $0 \leqslant y_s < \frac{c(1+r_f)(y_r - cq_c^*)}{p - c(1+r_f)}$ 时，$\frac{b}{p} \in \left[0,\ \frac{y_s}{y_{\max}}\right]$。因此，$\lambda \in [\lambda_{\min},\ 1]$，其中 $\lambda_{\min} = 1 - \frac{y_s}{y_{\max}}$；

（ⅱ）当 $y_s \geqslant \frac{c(1+r_f)(y_r - cq_c^*)}{p - c(1+r_f)}$ 时，$\frac{b}{p} \in \left[0,\ \frac{(y_r/q_c^* - c)(1+r_f)}{p - c(1+r_f)}\right]$。因此 $\lambda \in [\lambda_{\min},\ 1]$，其中 $\lambda_{\min} = \frac{pq_c^* - y_r(1+r_f)}{pq_c^* - c(1+r_f)q_c^*}$；

（ⅲ）当 $y_r \geqslant pq_c^*/(1+r_f)$，$\frac{b}{p} \in \left[0,\ \min\left(\frac{y_s}{y_{\max}},\ 1\right)\right]$。因此，$\lambda \in [\lambda_{\min},\ 1]$，其中 $\lambda_{\min} = \max\left(0,\ 1 - \frac{y_s}{y_{\max}}\right)$。证毕。

引理 7.7 的证明：在策略 B 下，供应商不提供贸易信贷，因此设置 $r_s =$

∞。为了诱导零售商使其最优反应为 $q_d^* = y_r/w$，必须满足 $q_d^* \leqslant \bar{F}^{-1}[(w(1+r_f)-b)/(p-b)]$，即零售商的流动资金不足以采购一阶最优订货量。由(7-14b)，得到：

$$q_d^* = y_r/w = q_c^* = \bar{F}^{-1}[c(1+r_f)/p]$$

因此，$(w(1+r_f)-b)/(p-b) \leqslant c(1+r_f)/p$ 或者 $b \geqslant \dfrac{(w-c)(1+r_f)}{p-c(1+r_f)}p$。由(7-14d)推出 $(y_s+y_r-cq_d^*)(1+r_f) \geqslant bq_d^*$。另外，为了保证供应商能够从生产活动中获利，回购契约的批发价格和回购价格必须满足 $c \leqslant w \leqslant p/(1+r_f)$。综上所述，为了协同供应链，回购契约应满足以下等价条件：

$$\begin{cases} r_s = \infty & \text{(a)} \\ wq_c^* = y_r & \text{(b)} \\ b \geqslant \dfrac{(w-c)(1+r_f)}{p-c(1+r_f)}p & \text{(c)} \\ (y_r+y_s-cq_c^*)(1+r_f) \geqslant bq_c^* & \text{(d)} \\ c \leqslant w \leqslant p/(1+r_f) & \text{(e)} \\ 0 \leqslant b \leqslant w(1+r_f) & \text{(f)} \end{cases} \qquad \text{(A7-13)}$$

在此协同契约下，零售商的期望利润为

$$\pi_r(q_d^*, w, b, r_s) = pE[\min(D, q_c^*)] + bE[(q_c^*-D)^+] - y_r(1+r_f) \qquad \text{(A7-14)}$$

由上式可见，$\pi_r(q_d^*, w, b, r_s)$ 递增于 b。

根据（A7-13），我们有 $b \in \left[\dfrac{(y_r/q_c^*-c)(1+r_f)}{p-c(1+r_f)}p, \min\left\{\dfrac{y_r(1+r_f)}{q_c^*}, \dfrac{(y_r+y_s-cq_c^*)(1+r_f)}{q_c^*}\right\}\right]$。

基于零售商和供应商的初始流动资金水平，分为以下不同情形：

（1）当 $y_r \geqslant pq_c^*/(1+r_f)$ 时，该策略不能协同供应链；

（2）当 $cq_c^* \leqslant y_r < pq_c^*/(1+r_f)$ 时，分为以下三种子情形：

（i）当 $y_s \geqslant cq_c^*$，$b \in \left[\dfrac{(y_r/q_c^*-c)(1+r_f)}{p-c(1+r_f)}p, \dfrac{y_r(1+r_f)}{q_c^*}\right]$。当 $b = \dfrac{(y_r/q_c^*-c)(1+r_f)}{1-c(1+r_f)/p}$ 时，零售商获取最小利润：$\pi_r^{\min}(q_d^*, w, b, r_s) = (1-b/$

$p)\pi_c(q_c^*)$；当 $b=\frac{y_r(1+r_f)}{q_c^*}$ 时，零售商获得最大利润：$\pi_r^{\max}(q_d^*, w, b, r_s)=(p-b)E[\min(q_c^*, D)]$。当 $y_r=cq_c^*$ 时，

$$\pi_r^{\max}(q_d^*, w, b, r_s)=pE[\min(D, q_c^*)]+bE[(q_c^*-D)^+] - cq_c^*(1+r_f)>\pi_c(q_c^*)$$

当 $y_r=pq_c^*/(1+r_f)$ 时，$\pi_r^{\max}(q_d^*, w, b, r_s)=0$。因此，零售商能够分取的利润取决于她的流动资金水平，令 $\lambda\in[\lambda_{\min}, \lambda_{\max}]$，则 $\lambda_{\min}=\frac{pq_c^*-y_r(1+r_f)}{pq_c^*-cq_c^*(1+r_f)}$ 且 $\lambda_{\max}=\min\left\{1, \frac{(p-b)E[\min(q_c^*, D)]}{\pi_c(q_c^*)}\right\}$，其中 $b=y_r(1+r_f)/q_c^*$。

（ⅱ）当 $\frac{c(1+r_f)(y_r-cq_c^*)}{p-c(1+r_f)}\leqslant y_s<cq_c^*$ 时，

$$b\in\left[\frac{(y_r/q_c^*-c)(1+r_f)}{p-c(1+r_f)}p, \frac{(y_r+y_s-cq_c^*)(1+r_f)}{q_c^*}\right]$$

当 $b=\frac{(y_r/q_c^*-c)(1+r_f)}{1-c(1+r_f)/p}$ 时，零售商获得最小利润 $\pi_r^{\min}(q_d^*, w, b, r_s)=(1-b/p)\pi_c(q_c^*)$；当 $b=\frac{(y_r+y_s-cq_c^*)(1+r_f)}{q_c^*}$ 时，零售商获得最大利润

$$\begin{aligned}\pi_r^{\max}(q_d^*, w, b, r_s) &= (p-b)E[\min(q_c^*,D)]+(y_s-cq_c^*)(1+r_f)\\ &= \pi_c(q_c^*)+c(1+r_f)\int_0^{q_c^*}\overline{F}(D)dD+\frac{y_s(1+r_f)}{q_c^*}\int_0^{q_c^*}F(D)dD\\ &\quad -\frac{y_r(1+r_f)}{q_c^*}\int_0^{q_c^*}\overline{F}(D)dD\end{aligned}$$

当 $y_r=y_s=cq_c^*$ 时，$\pi_r^{\max}(q_d^*, w, b, r_s)$ 取得最大值如下：

$$\pi_r^{\max}(q_d^*, w, b, r_s)=pE[\min(D, q_c^*)]>\pi_c(q_c^*)$$

当 $y_r=\frac{pq_c^*}{1+r_f}$ 且 $y_s=cq_c^*$ 时，$\pi_r^{\max}(q_d^*, w, b, r_s)$ 取得最小值 $\pi_r^{\max}(q_d^*, w, b, r_s)=0$。因此，零售商能够分取的利润取决于供应商和零售商的资金水平。令 $\lambda\in[\lambda_{\min}, \lambda_{\max}]$，则 $\lambda_{\min}=\frac{pq_c^*-y_r(1+r_f)}{pq_c^*-cq_c^*(1+r_f)}$ 且 $\lambda_{\max}=\min\left\{1, \frac{(p-b)E[\min(q_c^*, D)]+(y_s-cq_c^*)(1+r_f)}{\pi_c(q_c^*)}\right\}$，其中 $b=\frac{(y_r+y_s-cq_c^*)(1+r_f)}{q_c^*}$。

（ⅲ）当$0\leqslant y_s<\dfrac{c(1+r_f)(y_r-cq_c^*)}{p-c(1+r_f)}$时，此策略不能协同供应链。

（3）当$0\leqslant y_r<cq_c^*$时，此策略不能协同供应链。证毕。

引理 7.8 证明：此策略下零售商的最优订货量为

$$q_d^*=\overline{F}^{-1}[(w(1+r_s)-b)/(p-b)] \tag{A7-15}$$

契约参数应该满足$q_d^*\in(y_r/w,\ y_r(1+r_s)/(w(1+r_s)-b)]$。另外，由条件（7-14）得到$(w(1+r_s)-b)/(p-b)=c(1+r_f)/p$，$bq_d^*\geqslant(wq_d^*-y_r)(1+r_s)$，且

$$(y_s+y_r-cq_d^*)(1+r_f)\geqslant bq_d^*-(wq_d^*-y_r)(1+r_s)$$

作为一个回购契约，零售价和批发价应满足：$0\leqslant w\leqslant p/(1+r_s)$且$0\leqslant b\leqslant w(1+r_s)$。前一个条件用来保证零售商能够从借入贸易信贷行为中获利，后一个条件用来保证零售商不会从供应商提供的贸易信贷和回购补贴中无风险获利。综上所述，为了协同供应链，回购契约参数（w，b，r_s）必须满足以下充要条件：

$$\begin{cases}(w(1+r_s)-b)/(p-b)=c(1+r_f)/p\\ y_r/w<q_c^*\leqslant y_r(1+r_s)/(w(1+r_s)-b)\\ (wq_c^*-y_r)(1+r_s)\leqslant bq_c^*\\ (y_s+y_r-cq_c^*)(1+r_f)\geqslant bq_c^*-(wq_c^*-y_r)(1+r_s)\\ 0\leqslant w\leqslant p/(1+r_s)\\ 0\leqslant b\leqslant w(1+r_s)\\ r_s\geqslant r_f\end{cases} \tag{A7-16}$$

经过一系列代数变化，（A7-16）转换为如下形式：

$$\begin{cases}(w(1+r_s)-b)/(p-b)=c(1+r_f)/p & \text{(a)}\\ \left[1-\dfrac{y_r(1+r_s)}{cq_c^*(1+r_f)}\right]p\leqslant b\leqslant\dfrac{p[y_s(1+r_f)-y_r(r_s-r_f)]}{cq_c^*(1+r_f)} & \text{(b)}\\ w>y_r/q_c^* & \text{(c)}\\ p/(1+r_s)\geqslant w\geqslant 0 & \text{(d)}\\ w(1+r_s)\geqslant b\geqslant 0 & \text{(e)}\\ r_s\geqslant r_f & \text{(f)}\end{cases}$$

（A7-17）

根据（A7－17），得到（b，r_s）的可行域如下：

$$\begin{cases}\max\left\{1-\dfrac{y_r(1+r_s)}{cq_c^*(1+r_f)},\ \dfrac{y_r(1+r_s)/q_c^*-c(1+r_f)}{p-c(1+r_f)}\right\}\leqslant\dfrac{b}{p} \\ \leqslant\min\left\{\dfrac{y_s(1+r_f)-y_r(r_s-r_f)}{cq_c^*(1+r_f)},\ 1\right\} & \text{(a)} \\ r_s\geqslant r_f & \text{(b)}\end{cases}$$

（A7－18）

接下来，分析利润分配问题。在上述契约下，零售商的期望利润为

$$\pi_r(q_d^*,\ w,\ b,\ r_s)=(1-b/p)\pi_c(q_c^*)+y_r(r_s-r_f) \quad \text{(A7－19)}$$

首先考虑零售商能够分配的最小利润份额。依据（A7－18）和（A7－19），要使得 $\pi_r(q_d^*,\ w,\ b,\ r_s)$ 取得最小值，必须有 $r_s=r_f$。因而，（A7－18）可转换为

$$\max\left\{1-\frac{y_r}{cq_c^*},\ \frac{y_r(1+r_f)/q_c^*-c(1+r_f)}{p-c(1+r_f)}\right\}\leqslant\frac{b}{p}\leqslant\min\left\{\frac{y_s}{cq_c^*},\ 1\right\}$$

（A7－20）

基于供应商和零售商的资金水平，有以下几种情况：

（1）当 $y_r\geqslant pq_c^*/(1+r_f)$ 时，条件（A7－20）不能被满足，因而此种情况下策略 C 不能协同供应链。

（2）当 $cq_c^*\leqslant y_r<pq_c^*/(1+r_f)$ 时，结果分为以下两种情况：

（ⅰ）当 $y_s\geqslant\dfrac{c(1+r_f)(y_r-cq_c^*)}{p-c(1+r_f)}$ 时，将契约参数设置为 $b=\min(1,\ y_s/y_{\max})p$ 且 $r_s=r_f$，零售商获得最小利润比例 $\lambda_{\min}=\max(0,\ 1-y_s/y_{\max})$；

（ⅱ）当 $0\leqslant y_s<\dfrac{c(1+r_f)(y_r-cq_c^*)}{p-c(1+r_f)}$ 时，策略 C 不能协同供应链。

（3）当 $0\leqslant y_r<cq_c^*$ 时，得到 $y_s\geqslant cq_c^*-y_r$。将参数设置为 $b=\min(1,\ y_s/y_{\max})p$ 且 $r_s=r_f$。零售商分得最小利润份额 $\lambda_{\min}=\max(0,\ 1-y_s/y_{\max})$。

接下来，考虑零售商能够分配到的最大利润份额。很显然，$\dfrac{y_s(1+r_f)-y_r(r_s-r_f)}{cq_c^*(1+r_f)}$ 和 $1-\dfrac{y_r(1+r_s)}{cq_c^*(1+r_f)}$ 递减于 r_s，且 $\dfrac{y_r(1+r_s)/q_c^*-c(1+r_f)}{p-c(1+r_f)}$ 递增于 r_s。根据供应商和零售商的初始资金水平，有以下几种情况：

（1）当 $pq_c^*/(1+r_f)\leqslant y_r$ 时，条件（A7－20）不能被满足，因而策略 C 不能协同供应链；

（2）当 $cq_c^* \leqslant y_r < pq_c^*/(1+r_f)$ 时，由条件（A7－18）得到：

$$\frac{y_r(1+r_s)/q_c^* - c(1+r_f)}{p-c(1+r_f)} \leqslant \frac{b}{p} \leqslant \min\left\{\frac{y_s(1+r_f) - y_r(r_s - r_f)}{cq_c^*(1+r_f)},\ 1\right\} \tag{A7-21}$$

其中 $r_s \in [r_f,\ r_s^{\max}]$。当

$$\frac{b}{p} = \frac{y_r(1+r_s)/q_c^* - c(1+r_f)}{p-c(1+r_f)}$$

时，零售商可以分得最大利润。由于 $\frac{d\pi_r(q_d^*,\ w,\ b,\ r_s)}{dr_s} = y_r\left(1 - \frac{\pi_c(q_c^*)}{pq_c^* - c(1+r_f)q_c^*}\right) > 0$，$\pi_r(q_d^*,\ w,\ b,\ r_s)$ 在 $r_s = r_s^{\max}$ 时取得最大值。根据 $r_s^{\max}$ 的取值，分为以下几种情况：

（ⅰ）当 $y_s \geqslant \frac{pq_c^*}{1+r_f} + cq_c^* - y_r$ 时，$r_s^{\max}$ 由下式唯一决定：

$$\frac{y_r(1+r_s)/q_c^* - c(1+r_f)}{p-c(1+r_f)} = 1$$

因此 $\pi_r^{\max}(q_d^*,\ w,\ b,\ r_s) = pq_c^* - y_r(1+r_f)$。当 $y_r = cq_c^*$ 时，

$$\pi_r^{\max}(q_d^*,\ w,\ b,\ r_s) = pq_c^* - cq_c^*(1+r_f) > \pi_c(q_c^*)$$

因此 $\lambda_{\max} = \min\left\{\frac{pq_c^* - y_r(1+r_f)}{\pi_c(q_c^*)},\ 1\right\}$；

（ⅱ）当 $\frac{c(1+r_f)(y_r - cq_c^*)}{p-c(1+r_f)} \leqslant y_s < \frac{pq_c^*}{1+r_f} + cq_c^* - y_r$ 时，$r_s^{\max}$ 由下式唯一确定：

$$\frac{y_r(1+r_s)/q_c^* - c(1+r_f)}{p-c(1+r_f)} = \frac{y_s(1+r_f) - y_r(r_s - r_f)}{cq_c^*(1+r_f)}$$

因此，零售商获取最大利润为

$$\begin{aligned}\pi_r^{\max}(q_d^*,\ w,\ b,\ r_s) = & \left[1 - \frac{(y_r + y_s - cq_c^*)(1+r_f)}{pq_c^*}\right]\pi_c(q_c^*) \\ & - \frac{(y_r + y_s - cq_c^*)c\,(1+r_f)^2}{p} + y_s(1+r_f)\end{aligned}$$

当 $y_r = cq_c^*$ 且 $y_s = \frac{pq_c^*}{1+r_f}$ 时，零售商获得最大利润 $\pi_r^{\max}(q_d^*,\ w,\ b,\ r_s) = pq_c^* -$

$cq_c^*(1+r_f)>\pi_c(q_c^*)$；当 $y_r=\frac{pq_c^*}{1+r_f}$ 且 $y_s=cq_c^*$ 时，零售商获得最大利润 $\pi_r^{\max}(q_d^*, w, b, r_s)=0$。因此，零售商能够分得的最大利润份额取决于两方的资金水平：

$$\lambda_{\max}=\min\left\{1-\frac{(y_r+y_s-cq_c^*)(1+r_f)}{pq_c^*}-\frac{(y_r+y_s-cq_c^*)c(1+r_f)^2-py_s(1+r_f)}{p\pi_c(q_c^*)}, 1\right\}$$

（ⅲ）当 $0\leqslant y_s<\frac{c(1+r_f)(y_r-cq_c^*)}{p-c(1+r_f)}$ 时，策略 C 不能协同供应链。

（3）当 $0\leqslant y_r<cq_c^*$ 时，如果 $r_s\in[r_f, \bar{r}_s)$，其中 $\bar{r}_s=cq_c^*(1+r_f)/y_r-1$，那么 $1-\frac{y_r(1+r_s)}{cq_c^*(1+r_f)}>\frac{y_r(1+r_s)/q_c^*-c(1+r_f)}{p-c(1+r_f)}$。此种情形下，要使零售商分得最大利润，供应商应该设置 $\frac{b}{p}=1-\frac{y_r(1+r_s)}{cq_c^*(1+r_f)}$；如果 $r_s\in[\bar{r}_s, r_s^{\max}]$，那么 $1-\frac{y_r(1+r_s)}{cq_c^*(1+r_f)}\leqslant\frac{y_r(1+r_s)/q_c^*-c(1+r_f)}{p-c(1+r_f)}$。此情况下，要使零售商分得最大利润，供应商应该设置 $\frac{b}{p}=\frac{y_r(1+r_s)/q_c^*-c(1+r_f)}{p-c(1+r_f)}$。

因此，当 $r_s\in[\bar{r}_s, r_s^{\max}]$ 时，$\frac{d\pi_r(q_d^*, w, b, r_s)}{dr_s}=y_r\left[\frac{\pi_c(q_c^*)}{cq_c^*(1+r_f)}+1\right]>0$；当 $r_s\in[\bar{r}_s, r_s^{\max}]$ 时，$\frac{d\pi_r(q_d^*, w, b, r_s)}{dr_s}=y_r\left[1-\frac{\pi_c(q_c^*)}{pq_c^*-c(1+r_f)q_c^*}\right]>0$。因而，当 $r_s=r_s^{\max}$ 时，零售商分得最大利润。相对应地有

$$\frac{b}{p}=\frac{y_r(1+r_s^{\max})/q_c^*-c(1+r_f)}{p-c(1+r_f)}$$

基于上述分析，有以下两种情况：

（1）当 $y_s\geqslant\frac{pq_c^*}{1+r_f}+cq_c^*-y_r$ 时，$r_s^{\max}$ 由下式决定：

$$\frac{y_r(1+r_s)/q_c^*-c(1+r_f)}{p-c(1+r_f)}=1$$

此时零售商分得最大利润如下：

$$\pi_r^{\max}(q_d^*, w, b, r_s)=pq_c^*-y_r(1+r_f)$$

当 $y_r=cq_c^*$ 时，$\pi_r^{\max}(q_d^*, w, b, r_s)=pq_c^*-cq_c^*(1+r_f)>\pi_c(q_c^*)$；当 $y_r=0$

时，$\pi_r^{\max}(q_d^*, w, b, r_s)=pq_c^*>\pi_c(q_c^*)$。因此，此情形下，零售商可以分得所有供应链利润，从而 $\lambda_{\max}=1$。

（2）当 $cq_c^*-y_r\leqslant y_s<\frac{pq_c^*}{1+r_f}+cq_c^*-y_r$ 时，$r_s^{\max}$ 由下式唯一确定：

$$\frac{y_r(1+r_s)/q_c^*-c(1+r_f)}{p-c(1+r_f)}=\frac{y_s(1+r_f)-y_r(r_s-r_f)}{cq_c^*(1+r_f)}$$

零售商的最大利润是

$$\pi_r^{\max}(q_d^*, w, b, r_s)=\left[1-\frac{(y_r+y_s-cq_c^*)(1+r_f)}{pq_c^*}\right]\pi_c(q_c^*)-\frac{(y_r+y_s-cq_c^*)c(1+r_f)^2}{p}+y_s(1+r_f)$$

在可行域内，当 $y_r=0$ 且 $y_s=cq_c^*+\frac{pq_c^*}{1+r_f}$ 时，零售商能分得最大利润 $\pi_r^{\max}(q_d^*, w, b, r_s)=pq_c^*>\pi_c(q_c^*)$；当 $y_r=cq_c^*$ 且 $y_s=0$ 时，零售商能分得最大利润 $\pi_r^{\max}(q_d^*, w, b, r_s)=\pi_c(q_c^*)$。因此，此情形下零售商能分得全部利润，从而 $\lambda_{\max}=1$。证毕。

命题 7.2 证明： 在前面论述过，当 $y_r+y_s<y_{\max}$ 时，回购契约不能协同受资金约束分散供应链。接下来，分析 $y_r+y_s\geqslant y_{\max}$ 的情形。基于引理 7.6 和引理 7.8，在供应商和零售商的各种初始资金分布状态下，分析策略 A 和策略 C。

（1）当 $y_r\geqslant pq_c^*/(1+r_f)$ 时，策略 A 能协同供应链，且 $\lambda\in[\lambda_{\min}^A, 1]$，其中 $\lambda_{\min}^A=\max(0, 1-y_s/y_{\mathrm{m}}\mathrm{ax})$，策略 C 不能协同供应链。

（2）当 $cq_c^*\leqslant y_r<pq_c^*/(1+r_f)$ 时，分为以下三种子情况：

（ⅰ）$0\leqslant y_s<\frac{c(1+r_f)(y_r-cq_c^*)}{p-c(1+r_f)}$，策略 A 可以协同供应链，且 $\lambda\in[\lambda_{\min}^A, 1]$，其中 $\lambda_{\min}^A=\max(0, 1-y_s/y_{\max})$，策略 C 不能协同供应链。

（ⅱ）$\frac{c(1+r_f)(y_r-cq_c^*)}{p-c(1+r_f)}\leqslant y_s<\frac{pq_c^*}{1+r_f}+cq_c^*-y_r$，策略 A 可以协同供应链且 $\lambda\in[\lambda_{\min}^A, 1]$，其中 $\lambda_A^{\min}=\frac{pq_c^*-y_r(1+r_f)}{pq_c^*-c(1+r_f)q_c^*}$。策略 C 能够协同供应链且 $\lambda\in[\lambda_{\min}^C, \lambda_{\max}^C]$，其中 $\lambda_{\min}^C=\max(0, 1-y_s/y_{\max})$ 且

$$\lambda_{\max}^C=\min\left\{1-\frac{(y_r+y_s-cq_c^*)(1+r_f)}{pq_c^*}-\frac{(y_r+y_s-cq_c^*)c(1+r_f)^2-py_s(1+r_f)}{p\pi_c(q_c^*)}, 1\right\}$$

由于 $y_s \geqslant \dfrac{c(1+r_f)(y_r-cq_c^*)}{p-c(1+r_f)}$，所以 $1-y_s/y_{\max} \leqslant \dfrac{pq_c^*-y_r(1+r_f)}{pq_c^*-c(1+r_f)q_c^*}$，从而 $\lambda_{\min}^C<\lambda_{\min}^A$。$\lambda_{\max}^C$ 递增于 y_s，在 $y_s=\dfrac{c(1+r_f)(y_r-cq_c^*)}{p-c(1+r_f)}$时，$\lambda_{\max}^C=\lambda_A^{\min}$，因此 $\lambda_{\max}^C \geqslant \lambda_A^{\min}$，$[\lambda_{\min}^A, 1] \cup [\lambda_{\min}^C, \lambda_{\max}^C]=[\lambda_{\min}^C, 1]$。同时使用策略 A 和策略 B，供应商能够协同供应链，且实现较大利润分配灵活性：$\lambda \in [\max(0, 1-y_s/y_{\max}), 1]$。

（ⅲ）$y_s \geqslant \dfrac{pq_c^*}{1+r_f}+cq_c^*-y_r$，策略 A 能够协同供应链且 $\lambda \in [\lambda_{\min}^A, 1]$，其中 $\lambda_{\min}^A=\dfrac{pq_c^*-y_r(1+r_f)}{pq_c^*-c(1+r_f)q_c^*}$。策略 C 能够协同供应链且 $\lambda \in [0, \lambda_{\max}^C]$，其中 $\lambda_{\max}^C=\min\left\{\dfrac{pq_c^*-y_r(1+r_f)}{\pi_c(q_c^*)}, 1\right\}$。因为$\dfrac{pq_c^*-y_r(1+r_f)}{\pi_c(q_c^*)}>\dfrac{pq_c^*-y_r(1+r_f)}{pq_c^*-c(1+r_f)q_c^*}$，即 $\lambda_{\max}^C>\lambda_{\min}^A$，得到 $[\lambda_{\min}^A, 1] \cup [0, \lambda_{\max}^C]=[0, 1]$。由 $y_s \geqslant \dfrac{pq_c^*}{1+r_f}+cq_c^*-y_r$ 和 $cq_c^* \leqslant y_r<pq_c^*/(1+r_f)$ 得到 $y_s \geqslant y_{\max}$，因此 $\max(0, 1-y_s/y_{\max})=0$。同时使用策略 A 和策略 C，供应商可以协同供应链且 $\lambda \in [\max(0, 1-y_s/y_{\max}), 1]$。

（3）如果 $0 \leqslant y_r<cq_c^*$，那么策略 A 不能协同供应链。使用策略 C，具体结果分为以下两种情形：

（ⅰ）$y_s \geqslant \dfrac{pq_c^*}{1+r_f}+cq_c^*-y_r$；策略 C 可以协同供应链且 $\lambda \in [0, \lambda_{\max}^C]$，由于 $0 \leqslant y_r<cq_c^*$，$\lambda_{\max}^C=\min\left\{\dfrac{pq_c^*-y_r(1+r_f)}{\pi_c(q_c^*)}, 1\right\}=1$。类似地，由 $0 \leqslant y_r<cq_c^*$ 和 $y_s \geqslant \dfrac{pq_c^*}{1+r_f}+cq_c^*-y_r$ 得出 $y_s \geqslant y_{\max}$；因此，$\max(0, 1-y_s/y_{\max})=0$。利用策略 C，供应商可以协同供应链且 $\lambda \in [\max(0, 1-y_s/y_{\max}), 1]$。

（ⅱ）$cq_c^*-y_r \leqslant y_s<\dfrac{pq_c^*}{1+r_f}+cq_c^*-y_r$，策略 C 能够协同供应链且 $\lambda \in [\lambda_{\min}^C, \lambda_{\max}^C]$，其中 $\lambda_{\min}^C=\max(0, 1-y_s/y_{\max})$ 且

$$\lambda_{\max}^C=\min\left\{1-\frac{(y_r+y_s-cq_c^*)(1+r_f)}{pq_c^*}-\frac{(y_r+y_s-cq_c^*)c(1+r_f)^2-py_s(1+r_f)}{p\pi_c(q_c^*)}, 1\right\}$$

由于 $\lambda_{\max}^C$ 递增于 y_s，而且在 $y_s=\dfrac{c(1+r_f)(y_r-cq_c^*)}{p-c(1+r_f)}$ 时，$\lambda_{\max}^C=$

$\frac{pq_c^* - y_r(1+r_f)}{pq_c^* - c(1+r_f)q_c^*}$，所以得到 $\lambda_{\max}^C \geqslant \frac{pq_c^* - y_r(1+r_f)}{pq_c^* - c(1+r_f)q_c^*} \geqslant 1$（第二个“≥”成立是因为 $0 \leqslant y_r < cq_c^*$），因此 $\lambda_{\max}^C = 1$。使用策略 C，供应商能够协同供应链，且 $\lambda \in [\max(0,\ 1 - y_s/y_{\max}),\ 1]$。

综上所述，当 $y_r + y_s \geqslant y_{\max}$ 时，在每种初始资金分布状态下，通过联合使用策略 A 和策略 C，供应商能够协同受资金约束分散供应链，且实现 $\lambda \in [\max(0,\ 1 - y_s/y_{\max}),\ 1]$ 的利润分配灵活度。

命题 7.3 证明： 将命题 7.3 的结论拆分为三个独立的模块，每一个模块用一个引理表示，即引理 A7.1 ~ 引理 A7.3。接下来，分别证明这三个引理。

引理 A7.1 针对供应商提供的广义收益共享契约（7 - 17）~（7 - 20），零售商的最优订货量等于受资金约束集中供应链的最优订货量，即 $q_d^* = q_c^*$。

证明： 定义 $q_d^y = \frac{y_s + \min(y_{\max} - y_s,\ y_r)}{c}$，则零售商的期望利润是

$$
\begin{aligned}
\pi_r(q;\ w(q),\ \theta(D)) &= pE[\theta(D)\min(D,\ q)] - E[\min(D,\ k_d)]\} \\
&\quad - \min(y_{\max} - y_s,\ y_r)(1+r_f) \\
&= \begin{cases} \beta pE[\min(D,\ q)] - \min(y_{\max} - y_s,\ y_r)(1+r_f) & if\ q \in [0,\ q_d^y) \quad (a) \\ \beta p\{E[\min(D,\ q)] - E[\min(D,\ k_d)]\} - \min(y_{\max} - y_s,\ y_r)(1+r_f) & if\ q \in [q_d^y,\ \infty) \quad (b) \end{cases}
\end{aligned} \tag{A7-22}
$$

其中 $k_d = c(q - q_d^y)^+(1+r_d)/p$。零售商的期望利润（A7 - 22a）递增于订货量 q，因此零售商的订货量满足 $q_d^* \in [q_d^y,\ \infty)$。相应地，零售商的期望利润是（A7 - 22b）的表达式。以下将分两种情况证明 $q_d^* = q_c^*$：

（1）当 $y_s + y_r \geqslant y_{\max}$ 时，$q_d^y = y_{\max}/c$，因而零售商的期望利润是

$$
\pi_r(q;\ w(q),\ \theta(D)) = \beta p\{E[\min(D,\ q)] - E[\min(D,\ k_d)]\} - (y_{\max} - y_s)(1+r_f),\ q \in [q_d^y,\ \infty) \tag{A7-23}
$$

其中，$k_d = (cq - y_{\max})^+(1+r_d)/p$。构建一个受资金约束集中供应链，其流动资金是 $y_c = y_{\max}$。它的期望利润是

$$\pi_c(q)=\begin{cases}pE[\min(D,\ q)]-cq(1+r_f) & if\ q\in[0,\ q_c^y)\quad (a)\\ p\{E[\min(D,\ q)]-E[\min(D,\ k_c)]\}\\ -(y_s+y_r)(1+r_f) & if\ q\in[q_c^y,\ \infty)\quad (b)\end{cases}$$

（A7－24）

其中，$q_c^y=y_{\max}/c$ 且 $k_c=(cq-y_{\max})^+(1+r_c)/p$。根据引理 7.1 可得 $q_c^*=q_c^y$，因此当 $q=q_c^y$ 时，（A7－24b）取得最大值。根据公平定价原理，得到

$$L_c(1+r_f)=\int_0^{k_c}(1-\alpha)pDdF(D)+\int_{k_c}^{\infty}pk_cdF(D)$$

且 $L_d(1+r_f)=\int_0^{k_d}(1-\alpha)pDdF(D)+\int_{k_d}^{\infty}pk_ddF(D)$，其中 $L_c=L_d=cq-y_{\max}$；因此 $k_d=k_c$。观察（A7－23）和（A7－24）式可得（A7－23）在 $q=q_c^y$ 时取得最大值，因此 $q_d^*=q_c^*$。

（2）当$0\leqslant y_s+y_r<y_{\max}$时，$q_d^y=(y_s+y_r)/c$，零售商的期望利润是

$$\pi_r(q;\ w(q),\ \theta(D))=\beta p\{E[\min(D,\ q)]-E[\min(D,\ k_d)]\}-y_r(1+r_f),\ q\in[q_d^y,\ \infty)\qquad (A7-25)$$

其中 $k_d=(cq-y_s-y_r)^+(1+r_d)/p$。构建一个受资金约束集中供应链 $y_c=y_s+y_r$，其期望利润是

$$\pi_c(q)=\begin{cases}pE[\min(D,\ q)]-cq(1+r_f) & if\ q\in[0,\ q_c^y)\quad (a)\\ p\{E[\min(D,\ q)]-E[\min(D,\ k_c)]\}\\ -(y_s+y_r)(1+r_f) & if\ q\in[q_c^y,\ \infty)\quad (b)\end{cases}$$

（A7－26）

其中 $q_c^y=y_c/c$ 且 $k_c=(cq-y_c)^+(1+r_c)/p$。根据引理 7.1，有 $q_c^*\in(q_c^y,\ \infty)$。因此当 $q=q_c^*\in(q_c^y,\ \infty)$ 时，（A7－26）取得最大值。公平定价原理表明 $k_d=k_c$，根据（A7－25）和（A7－26b），当 $q=q_c^*$ 时，（A7－25）取得最大值，因此 $q_d^*=q_c^*$。

综上所述，无论哪种情形，零售商的最优订货量都是 $q_d^*=q_c^*$。证毕。

引理 A7.2 广义收益共享契约（7－17）～（7－20）能够协同受资金约束分散供应链。

证明： 根据广义收益共享契约（7－17）～（7－20），季初零售商转移支付 $\min\{(y_{\max}-y_s)^+,\ y_r\}$ 给零售商，而且根据引理 A7.1，零售商会订购 q_c^* 单位的产品。在季末，供应商向银行借入额度为 $(y_{\max}-y_s-y_r)^+$ 的贷款进行

生产。而且，根据该契约，在季末销售收益首先用来偿还银行信用，剩余收益根据契约参数在供应商和零售商之间进行分配。由此可见，受资金约束分散供应链的银行借贷和还贷模式与受资金约束集中供应链相同，根据公平定价原理，易得 $C_d = C_c$。而且基于该契约，零售商在期初没有背负任何债务，所以 $C_r = 0$。根据引理7.3，在广义收益共享契约下，$q_d^* = q_c^*$、$C_r = 0$ 和 $C_d = C_c$ 三个条件均满足，因而可以协同受资金约束分散供应链。证毕。

引理 A7.3 被协同的受资金约束分散供应链的利润可以在供应商和零售商之间自由分配。

证明：分为以下两种情况进行证明：

(1) 当 $y_s + y_r \geq y_{\max}$ 时，由（A7-23），零售商的期望利润是

$$\pi_r(q_d^*; w(q_d^*), \theta(D)) = \beta p E[\min(D, q_d^*)] - (y_{\max} - y_s)(1 + r_f)$$

当 $\beta = 0$ 时，零售商获得最小期望利润

$$\pi_r^{\min}(q_d^*, w(q_d^*), \theta(D), 0) = -(y_{\max} - y_s)(1 + r_f)$$

当 $\beta = 1$ 时，零售商获得最大期望利润

$$\begin{aligned}\pi_r^{\max}(q_d^*, w(q_d^*), \theta(D), 1) &= pE[\min(D, q_d^*)] - (y_{\max} - y_s)(1 + r_f) \\ &> pE[\min(D, q_c^*)] - y_{\max}(1 + r_f) = \pi_c(q_c^*)\end{aligned}$$

“>”成立是因为 $q_d^* = q_c^*$。存在唯一 $\beta_{\min}$ 和 $\beta_{\max}$ 使得 $\pi_r(q_d^*, w(q_d^*), \theta(D), \beta_{\min}) = 0$ 且 $\pi_r(q_d^*, w(q_d^*), \theta(D), \beta_{\max}) = \pi_c(q_c^*)$。因此当 $\beta \in [\beta_{\min}, \beta_{\max}]$ 时，有 $\lambda \in [0, 1]$。可见此种情形下，供应链利润可以在供应商和零售商之间任意分配。

(2) 当 $0 \leq y_s + y_r < y_{\max}$ 时，由（A7-25），零售商的期望利润是

$$\begin{aligned}\pi_r(q_d^*; w(q_d^*), \theta(D)) = \beta p\{&E[\min(D, q_d^*)] - E[\min(D, k_d)]\} \\ &- y_r(1 + r_f)\end{aligned}$$

当 $\beta = 0$ 时，零售商获取最小期望利润

$$\pi_r^{\min}(q_d^*, w(q_d^*), \theta(D), 0) = -y_r(1 + r_f)$$

当 $\beta = 1$ 时，零售商获得最大期望利润

$$\begin{aligned}\pi_r^{\max}(q_d^*, w(q_d^*), \theta(D), 1) &= p\{E[\min(D, q_d^*)] - E[\min(D, k_d)]\} \\ &\quad - y_r(1 + r_f) \\ &> p\{E[\min(D, q_c^*)] - E[\min(D, k_c)]\} \\ &\quad - (y_r + y_s)(1 + r_f) \\ &= \pi_c(q_c^*)\end{aligned}$$

“>”成立是因为 $q_d^* = q_c^*$ 且 $k_d = k_c$。存在唯一$\beta_{\min}$和$\beta_{\max}$使得 $\pi_r(q_d^*, w(q_d^*), \theta(D), \beta_{\min}) = 0$ 且 $\pi_r(q_d^*, w(q_d^*), \theta(D), \beta_{\max}) = \pi_c(q_c^*)$。因此当 $\beta \in [\beta_{\min}, \beta_{\max}]$ 时，有 $\lambda \in [0, 1]$。可见此种情形下，供应链利润可以在供应商和零售商之间任意分配。

综上所述，被协同的受资金约束分散供应链的利润可以在供应商和零售商之间自由分配。证毕。

8 总结与展望

8.1 全书总结

资金短缺尤其是短期流动资金短缺是企业面临的常态，为了解决企业特别是中小微企业的“融资难”问题，贸易信用和买方信用两种基于供应链贸易的内部融资方式在实践中广泛应用。特别是随着电子商务和在线供应链金融业务的发展，电子供应链中基于平台参与的授信模式给提买方信用模式注入了新特征。违约成本和资金机会成本在实践中普遍存在，这两类摩擦成本会对传统供应链上的运营决策带来怎样的影响？在各种不同的融资模式下，供应链上各参与方的最优决策是什么，哪种融资方式更优？在新的环境下，供应链该如何实现协同运作？然而，纵观目前运营与金融交叉领域的研究，只有少量文献同时考虑资金约束和摩擦成本。而且，大多数文献集中于从单个企业的视角出发，以 EOQ 模型为背景考虑企业的最优库存决策问题。从供应链的视角出发，研究不确定性需求下资金约束对供应链上各企业定价、生产、订货等运营决策的影响的文献相对不足。这些从供应链视角展开的文献集中研究贸易信用和银行信用以及二者之间的对比，只有少量文献考虑其他融资模式。为了弥补实践与理论研究之间的差距，本书在市场需求不确定的条件下，综合考虑资金约束和两类摩擦成本，对由一个供应商和一个零售商组成的单产品单周期两层级供应链进行研究，在不同的资金约束环境下分析了供应商和零售商的联合运营与融资决策。具体研究内容如下。

第一，研究了“贸易信用 vs 银行信用：违约成本的影响”。在实践中，银行信用和贸易信用是最为常见的两种短期融资方式。在运营管理领域，已有数位学者在不同的假设条件下对这种融资模式展开了对比分析。然而，他们都忽略了下游零售商违约风险所带来的违约成本。基于此，本书进一步考虑陷入财务困境的零售商的违约风险，求解银行信用和贸易信用下的均衡。进而，从供应商、零售商和供应链整体视角对这两种融资模式展开对比分析。研究结果表明：(1) 在银行信用下，最终的均衡结果取决于零售商的资金水平。(2) 在贸易信用下，供应商的最优贸易信贷利率等于零，最优批发价以及相应的订货量取决于零售商的流动资金水平；均衡批发价递增于违约成本系数，订货量以及零售商利润、供应商利润和供应链总体利润均递减于违约成本系数。(3) 从供应商的视角来看，由于贸易信用下其可以对批发价格和利率进行联合控制，利用激励效应和掠夺效应，获得最大收益。因此，相较于银行信用，供应商永远偏好贸易信用。然而，从零售商视角来看，当其陷入财务严重困境且单位生产成本较低时，由于贸易信用的掠夺效应，零售商反而在贸易信用下状况变得更加糟糕。同样地，从供应链整体视角来看，当单位生产成本较低时，由于违约效应，供应链整体在贸易信用下的绩效更差。该结论和 Kouvelis 和 Zhao (2012) 中得到的供应链整体永远更加偏好贸易信用的结论不同，从而警示管理决策者在市场实践中应该慎重地利用贸易信用。

第二，研究了“贸易信用 vs 供应商担保贷款：两类摩擦成本的影响”。目前，企业面临着越来越严重的财务约束和更高的违约风险。为了缓解下游买方的财务困境和促进采购过程，上游供应商通常采用两种融资方案：贸易信用和供应商担保贷款。文献中没有对这两种融资策略进行彻底的比较。因此，本书通过引入买方的财务约束和两种摩擦成本，在经典的“出售给报童”范式下研究这些融资方案。研究结果表明：(1) 在贸易信用下，尽管存在违约和机会成本，供应商仍应提供无风险利率。这似乎表明供应商损失了利息收入。然而，供应商赢得了更大的空间来要求更高的批发价格，从而产生更高的批发收入。此外，因为授予贸易信用占用了供应商的营运资本，供应商承担额外的机会成本。因此，只有供应商的资本机会成本低于一个阈值，贸易信用才会被使用。(2) 在供应商担保贷款下，与仅在相对较低的资本机会成本条件下贸易信用才会被使用不同，供应商担保贷款将始终被使用。这是因为供应商担保贷款因为引入银行资金而不会产生额外的机会成本。(3) 贸易信用和供应商担保贷款之间的进一步比较分析表明，关于供应商、买方和集成供应链的这两种策略的偏好结构是一致的。具体而言，存在一个阈值，使得如果供应商的资本机会成本超过该阈值，则供应商担保贷款是占优的，否则贸易信用是占优的。偏好结构的基本原理在于违约和机会效应之间的权衡。

第三，研究了“考虑机会成本时拉式供应链中银行信贷与买方信用对比”。拉式供应链在实践中普遍存在。同时，上游供应商大多是中小微企业，面临着严重的资金约束问题。为了缓解供应商的资金约束困境，下游零售商纷纷提供各种形式的买方信用。从比较的视角而言，买方信用和传统的银行信用对于供应链上各成员而言孰优孰劣，进一步，下游零售商应当如何选取不同形式的买方信用？纵观现有供应链金融的研究，大部分文献都是关注推式供应链和下游零售商的资金约束问题，鲜有文献关注拉式供应链和上游供应商的资金约束问题。为了回答上述问题，弥补实践和学术研究之间的差距，本书构建由受资金约束供应商和零售商组成的二层级拉式供应链系统，并凸显供应商资金机会成本这一摩擦因素对供应链均衡决策和绩效的影响。研究结论表明：（1）在传统银行信贷模式下，供应链的决策和绩效同无资金约束时相同；（2）在买方信用模式下，零售商应该设置零利率。换言之，零售商应该始终提供提前支付的融资策略。另外，只有在零售商的资金机会成本较低时，零售商才会提供买方信用；（3）银行信贷是无外部融资选项的帕累托改进；（4）当零售商资金机会成本较低时，均衡处将采用买方信用，而当其资金机会成本较高时，均衡处将采用银行信用。

第四，研究了“考虑违约成本时电商信贷与债务优先序”。随着电子商务的发展，电子零售商纷纷开展广泛的增值业务，金融服务是其中流行的一种。本书旨在探讨这种授信行为的动机及其对经营决策的影响。我们考虑由采用代理销售模式的电子零售商和财务受限的卖方组成的两级供应链，该卖方可与银行贷款或（和）电商信贷一起为库存安装提供资金。我们首先考虑单源融资，也即卖方可以借入银行贷款或电商信贷，然后进一步考虑双源融资，也即卖方可以同时借入两种类型的贷款。研究结论表明：（1）在单源融资下，无风险利率的电商信贷是均衡融资策略。其根本原因是，与银行贷款相比，在电商信贷模式下，电子零售商具有作为零售商和债权人的双重角色优势。这种优势带来了更大的运营灵活性，这通过激励效应和掠夺效应使电商受益。（2）在双源融资模式下，如果电子零售商要求贷款收款具有优先性，我们发现只有电商信贷被使用，均衡结果与电商信贷的均衡结果相同。令人惊讶的是，一旦放弃优先权，电子零售商就变得更好了。基本的经济原理是，将优先权让与银行降低了银行贷款的融资成本，从而诱导卖方在高借贷成本区域使用银行贷款为库存融资。银行贷款的引入分担了电子零售商的部分借贷成本，是电商信贷的有益补充。卖方也倾向于银行优先，这意味着银行优先是电子零售商优先的帕累托改进。我们的研究结果解释了普遍存在的廉价电商信贷的现象，并与银行优先序的普遍做法一致。

第五，研究了存在资金约束和违约成本时供应链的协同机制设计问题。短期流动资金短缺是供应链中成员企业尤其是中小企业经常面临的难题。由于市场需求不确定，伴随借贷关系造成的债务违约现象对供应链发展造成了一定威胁。在资金约束和违约风险同时存在的情形下，如何有效协同供应链上的物流和资金流成为实践中的一大难题，本书基于该实际问题展开研究。具体而言，本书在随机需求下，针对单产品单周期由一个受短期流动资金约束的供应商和一个受短期流动资金约束的零售商组成的二级供应链系统展开研究。由于信用评级限制，只有供应商可以申请到银行信用。而零售商只能依靠供应商提供的贸易信贷为其库存融资。供应商不能按时偿还银行信用或者零售商在贸易信贷上违约，造成一定的违约成本。基于博弈论中的序列博弈模型，本书研究供应商、零售商和银行之间的相互作用。首先，求出受资金约束集中供应链的最优生产和融资策略，并以此为基准，得到了存在资金约束和违约成本时的供应链协同条件。其次，分析了贸易信贷下三种传统契约的协同作用，研究结果表明：全单位数量折扣契约不能协同受资金约束分散供应链；收益共享契约和回购契约在协同受资金约束分散供应链时效果是等价的，只有当分散供应链总体流动资金超过一定阈值时，这两种契约才能协同供应链，而且供应链利润分配的灵活性受限于供应商的流动资金水平。最后，本书提出了一种新型的广义收益共享契约，该契约可以协同受资金约束供应链，而且实现利润在供应商和零售商之间的自由分配。结合数值算例，分析了该广义收益共享契约的价值，同时也阐述了其在实践应用中存在的局限性。

8.2 研究展望

基于实践考察和已有的理论研究，本书研究了存在资金约束和摩擦成本时的供应链运营与融资联合决策。然而，为了尽可能地聚焦问题核心和简化分析过程，本书作出了适当的假设和限定，这就导致本书与实际情形存在差距，具有一定的局限性。因此，未来有必要对本书的模型进行拓展，在研究深度和广度上更进一步。经过近几年的大量文献阅读和对于实际问题的分析和总结，未来可以从以下几个方面展开研究：

（1）进一步考虑信息不对称问题。本书的研究都是在对称性信息下展开的，然而，现实生活中存在各种各样的信息不对称，如需求信息不对称、供应商成本信息不对称、资金信息不对称等。信息不对称是违约成本之外另一个常见的市场摩擦因子，在本书的基础上进一步考虑各种信息不对称问题，将会产生许多新的管理启示。实际上，本书第 3 章和第 4 章试图从违约和机会成本角度诠释现实生活中的两部贸易信用合同问题，结果显示这两类摩擦成本并不能成功解释该现象，而通过简单分析，当存在不对称需求信息时，受资金约束的零售商有夸大市场需求的动机。因此，未来从需求信息不对称角度进行研究或许能为该现象提供一个合理的解释。另外，本书研究最大的局限性在于假设供应链上各参与方之间的资金信息是透明的，这与实际情形有较大的出入，因而，未来可以假设参与方拥有私人资金信息，从而使模型与实际情况更加吻合。由于问题的复杂性，目前运营与金融交叉领域尚未出现关于信息不对称问题的研究。因此，该研究方向是一个值得探索的蓝海领域。

（2）考虑不同竞争环境下的现货市场和资本市场。本书的所有研究都基于以下假设：资本市场完全竞争，因而银行信用是公平定价的；现货市场完全垄断，因而供应商可以自由决定批发价格。实际上，现实中的资本市场不可能是完全竞争的，尤其是在资本市场不完善的发展中国家。现实中不同产品的 B2B 现货市场在竞争程度上也存在差异性，有完全垄断型的，也有寡头竞争型的，也存在近似完全竞争型的。纵观运营与金融交叉领域的已有研究，大部分文献也都是基于与本书研究同样的假设得以展开的，只有少量文献是在完全垄断的资本市场（Lai 等，2009）下进行研究的。因此，未来可以拓宽本书关于现货市场和资本市场的假设，在各种不同程度竞争环境下的资本市场和现货市场上考虑受资金约束供应链上的决策问题。

（3）考虑不同网络结构下的供应链。本书的所有研究都是针对单供应商和单零售商组成的二级供应链进行展开的。实践中存在各种网络结构的供应链，如：多对一型、一对多型或者多层级型的供应链，因此，未来可以将本书各章的研究内容在不同网络结构的供应链下进行拓展。

参考文献

[1] 白世贞，徐娜，鄢章华．基于存货质押融资模式的供应链协调研究[J]．运筹与管理，2013（3）．

[2] 白世贞，徐娜，鄢章华．基于核心企业回购担保的存货质押融资决策分析［J］．中国管理科学，2012（S1）．

[3] 白世贞，徐娜．基于存货质押融资的质押率决策研究［J］．系统工程学报，2013，28（5）．

[4] 陈祥锋，朱道立，应雯珺．资金约束与供应链中的融资和运营综合决策研究［J］．管理科学学报，2008，11（3）．

[5] 何娟，蒋祥林，朱道立，等．考虑收益率自相关特征的存货质押动态质押率设定［J］．管理科学，2012，25（3）．

[6] 李超，骆建文．基于预付款的资金约束供应链收益共享协调机制[J]．管理学报，2016，13（5）．

[7] 李超，骆建文．资金约束供应链预付款融资模式的比较优势分析[J]．工业工程，2016，19（2）．

[8] 李梦，冯耕中，李毅学，等．存货质押融资业务最优清算策略［J］．系统工程理论与实践，2010，30（9）．

[9] 李毅学，冯耕中，徐渝．价格随机波动下存货质押融资业务质押率研究［J］．系统工程理论与实践，2007，27（12）．

[10] 李毅学，汪寿阳，冯耕中．物流金融中季节性存货质押融资质押率决策［J］．管理科学学报，2011，14（11）．

[11] 鲁其辉，姚佳希，周伟华．基于 EOQ 模型的存货质押融资业务模式选择研究［J］．中国管理科学，2016，24（1）．

[12] 鲁其辉，曾利飞，周伟华．供应链应收账款融资的决策分析与价值研究［J］．管理科学学报，2012，15（5）．

[13] 马本江，姜云芳，陈晓红．存在应收账款条件下中小企业不足额

质押融资合同设计［J］. 中国管理科学，2015，23（12）.

［14］马中华，曾剑明. 预付款融资下基于收益转移支付机制的三级供应链协调问题研究［J］. 工业工程与管理，2015，20（4）.

［15］潘永明，倪峰. 考虑质物耗损的银行存货质押融资决策研究［J］. 运筹与管理，2015，24（6）.

［16］钱佳，骆建文. 预付款融资下的供应商定价策略［J］. 上海交通大学学报，2015，49（12）.

［17］钱佳，王文利. 预付款融资下供应链协调的定价策略［J］. 系统工程，2016（7）.

［18］孙喜梅，赵国坤. 考虑供应链信用水平的存货质押率研究［J］. 中国管理科学，2015，23（7）.

［19］王文辉，冯耕中，苏潇. 分散决策下存货质押融资业务的信贷合约设计［J］. 复旦学报（自然科学版），2008，47（2）.

［20］王文利，骆建文，李彬. 需求依赖价格下的供应链预付款融资策略［J］. 系统管理学报，2014（5）.

［21］王文利，骆建文，张钦红. 银行风险控制下的供应链订单融资策略研究［J］. 中国管理科学，2013，21（3）.

［22］王文利，骆建文. 基于价格折扣的供应链预付款融资策略研究［J］. 管理科学学报，2014，17（11）.

［23］王文利，骆建文. 零售商提前支付与贷款担保下的供应商融资策略［J］. 管理工程学报，2013，27（1）.

［24］王宗润，田续燃，陈晓红. 考虑隐性股权的应收账款融资模式下供应链金融博弈分析［J］. 中国管理科学，2015，23（9）.

［25］吴英晶，李勇建. 供应商回购承诺下的销售商存货质押融资决策［J］. 运筹与管理，2015，24（3）.

［26］辛玉红，李小莉. 应收账款融资模式下供应链金融的成本优化分析［J］. 工业工程与管理，2014，19（1）.

［27］晏妮娜，孙宝文. 考虑信用额度的仓单质押融资模式下供应链金融最优策略［J］. 系统工程理论与实践，2011，31（9）.

［28］易雪辉，周宗放. 核心企业回购担保下银行的存货质押融资定价决策［J］. 系统工程，2011（1）.

［29］易雪辉，周宗放. 基于供应链金融的银行信用价值比研究［J］. 中

国管理科学，2012，20（1）.

［30］易雪辉，周宗放．双重 Stackelberg 博弈的存货质押融资银行信贷决策机制［J］. 系统工程，2011（12）.

［31］于辉，马云麟．订单转保理融资模式的供应链金融模型［J］. 系统工程理论与实践，2015（7）.

［32］于辉，甄学平．先票后货物流金融模式下生产商融资决策模型［J］. 系统工程理论与实践，2013，33（7）.

［33］占济舟，张福利，赵佳宝．供应链应收账款融资和贸易信用联合决策研究［J］. 系统工程学报，2014，29（3）.

［34］占济舟．零售商提前支付融资模式下的批发价折扣研究［J］. 中国流通经济，2014（11）.

［35］张钦红，赵泉午．需求随机时的存货质押贷款质押率决策研究［J］. 中国管理科学，2010，18（5）.

［36］Adida E，Ratisoontorn N. Consignment contracts with retail competition［J］. European Journal of Operational Research，2011，215（1）：136 –148.

［37］Aggarwal S P，Jaggi C K. Ordering policies of deteriorating items under permissible delay in payments［J］. Journal of the Operational Research Society，1995，46（5）：658 –662.

［38］Almeida H，Philippon T. The Risk-adjusted cost of financial distress［J］. Journal of Finance，2007，62（6）：2557 –2586.

［39］Avinadav T，Chernonog T，Perlman Y. The effect of risk sensitivity on a supply chain of mobile applications under a consignment contract with revenue sharing and quality investment［J］. International Journal of Production Economics，2015，168：31 –40.

［40］Babich V，Sobel M J. Pre-IPO operational and financial decisions［J］. Management Science，2004，50（7）：936 –948.

［41］Babich V，Tang C S. Managing opportunistic supplier product adulteration：Deferred payments，inspection，and combined mechanisms［J］. Manufacturing & Service Operations Management，2012，14（2）：301 –315.

［42］Barnes-Schuster D，Bassok Y，Anupindi R. Supply contracts with options：Flexibility，information and coordination［J］. Working paper，University of Chicago，Chicago，IL，1998.

[43] Barrot J N. Trade credit and industry dynamics: Evidence from trucking firms [J]. Journal of Finance, 2016, 71 (5): 1976 - 2015.

[44] Basiri Z, Heydari J. A mathematical model for green supply chain coordination with substitutable products [J]. Journal of Cleaner Production, 2017.

[45] Bassok Y, Anupindi R. Analysis of supply contracts with total minimum commitment [J]. IIE Transactions, 1997, 29 (5): 373 - 381.

[46] Belleflamme P, Lambert T, Schwienbacher A. Crowdfunding: Tapping the right crowd [J]. Journal of Business Venturing, 2014, 29 (5): 586 - 609.

[47] Birge J R, Parker R P, Wu X, et al. Operational strategies in the presence of consumer-driven bankruptcy risk [J]. SSRN Electronic Journal, 2015.

[48] Biz2Credit. Biz2Credit small business lending index™ [R]. 2019. Available at https://cdn.biz2credit.com/appfiles/biz2credit/pdf/Small_business_lending_index_july.pdf. (accessed date August 13, 2022)

[49] Biz2Credit. Biz2Credit small business lending index™ [R]. 2022. Available at https://cdn.biz2credit.com/appfiles/biz2credit/pdf/Small_business_lending_index_July_2022.pdf. (accessed date August 13, 2022)

[50] Boyabatli O, Toktay L B. Capacity investment in imperfect capital markets: The interaction of operational and financial decisions [R]. Working paper, INSEAD, Fontainebleau, France, 2006.

[51] Boyabatli O, Toktay L B. Stochastic capacity investment and flexible vs. dedicated technology choice in imperfect capital markets [J]. Management Science, 2011, 57 (12): 2163 - 2179.

[52] Boyabatli O, Toktay L B. The interaction of technology choice and financial risk management: An integrated risk management perspective [J]. SSRN Electronic Journal, 2006.

[53] Braglia M, Castellano D, Frosolini M. Safety stock management in single vendor-single buyer problem under VMI with consignment stock agreement [J]. International Journal of Production Economics, 2014, 154: 16 - 31.

[54] Bresnahan T F, Reiss P C. Dealer and manufacturer margins [J]. The RAND Journal of Economics, 1985: 253 - 268.

[55] Burkart M, Ellingsen T. In-kind finance: A theory of trade credit [J]. American Economic Review, 2004, 94 (3): 569 - 590.

[56] Buzacott J A, Zhang R Q. Inventory management with asset-based financing [J]. Management Science, 2004, 50 (9): 1274 - 1292.

[57] Cachon G P, Lariviere M A. Contracting to assure supply: How to share demand forecasts in a supply chain [J]. Management science, 2001, 47 (5): 629 - 646.

[58] Cachon G P, Lariviere M A. Supply chain coordination with revenue-sharing contracts: Strengths and limitations [J]. Management science, 2005, 51 (1): 30 - 45.

[59] Cachon G P. Supply chain coordination with contracts [J]. Handbooks in Operations Research & Management Science, 2003, 11 (11): 227 - 339.

[60] Cachon G P. The allocation of inventory risk in a supply chain: Push, pull, and advance-purchase discount contracts [J]. Management Science, 2004, 50 (2): 222 - 238.

[61] Cai G, Chen X, Xiao Z. The roles of bank and trade credits: Theoretical analysis and empirical evidence [J]. Production and Operations Management, 2014, 23 (4): 583 - 598.

[62] Caldentey R, Haugh M B. Supply contracts with financial hedging [J]. Operations Research, 2009, 57 (1): 47 - 65.

[63] Chang H J, Dye C Y. An inventory model for deteriorating items with partial backlogging and permissible delay in payments [J]. International Journal of Systems Science, 2001, 32 (3): 346 - 352.

[64] Chang H L, Rhee B D. Coordination contracts in the presence of positive inventory financing costs [J]. International Journal of Production Economics, 2010, 124 (2): 331 - 339.

[65] Chang H L, Rhee B D. Trade credit for supply chain coordination [J]. European Journal of Operational Research, 2011, 214 (1): 136 - 146.

[66] Chang, S, Li A, Wang X, et al. Optimal combination of platform channel contract and guarantee financing strategy in e-commerce market [J]. Transportation Research Part E: Logistics and Transportation Review, 2023, 172: 103094.

[67] Chao X, Chen J, Wang S. Dynamic inventory management with cash flow constraints [J]. Naval Research Logistics, 2008, 55: 758 - 768.

[68] Chen F. Echelon reorder points, installation reorder points, and the value of centralized demand information [J]. Management Science, 1998, 44 (12 - part - 2): S221 - S235.

[69] Chen J M, Lin I C, Cheng H L. Channel coordination under consignment andvendor-managed inventory in a distribution system [J]. Transportation Research Part E: Logistics and Transportation Review, 2010, 46 (6): 831 - 843.

[70] Chen S C, Cárdenas - Barrón L E, Teng J T. Retailer's economic order quantity when the supplier offers conditionally permissible delay in payments link to order quantity [J]. International Journal of Production Economics, 2014, 155: 284 - 291.

[71] Chen S C, Teng J T, Skouri K. Economic production quantity models for deteriorating items with up-stream full trade credit and down-stream partial trade credit [J]. International Journal of Production Economics, 2014, 155: 302 - 309.

[72] Chen X, Cai G G. Joint logistics and financial services by a 3PL firm [J]. European Journal of Operational Research, 2011, 214 (3): 579 - 587.

[73] Chen X, Lu Q, Cai G. Buyer financing in pull supply chains: Zero-interest early payment or in-house factoring? [J]. Production and Operations Management, 2020, 29 (10): 2307 - 2325.

[74] Chen X, Wang A. Trade credit contract with limited liability in the supply chain with budget constraints [J]. Annals of Operations Research, 2012, 196 (1): 153 - 165.

[75] Chod J, Rudi N, Van Mieghem J A. Operational flexibility and financial hedging: Complements or substitutes? [J]. Management Science, 2010, 56 (6): 1030 - 1045.

[76] Chod J, Zhou J. Resource Flexibility and capital structure [J]. Management Science, 2012, 60 (3): 708 - 729.

[77] Chod J. Inventory, risk shifting, and trade credit [J]. Management Science, 2017.

[78] Chuang C H, Chiang C Y. Dynamic and stochastic behavior of coefficient of demand uncertainty incorporated with EOQ variables: An application in finished-goods inventory from General Motors' dealerships [J]. International Journal of

Production Economics, 2016, 172: 96 – 109.

[79] Chung K J, Cárdenas – Barrón L E, Ting P S. An inventory model with non-instantaneous receipt and exponentially deteriorating items for an integrated three layer supply chain system under two levels of trade credit [J]. International Journal of Production Economics, 2014, 155: 310 – 317.

[80] Chung K J, Huang T S. The optimal retailer's ordering policies for deteriorating items with limited storage capacity under trade credit financing [J]. International Journal of Production Economics, 2007, 106 (1): 127 – 145.

[81] Dada M, Hu Q. Financing newsvendor inventory [J]. Operations Research Letters, 2008, 36 (5): 569 – 573.

[82] Davis A M, Katok E. The effect of inventory risk on supply chain performance [J]. SSRN Electronic Journal, 2011.

[83] De Blasio G. Does trade credit substitute for bank credit? Evidence from firm-level data. Economic Notes [J]. 2005, 34 (1): 85 – 112.

[84] De Matta R E, Lowe T J, Zhang D. Consignment or wholesale: Retailer and supplier preferences and incentives for compromise [J]. Omega, 2014, 49: 93 – 106.

[85] De Vericourt F, Gromb D. Financing capacity investment under demand uncertainty: An optimal contracting approach [J]. Manufacturing and Service Operations Management, 2018, 20 (1): 85 – 96.

[86] Deng S, Gu C, Cai G, et al. Financing multiple heterogeneous suppliers in assembly systems: Buyer finance vs. bank finance [J]. Manufacturing & Service Operations Management, 2018, 20 (1): 53 – 69.

[87] Devalkar S K, Krishnan H. The impact of working capital financing costs on the efficiency of trade credit [J]. Production and Operations Management, 2019, 28 (4): 878 – 889.

[88] Ding Q, Dong L, Kouvelis P. On the integration of production and financial hedging decisions in global markets [J]. Operations Research, 2007, 55 (3): 470 – 489.

[89] Dong L, Kouvelis P, Su P. Operational hedging strategies and competitive exposure to exchange rates [J]. International Journal of Production Economics, 2014, 153 (4): 215 – 229.

[90] Dong L, Kouvelis P, Wu X. The value of operational flexibility in the presence of input and output price uncertainties with oil refining applications [J]. Management Science, 2014, 60 (12): 2908 –2926.

[91] Dong L, Qiu Y, Xu F. Blockchain-enabled deep-tier supply chain finance [J]. Manufacturing & Service Operations Management, 2023, 25 (6): 2021 –37.

[92] Dong L, Ren L, Zhang D. Financing small and medium-size enterprises via retail platforms [J]. Available at SSRN 3257899. 2019.

[93] Dong L, Zhu K. Two-wholesale-price contracts: Push, pull, and advance-purchase discount contracts [J]. Manufacturing & Service Operations Management, 2007, 9 (3): 291 –311.

[94] Donohue K L. Efficient supply contracts for fashion goods with forecast updatingand two production modes [J]. Management science, 2000, 46 (11): 1397 –1411.

[95] Emery G W. A pure financial explanation for trade credit [J] . Journal of Financial and Quantitative Analysis, 1984, 19 (3): 271 –285.

[96] Fabbri D, Menichini A M C. Trade credit, collateral liquidation, and borrowing constraints [J]. Journal of Financial Economics, 2010, 96 (3): 413 – 432.

[97] Federal Reserve Board. Financial accounts of the united states (First Quarter 2022) [R]. 2022. Available at https: //www. federalreserve. gov/releases/z1/20220609/z1. pdf. (accessed date August 13, 2022)

[98] Gilson S C. Creating value through corporate restructuring: Case studies in bankruptcies, buyouts, and breakups [M]. John Wieley & Sons, Hoboken, NJ, 2010.

[99] Goyal S K. Economic order quantity under conditions of permissible delay in payments [J]. Journal of Operatioanal Research Society, 1985, 36 (4): 335 –338.

[100] Gupta D, Chen Y. Retailer-direct financing contracts under consignment [J]. Manufacturing & Service Operations Management, 2020, 22 (3): 528 –44.

[101] Gupta D, Wang L. A stochastic inventory model with trade credit [J].

Manufacturing & Service Operations Management, 2009, 11 (1): 4 –18.

[102] Gupta R K, Bhunia A K, Goyal S K. An application of Genetic Algorithm in solving an inventory model with advance payment and interval valued inventory costs [J]. Mathematical and Computer Modelling, 2009, 49: 893 –905.

[103] Gümüş M, Jewkes E M, Bookbinder J H. Impact of consignment inventory and vendor-managed inventory for a two-party supply chain [J]. International Journal of Production Economics, 2008, 113 (2): 502 –517.

[104] He X, Khouja M. Pareto analysis of supply chain contracts under satisficing objectives [J]. European Journal of Operational Research. 2011, 214 (1): 53 –66.

[105] He, M, Kang K. , Wei X. , et al. Financing strategy of transnational supply chain with vertical shareholding under tax system difference: Creditor or guarantor? [J] Transportation Research Part E: Logistics and Transportation Review, 2023, 169: 102973.

[106] Hu B, Feng Y. Optimization and coordination of supply chain with revenue sharing contracts and service requirement under supply and demand uncertainty [J]. International Journal of Production Economics, 2017, 183: 186 –193.

[107] Hu M, Li X, Shi M. Product and pricing decisions in crowdfunding [J]. Marketing Science, 2015, 34 (3): 331 –345.

[108] Hu M, Qian Q, Yang S A. Financial pooling in a supply chain [J]. Rotman School of Management Working Paper, 2018, 2783833.

[109] Hu Q J, Sobel M J. Echelon base-stock policies are financially sub-optimal [J]. Operations research letters, 2007, 35 (5): 561 –566.

[110] Hu W, Li Y, Govindan K. The impact of consumer returns policies on consignment contracts with inventory control [J]. European Journal of Operational Research, 2014, 233 (2): 398 –407.

[111] Huang Y F. Optimal retailer's ordering policies in the EOQ model under trade credit financing [J]. Journal of the Operational Research Society, 2003, 54 (9): 1011 –1015.

[112] Hwang H, Shinn S W. Retailer's pricing and lot sizing policy for exponentially deteriorating products under the condition of permissible delay in payments [J]. Computers and Operations Research, 1997, 24: 539 –547.

[113] Iancu D A, Trichakis N, Tsoukalas G. Is operating flexibility harmful under debt [J]. Management Science, 2017, 63 (6): 1730 – 1761.

[114] Islam S M S, Hoque M A, Hamzah N. Single-supplier single-manufacturer multi-retailer consignment policy for retailers' generalized demand distributions [J]. International Journal of Production Economics, 2017, 184: 157 – 167.

[115] Jamal A M M, Sarker B R, Wang S. An ordering policy for deteriorating items with allowable shortage and permissible delay in payment [J]. Journal of the Operational Research Society, 1997, 48 (8): 826 – 833.

[116] Jiang W H, Xu L, Chen Z S, et al. Financing equilibrium in a capital constrained supply Chain: The impact of credit rating [J]. Transportation Research Part E: Logistics and Transportation Review, 2022, 157: 102559.

[117] Jing B, Chen X, Cai G G. Equilibrium financing in a distribution channel with capital constraint [J]. Production and Operations Management, 2012, 21 (6): 1090 – 1101.

[118] Jing B, Seidmann A. Finance sourcing in a supply chain [J]. Decision Support Systems, 2014, 58: 16 – 20.

[119] Klapper L, Laeven L, Rajan R. Trade credit contracts [J]. Review of Financial Studies, 2012, 25 (3): 838 – 867.

[120] Kohli R, Park H. Coordinating buyer-seller transactions across multiple products [J]. Management Science, 1994, 40 (9): 1146 – 1150.

[121] Kouvelis P, Turcic D, Zhao W. Supply chain contracting in environments withvolatile input prices and frictions [J]. Manufacturing & Service Operations Management, 2018, 20 (1): 130 – 146.

[122] Kouvelis P, Xu F. A supply chain theory of factoring and reverse factoring [J]. Management Science, 2021, 67 (10): 6071 – 6088.

[123] Kouvelis P, Zhao W. Financing the newsvendor: Supplier vs. bank, and the structure of optimal trade credit contracts [J]. Operations Research, 2012, 60 (3): 566 – 580.

[124] Kouvelis P, Zhao W. Supply chain contract design under financial constraints and bankruptcy costs [J]. Management Science, 2016, 62 (8): 2341 – 2357.

[125] Kouvelis P, Zhao W. The newsvendor problem and price-only contract

when bankruptcy costs exist [J]. Production and Operations Management, 2011, 20 (6): 921 -936.

[126] Kouvelis P, Zhao W. Who should finance the supply chain? Impact of credit ratings on supply chain decisions [J]. Manufacturing & Service Operations Management, 2018, 20 (1): 19 -35.

[127] Lai G, Debo L G, Sycara K. Sharing inventory risk in supply chain: The implication of financial constraint [J]. Omega, 2009, 37 (4): 811 -825.

[128] Lai G, Xiao W, Yang J. Supply chain performance under market valuation: An operational approach to restore efficiency [J]. Management Science, 2012, 58 (10): 1933 -1951.

[129] Lai G, Xiao W. Inventory decisions and signals of demand uncertainty to investors [J]. Social Science Electronic Publishing, 2012.

[130] Lai G, Xiao W. Stocking More versus Less: The roles of demand volatility and profit margin with market valuation [J]. Ssrn Electronic Journal, 2012.

[131] Lariviere M A, Porteus E L. Selling to the newsvendor: An analysis of price-only contracts [J]. Manufacturing & Service Operations Management, 2001, 3 (4): 293 -305.

[132] Lee H L, So K C, Tang C S. The value of information sharing in a two-level supply chain [J]. Management science, 2000, 46 (5): 626 -643.

[133] Lee H, Tang C, Yang S A, et al. Dynamic trade finance in the presence of information frictions and fintech [J]. Manufacturing & Service Operations Management. 2022.

[134] Lee W, Wang S P, Chen W C. Forward and backward stocking policies for a two-level supply chain with consignment stock agreement and stock-dependent demand [J]. European Journal of Operational Research, 2017, 256 (3): 830 -840.

[135] Li B, Hou P W, Chen P, et al. Pricing strategy and coordination in a dual channel supply chain with a risk-averse retailer [J]. International Journal of Production Economics, 2016, 178: 154 -168.

[136] Li L, Shubik M, Sobel M J. Control of dividends, capital subscriptions, and physical inventories [J]. Management Science, 2013, 59 (5): 1107 -1125.

[137] Li L, Zhang H. Confidentiality and information sharing in supply chaincoordination [J]. Management science, 2008, 54 (8): 1467 -1481.

[138] Li S, Zhu Z, Huang L. Supply chain coordination and decision making under consignment contract with revenue sharing [J]. International Journal of Production Economics, 2009, 120 (1): 88 -99.

[139] Li Y, Zhen X, Cai X. Trade credit insurance, capital constraint, and the behavior of manufacturers and banks [J]. Annals of Operations Research, 2016, 240 (2): 396 -415.

[140] Liao H C, Tsai C H, Su C T. An inventory model with deteriorating items under inflation when a delay in payment is permissible [J]. International Journal of Production Economics, 2000, 63 (2): 207 -215.

[141] Liao J J, Huang K N, Ting P S. Optimal strategy of deteriorating items with capacity constraints under two-levels of trade credit policy [J]. Applied Mathematics and Computation, 2014, 233: 647 -658.

[142] Liao J J. An EOQ model with noninstantaneous receipt and exponentially deteriorating items under two-level trade credit [J]. International Journal of Production Economics, 2008, 113 (2): 852 -861.

[143] Liao J J. On an EPQ model for deteriorating items under permissible delay in payments [J]. Applied Mathematical Modelling, 2007, 31 (3): 393 -403.

[144] Liu Z, Chen L, Li L, et al. Risk hedging in a supply chain: Option vs. price discount [J]. International Journal of Production Economics, 2014, 151: 112 -120.

[145] Longhofer S D, Santos J A C. The paradox of priority [J]. Financial Management, 2003, 69 -81.

[146] Luo W, Shang K H. Joint inventory and cash management for multidivisional supplychains [J]. Operations Research, 2015, 63 (5): 1098 -1116.

[147] Luo W, Shang K H. Managing inventory for firms with trade credit and deficit penalty. Operations Research, 2019, 67 (2): 468 -478.

[148] Maiti A K, Maiti M K, Maiti M. Inventory model with stochastic leadtime and price dependent demand incorporating advance payment [J]. Applied Mathematical Modelling, 2009, 33: 2433 -2443.

[149] Martínez - Sola C, García - Teruel P J, Martínez - Solano P. Trade credit policy and firm value [J] . Accounting & Finance, 2013, 53 (3): 791 - 808.

[150] Mian S L, Smith Jr. C W. Accounts receivable management policy: theory and evidence [J]. Journal of Finance, 1992, 47 (1): 169 -200.

[151] Min J, Zhou Y W, Zhao J. An inventory model for deteriorating items under stock-dependent demand and two-level trade credit [J]. Applied Mathematical Modelling, 2010, 34 (11): 3273 -3285.

[152] Modigliani F, Miller M H. The cost of capital, corporation finance and the theory of investment [J]. The American economic review, 1958: 261 -297.

[153] Monahan J P. A quantity discount pricing model to increase vendor profits [J]. Management science, 1984, 30 (6): 720 -726.

[154] Nematollahi M, Hosseini - Motlagh S M, Heydari J. Coordination of social responsibility and order quantity in a two-echelon supply chain: A collaborative decision-making perspective [J]. International Journal of Production Economics, 2017, 184: 107 -121.

[155] Ning J, Sobel M J. Production and capacity management with internal financing [J]. Manufacturing & Service Operations Management, 2018, 20 (1): 147 -160.

[156] Oh J S. Opportunlty cost in the evaluation of investment in accounts receivable [J] . Financial Management, 1976, 5 (2): 32 -36.

[157] Ouyang L Y, Teng J T, Chen L H. Optimal ordering policy for deteriorating items with partial backlogging under permissible delay in payments [J]. Journal of Global Optimization, 2006, 34 (2): 246 -271.

[158] Padmanabhan V, Png I P L. Manufacturer's return policies and retail competition [J]. Marketing Science, 1997, 16 (1): 81 -95.

[159] Padmanabhan V, Png I P L. Returns policies: Make money by making good [J]. Sloan Management Review, 1995, 37 (1): 65.

[160] Pasternack B A. Optimal pricing and return policies for perishable commodities [J]. Marketing science, 1985, 4 (2): 166 -176.

[161] Pasternack B A. Using revenue sharing to achieve channel coordination for anewsboy type inventory model [M] //Supply chain management: Models,

applications, and research directions. Springer US, 2002: 117 - 136.

[162] Persona A, Grassi A, Catena M. Consignment stock of inventories in the presence of obsolescence [J]. International Journal of Production Research, 2005, 43 (23): 4969 - 4988.

[163] PetersenM A, Rajan R G. Trade credit: theories and evidence [J]. The Review of Financial Studies, 1997, 10 (3): 661 - 691.

[164] Peura H, Yang S A, Lai G. Trade credit in competition: A horizontal benefit [J]. Manufacturing & Service Operations Management, 2017, 19 (2): 263 - 289.

[165] Puhui. Introduction of puhui rural credit guarantee company [N]. 2022. Available at http://www.puhuichina.com/about.html (accessed date December 15, 2022).

[166] Qi X, Bard J F, Yu G. Supply chain coordination with demand disruptions [J]. Omega, 2004, 32 (4): 301 - 312.

[167] Raghavan N R S, Mishra V K. Short-term financing in a cash-constrained supply chain [J]. International Journal of Production Economics, 2011, 134 (2): 407 - 412.

[168] Reindorp M, Tanrisever F, Lange A. Purchase order financing: Credit, commitment, and supply chain consequences [J]. Operations Research, 2018, 66 (5): 1287 - 1303.

[169] Ru J, Wang Y. Consignment contracting: Who should control inventory in the supply chain? [J]. European Journal of Operational Research, 2010, 201 (3): 760 - 769.

[170] Sana S S. An EOQ model for stochastic demand for limited capacity of own warehouse [J]. Annals of Operations Research, 2015, 233 (1): 383 - 399.

[171] Sarker B R, Jamal A M M, Wang S. Supply chain models for perishable products under inflation and permissible delay in payment [J]. Computers & Operations Research, 2000, 27 (1): 59 - 75.

[172] Sarker B R. Consignment stocking policy models for supply chain systems: A critical review and comparative perspectives [J]. International Journal of Production Economics, 2014, 155: 52 - 67.

［173］ Sarmah S P, Acharya D, Goyal S K. Coordination and profit sharing between a manufacturer and a buyer with target profit under credit option [J]. European Journal of Operational Research, 2007, 182 (3): 1469 – 1478.

［174］ Sheen G J, Tsao Y C. Channel coordination, trade credit and quantity discounts forfreight cost [J]. Transportation research part E: Logistics and transportation review, 2007, 43 (2): 112 – 128.

［175］ Shi J, Li Q, Chu L K, Shi Y. Effects of demand uncertainty reduction on the selection of financing approach in a capital-constrained supply chain [J]. Transportation Research Part E: Logistics and Transportation Review, 2021, 148: 102266.

［176］ Swinney R, Netessine S. Long-term contracts under the threat of supplier default [J]. Manufacturing & Service Operations Management. 2009, 11 (1): 109 – 127.

［177］ Tang C S, Rajaram K, Alptekinoğlu A, et al. The benefits of advance booking discount programs: Model and analysis [J]. Management Science, 2004, 50 (4): 466 – 478.

［178］ Tang C S, Yang S A, Wu J. Sourcing from suppliers with financial constraints and performance risk [J]. Manufacturing & Service Operations Management, 2018, 20 (1): 70 – 84.

［179］ Taylor T A. Channel coordination under price protection, midlife returns, and end-of-life returns in dynamic markets [J]. Management Science, 2001, 47 (9): 1220 – 1235.

［180］ Teng J T, Min J, Pan Q. Economic order quantity model with trade credit financing for non-decreasing demand [J]. Omega, 2012, 40 (3): 328 – 335.

［181］ Teng J T. On the economic order quantity under conditions of permissible delay in payments [J]. Journal of the Operational Research Society, 2002, 53 (8): 916 – 918.

［182］ Teng J T. Optimal ordering policies for a retailer who offers distinct trade credits to its good and bad credit customers [J]. International Journal of Production Economics, 2009, 119 (2): 416 – 423.

［183］ Thangam A. Optimal price discounting and lot-sizing policies for perishable items in a supply chain under advance payment scheme and two-echelon trade credits [J]. International Journal of Production Economics, 2012, 139 (2): 459 - 472.

[184] Tirole J. The theory of corporate finance [M]. Princeton University Press, 2006.

[185] Townsend R M. Optimal contracts and competitive markets with costly state verification [J]. Journal of Economic Theory, 1979, 21 (2): 265 - 293.

[186] Tsay A A. The quantity flexibility contract and supplier-customer incentives [J]. Management science, 1999, 45 (10): 1339 - 1358.

[187] Tunca T I, Zhu W. Buyer intermediation in supplier finance [J]. Management Science, 2018, 64 (12): 5631 - 5650.

[188] Turcic D, Kouvelis P, Bolandifar E. Hedging commodity procurement in a bilateral supply chain [J]. Manufacturing & Service Operations Management, 2015, 17 (2): 221 - 235.

[189] Valentini G, Zavanella L. The consignment stock of inventories: industrial case and performance analysis [J]. International Journal of Production Economics, 2003, 81: 216 - 225.

[190] Wang X, Xu F. The value of smart contract in trade finance [J]. Manufacturing & Service Operations Management. 2022.

[191] Wang Y, Jiang L, Shen Z J. Channel performance under consignment contract with revenue sharing [J]. Management Science, 2004, 50 (1): 34 - 47.

[192] Wang Y. Joint pricing-production decisions in supply chains of complementary products with uncertain demand [J]. Operations Research, 2006, 54 (6): 1110 - 1127.

[193] Wilson N, Summers B. Trade credit terms offered by small firms: Survey evidence and empirical analysis [J]. Journal of Business Finance & Accounting, 2002, 29 (3 - 4): 317 - 351.

[194] Wu D, Zhang B, Baron O. A trade credit model with asymmetric competing retailers [J]. Production and Operations Management, 2019, 28 (1): 206 - 231.

[195] Wu J, Al - Khateeb F B, Teng J T, et al. Inventory models for deteriorating items with maximum lifetime under downstream partial trade credits to cred-

it-risk customers by discounted cash-flow analysis [J]. International Journal of Production Economics, 2016, 171: 106-115.

[196] Wu J, Ouyang L Y, Cárdenas-Barrón L E, et al. Optimal credit period and lot size for deteriorating items with expiration dates under two-level trade credit financing [J]. European Journal of Operational Research, 2014, 237 (3): 898-908.

[197] Xiao S, Sethi S P, Liu M, Ma S. Coordinating contracts for a financially constrained supply chain [J]. Omega, 2017, 72: 71-86.

[198] Xie J, Shugan S M. Electronic tickets, smart cards, and online prepayments: Whenand how to advance sell [J]. Marketing Science, 2001, 20 (3): 219-243.

[199] Xu S, Fang L. Partial credit guarantee and trade credit in an emission-dependent supply chain with capital constraint [J]. Transportation Research Part E: Logistics and Transportation Review, 2020, 135: 101859.

[200] Xu X, Birge J R. Equity valuation, production, and financial planning: A stochastic programming approach [J]. Naval Research Logistics (NRL), 2006, 53 (7): 641-655.

[201] Xu X, Birge J R. Joint production and financing decisions: Modeling and analysis [J]. Ssrn Electronic Journal, 2004.

[202] Yan, N, Sun B, Zhang H, et al. A partial credit guarantee contract in a capital-constrained supply chain: Financing equilibrium and coordinating strategy [J]. International Journal of Production Economics, 2016, 173: 122-133.

[203] Yang S A, Bakshi N, Chen C J. Trade credit insurance: Operational value and contract choice [J]. Management Science, 2021, 67 (2): 875-891.

[204] Yang S A, Birge J R, Parker R P. The supply chain effects of bankruptcy [J]. Management Science, 2015, 61 (10): 2320-2338.

[205] Yang S A, Birge J R. Trade credit in supply chains: multiple creditors and priority rules [J]. Social Science Electronic Publishing, 2011.

[206] Yang S A, Birge J R. Trade credit, risk sharing, and inventory financing portfolios [J]. Management Science, 2018, 64 (8): 3667-3689.

[207] Zahran S K, Jaber M Y, Zanoni S, et al. Payment schemes for a two-level consignment stock supply chain system [J]. Computers & Industrial Engineer-

ing, 2015, 87: 491 -505.

[208] Zhang D, De Matta R, Lowe T J. Channel coordination in a consignment contract [J]. European Journal of Operational Research, 2010, 207 (2): 897 -905.

[209] Zhang Q, Dong M, Luo J, et al. Supply chain coordination with trade credit and quantity discount incorporating default risk [J]. International Journal of Production Economics, 2014, 153: 352 -360.

[210] Zhang Q, Tsao Y C, Chen T H. Economic order quantity under advance payment [J]. Applied Mathematical Modelling, 2014, 38: 5910 -5592.

[211] Zhou J, Groenevelt H. Impacts of financial collaboration in a three-party supply chain. William E. Simon Graduate School of Business Administration University of Rochester, Rochester [N]. New York, Working Paper, 2009.

[212] Zhou M, Dan B, Ma S, et al. Supply chain coordination with information sharing: The informational advantage of GPOs [J]. European Journal of Operational Research, 2017, 256 (3): 786 -802.

[213] Zhou W, Lin T, Cai G G. Guarantor financing in a four-party supply chain game with leadership influence. Production and Operations Management, 2020, 29 (9): 2035 -2056.